Confieso que he vivido

Contemporánea
Narrativa

PABLO NERUDA

CONFIESO QUE HE VIVIDO

MEMORIAS

AUSTRAL

Seix Barral

PEFC Certificado

Este libro procede de
bosques gestionados
de forma sostenible

PEFC/14-38-00305 www.pefc.es

Seix Barral, un sello editorial de Editorial Planeta, S. A.
Avda. Diagonal, 662-664, 08034 Barcelona (España)
www.seix-barral.es
www.planetadelibros.com

Obra editada en colaboración con Editorial Planeta Chilena

Adaptación de la cubierta: Austral / Área Editorial Grupo Planeta a partir de la idea de © Ian Campbell
Fotografía de la cubierta: El poeta en 1932. Foto: Alfredo Molina La Hite. Archivo de la Fundación Pablo Neruda
Primera edición en Austral: junio de 2010
Primera edición de esta versión ampliada: septiembre de 2023
Primera en esta presentación: septiembre de 2025

Depósito legal: B. 13.328-2025
ISBN: 978-84-322-4887-0
Impreso en España

Biografía

Pablo Neruda (Parral, Chile, 1904 – Santiago de Chile, 1973) ha sido sin duda una de las voces más altas de la poesía mundial de nuestro tiempo. Desde el combate directo o desde la persecución y el exilio valerosamente arrostrados, la trayectoria del poeta, que en 1971 obtuvo el Premio Nobel, configura, a la vez que la evolución de un intelectual militante, una de las principales aventuras expresivas de la lírica en lengua castellana, sustentada en un poderío verbal inigualable que, de la indiscriminada inmersión en el mundo de las fuerzas telúricas originarias, se expandió a la fusión con el ámbito natal americano y supo cantar el instante amoroso que contiene el cosmos, el tiempo oscuro de la opresión y el tiempo encendido de la lucha. Una mirada que abarca a la vez la vastedad de los seres y el abismo interior del lenguaje: poeta total, Neruda pertenece ya a la tradición más viva de nuestra mayor poesía.

La redacción de estas memorias de Pablo Neruda quedó interrumpida por su muerte. Matilde Urrutia y Miguel Otero Silva cuidaron de la ordenación del material, para la primera edición, de 1974.

Entre los años 2016 y 2017 se preparó esta nueva edición, a la que se incorporó material autobiográfico inédito, encontrado en los archivos de la Fundación Pablo Neruda.

Los textos que se agregan van impresos en un tipo de letra distinto al del resto del libro para que el lector pueda identificarlos sin dificultad.

La edición, el prólogo y las notas son de Darío Oses.

La persistente autobiografía

Confieso que he vivido —las memorias en que Pablo Neruda trabajó hasta poco antes de su muerte, en septiembre de 1973— es una obra de elaboración prolongada y singular. En parte, es una reelaboración de escritos, revisiones y reflexiones autobiográficas de diversas épocas y procedencias.

Hacia mediados de 1972, cuando era embajador en Francia, Neruda, con la ayuda de Homero Arce, trabajaba sistemáticamente en sus memorias: «Se trata de completar el texto del *Cruzeiro* hasta formar un libro importante», escribía en agosto de ese año, en carta a su amigo Volodia Teitelboim. Así, la base de estas memorias fueron las diez crónicas autobiográficas que, con el título «Las vidas del poeta», aparecieron en la revista *O Cruzeiro Internacional* en 1962. Como los espacios de una publicación periódica siempre son limitados, los temas requerían de mayor desarrollo y despliegue, por lo que Neruda escribió textos nuevos y agregó otros, escritos en distintos momentos de su vida, como secciones de la serie de conferencias sobre su vida y obra dictadas en la Universidad de Chile en enero de 1954.

Se ha señalado que la obra poética de Neruda alimenta también a sus memorias. El mismo poeta, en el texto que hemos usado como pórtico de esta edición, escribe: «Qué es mi poesía? No lo sé. Es más fácil preguntar a mi poesía quién soy yo».

En realidad, Neruda siempre había estado escribiendo sus memorias en poesía y prosa. Su autobiografía recorre gran parte de su obra y podemos encontrarla no solo en aquella poesía deliberada y sistemáticamente autobiográfica. La intención de registrar lo que le ocurría ya está en su primer libro, sobre el cual escribió: «*Crepusculario* se asemeja mucho a algunos de mis libros de mayor madurez. Es, en parte, un diario de cuanto me acontecía dentro y fuera de mí mismo, de cuanto llegaba a mi sensibilidad».

Si bien el poeta recurre a escritos de distintas épocas y procedencias, no construye sus memorias solo por la simple superposición de estos textos. En *Confieso que he vivido* se advierten distintas formas de hacer el relato autobiográfico. Una es la narración secuencial de hechos. Es el caso del viaje a la trilla de los Hernández, que además se ajusta parcialmente al modelo del viaje del héroe que sale de la casa familiar y vive sucesos en los que se mezclan texturas y atmósferas oníricas con otras reales, para llegar a la culminación —en este caso la iniciación sexual del protagonista— y luego al viaje de regreso a la realidad cotidiana. La narración del paso a través de la cordillera andina tiene también este carácter de viaje iniciático: el periplo físico implica además un cambio de estado, es el tránsito del hombre perseguido al hombre libre y la apertura del poeta hacia «el gran camino del mundo».

Además, varias secciones de *Confieso que he vivido* están escritas como los libros de viajes.

Otra forma de ejercer este oficio de la memoria es la reunión de episodios, descripciones de lugares, retratos, evocaciones y reflexiones. La sección undécima, «La poesía es un oficio», por ejemplo, es en su mayor parte miscelánea. En otras secciones del libro encontramos la galería de personajes o el inventario, recurso que Neruda usa también en algunos de sus libros de poesía. En estas memorias, por ejemplo, está el catastro de los «locos de invierno» en la bohemia santiaguina de los años veinte, o de los personajes magníficos y extravagantes a los que conoce en el Valparaíso de su juventud, o de los hombres y mujeres excepcionales, dispersos a lo largo del libro: Rojas Giménez, Acario Cotapos, Nancy Cunard, seres que de alguna manera responden a ese gusto por «la gente intranquila e insatisfecha» que declara el poeta en el prólogo de su novela *El habitante y su esperanza*.

El mismo poeta, en el breve texto introductorio a *Confieso que he vivido*, señala algunas de las singularidades de este libro: «Las memorias del memorialista no son las memorias del poeta. Aquel vivió tal vez menos, pero fotografió mucho más y nos recrea con la pulcritud de los detalles. Este nos entrega una galería de fantasmas sacudidos por el fuego y las sombras de su época». Como hemos visto, la memoria poética de Neruda es una especie de depósito que se ha venido formando desde sus primeros libros, y es esta larga y lenta sedimentación la que da consistencia y solidez a esta memoria.

La otra singularidad que señala Neruda en su introducción se refiere a la pluralidad de sus vidas: «Mi vida es una vida hecha de todas las vidas: las vidas del poeta». En la obra de Neruda las alusiones a este yo plural son muchas. Solo a título de ejemplo: «Soy pueblo, pueblo innumerable» (*Canto general*); «No puedo / sin la vida vivir, / sin el hombre ser hombre...» (*Odas elementales*); «mi canto los reúne: el canto del hombre invisible que canta con todos los hombres...» (ídem).

De modo que *Confieso que he vivido* sería también la autobiografía de este poeta uno y múltiple, de un hombre que se reconoce en todos los hombres.

Aun cuando, como se ha dicho, el impulso autobiográfico está presente ya en *Crepusculario*, hay momentos en los que este impulso se plasma en ciertos hitos, como la sección «Yo soy», de *Canto general*. Luego, están las cinco conferencias que Neruda pronuncia en la Escuela de Verano de la Universidad de Chile, como parte de las conmemoraciones de su cumpleaños número cincuenta; la ya mencionada serie de artículos «Las vidas del poeta», de 1962, y en 1964, *Memorial de Isla Negra*, su principal autobiografía poética, escrita para celebrar sus sesenta años.

A ella se refirió Neruda en el discurso improvisado con el que, ese mismo año, inauguró un seminario sobre su obra en la Biblioteca Nacional de Santiago de Chile. Entonces el poeta dijo sobre *Memorial...*: «En esta obra he vuelto también, deliberadamente, a los comienzos sensoriales de mi poesía, a *Crepusculario*, es decir, a una poesía de la sensación de cada día. Aunque hay un hilo biográfico, no busqué en esta larga obra, que consta de cinco volúmenes, sino la expresión venturosa o sombría de cada día. Es verdad que está encadenado este libro como un relato que se dispersa y que vuelve a unirse, relato acosado por los acontecimientos de mi propia vida y por la naturaleza que continúa llamándome con todas sus innumerables voces».

Neruda terminó este discurso manifestando su voluntad de continuar escribiendo su autobiografía hasta el final de sus días: «No sé si será pecar de jactancia decir, a los años que llevo, que no renuncio a seguir atesorando todas las cosas que yo haya visto o amado, todo lo que haya sentido, vivido, luchado, para seguir escribiendo el largo poema cíclico que aún no he terminado, porque lo terminará mi última palabra en el final instante de mi vida».

Confieso que he vivido debía publicarse como parte de la celebración de los setenta años de Neruda, en 1974. Pero su muerte, precipitada por el golpe militar del 11 de septiembre de 1973, ocurrió el 23 de ese mes. El libro apareció efectivamente en 1974, pero como obra póstuma.

Una cuidadosa revisión de los archivos de la Fundación Pablo Neruda produjo hallazgos relacionados con las memorias. El primero fue un cuaderno, fechado en junio de 1973, con una cantidad de interesantes anotaciones manuscritas de Neruda sobre los temas que debía incluir en *Confieso que he vivido*. Luego se encontraron dos carpetas con escritos autobiográficos inéditos. Entre estos había algunos, como el de «La muchacha del regreso», que calzaban casi con tanta precisión como la pieza perdida de un rompecabezas en alguna sección de las memorias. Otros expandían los contenidos de algún capítulo. Otros, como «El último amor del poeta Federico», tenían adjunta la explicación de por qué no se habían publicado en su momento: «Está el público suficientemente desprovisto de prejuicios para admitir la homosexualidad de Federico sin menoscabar su prestigio?», se había preguntado Neruda. Luego venía la declaración de Matilde Urrutia: «Yo también dudé y no lo incluí en las memorias. Aquí lo dejo, creo que yo no tengo derecho a romperlo». Con ese «aquí lo dejo», Matilde entregaba aquel capítulo al tiempo. Lo dejaba para que, en un futuro más abierto a valorar la diversidad humana, alguien encontrara y rescatara ese texto. Es lo que hemos hecho.

Razones por las que no se incluyeron otros de los textos que ahora agregamos pueden encontrarse en las difíciles circunstancias en las que se terminó la primera edición de *Confieso que he vivido*. Recordemos que Neruda pasó sus últimos días en la Clínica Santa María de Santiago, mientras se imponía violentamente la más cruenta dictadura militar de la historia de su país. Dos de sus casas, La Chascona, de Santiago, y La Sebastiana, de Valparaíso, habían sufrido ataques vandálicos y muchos de sus amigos fueron apresados, ejecutados o permanecían ocultos o asilados.

Después de la muerte del poeta, Matilde, su viuda, consiguió sacar de Chile las memorias, enviándolas por valija diplomática venezolana a

Caracas, a donde posteriormente ella viajó a reunirse con Miguel Otero Silva, con quien trabajó en la edición de esta obra.

Finalmente encontramos también los textos de las tres conferencias autobiográficas de 1954 que permanecían inéditas, y que fueron una de las canteras de las cuales el poeta sacó materiales para la construcción de *Confieso que he vivido.*

Aun cuando Neruda señaló que pondría la última palabra del largo poema cíclico de su vida en el instante final de esta, los nuevos materiales de valioso contenido autobiográfico agregados a esta edición permiten hoy proponer nuevas lecturas de sus memorias, y de esta forma prolongar y enriquecer el persistente relato de las vidas del poeta.

Darío Oses

Os traigo hoy parte de las esencias devoradoras de mi poesía, del frío y del fuego que me han acompañado en el camino, adelantándose muchas veces a mis pasos, impregnándose de cuanto encontraron abierto, golpeando las cerradas matrices del mundo en su extensión.

Conozco muchas de las objeciones y de las discusiones que en torno a mis palabras arden y se apagan cada día: nada de eso vamos a recorrer en este viaje: quiero ser para vosotros en estos momentos solo un buen compañero que os acompaña por una región, a veces para mí también desconocida.

Qué es mi poesía? No lo sé. Es más fácil preguntar a mi poesía quién soy yo. Ella me ha guiado en la noche oscura del alma, ella me ha desencadenado y me ha encadenado, ella me ha conducido a través de las soledades, a través del amor, a través de los hombres.

Siento terriblemente ser yo el tema de mi voz hoy. Aceptadme entre vosotros como un hombre más, como un hombre común a veces dolorido y a veces alegre, un hombre que entra con vosotros a los bosques y a las bibliotecas, a los mítines populares y a los sitios secretos del corazón.

Al sur de mi poesía está la soledad; al norte, el pueblo. La soledad es la madre de mi primera poesía. En sus golfos y en sus laberintos echo las redes de joven y solitario pescador, de hombre que quiere romper los misterios de la noche. En esa época cósmica, apasionada y estrellada de mi vida, las interrogaciones se levantan con grandes vuelos amargos, en la indecisión crepuscular, en la soledad del mundo [...].

Entonces, como un incendio en el fondo de los bosques aparecen las luces del amor, las llamas desordenadas de la primera ternura, el descubrimiento del gozo y de la delicia. Entre los intersticios del placer suena todavía el viento oscuro de la soledad, y los llamamientos del amor tienen en su fondo un resumen de desesperada experiencia. El hombre perdido en la marea del origen se agarra a las espinas del amor con una ansiedad de pequeño ser que se ahoga en el agua de la noche profunda.

PABLO NERUDA, «Viaje alrededor de mi poesía»

CONFIESO QUE HE VIVIDO
PABLO NERUDA

Estas memorias o recuerdos son intermitentes y a ratos olvidadizos porque así precisamente es la vida. La intermitencia del sueño nos permite sostener los días de trabajo. Muchos de mis recuerdos se han desdibujado al evocarlos, han devenido en polvo como un cristal irremediablemente herido.

Las memorias del memorialista no son las memorias del poeta. Aquel vivió tal vez menos, pero fotografió mucho más y nos recrea con la pulcritud de los detalles. Este nos entrega una galería de fantasmas sacudidos por el fuego y la sombra de su época.

Tal vez no viví en mí mismo; tal vez viví la vida de los otros.

De cuanto he dejado escrito en estas páginas se desprenderán siempre —como en las arboledas de otoño y como en el tiempo de las viñas— las hojas amarillas que van a morir y las uvas que revivirán en el vino sagrado.

Mi vida es una vida hecha de todas las vidas: las vidas del poeta.

1
El joven provinciano

El bosque chileno

... Bajo los volcanes, junto a los ventisqueros, entre los grandes lagos, el fragante, el silencioso, el enmarañado bosque chileno... Se hunden los pies en el follaje muerto, crepita una rama quebradiza, los gigantescos raulíes levantan su encrespada estatura, un pájaro de la selva fría cruza, aletea, se detiene entre los sombríos ramajes. Y luego desde su escondite suena como un oboe... Me entra por las narices hasta el alma el aroma salvaje del laurel, el aroma oscuro del boldo... El ciprés de las Guaitecas intercepta mi paso... Es un mundo vertical: una nación de pájaros, una muchedumbre de hojas... Tropiezo en una piedra, escarbo la cavidad descubierta, una inmensa araña de cabellera roja me mira con ojos fijos, inmóvil, grande como un cangrejo... Un cárabo dorado me lanza su emanación mefítica, mientras desaparece como un relámpago su radiante arcoíris... Al pasar, cruzo un bosque de helechos mucho más alto que mi persona: se me dejan caer en la cara sesenta lágrimas desde sus verdes ojos fríos, y detrás de mí quedan por mucho tiempo temblando sus abanicos... Un tronco podrido: qué tesoro!... Hongos negros y azules le han dado orejas, rojas plantas parásitas lo han colmado de rubíes, otras plantas perezosas le han prestado sus barbas y brota, veloz, una culebra desde sus entrañas podridas, como una emanación, como que al tronco muerto se le escapara el alma... Más lejos cada árbol se separó de sus semejantes... Se yerguen sobre la alfombra de la selva secreta, y cada uno de los follajes, lineal, encrespado, ramoso, lanceolado, tiene un estilo diferente, como cortado por una tijera de movimientos infinitos... Una barranca; abajo el agua transparente se desliza sobre el granito y el jaspe... Vuela una mariposa pura como un limón, danzando entre el

*agua y la luz... A mi lado me saludan con sus cabecitas amarillas las infinitas calceolarias... En la altura, como gotas arteriales de la selva mágica se cimbran los copihues rojos (*Lapageria rosea*)... El copihue rojo es la flor de la sangre, el copihue blanco es la flor de la nieve... En un temblor de hojas atravesó el silencio la velocidad de un zorro, pero el silencio es la ley de estos follajes... Apenas el grito lejano de un animal confuso... La intersección penetrante de un pájaro escondido... El universo vegetal susurra apenas hasta que una tempestad ponga en acción toda la música terrestre.*

Quien no conoce el bosque chileno, no conoce este planeta. De aquellas tierras, de aquel barro, de aquel silencio, he salido yo a andar, a cantar por el mundo.

Infancia y poesía

Comenzaré por decir, sobre los días y años de mi infancia, que mi único personaje inolvidable fue la lluvia. La gran lluvia austral que cae como una catarata del Polo, desde los cielos del Cabo de Hornos hasta la frontera. En esta frontera, o *Far West* de mi patria, nací a la vida, a la tierra, a la poesía y a la lluvia.

Por mucho que he caminado me parece que se ha perdido ese arte de llover que se ejercía como un poder terrible y sutil en mi Araucanía natal. Llovía meses enteros, años enteros. La lluvia caía en hilos como largas agujas de vidrio que se rompían en los techos, o llegaban en olas transparentes contra las ventanas, y cada casa era una nave que difícilmente llegaba a puerto en aquel océano de invierno.

Esta lluvia fría del sur de América no tiene las rachas impulsivas de la lluvia caliente que cae como un látigo y pasa dejando el cielo azul. Por el contrario, la lluvia austral tiene paciencia y continúa, sin término, cayendo desde el cielo gris.

Frente a mi casa, la calle se convirtió en un inmenso mar de lodo. A través de la lluvia veo por la ventana que una carreta se ha empantanado en medio de la calle. Un campesino, con manta de castilla negra, hostiga a los bueyes que no pueden más entre la lluvia y el barro.

Por las veredas, pisando en una piedra y en otra, contra frío y lluvia, andábamos hacia el colegio. Los paraguas se los llevaba el viento. Los impermeables eran caros, los guantes no me gustaban, los zapatos se empapaban. Siempre recordaré los calcetines mojados junto al brasero y muchos zapatos echando vapor, como pequeñas locomotoras. Luego venían las inundaciones, que se llevaban las poblaciones donde vivía la gente más pobre, junto al río. También la tierra se sacudía, temblorosa. Otras veces, en la cordillera asomaba un penacho de luz terrible: el volcán Llaima despertaba.

Temuco es una ciudad pionera, de esas ciudades sin pasado, pero con ferreterías. Como los indios no saben leer, las ferreterías ostentan sus notables emblemas en las calles: un inmenso serrucho, una olla gigantesca, un candado ciclópeo, una cuchara antártica.

Si Temuco era la avanzada de la vida chilena en los territorios del sur de Chile, esto significaba una larga historia de sangre.

Al empuje de los conquistadores españoles, después de trescientos años de lucha, los araucanos se replegaron hacia aquellas regiones frías. Pero los chilenos continuaron lo que se llamó «la pacificación de la Araucanía», es decir, la continuación de una guerra a sangre y fuego, para desposeer a nuestros compatriotas de sus tierras. Contra los indios todas las armas se usaron con generosidad: el disparo de carabina, el incendio de sus chozas, y luego, en forma más paternal, se empleó la ley y el alcohol. El abogado se hizo también especialista en el despojo de sus campos, el juez los condenó cuando protestaron, el sacerdote los amenazó con el fuego eterno. Y, por fin, el aguardiente consumó el aniquilamiento de una raza soberbia cuyas proezas, valentía y belleza, dejó grabadas en estrofas de hierro y de jaspe don Alonso de Ercilla en su *Araucana*.

Mis padres llegaron de Parral, donde yo nací. Allí, en el centro de Chile, crecen las viñas y abunda el vino. Sin que yo lo recuerde, sin saber que la miré con mis ojos, murió mi madre doña Rosa Basoalto. Yo nací el 12 de julio de 1904, y dos meses después, en septiembre, agotada por la tuberculosis, mi madre ya no existía.

La vida era dura para los pequeños agricultores del centro del país. Mi abuelo, don José Ángel Reyes, tenía poca tierra y muchos hijos. Los nombres de mis tíos me parecieron nombres de príncipes de reinos lejanos. Se llamaban Amós, Oseas, Joel, Abadías. Mi padre se llamaba simplemente José del Carmen. Salió muy joven de las tierras paternas y trabajó de obrero en los diques del puerto de Talcahuano, terminando como ferroviario en Temuco.

Era conductor de un tren lastrero. Pocos saben lo que es un tren lastrero. En la región austral, de grandes vendavales, las aguas se llevarían los rieles si no se les echara piedrecillas entre los durmientes. Hay que sacar en capachos el lastre de las canteras y volcar la piedra menuda en los carros planos. Hace cuarenta años la tripulación de un tren de esta clase tenía que ser formidable. Venían de los campos, de los suburbios, de las cárceles. Eran gigantescos y musculosos peones. Los salarios de la empresa eran miserables y no se pedían antecedentes a los que querían trabajar en los trenes lastreros. Mi padre era el conductor del tren. Se había acostumbrado a mandar y a obedecer. A veces me llevaba con él. Picábamos piedra en Boroa, corazón silvestre de la frontera, escenario de los terribles combates entre españoles y araucanos.

La naturaleza allí me daba una especie de embriaguez. Me atraían los pájaros, los escarabajos, los huevos de perdiz. Era milagroso encontrarlos en las quebradas, empavonados, oscuros y relucientes, con un color parecido al del cañón de una escopeta. Me asombraba la perfección de los insectos. Recogía las «madres de la culebra». Con este nombre extravagante se designaba al mayor coleóptero, negro, bruñido y fuerte, el titán de los insectos de Chile. Estremece verlo de pronto en los troncos de los maquis y de los manzanos silvestres, de los coihues, pero yo sabía que era tan fuerte que podía pararme con mis pies sobre él y no se rompería. Con su gran dureza defensiva no necesitaba veneno.

Estas exploraciones mías llenaban de curiosidad a los trabajadores. Pronto comenzaron a interesarse en mis descubrimientos. Apenas se descuidaba mi padre se largaban por la selva virgen y con más destreza, más inteligencia y más fuerza que yo, encontraban para mí tesoros increíbles. Había uno que se llamaba Monge. Según mi padre, un peligroso cuchillero. Tenía dos grandes líneas en su cara morena. Una era la cicatriz vertical de un cuchillazo y la otra su sonrisa blanca, horizontal, llena de simpatía y de picardía. Este Monge me traía copihues blancos, arañas peludas, crías de torcazas, y una vez descubrió para mí lo más deslumbrante, el coleóptero del coihue y de la luma. No sé si ustedes lo han visto alguna vez. Yo solo lo vi en aquella ocasión. Era un relámpago vestido de arcoíris. El rojo y el violeta y el verde y el amarillo deslumbraban en su caparazón. Como un relámpago se me escapó de las manos y se volvió a la selva. Ya no estaba Monge para que me lo cazara. Nunca me he recobrado de aquella aparición deslumbrante. Tampoco he olvidado a aquel amigo. Mi padre me contó su muerte. Cayó del tren y rodó por un precipicio. Se detuvo el convoy, pero, me decía mi padre, ya solo era un saco de huesos.

Es difícil dar una idea de una casa como la mía, casa típica de la frontera, hace sesenta años.

En primer lugar, los domicilios familiares se intercomunicaban. Por el fondo de los patios, los Reyes y los Ortegas, los Candia y los Mason se intercambiaban herramientas o libros, tortas de cumpleaños, ungüentos para fricciones, paraguas, mesas y sillas.

Estas casas pioneras cubrían todas las actividades de un pueblo.

Don Carlos Mason, norteamericano de blanca melena, parecido a Emerson, era el patriarca de esta familia. Sus hijos Mason eran profundamente criollos. Don Carlos Mason tenía código y biblia. No era un imperialista, sino un fundador original. En esta familia, sin que nadie tuviera dinero, crecían imprentas, hoteles, carnicerías. Algunos hijos eran directores de periódicos y otros eran obreros en la misma imprenta. Todo pasaba con el tiempo y todo el mundo quedaba tan pobre como antes. Solo los alemanes mantenían esa irreductible conservación de sus bienes, que los caracterizaba en la frontera.

Las casas nuestras tenían, pues, algo de campamento. O de empresas descubridoras. Al entrar se veían barricas, aperos, monturas, y objetos indescriptibles.

Quedaban siempre habitaciones sin terminar, escaleras inconclusas. Se hablaba toda la vida de continuar la construcción. Los padres comenzaban a pensar en la universidad para sus hijos.

En la casa de don Carlos Mason se celebraban los grandes festejos.

En toda comida de onomástico había pavos con apio, corderos asados al palo y leche nevada de postre. Hace ya muchos años que no pruebo la leche nevada. El patriarca de pelo blanco se sentaba en la cabecera de la mesa interminable, con su esposa, doña Micaela Candia. Detrás de él había una inmensa bandera chilena, a la que se le había adherido con un alfiler una minúscula banderita norteamericana. Esa era también la proporción de la sangre. Prevalecía la estrella solitaria de Chile.

En esta casa de los Mason había también un salón al que no nos dejaban entrar a los chicos. Nunca supe el verdadero color de los muebles porque estuvieron cubiertos con fundas blancas hasta que se los llevó un incendio. Había allí un álbum con fotografías de la familia. Estas fotos eran más finas y delicadas que las terribles ampliaciones iluminadas que invadieron después la frontera.

Allí había un retrato de mi madre. Era una señora vestida de negro, delgada y pensativa. Me han dicho que escribía versos, pero nunca los vi, sino aquel hermoso retrato.

Mi padre se había casado en segundas nupcias con doña Trinidad Candia Marverde, mi madrastra. Me parece increíble tener que dar este nombre al ángel tutelar de mi infancia. Era diligente y dulce, tenía sentido del humor campesino, una bondad activa e infatigable.

Apenas llegaba mi padre, ella se transformaba solo en una sombra suave como todas las mujeres de entonces y de allá.

En aquel salón vi bailar mazurcas y cuadrillas.

Había en mi casa también un baúl con objetos fascinantes. En el fondo relucía un maravilloso loro de calendario. Un día que mi madre revolvía aquella arca sagrada yo me caí de cabeza adentro para alcanzar el loro. Pero cuando fui creciendo la abría secretamente. Había unos abanicos preciosos e impalpables.

Conservo otro recuerdo de aquel baúl. La primera novela de amor que me apasionó. Eran centenares de tarjetas postales, enviadas por alguien que las firmaba no sé si Enrique o Alberto y todas dirigidas a María Thielman. Estas tarjetas eran maravillosas. Eran retratos de las grandes actrices de la época con vidriecitos engastados y a veces cabellera pegada. También había castillos, ciudades y paisajes lejanos. Durante años solo me complací en las figuras. Pero, a medida que fui creciendo, fui leyendo aquellos mensajes de amor escritos con una perfecta caligrafía. Siempre me imaginé que el galán aquel era un hombre de sombrero hongo, de bastón y brillante en la corbata. Pero aquellas líneas eran de arrebatadora pasión. Estaban enviadas desde todos los puntos del globo por el viajero. Estaban llenas de frases deslumbrantes, de audacia enamorada. Comencé yo a enamorarme también de María Thielman. A ella me la imaginaba como una desdeñosa actriz, coronada de perlas. Pero, cómo habían llegado al baúl de mi madre esas cartas? Nunca pude saberlo.

A la ciudad de Temuco llegó el año 1910. En este año memorable entré al liceo, un vasto caserón con salas destartaladas y subterráneos sombríos. Desde la altura del liceo, en primavera, se divisaba el ondulante y delicioso río Cautín, con sus márgenes pobladas por manzanos silvestres. Nos escapábamos de las clases para meter los pies en el agua fría que corría sobre las piedras blancas.

Pero el liceo era un terreno de inmensas perspectivas para mis seis años de edad. Todo tenía posibilidad de misterio. El laboratorio de Física, al que no me dejaban entrar, lleno de instrumentos deslumbrantes, de retortas y cubetas. La biblioteca, eternamente cerrada. Los hijos de los pioneros no gustaban de la sabiduría. Sin embargo, el sitio de mayor fascinación era el subterráneo. Había allí un silencio y una oscuridad muy grandes. Alumbrándonos con velas jugábamos a la guerra. Los vencedores amarraban a los prisioneros a las viejas columnas. Todavía conservo en la memoria el olor a humedad, a sitio escondido, a tumba, que emanaba del subterráneo del liceo de Temuco.

Fui creciendo. Me comenzaron a interesar los libros. En las hazañas de Buffalo Bill, en los viajes de Salgari, se fue extendiendo mi espíritu por las regiones del sueño. Los primeros amores, los purísimos, se desarrollaban en cartas enviadas a Blanca Wilson. Esta muchacha era la hija del herrero y uno de los muchachos, perdido de amor por ella, me pidió que le escribiera sus cartas de amor. No recuerdo cómo serían estas cartas, pero tal vez fueron mis primeras obras literarias, pues, cierta vez, al encontrarme con la colegiala, esta me preguntó si yo era el autor de las cartas que le llevaba su enamorado. No me atreví a renegar de mis obras y muy turbado le respondí que sí. Entonces me pasó un membrillo que por supuesto no quise comer y guardé como un tesoro. Desplazado así mi compañero en el corazón de la muchacha, continué escribiéndole a ella interminables cartas de amor y recibiendo membrillos.

Los muchachos en el liceo no conocían ni respetaban mi condición de poeta. La frontera tenía ese sello maravilloso de *Far West* sin prejuicios. Mis compañeros se llamaban Schnakes, Schlers, Hausers, Smiths, Taitos, Seranis. Éramos iguales entre los Aracenas y los Ramírez y los Reyes. No había apellidos vascos. Había sefarditas: Albalas, Francos. Había irlandeses: Mc Gyntis. Polacos: Yanichewkys. Brillaban con luz oscura los apellidos araucanos, olorosos a madera y agua: Melivilus, Catrileos.

Combatíamos, a veces, en el gran galpón cerrado, con bellotas de encina. Nadie que no lo haya recibido sabe lo que duele un bellotazo. Antes de llegar al liceo nos llenábamos los bolsillos de armamentos. Yo tenía escasa capacidad, ninguna fuerza y poca astucia. Siempre llevaba la peor parte. Mientras me entretenía observando la maravillosa bellota, verde y pulida, con su caperuza rugosa y gris, mientras trataba torpemente de fabricarme con ella una de esas pipas que luego me arrebataban, ya me había caído un diluvio de bellotazos en la cabeza. Cuando estaba en el segundo año se me ocurrió llevar un sombrero impermeable de color verde vivo. Este sombrero pertenecía a mi padre; como su manta de castilla, sus faroles de señales verdes y rojas que estaban cargados de fascinación para mí y apenas podía los llevaba al colegio para pavonearme con ellos... Esta vez llovía implacablemente y nada más formidable que el sombrero de hule verde que parecía un loro. Apenas llegué al galpón en que corrían como locos trescientos forajidos, mi sombrero voló como un loro. Yo lo perseguía y cuando lo iba a cazar volaba de nuevo entre los aullidos más ensordecedores que escuché jamás. Nunca lo volví a ver.

En estos recuerdos no veo bien la precisión periódica del tiempo. Se me confunden hechos minúsculos que tuvieron importancia para mí y me parece que debe ser esta mi primera aventura erótica, extrañamente mezclada a la historia natural. Tal vez el amor y la naturaleza fueron desde muy temprano los yacimientos de mi poesía.

Frente a mi casa vivían dos muchachas que de continuo me lanzaban miradas que me ruborizaban. Lo que yo tenía de tímido y de silencioso lo tenían ellas de precoces y diabólicas. Esa vez, parado en la puerta de mi casa, trataba de no mirarlas. Tenían en sus manos algo que me fascinaba. Me acerqué con cautela y me mostraron un nido de pájaro silvestre, tejido con musgo y plumillas, que guardaba en su interior unos maravillosos huevecillos de color turquesa. Cuando fui a tomarlo una de ellas me dijo que primero debían hurgar en mis ropas. Temblé de terror y me escabullí rápidamente, perseguido por las jóvenes ninfas que enarbolaban el incitante tesoro. En la persecución entré por un callejón hacia el local deshabitado de una panadería de propiedad de mi padre. Las asaltantes lograron alcanzarme y comenzaban a despojarme de mis pantalones cuando por el corredor se oyeron los pasos de mi padre. Allí terminó el nido. Los maravillosos huevecillos quedaron rotos en la panadería abandonada, mientras, debajo del mostrador, asaltado y asaltantes conteníamos la respiración.

Recuerdo también que una vez, buscando los pequeños objetos y los minúsculos seres de mi mundo en el fondo de mi casa, encontré un agujero en una tabla del cercado. Miré a través del hueco y vi un terreno igual al de mi casa, baldío y silvestre. Me retiré unos pasos porque vagamente supe que iba a pasar algo. De pronto apareció una mano. Era la mano pequeñita de un niño de mi edad. Cuando me acerqué ya no estaba la mano y en su lugar había una diminuta oveja blanca.

Era una oveja de lana desteñida. Las ruedas con que se deslizaba se habían escapado. Nunca había visto yo una oveja tan linda. Fui a mi casa y volví con un regalo que dejé en el mismo sitio: una piña de pino, entreabierta, olorosa y balsámica que yo adoraba.

Nunca más vi la mano del niño. Nunca más he vuelto a ver una ovejita como aquella. La perdí en un incendio. Y aún ahora, en estos años, cuando paso por una juguetería, miro furtivamente las vitrinas. Pero es inútil. Nunca más se hizo una oveja como aquella.

El arte de la lluvia

Así como se desataban el frío, la lluvia y el barro de las calles, es decir, el cínico y desmantelado invierno del sur de América, el verano también llegaba a esas regiones, amarillo y abrasador. Estábamos rodeados de montañas vírgenes, pero yo quería conocer el mar. Por suerte mi voluntarioso padre consiguió una casa prestada de uno de sus numerosos compadres ferroviarios. Mi padre, el conductor, en plenas tinieblas, a las cuatro de la noche (nunca he sabido por qué se dice las cuatro de la mañana) despertaba a toda la casa con su pito de conductor. Desde ese minuto no había paz, ni tampoco había luz, y entre velas cuyas llamitas se doblegaban por causa de las rachas que se colaban por todas partes, mi madre, mis hermanos Laura y Rodolfo y la cocinera corrían de un lado a otro enrollando grandes colchones que se transformaban en pelotas inmensas envueltas en telas de yute que eran apresuradamente corridas por las mujeres. Había que embarcar las camas en el tren. Estaban calientes todavía los colchones cuando partían a la estación cercana. Enclenque y feble por naturaleza, sobresaltado en mitad del sueño, yo sentía náuseas y escalofríos. Mientras tanto los trajines seguían, sin terminar nunca, en la casa. No había cosa que no se llevaran para ese mes de vacaciones de pobres. Hasta los secadores de mimbre, que se ponían sobre los braseros encendidos para secar las sábanas y la ropa perpetuamente humedecida por el clima, eran etiquetados y metidos en la carreta que esperaba los bultos.

El tren recorría un trozo de aquella provincia fría desde Temuco hasta Carahue. Cruzaba inmensas extensiones deshabitadas sin cultivos, cruzaba los bosques vírgenes, sonaba como un terremoto por túneles y puentes. Las estaciones quedaban aisladas en medio del campo, entre aromos y manzanos floridos. Los indios araucanos con sus ropas rituales y su majestad ancestral esperaban en las estaciones para vender a los pasajeros corderos, gallinas, huevos y tejidos. Mi padre siempre compraba algo con interminable regateo. Era de ver su pequeña barba rubia levantando una gallina frente a una araucana impenetrable que no bajaba en medio centavo el precio de su mercadería.

Cada estación tenía un nombre más hermoso, casi todos heredados de las antiguas posesiones araucanas. Esa fue la región de los más encarnizados combates entre los invasores españoles y los primeros chilenos, hijos profundos de aquella tierra.

Labranza era la primera estación, Boroa y Ranquilco la seguían. Nombres con aroma de plantas salvajes, y a mí me cautivaban con sus sílabas. Siempre estos nombres araucanos significaban algo delicioso: miel escondida, lagunas o río cerca de un bosque, o monte con apellido de pájaro. Pasábamos por la pequeña aldea de Imperial donde casi fue ejecutado por el gobernador español el poeta don Alonso de Ercilla. En los siglos XV y XVI aquí estuvo la capital de los conquistadores. Los araucanos en su guerra patria inventaron la táctica de «tierra arrasada». No dejaron piedra sobre piedra de la ciudad descrita por Ercilla como bella y soberbia.

Y luego la llegada a la ciudad fluvial. El tren daba sus pitazos más alegres, oscurecía el campo y la estación ferroviaria con inmensos penachos de humo de carbón, tintineaban las campanas, y se olía ya el curso ancho, celeste y tranquilo, del río Imperial que se acercaba al océano. Bajar los bultos innumerables, ordenar la pequeña familia y dirigirnos en carreta tirada por bueyes hasta el vapor que bajaría por el río Imperial, era toda una función dirigida por los ojos azules y el pito ferroviario de mi padre. Bultos y nosotros nos metíamos en el barquito que nos llevaba al mar. No había camarotes. Yo me sentaba cerca de proa. Las ruedas movían con sus paletas la corriente fluvial, las máquinas de la pequeña embarcación resoplaban y rechinaban, la gente sureña taciturna se quedaba como muebles inmóviles dispersos por la cubierta.

Algún acordeón lanzaba su lamento romántico, su incitación al amor. No hay nada más invasivo para un corazón de quince años que una navegación por un río ancho y desconocido, entre riberas montañosas, en el camino del misterioso mar.

Bajo Imperial era solo una hilera de casas de techos colorados. Estaba situado sobre la frente del río. Desde la casa que nos esperaba y, aun antes, desde los muelles desvencijados donde atracó el vaporcito, escuché a la distancia el trueno marino, una conmoción lejana. El oleaje entraba en mi existencia.

La casa pertenecía a don Horacio Pacheco, agricultor gigantón que, durante ese mes de nuestra ocupación de su casa, iba y llevaba por las colinas y los caminos intransitables su locomóvil y su trilladora. Con su máquina cosechaba el trigo de los indios y de los campesinos, aislados de la población costera. Era un hombrón que de repente irrumpía en nuestra familia ferroviaria hablando con voz estentórea y cubierto de polvo y paja cereales. Luego, con el mismo estruendo, volvía a sus trabajos en las montañas. Fue para mí un ejemplo más de las vidas duras de mi región austral.

Todo era misterioso para mí en aquella casa, en las calles maltrechas, en las desconocidas existencias que me rodeaban, en el sonido profundo de la marina lejanía. La casa tenía lo que me pareció un inmenso jardín desordenado, con una glorieta central menoscabada por la lluvia, glorieta de maderos blancos cubiertos por las enredaderas. Salvo mi insignificante persona nadie entraba jamás en la sombría soledad donde crecían las yedras, las madreselvas y mi poesía. Por cierto que había en aquel jardín extraño otro objeto fascinante: era un bote grande, huérfano de un gran naufragio, que allí en el jardín yacía sin olas ni tormentas, encallado entre las amapolas.

Porque lo extraño de aquel jardín salvaje era que por designio o por descuido había solamente amapolas. Las otras plantas se habían retirado del sombrío recinto. Las había grandes y blancas como palomas, escarlatas como gotas de sangre, moradas y negras, como viudas olvidadas. Yo nunca había visto tanta inmensidad de amapolas y nunca más las he vuelto a ver. Aunque las miraba con mucho respeto, con cierto supersticioso temor que solo ellas infunden entre todas las flores, no dejaba de cortar de cuando en cuando alguna cuyo tallo quebrado dejaba una leche áspera en mis manos y una ráfaga de perfume inhumano. Luego acariciaba y guardaba en un libro los pétalos de seda suntuosos. Eran para mí alas de grandes mariposas que no sabían volar.

Cuando estuve por primera vez frente al océano quedé sobrecogido. Allí entre dos grandes cerros (el Huilque y el Maule) se desarrollaba la furia del gran mar. No solo eran las inmensas olas nevadas que se levantaban a muchos metros sobre nuestras cabezas, sino un estruendo de corazón colosal, la palpitación del universo.

Allí la familia disponía sus manteles y sus teteras. Los alimentos me llegaban enarenados a la boca, lo que no me importaba mucho. Lo que me asustaba era el momento apocalíptico en que mi padre nos ordenaba el baño de mar de cada día. Lejos de las olas gigantes, el agua nos salpicaba a mi hermana Laura y a mí con sus latigazos de frío. Y creíamos temblando que el dedo de una ola nos arrastraría hacia las montañas del mar. Cuando ya con los dientes castañeteando y las costillas amoratadas, nos disponíamos mi hermana y yo, tomados de la mano, a morir, sonaba el pito ferroviario y mi padre nos ordenaba salir del martirio.

Contaré otros misterios del territorio aquel. Uno eran los percherones y otro la casa de las tres mujeres encantadas.

Al extremo del villorrio se alzaban unas casas grandes. Eran establecimientos posiblemente de curtiembres. Pertenecían a unos vascos franceses. Casi siempre estos vascos manejaban en el sur de Chile las industrias del cuero. La verdad es que no sé bien de qué se trataba. Lo único que me interesaba era ver cómo salían de los portones, a cierta hora del atardecer, unos grandes caballos que atravesaban el pueblo.

Eran caballos percherones, potros y yeguas de estatura gigantesca. Sus grandes crines caían como cabelleras sobre los altísimos lomos. Tenían patas inmensas también cubiertas de ramos de pelambre que, al galopar, ondulaban como penachos. Eran rojos, blancos, rosillos, poderosos. Así habrían andado los volcanes si pudieran trotar y galopar como aquellos caballos colosales. Como una conmoción de terremoto caminaban sobre las calles polvorientas y pedregosas. Relinchaban roncamente haciendo un ruido subterráneo que estremecía la tranquila atmósfera. Arrogantes, inconmensurables y estatuarios, nunca he vuelto a ver caballos como esos en mi vida, a no ser aquellos que vi en China, tallados en piedra como monumentos tumbales de la dinastía Ming. Pero la piedra más venerable no puede dar el espectáculo de aquellas tremendas vidas animales que parecían, a mis ojos de niño, salir de la oscuridad de los sueños para dirigirse a otro mundo de gigantes.

En realidad, aquel mundo silvestre estaba lleno de caballos. Por las calles, jinetes chilenos, alemanes o mapuches, todos con ponchos de lana negra de castilla, subían o bajaban de sus monturas. Los animales flacos o bien tratados, escuálidos u opulentos, se quedaban allí donde los jinetes los dejaban, rumiando hierbas de las veredas y echando vapor por las narices. Estaban acostumbrados a sus amos y a la solitaria vida del poblado. Volvían más tarde, cargados con bolsas de comestibles o de herramientas, hacia las intrincadas alturas, subiendo por pésimos caminos o galopando infinitamente por la arena junto al mar. De cuando en cuando salía de una agencia de empeño o de una taberna sombría algún jinete araucano que, con dificultad, montaba a su inmutable caballo y que luego tomaba el camino de regreso a su casa entre los montes, tambaleando de lado a lado, borracho hasta la inconsciencia. Al mirarlo comenzar y continuar su camino, me parecía que el centauro alcoholizado iba a caer al suelo cada vez que se ladeaba peligrosamente, pero me equivocaba: siempre volvía a erguirse para luego inclinarse otra vez doblándose hacia el otro lado y siempre recuperándose pegado a la montura. Así continuaría montado sobre el caballo por kilómetros y kilómetros, hasta fundirse en la salvaje naturaleza como un animal vacilante, oscuramente invulnerable.

Muchos veranos más volvimos, con las mismas ceremonias domésticas, a la región fascinante. Fui creciendo, leyendo, enamorándome y escribiendo al paso del tiempo, entre los amargos inviernos de Temuco y el misterioso estío de la costa.

Me acostumbré a andar a caballo. Mi vida fue haciéndose más alta y espaciosa por las rutas de empinada arcilla, por caminos de curvas imprevistas. Me salían al encuentro los vegetales enmarañados, el silencio o el sonido de los pájaros selváticos, el estallido súbito de un árbol florido, cubierto con un traje escarlata como un inmenso arzobispo de las montañas, o nevado por una batalla de flores desconocidas. O de cuando en cuando también, inesperada, la flor del copihue, salvaje, indomable, irreductible, colgando de los matorrales como una gota fresca de sangre. Fui habituándome al caballo, a la montura, a los duros y complicados aperos, a las crueles espuelas que tintineaban en mis talones. Se comenzó por infinitas playas o montes enmarañados una comunicación entre mi alma, es decir, entre mi poesía y la tierra más solitaria del mundo. De esto hace muchos años, pero esa comunicación, esa revelación, ese pacto con el espacio han continuado existiendo en mi vida.

Mi primer poema

Ahora voy a contarles alguna historia de pájaros. En el lago Budi perseguían a los cisnes con ferocidad. Se acercaban a ellos sigilosamente en los botes y luego rápido, rápido remaban... Los cisnes, como los albatros, emprenden difícilmente el vuelo, deben correr patinando sobre el agua. Levantan con dificultad sus grandes alas. Los alcanzaban y a garrotazos terminaban con ellos.

Me trajeron un cisne medio muerto. Era una de esas maravillosas aves que no he vuelto a ver en el mundo, el cisne cuello negro. Una nave de nieve con el esbelto cuello como metido en una estrecha media de seda negra. El pico anaranjado y los ojos rojos.

Esto fue cerca del mar, en Puerto Saavedra, Imperial del Sur.

Me lo entregaron casi muerto. Bañé sus heridas y le empujé pedacitos de pan y de pescado a la garganta. Todo lo devolvía. Sin embargo, fue reponiéndose de sus lastimaduras, comenzó a comprender que yo era su amigo. Y yo comencé a comprender que la nostalgia lo mataba. Entonces, cargando el pesado pájaro en mis brazos por las calles, lo llevaba al río. Él nadaba un poco, cerca de mí. Yo quería que pescara y le indicaba las piedrecitas del fondo, las arenas por donde se deslizaban los plateados peces del sur. Pero él miraba con ojos tristes la distancia.

Así cada día, por más de veinte, lo llevé al río y lo traje a mi casa. El cisne era casi tan grande como yo. Una tarde estuvo más ensimismado, nadó cerca de mí, pero no se distrajo con las musarañas con que yo quería enseñarle de nuevo a pescar. Se estuvo muy quieto y lo tomé de nuevo en brazos para llevármelo a casa. Entonces, cuando lo tenía a la altura de mi pecho, sentí que se desenrollaba una cinta, algo como un brazo negro me rozaba la cara. Era su largo y ondulante cuello que caía. Así aprendí que los cisnes no cantan cuando mueren.

El verano es abrasador en Cautín. Quema el cielo y el trigo. La tierra quiere recuperarse de su letargo. Las casas no están preparadas para el verano, como no lo estuvieron para el invierno. Yo me voy por el campo y ando, ando. Me pierdo en el cerro Ñielol. Estoy solo, tengo el bolsillo lleno de escarabajos. En una caja llevo una araña peluda recién cazada. Arriba no se ve el cielo. La selva está siempre húmeda, me resbalo; de repente grita un pájaro, es el grito fantasmal del chucao. Crece desde mis pies una advertencia aterradora. Apenas se distinguen como gotas de sangre los copihues. Soy solo un ser minúsculo bajo los helechos gigantes. Junto a mi boca vuela una torcaza con un ruido seco de alas. Más arriba otros pájaros se ríen de mí con risa ronca. Encuentro difícilmente el camino. Ya es tarde.

Mi padre no ha llegado. Llegará a las tres o a las cuatro de la mañana. Me voy arriba, a mi pieza. Leo a Salgari. Se descarga la lluvia como una catarata. En un minuto la noche y la lluvia cubren el mundo. Allí estoy solo y en mi cuaderno de aritmética escribo versos. A la mañana siguiente me levanto muy temprano. Las ciruelas están verdes. Salto los cerros. Llevo un paquetito con sal. Me subo a un árbol, me instalo cómodamente, muerdo con cuidado una ciruela y le saco un pedacito, luego la empapo con la sal. Me la como. Así hasta cien ciruelas. Ya lo sé que es demasiado.

Como se nos ha incendiado la casa, esta nueva es misteriosa. Subo al cerco y miro a los vecinos. No hay nadie. Levanto unos palos. Nada más que unas miserables arañas chicas. En el fondo del sitio está el excusado. Los árboles junto a él tienen orugas. Los almendros muestran su fruta forrada en felpa blanca. Sé cómo cazar los moscardones sin hacerles daño, con un pañuelo. Los mantengo prisioneros un rato y los levanto a mis oídos. Qué precioso zumbido!

Qué soledad la de un pequeño niño poeta, vestido de negro, en la frontera espaciosa y terrible. La vida y los libros poco a poco me van dejando entrever misterios abrumadores.

No puedo olvidarme de lo que leí anoche: la fruta del pan salvó a Sandokán y a sus compañeros en una lejana Malasia.

No me gusta Buffalo Bill porque mata a los indios. Pero qué buen corredor de caballo! Qué hermosas las praderas y las tiendas cónicas de los pieles rojas!

Muchas veces me han preguntado cuándo escribí mi primer poema, cuándo nació en mí la poesía.

Trataré de recordarlo. Muy atrás en mi infancia y habiendo apenas aprendido a escribir, sentí una vez una intensa emoción y tracé unas cuantas palabras semirrimadas, pero extrañas a mí, diferentes del lenguaje diario. Las puse en limpio en un papel, preso de una ansiedad profunda, de un sentimiento hasta entonces desconocido, especie de angustia y de tristeza. Era un poema dedicado a mi madre, es decir, a la que conocí por tal, a la angelical madrastra cuya suave sombra protegió toda mi infancia. Completamente incapaz de juzgar mi primera producción, se la llevé a mis padres. Ellos estaban en el comedor, sumergidos en una de esas conversaciones en voz baja que dividen más que un río el mundo de los niños y el de los adultos. Les alargué el papel con las líneas, tembloroso aún con la primera visita de la inspiración. Mi padre, distraídamente, lo tomó en sus manos, distraídamente lo leyó, distraídamente me lo devolvió, diciéndome:

—¿De dónde lo copiaste?

Y siguió conversando en voz baja con mi madre de sus importantes y remotos asuntos.

Me parece recordar que así nació mi primer poema y que así recibí la primera muestra distraída de la crítica literaria.

Mientras tanto avanzaba en el mundo del conocimiento, en el desordenado río de los libros como un navegante solitario. Mi avidez de lectura no descansaba de día ni de noche. En la costa, en el pequeño Puerto Saavedra, encontré una biblioteca municipal y un viejo poeta, don Augusto Winter, que se admiraba de mi voracidad literaria. «¿Ya los leyó?», me decía, pasándome un nuevo Vargas Vila, un Ibsen, un Rocambole. Como un avestruz, yo tragaba sin discriminar.

Por ese tiempo llegó a Temuco una señora alta, con vestidos muy largos y zapatos de taco bajo. Era la nueva directora del Liceo de Niñas. Venía de nuestra ciudad austral, de las nieves de Magallanes. Se llamaba Gabriela Mistral.

Yo la miraba pasar por las calles de mi pueblo con sus ropones talares, y le tenía miedo. Pero, cuando me llevaron a visitarla, la encontré buenamoza. En su rostro tostado en que la sangre india predominaba como en un bello cántaro araucano, sus dientes blanquísimos se mostraban en una sonrisa plena y generosa que iluminaba la habitación.

Yo era demasiado joven para ser su amigo, y demasiado tímido y ensimismado. La vi muy pocas veces. Lo bastante para que cada vez saliera con algunos libros que me regalaba. Eran siempre novelas rusas que ella consideraba como lo más extraordinario de la literatura mundial.

Puedo decir que Gabriela me embarcó en esa seria y terrible visión de los novelistas rusos y que Tolstói, Dostoievski, Chéjov entraron en mi más profunda predilección. Siguen acompañándome.

La casa de las tres viudas

Una vez me convidaron a una trilla de yeguas. Era un sitio alto, por las montañas, y quedaba bastante lejos del pueblo. Me gustó la aventura de irme solo, adivinando los caminos en aquellas serranías. Pensé que si me perdía, alguien me daría auxilio. Con mi cabalgadura nos distanciamos de Bajo Imperial y pasamos estrechamente la barra del río. El Pacífico allí se desencadena y ataca con intermitencia las rocas y los matorrales del cerro Maule, última colina, muy alta ella. Luego me desvié por las márgenes del lago Budi. El oleaje asaltaba con tremendos golpes los pedestales del cerro. Había que aprovechar aquellos minutos en que una ola se desbarataba y se recogía para recobrar su fuerza. Entonces atravesábamos apresuradamente el trecho entre el cerro y el agua, antes de que una nueva ola nos aplastara a mí y a mi cabalgadura contra el áspero cerro.

Pasado el peligro, hacia el poniente comenzaba la lámina inmóvil y azul del lago. El arenal de la costa se extendía interminablemente hacia la desembocadura del lago Toltén, muy lejos de allí. Estas costas de Chile, a menudo farellónicas y rocosas, se transforman de pronto en cintas interminables y se puede viajar dos días y noches sobre la arena y junto a la espuma del mar.

Son playas que parecen infinitas. Forman a lo largo de Chile como el anillo de un planeta, como una sortija envolvente acosada por el estruendo de los mares australes: una pista que semeja dar la vuelta por la costa chilena hasta más allá del Polo Sur.

Por el lado de los bosques me saludaban los avellanos de ramajes verdeoscuros y brillantes, tachonados a veces por racimos de frutas, avellanas que parecían pintadas de bermellón, tan rojas son en esa época del año. Los colosales helechos del sur de Chile eran tan altos que pasábamos bajo sus ramas sin tocarlos, yo y mi caballo. Cuando mi cabeza rozaba sus verdes hojas, caía sobre nosotros una descarga de rocío. A mi lado derecho se extendía el lago Budi: una lámina constante y azul que limitaba con los lejanos bosques.

Solamente al final vi algunos habitantes. Eran extraños pescadores. En aquel trecho en que se unen, o se besan, o se agreden el océano y el lago, quedaban entre dos aguas algunos peces marinos, expulsados por las aguas violentas. Especialmente codiciadas eran las grandes lisas, anchos peces plateados que en esos bajíos se debatían extraviados. Los pescadores, uno, dos, cuatro, cinco, verticales y ensimismados, acechaban el rastro de los peces perdidos y, de pronto, con un golpe formidable dejaban caer un largo tridente sobre el agua. Luego levantaban en lo alto aquellas ovaladas pulpas de plata que temblaban y brillaban al sol antes de morir en el cesto de los pescadores. Ya atardecía. Había abandonado las riberas del lago y me había internado buscando el rumbo en las encrespadas estribaciones de los montes. Oscurecía palmo a palmo. De pronto cruzaba como un ronco susurro el lamento de un desconocido pájaro selvático. Algún águila o cóndor desde la altura crepuscular parecía detener sus alas negras, señalando mi presencia, siguiéndome con pesado vuelo. Aullaban o ladraban o cruzaban el camino veloces zorros de cola roja, o ignoradas alimañas del bosque secreto.

Comprendí que me había extraviado. La noche y la selva, que fueron mi regocijo, ahora me amenazaban, me llenaban de pavor. Un único, solitario viajero se cruzó de repente conmigo en la oscureciente soledad del camino. Al acercarnos y detenerme vi que era uno más de esos campesinos desgarbados, de poncho pobre y caballo flaco, que de cuando en cuando emergían del silencio.

Le conté lo que me pasaba.

Me contestó que ya no llegaría yo aquella noche a la trilla. Él conocía rincón por rincón todo el paisaje; sabía el lugar exacto donde estaban trillando. Le dije que yo no quería pasar la noche a la intemperie; le pedí que me diera algún consejo para guarecerme hasta que amaneciera. Sobriamente me indicó que siguiera por dos leguas un pequeño sendero derivado del camino. «De lejos va a ver las luces de una casa grande de madera, de dos pisos», me dijo.

—Es un hotel? —le pregunté.

—No, jovencito. Pero lo recibirán muy bien. Son tres señoras francesas madereras que viven aquí desde hace treinta años. Son muy buenas con todo el mundo. Lo acogerán a usted.

Agradecí al huaso sus parsimoniosos consejos y él se alejó trotando sobre el desvencijado caballejo. Yo continué por el estrecho sendero, como un alma en pena. Una luna virginal, curva y blanca como un fragmento de uña recién cortada, comenzaba su ascenso por el cielo.

Cerca de las nueve de la noche divisé las inconfundibles luces de una casa. Apresuré mi caballo antes de que cerrojos y trancas me vedaran la entrada a aquel milagroso santuario. Pasé las tranqueras de la propiedad y, esquivando troncos cortados y montañas de aserrín, llegué a la puerta o pórtico blanco de aquella casa tan insólitamente perdida en aquellas soledades. Llamé a la puerta, primero suavemente, luego con más fuerza. Cuando pasaron los minutos y pavorosamente imaginé que no había nadie, apareció una señora de pelo blanco, delgada y enlutada. Me examinó con ojos severos y luego entreabrió la puerta para interrogar al intempestivo viajero.

—¿Quién es usted y qué desea? —dijo una voz suave de fantasma.

—Me he perdido en la selva. Soy estudiante. Me convidaron a la trilla de los Hernández. Vengo muy cansado. Me dijeron que usted y sus hermanas son muy bondadosas. Solo deseo dormir en cualquier rincón y seguir al alba mi camino hacia la cosecha de los Hernández.

—Adelante —me contestó—. Está usted en su casa.

Me llevó a un salón oscuro y ella misma encendió dos o tres lámparas de parafina. Observé que eran bellas lámparas *art nouveau*, de opalina y bronces dorados. El salón olía a húmedo. Grandes cortinas rojas resguardaban las altas ventanas. Los sillones estaban cubiertos por una camisa blanca que los preservaba. ¿De qué?

Aquel era un salón de otro siglo, indefinible e inquietante como un sueño. La nostálgica dama de cabellera blanca, vestida de luto, se movía sin que yo viera sus pies, sin que se oyeran sus pasos, tocando sus manos una cosa u otra, un álbum, un abanico, de aquí para allá, dentro del silencio.

Me pareció haber caído al fondo de un lago y en sus honduras sobrevivir soñando, muy cansado. De pronto entraron dos señoras idénticas a la que me recibió. Era ya tarde y hacía frío. Se sentaron a mi alrededor, una con leve sonrisa de lejanísima coquetería, la otra mirándome con los mismos melancólicos ojos de la que me abrió la puerta.

La conversación se fue súbitamente muy lejos de aquellos campos remotos, lejos también de la noche taladrada por miles de insectos, croar de ranas y cantos de pájaros nocturnos. Indagaban sobre mis estudios. Nombré inesperadamente a Baudelaire, diciéndoles que yo había empezado a traducir sus versos.

Fue como una chispa eléctrica. Las tres damas apagadas se encendieron. Sus transidos ojos y sus rígidos rostros se transmutaron, como si se les hubieran desprendido tres máscaras antiguas de sus antiguos rasgos.

—¡Baudelaire! —exclamaron. Es quizá la primera vez, desde que el mundo existe, que se pronuncia ese nombre en estas soledades. Aquí tenemos sus *Fleurs du mal.* Solamente nosotras podemos leer sus maravillosas páginas en quinientos kilómetros a la redonda. Nadie sabe francés en estas montañas.

Dos de las hermanas habían nacido en Aviñón. La más joven, francesa también de sangre, era chilena de nacimiento. Sus abuelos, sus padres, todos sus familiares habían muerto hacía mucho tiempo. Ellas tres se acostumbraron a la lluvia, al viento, al aserrín del aserradero, al contacto de un escasísimo número de campesinos primitivos y de sirvientes rústicos. Decidieron quedarse allí, única casa en aquellas montañas hirsutas.

Entró una empleada indígena y susurró algo al oído de la señora mayor. Salimos entonces, a través de corredores helados, para llegar al comedor. Me quedé atónito. En el centro de la estancia, una mesa redonda de largos manteles blancos se iluminaba con dos candelabros de plata llenos de velas encendidas. La plata y el cristal brillaban a la par en aquella mesa sorprendente.

Me invadió una timidez extrema, como si me hubiera invitado la reina Victoria a comer en su palacio. Llegaba desgreñado, fatigado y polvoriento, y aquella era una mesa que parecía haber estado esperando a un príncipe. Yo estaba muy lejos de serlo. Más bien debía parecerles un sudoroso arriero que había dejado a la puerta su tropilla de ganado.

Pocas veces he comido tan bien. Mis anfitrionas eran maestras de cocina y habían heredado de sus abuelos las recetas de la dulce Francia. Cada guiso era inesperado, sabroso y oloroso. De sus bodegas trajeron vinos viejos, conservados por ellas según las leyes del vino de Francia.

A pesar de que el cansancio me cerraba de repente los ojos, les oía referir cosas extrañas. El mayor orgullo de las hermanas era el refinamiento culinario; la mesa era para ellas el cultivo de una herencia sagrada, de una cultura a la que nunca más regresarían, apartadas de su patria por el tiempo y por mares inmensos. Me mostraron, como burlándose de sí mismas, un curioso fichero.

—Somos unas viejas maniáticas —me dijo la menor.

Durante treinta años habían sido visitadas por veintisiete viajeros que llegaron hasta esta casa remota, unos por negocios, otros por curiosidad, algunos como yo por azar. Lo nunca visto era que guardaban una ficha relativa a cada uno de ellos, con la fecha de la visita y el menú que ellas habían aderezado en cada ocasión.

—El menú lo conservamos para no repetir un solo plato, si alguna vez volvieran esos amigos.

Me fui a dormir y caí en la cama como un saco de cebollas en un mercado. Al alba, en la oscuridad, encendí una vela, me lavé y me vestí. Ya clareaba cuando uno de los mozos me ensilló el caballo. No me atreví a despedirme de las damas gentiles y enlutadas. En el fondo de mí algo me decía que todo aquello había sido un sueño extraño y encantador y que no debía despertarme para no romper el hechizo.

Hace ya cuarenta y cinco años de este suceso, acontecido en el comienzo de mi adolescencia. Qué habrá pasado con aquellas tres señoras desterradas con sus *Fleurs du mal* en medio de la selva virgen? Qué habrá sido de sus viejas botellas de vino, de su mesa resplandeciente iluminada por veinte bujías? Cuál habrá sido el destino de los aserraderos y de la casa blanca perdida entre los árboles?

Habrá sobrevenido lo más sencillo de todo: la muerte y el olvido? Quizá la selva devoró aquellas vidas y aquellos salones que me acogieron en una noche inolvidable. Pero en mi recuerdo siguen viviendo como en el fondo transparente del lago de los sueños. Honor a esas tres mujeres melancólicas que en su salvaje soledad lucharon sin utilidad ninguna para mantener un antiguo decoro. Defendían lo que supieron hacer las manos de sus antepasados, es decir, las últimas gotas de una cultura deliciosa, allá lejos, en el último límite de las montañas más impenetrables y más solitarias del mundo.

El amor junto al trigo

Llegué al campamento de los Hernández antes del mediodía, fresco y alegre. Mi cabalgata solitaria por los caminos desiertos, el descanso del sueño, todo eso refulgía en mi taciturna juventud.

La trilla del trigo, de la avena, de la cebada, se hacía aún a yegua. No hay nada más alegre en el mundo que ver girar las yeguas, trotando alrededor de la parva del grano, bajo el grito acucioso de los jinetes. Había un sol espléndido, y el aire era un diamante silvestre que hacía brillar las montañas. La trilla es una fiesta de oro. La paja amarilla se acumula en montañas doradas; todo es actividad y bullicio; sacos que corren y se llenan; mujeres que cocinan; caballos que se desbocan; perros que ladran; niños que a cada instante hay que librar, como si fueran frutos de la paja, de las patas de los caballos.

Los Hernández eran una tribu singular. Los hombres despeinados y sin afeitarse, en mangas de camisa y con revólver al cinto, estaban casi siempre pringados de aceite, de polvo cereal, de barro, o mojados hasta los huesos por la lluvia. Padres, hijos, sobrinos, primos eran todos de la misma catadura. Permanecían horas enteras ocupados debajo de un motor, encima de un techo, trepados a una máquina trilladora. Nunca conversaban. De todo hablaban en broma, salvo cuando se peleaban. Para pelear eran unas trombas marinas; arrasaban con lo que se les ponía por delante. Eran también los primeros en los asados de res a pleno campo, en el vino tinto y en las guitarras plañideras. Eran hombres de la frontera, la gente que a mí me gustaba. Yo, estudiantil y pálido, me sentía disminuido junto a aquellos bárbaros activos; y ellos, no sé por qué, me trataban con cierta delicadeza que en general no tenían para nadie.

Después del asado, de las guitarras, del cansancio cegador del sol y del trigo, había que arreglárselas para pasar la noche. Los matrimonios y las mujeres solas se acomodaban en el suelo, dentro del campamento levantado con tablas recién cortadas. En cuanto a los muchachos, fuimos destinados a dormir en la era. La era elevaba su montaña de paja y podía incrustarse un pueblo entero en su blandura amarilla.

Para mí todo aquello era una inusitada incomodidad. No sabía cómo desenvolverme. Puse cuidadosamente mis zapatos bajo una capa de paja de trigo, la cual debía servirme como almohada. Me quité la ropa, me envolví en mi poncho y me hundí en la montaña de paja. Quedé lejos de todos los otros que, de inmediato y en forma unánime, se consagraron a roncar.

Yo me quedé mucho tiempo tendido de espaldas, con los ojos abiertos, la cara y los brazos cubiertos por la paja. La noche era clara, fría y penetrante. No había luna pero las estrellas parecían recién mojadas por la lluvia y, sobre el sueño ciego de todos los demás, solamente para mí titilaban en el regazo del cielo. Luego me quedé dormido. Desperté de pronto porque algo se aproximaba a mí, un cuerpo desconocido se movía debajo de la paja y se acercaba al mío. Tuve miedo. Ese algo se arrimaba lentamente. Sentía quebrarse las briznas de paja, aplastadas por la forma desconocida que avanzaba. Todo mi cuerpo estaba alerta, esperando. Tal vez debía levantarme o gritar. Me quedé inmóvil. Oía una respiración muy cercana a mi cabeza.

De pronto avanzó una mano sobre mí, una mano grande, trabajadora, pero una mano de mujer. Me recorrió la frente, los ojos, todo el rostro con dulzura. Luego una boca ávida se pegó a la mía y sentí, a lo largo de todo mi cuerpo, hasta mis pies, un cuerpo de mujer que se apretaba conmigo.

Poco a poco mi temor se cambió en placer intenso. Mi mano recorrió una cabellera con trenzas, una frente lisa, unos ojos de párpados cerrados, suaves como amapolas. Mi mano siguió buscando y toqué dos senos grandes y firmes, unas anchas y redondas nalgas, unas piernas que me entrelazaban, y hundí los dedos en un pubis como musgo de las montañas. Ni una palabra salía ni salió de aquella boca anónima.

Cuán difícil es hacer el amor sin causar ruido en una montaña de paja, perforada por siete u ocho hombres más, hombres dormidos que por nada del mundo deben ser despertados. Mas lo cierto es que todo puede hacerse, aunque cueste infinito cuidado. Algo más tarde, también la desconocida se quedó bruscamente dormida junto a mí y yo, afiebrado por aquella situación, comencé a aterrorizarme. Pronto amanecería, pensaba, y los primeros trabajadores encontrarían a la mujer desnuda en la era, tendida junto a mí. Pero también yo me quedé dormido. Al despertar extendí la mano sobresaltado y solo encontré un hueco tibio, su tibia ausencia. Pronto un pájaro empezó a cantar y luego la selva entera se llenó de gorjeos. Sonó un pitazo de motor, y hombres y mujeres comenzaron a transitar y afanarse junto a la era y sus trabajos. El nuevo día de la trilla se iniciaba.

Al mediodía almorzábamos reunidos alrededor de unas largas tablas. Yo miraba de soslayo mientras comía, buscando entre las mujeres la que pudiera haber sido la visitante nocturna. Pero unas eran demasiado viejas, otras demasiado flacas, muchas eran jovencitas delgadas como sardinas. Y yo buscaba una mujer compacta, de buenos pechos y trenzas largas. De repente entró una señora que traía un trozo de asado para su marido, uno de los Hernández. Esta sí que podía ser. Al contemplarla yo desde el otro extremo de la mesa creí notar que aquella hermosa mujer de grandes trenzas me miraba con una mirada rápida y me sonreía con una pequeñísima sonrisa. Y me pareció que esa sonrisa se hacía más grande y más profunda, se abría dentro de mi cuerpo.

La muchacha del regreso

Días después debí regresar tomando otro camino para no extraviarme. Me acompañaría una familia que también volvía de las montañas al pueblo de la costa. Eran dos caballos que seguían detrás de mí, mujeres, niños y canastos. Por exceso de pasajeros me pidieron que llevara al anca de mi caballo a una muchacha de la familia. Luego de acomodarme en la montura izaron al lomo de mi caballo a la chica en cuestión. Tendría unos veinte años y solo alcancé a verle unas piernas tostadas y sin medias, unas mejillas rojas de manzana silvestre sobre una boca llena de risa. Se reía sin duda de la torpeza con que yo empecé a manejar mi cabalgadura. Mi vanidad se sintió herida: con mis solitarias expediciones ya me consideraba el rey de los caminos.

Dando la vuelta al lago endilgamos hacia la costa, hacia la desembocadura del lago Toltén. Llegados al litoral cambiaríamos de rumbo y seguiríamos por las playas hasta volver a Bajo Imperial.

Con idéntico paisaje montañés entre árboles portentosos, cisnes de cuello negro y flamencos encarnados que poblaban los meandros lacustres, íbamos en cabalgata lenta, paso a paso, tres caballos cargados de gente. Habíamos partido muy temprano. Antes de mediodía el impetuoso mar nos advertía con su lejano trueno que pronto cambiaríamos de rumbo.

Frente a la espuma del mar nos detuvimos, sin bajar de los caballos para comer pan, queso y beber un trago de vino.

Luego, al emprender de nuevo la ruta, pudimos ir más de prisa y yo con mi pasajera me fui alejando insensiblemente de mis acompañantes. Pronto estuvimos a mucha distancia. El sol daba con sus rayos desnudos sobre nuestras cabezas y sudaba mi pobre caballo bajo mi peso adolescente y el de mi robusta compañera de viaje. Para dar tiempo a los que venían, seguimos al paso. Era hermoso ver la extensión despoblada, los rizos de la espuma marina, las playas mojadas cuya arena interminable, tocada por el sol, resplandecía como sal o cristales. A la derecha, lejos, se divisaban los montes. Por nuestro camino ni una sombra, ni un árbol, nada sino los arenales marinos.

Mi compañera de viaje se sujetaba en las oscilaciones de la marcha, de la montura, de mi cintura o de mis caderas, pero de pronto noté que sus manos eran más curiosas. Las sentí frescas y determinadas, rozándome como al azar, inequívocamente empeñadas en instruirse sobre mi anatomía. Di vuelta la cabeza y la miré, pero solo oí su risa, una carcajada sana y alegre, como un relincho de yegua jovencita.

Sujetando las bridas con mi mano izquierda, emprendí con mi mano derecha mi propia investigación en lo que podía alcanzar de su cuerpo. Una de sus piernas a lo menos me ofrecía, apretándose más y más a mí, una superficie tensa y tibia. Poco a poco estas caricias fueron haciéndose más intensas. Yo, entrando en la irreflexión, alargaba y alargaba mi mano hacia atrás. Por su parte, ella no había encontrado resistencia en mí y alcanzaba el objetivo más sensible de mi juventud.

Había que terminar con esa situación. Las arenas de la ribera marina eran una cama ideal. Pero, dónde amarrar el caballo? No había una rama, ni un madero expulsado por el mar, ni un mísero matorral. Determinamos encontrarlo.

Sin eso la fiesta era imposible. El caballo, semisalvaje como todos los de la región, desaparecería rápidamente buscando el agua y las yerbas de los montes lejanos, y allí nos quedaríamos, ella y yo descubiertos y abandonados como Adán y Eva arrojados del paraíso. Pero la ola de deseo que ella me había comunicado me recorría las venas. Mientras tanto todo continuaba igual: el sol, la playa y ni una sola maldita rama para amarrar el caballo y consumar el placer.

Y así fue atardeciendo. Los retrasados nos alcanzaron. Ya se veían los cerros que custodian la entrada de la aldea. Entramos de nuevo por aquel sendero entre las olas y las rocas. Ya se divisaba el techo rojo y el campanario de la iglesia. Ya no había nada que hacer. No me quedó más que maldecir la invención de la arena del mar y la falta de iniciativa de la vegetación de la costa.

Aún lo recuerdo, sonriendo, después de cincuenta años. Creo que aquel día fue uno de los más frustrados y desesperantes de mi larga vida.

El caballo de la talabartería

Temuco, esta ciudad del sur de mi patria que ahora vuelvo a ver, significó toda la realidad y todo el misterio del mundo para mi larga infancia. Larga infancia, porque en las regiones de lluvia y frío las edades son estáticas.

Los árboles del sur de Chile tardan siglos en crecer. Por eso a mi regreso, veo casi todo el paisaje destruido. Los dueños de hacienda queman implacablemente los maravillosos y antiguos bosques. Interviene la codicia en esta destrucción inmensa. Se necesitan árboles que crezcan con rapidez. La venta de madera así lo requiere.

Pocas cosas quedan de la ciudad de mis sueños infantiles. Desde luego, casi ningún rostro humano. Otros niños, otros viejos, otra gente de ojos desconocidos.

Solo encontré un rostro que reconocí de inmediato y que pareció reconocerme. Es la cabeza de un gran caballo de madera, en la vieja talabartería del pueblo. Allí estaba entre las mercaderías de siempre, monturas, lazos de cuero para enlazar las reses, inmensas espuelas para acicatear el galope, anchos cinturones para los bravíos jinetes.

Pero de toda aquella multitud de fascinantes objetos campesinos, solo los ojos de vidrio del gran caballo de madera me volvieron a fascinar. Me miraban con infinita tristeza, reconociendo al niño que había dado más de una vez la vuelta al mundo y que ahora volvía a saludarlo. Él y yo habíamos envejecido. Con seguridad tendríamos mucho que contarnos.

En el Temuco de hace cincuenta años los comerciantes anunciaban sus mercaderías con una gran figura que colgaba de las puertas. Desde lejos los indios araucanos que venían de sus apartados y misteriosos reductos, podían ver sin equivocarse dónde tenían que comprar el aceite, los clavos, los zapatos. Un enorme martillo desde una esquina les advertía que allí se vendían las herramientas. También podían hacerlo en la ferretería El Candado, que se anunciaba con un gigantesco candado de color azul. Los zapateros los atraían con inmensas botas en lo alto de las zapaterías. Cucharas y llaves de madera de tres metros de altura les mostraban en forma irrefutable dónde comprar arroz, café y azúcar.

Yo pasaba con pantalones cortos y extraordinario respeto bajo estas colosales insignias. Me parecían parte de un mundo desmesurado, extraño y adverso, de la misma manera que los helechos gigantes y las lianas que colgaban de los altísimos árboles en la selva vecina. Pertenecían al viento tempestuoso que hacía trepidar las pobres casas de madera y a la manifestación de los volcanes que de pronto comenzaban a cantar con palabras de fuego.

No pasaba así con el caballo de la talabartería. Cada día al pasar hacia la escuela me detenía un momento en la ventana para ver si aún estaba allí. Porque él no se había trepado a lo alto de las puertas. Revestido de verdadero cuero, pezuñas, crines y cola verdaderos, era demasiado precioso para exponerlo al viento y a la lluvia helada del sur del mundo. No, estaba allí muy quieto y orgulloso de su lustrosa piel y arreos de primer orden. Cuando ya estaba yo seguro de su presencia, de que no se había ido galopando o volando hacia las montañas, entonces entraba, alargaba mi pequeña mano de entonces y la pasaba por su suave hocico. El gran caballo de madera sabía que, con sol o con lluvia, el pequeño escolar pasaría a acariciarlo. Lo sentí así muchas veces en la mirada de sus ojos de vidrio.

La ciudad ha cambiado de tal manera que es como si la otra se hubiera ido. Las casas de madera, color de invierno, se han transformado en grandes casas de tristísimo cemento. Anda más gente por las calles. Menos caballos y menos carretas se detienen a la puerta de las ferreterías. Esta era la única de las ciudades de Chile con araucanos en las calles. Me complace que siga siéndolo. Las indias con sus mantos morados, los indios con sus ponchos negros en que una extraña greca blanca se repite como un relámpago. Antes vinieron solo a comprar y a vender sus pequeñas mercaderías: tejidos, huevos, gallinas, ahora hay algo nuevo. Contaré mi sorpresa.

Vino todo el pueblo al estadio a escuchar mi poesía. Era una mañana de domingo y la gran sala colmada se sentía vibrar con gritos y risas de niños. Los niños son los grandes interruptores y no hay poesía que resista el grito de un niño que recuerda a esa hora su desayuno. Yo subí al tablado, mientras el público me saludaba, y sentí esa vaga inclinación a Herodes que puede atacar al ser más paternal. Entonces escuché que se hacía el silencio. Y dentro de este silencio vi elevarse la más extraña, la más primordial, la más antigua, la más áspera música del planeta, que surgió de un grupo en el fondo del local.

Eran los araucanos que tocaban sus instrumentos y cantaban para mí sus dolorosas melodías. Nunca en la historia se había presenciado tal cosa: que mis compatriotas huraños participaran con su arte ritual en una ceremonia poética y política. Nunca creí que me tocaría presenciarlo, y que esta acción comunicativa fuera dirigida hacia mí, me conmovía más aún. Los ojos se me empañaron mientras sus viejos tambores de cuero y sus flautas gigantescas sonaban en una escala anterior a toda música. Sorda y aguda a la vez, monótona y desgarradora era como la voz de la lluvia combatida por el viento o el gemido de un animal antiguo, martirizado debajo de la tierra.

Esto, para contar cómo la Araucanía, o lo que queda de ella, se conmueve, parece salir de su sueño inmemorial y quiere participar en el mundo que hasta ahora le fue negado.

Los campos cambiaron de fisonomía. Desaparecieron en gran parte las montañas quemadas en forma brutal. En muchos montes altos se ve la cabeza calva, los huesos de la tierra. La erosión camina con paso despiadado. Por otra parte, muchas casas y construcciones de aldeas y pueblos en la región del sur fueron sacudidas y destruidas por el terremoto. Pasa el tiempo y no se reconstruye sino en el centro de las ciudades, en los barrios de la administración y del lujo. En algunas poblaciones nuevas recién reconstruidas y atractivamente pintadas se ve en letras negras sobre blanco la siguiente leyenda: «Esta población fue reconstruida con dinero del pueblo norteamericano».

Muchos países, innumerables ayudas, llegaron en socorro de Chile para su última y aterradora desgracia. Pero solo los norteamericanos se vanaglorian de sus escasos grupos de casas bien pintadas. No dicen, claro está, que con el dinero que se llevaron por la sola explotación del cobre se podrían hacer de nuevo todas las ciudades, todos los caminos y ferrocarriles, todos los puentes y fábricas, es decir, todo lo que el hombre ha edificado en mi país durante su historia.

Mientras me mira el viejo caballo inmóvil que ha visto tantos cambios, debo decirle también yo, cuánto he cambiado.

Mi viejo amigo: cuando salí de esta ciudad escribía yo versos sobre el amor y sobre la noche, cantos ensimismados que en mí se producían como la semilla lenta de los cereales o el agua secreta que corre bajo estas montañas. Te contaré, caballo, que cambió muchas veces mi poesía. Se tiñó con el humo de las ciudades, tomó la voz de las reuniones humanas, sirvió también de arma y de bandera.

Estoy contento, viejo amigo.

Pero no quiero ser definitivamente catalogado, metido en el cajón de los dogmas de nuestra época. Quiero cambiar perpetuamente, nacer perpetuamente, crecer perpetuamente. Quiero cantar con la intimidad que tuve, con la lluvia y con la tierra. He vuelto a ti, viejo amigo, para darte cuenta de que he cambiado como nadie puede cambiar y de que sigo siendo el mismo.

Dichas estas palabras con mis ojos, ya que no podía pronunciarlas mi boca, quise despedirme acariciando una vez más su hocico de madera y noté que, allí donde puse mi mano, la piel del hocico, del hermoso hocico revestido de cuero, había sido gastada, y ya se tocaba la madera. Era como tocar el alma del viejo caballo.

Hasta ahora pensé siempre que solo yo en mi infancia había tenido ese gesto de acariciar el caballo de la talabartería, pero aquel desgaste me probaba que muchos, muchísimos, habían hecho lo mismo. Comprendí que muchos niños, muchísimos, siguieron pasando por aquella calle hacia la casa y la escuela. Y comprendí que aun siendo un viejo caballo de madera perdido en un pueblo remoto del inmenso mundo se puede contar con la ternura. La ternura de los niños que pasan muchas veces por el largo camino que nos lleva a ser hombres.

2
Perdido en la ciudad

Las casas de pensión

Después de muchos años de liceo, en que tropecé siempre en el mes de diciembre con el examen de Matemáticas, quedé exteriormente listo para enfrentarme con la universidad, en Santiago de Chile. Digo exteriormente, porque por dentro mi cabeza iba llena de libros, de sueños y de poemas que me zumbaban como abejas.

Provisto de un baúl de hojalata, con el indispensable traje negro del poeta, delgadísimo y afilado como un cuchillo, entré en la tercera clase del tren nocturno que tardaba un día y una noche interminables en llegar a Santiago.

Este largo tren que cruzaba zonas y climas diferentes, y en el que viajé tantas veces, guarda para mí aún su extraño encanto. Campesinos de ponchos mojados y canastos con gallinas, taciturnos mapuches, toda una vida se desarrollaba en el vagón de tercera. Eran numerosos los que viajaban sin pagar, bajo los asientos. Al aparecer el inspector se producía una metamorfosis. Muchos desaparecían y algunos se ocultaban debajo de un poncho sobre el cual de inmediato dos pasajeros fingían jugar a las cartas, sin que al inspector le llamara la atención esta mesa improvisada.

Entretanto el tren pasaba, de los campos con robles y araucarias y las casas de madera mojada, a los álamos del centro de Chile, a las polvorientas construcciones de adobe. Muchas veces hice aquel viaje de ida y vuelta entre la capital y la provincia, pero siempre me sentí ahogar cuando salía de los grandes bosques, de la madera maternal. Las casas de adobe, las ciudades con pasado, me parecían llenas de telarañas y silencio. Hasta ahora sigo siendo un poeta de la intemperie, de la selva fría que perdí desde entonces.

Venía recomendado a una casa de pensión de la calle Maruri, 513. No olvido este número por ninguna razón. Olvido todas las fechas y hasta los años, pero ese número 513 se me quedó galvanizado en la cabeza, donde lo metí hace tantos años, por temor de no llegar nunca a esa pensión y extraviarme en la capital grandiosa y desconocida. En la calle nombrada me sentaba yo al balcón a mirar la agonía de cada tarde, el cielo embanderado de verde y carmín, la desolación de los techos suburbanos amenazados por el incendio del cielo.

La vida de aquellos años en la pensión de estudiantes era de un hambre completa. Escribí mucho más que hasta entonces, pero comí mucho menos. Algunos de los poetas que conocí por aquellos días sucumbieron a causa de las dietas rigurosas de la pobreza. Entre estos recuerdo a un poeta de mi edad, pero mucho más alto y más desgarbado que yo, cuya lírica sutil estaba llena de esencias e impregnaba todo sitio en que era escuchada. Se llamaba Romeo Murga.

Con este Romeo Murga fuimos a leer nuestras poesías a la ciudad de San Bernardo, cerca de la capital. Antes de que apareciéramos en el escenario, todo se había desarrollado en un ambiente de gran fiesta: la reina de los Juegos Florales con su corte blanca y rubia, los discursos de los notables del pueblo y los conjuntos vagamente musicales de aquel sitio; pero, cuando yo entré y comencé a recitar mis versos con la voz más quejumbrosa del mundo, todo cambió: el público tosía, lanzaba chirigotas y se divertía muchísimo con mi melancólica poesía. Al ver esta reacción de los bárbaros, apresuré mi lectura y dejé el sitio a mi compañero Romeo Murga. Aquello fue memorable. Al ver entrar a aquel quijote de dos metros de altura, de ropa oscura y raída, y empezar su lectura con voz aún más quejumbrosa que la mía, el público en masa no pudo ya contener su indignación y comenzó a gritar: «¡Poetas con hambre! ¡Váyanse! No echen a perder la fiesta».

De la pensión de la calle Maruri me retiré como un molusco que sale de su concha. Me despedí de aquella caparazón para conocer el mar, es decir, el mundo. El mar desconocido eran las calles de Santiago, apenas entrevistas mientras caminaba entre la vieja escuela universitaria y la despoblada habitación de la pensión de familia.

Yo sabía que mis hambres atrasadas aumentarían en esta aventura. Las señoras de la pensión, remotamente ligadas a mi provincia, me auxiliaron alguna vez con alguna papa o cebolla misericordiosas. Pero no había más remedio: la vida, el amor, la gloria, la emancipación me reclamaban. O así me parecía.

La primera pieza independiente que tuve la alquilé en la calle Argüelles, cercana al Instituto de Pedagogía. En una ventana de esa calle gris se asomaba un letrero: «Se alquilan habitaciones». El dueño de la casa ocupaba los cuartos frontales. Era un hombre de pelo canoso, de noble apariencia, y de ojos que me parecieron extraños. Era locuaz y elocuente. Se ganaba la vida como peluquero de señoras, ocupación a la que no le daba importancia. Sus preocupaciones, según me explicó, concernían más bien al mundo invisible, al más allá.

Saqué mis libros y mis escasas ropas, de la maleta y el baúl que viajaban conmigo desde Temuco, y me tendí en la cama a leer y dormir, ensoberbecido por mi independencia y por mi pereza.

La casa no tenía patio, sino una galería a la que asomaban incontables habitaciones cerradas. Al explorar los vericuetos de la mansión solitaria, por la mañana del día siguiente, observé que en todas las paredes y aun en el retrete surgían letreros que decían más o menos la misma cosa: «Confórmate. No puedes comunicarte con nosotros. Estás muerta». Advertencias inquietantes que se prodigaban en cada habitación, en el comedor, en los corredores, en los saloncitos.

Era uno de esos inviernos fríos de Santiago de Chile. La herencia colonial de España le dejó a mi país la incomodidad y el menosprecio hacia los rigores naturales. (Cincuenta años después de lo que estoy contando, Ilya Ehrenburg me decía que nunca sintió tanto frío como en Chile, él que llegaba desde las calles nevadas de Moscú.) Aquel invierno había empavonado los vidrios. Los árboles de la calle tiritaban de frío. Los caballos de los antiguos coches echaban nubes de vapor por los hocicos. Era el peor momento para vivir en aquella casa, entre oscuras insinuaciones del más allá.

El dueño de casa, *coiffeur pour dames* y ocultista, me explicó con serenidad, mientras me miraba profundamente con sus ojos de loco:

—Mi mujer, la Charito, murió hace cuatro meses. Este momento es muy difícil para los muertos. Ellos siguen frecuentando los mismos sitios en que vivían. Nosotros no los vemos, pero ellos no se dan cuenta de que no los vemos. Hay que hacérselo saber para que no nos crean indiferentes y para que no sufran por ello. De ahí que yo le haya puesto a la Charito esos letreros que le harán más fácil comprender su estado actual de difunta.

Pero el hombre de la cabeza gris me creía tal vez demasiado vivo. Comenzó a vigilar mis entradas y salidas, a reglamentar mis visitas femeninas, a espiar mis libros y mi correspondencia. Entraba yo intempestivamente a mi habitación y me encontraba al ocultista explorando mi exiguo mobiliario, fiscalizando mis pobres pertenencias.

Tuve que buscar en pleno invierno, dando tumbos por las calles hostiles, un nuevo alojamiento donde albergar mi amenazada independencia. Lo encontré a pocos metros de allí, en una lavandería. Saltaba a la vista que aquí la propietaria no tenía nada que ver con el más allá. A través de patios fríos, con fuentes de agua estancada que el musgo acuático recubría de sólidas alfombras verdes, se alargaban unos jardines desamparados. En el fondo había una habitación de cielo raso muy alto, con ventanas trepadas sobre el dintel de las altas puertas, lo cual agrandaba a mis ojos la distancia entre el suelo y el techo. En esa casa y en esa habitación me quedé.

Hacíamos los poetas estudiantiles una vida extravagante. Yo defendí mis costumbres provincianas trabajando en mi habitación, escribiendo varios poemas al día y tomando interminables tazas de té, que me preparaba yo mismo. Pero, fuera de mi habitación y de mi calle, la turbulencia de la vida de los escritores de la época tenía su especial fascinación. Estos no concurrían al café, sino a las cervecerías y a las tabernas. Las conversaciones y los versos iban y venían hasta la madrugada. Mis estudios se iban resintiendo.

La empresa de ferrocarriles proveía a mi padre, para sus labores a la intemperie, de una capa de grueso paño gris que nunca usó. Yo la destiné a la poesía. Tres o cuatro poetas comenzaron a usar también capas parecidas a la mía, que cambiaba de mano. Esta prenda provocaba la furia de las buenas gentes y de algunos no tan buenos. Era la época del tango que llegaba a Chile no solo con sus compases y su rasgueante «tijera», sus acordeones y su ritmo, sino también con un cortejo de hampones que invadieron la vida nocturna y los rincones en que nos reuníamos. Esta gente del hampa, bailarines y matones, creaban conflictos contra nuestras capas y existencias. Los poetas nos batíamos con firmeza.

Por aquellos días adquirí la amistad inesperada de una viuda indeleble, de inmensos ojos azules que se velaban tiernamente en recuerdo de su recientemente fallecido esposo. Este había sido un joven novelista, célebre por su hermosa apostura. Juntos habían integrado una memorable pareja, ella con su cabellera color de trigo, su cuerpo irreprochable y sus ojos ultramarinos, y él muy alto y atlético. El novelista había sido aniquilado por una tuberculosis de aquellas que llamaban galopantes. Después he pensado que la rubia compañera puso también su parte de Venus galopante, y que la época prepenicilínica, más la rubia fogosa, se llevaron de este mundo al marido monumental en un par de meses.

La bella viuda no se había despojado aún para mí de sus ropajes oscuros, sedas negras y violetas que la hacían aparecer como una fruta nevada envuelta en corteza de duelo. Esa corteza se deslizó una tarde allá en mi cuarto, al fondo de la lavandería, y pude tocar y recorrer la entera fruta de nieve quemante. Estaba por consumarse el arrebato natural cuando vi que bajo mis ojos ella cerraba los suyos y exclamaba: «¡Oh, Roberto, Roberto!», suspirando o sollozando. (Me pareció un acto litúrgico. La vestal invocaba al dios desaparecido antes de entregarse a un nuevo rito.)

Sin embargo, y a pesar de mi juventud desamparada, esta viuda me pareció excesiva. Sus invocaciones se hacían cada vez más urgentes y su corazón fogoso me conducía lentamente a un aniquilamiento prematuro. El amor, en tales dosis, no está de acuerdo con la desnutrición. Y mi desnutrición se volvía cada día más dramática.

La timidez

La verdad es que viví muchos de mis primeros años, tal vez de mis segundos y de mis terceros, como una especie de sordomudo.

Ritualmente vestido de negro desde muy jovencito, como se visten los verdaderos poetas del siglo pasado, tenía una vaga impresión de no estar tan mal de aspecto. Pero, en vez de acercarme a las muchachas, a sabiendas de que tartamudearía o enrojecería delante de ellas, prefería pasarles de perfil y alejarme mostrando un desinterés que estaba muy lejos de sentir. Todas eran un gran misterio para mí. Yo hubiera querido morir abrasado en esa hoguera secreta, ahogarme en ese pozo de enigmática profundidad, pero no me atrevía a tirarme al fuego o al agua.

Y como no encontraba a nadie que me diera un empujón, pasaba por las orillas de la fascinación, sin mirar siquiera, y mucho menos sonreír.

Lo mismo me sucedía con los adultos, gente mínima, empleados de ferrocarriles y de correos y sus «señoras esposas», así llamadas porque la pequeña burguesía se escandaliza intimidada ante la palabra *mujer*. Yo escuchaba las conversaciones en la mesa de mi padre. Pero, al día siguiente, si tropezaba en la calle a los que habían comido la noche anterior en mi casa, no me atrevía a saludarlos, y hasta cambiaba de vereda para esquivar el mal rato.

La timidez es una condición extraña del alma, una categoría, una dimensión que se abre hacia la soledad. También es un sufrimiento inseparable, como si se tuviera dos epidermis, y la segunda piel interior se irrita y se contrae ante la vida. Entre las estructuraciones del hombre, esta calidad o este daño son parte de la aleación que va fundamentando, en una larga circunstancia, la perpetuidad del ser.

Mi lluviosa torpeza, mi ensimismamiento prolongado duró más de lo necesario. Cuando llegué a la capital adquirí lentamente amigos y amigas. Mientras menos importancia me concedieron, más fácilmente les daba mi amistad. No tenía en ese tiempo gran curiosidad por el género humano. No puedo llegar a conocer a todas las personas de este mundo, me decía. Y así y todo surgía en ciertos medios una pálida curiosidad por este nuevo poeta de poco más de dieciséis años, muchacho reticente y solitario a quien se veía llegar y partir sin dar los buenos días ni despedirse. Fuera de que yo iba vestido con una larga capa española que me hacía semejar un espantapájaros. Nadie sospechaba que mi vistosa indumentaria era directamente producida por mi pobreza.

Entre la gente que me buscó estaban dos grandes *snobs* de la época: Pilo Yáñez y su mujer Mina. Encarnaban el ejemplo perfecto de la bella ociosidad en que me hubiera gustado vivir, más lejana que un sueño. Por primera vez entré en una casa con calefacción, lámparas sosegadas, asientos agradables, paredes repletas de libros cuyos lomos multicolores significaban una primavera inaccesible. Los Yáñez me invitaron muchas veces, gentiles y discretos, sin hacer caso a mis diversas capas de mutismo y aislamiento. Me iba contento de su casa, y ellos lo notaban y volvían a invitarme.

En aquella casa vi por primera vez cuadros cubistas y entre ellos un Juan Gris. Me informaron que Juan Gris había sido amigo de la familia en París. Pero lo que más me llamó la atención fue el pijama de mi amigo. Aprovechaba toda ocasión para mirarlo de reojo, con intensa admiración. Estábamos en invierno y aquél era un pijama de paño grueso, como de tela de billar, pero de un azul ultramar. Yo no concebía entonces otro color de pijama que las rayas como de uniformes carcelarios. Este de Pilo Yáñez se salía de todos los marcos. Su paño grueso y su resplandeciente azul avivaban la envidia de un poeta pobre que vivía en los suburbios de Santiago. Pero, en verdad, jamás en cincuenta años he encontrado un pijama como aquel.

Perdí de vista a los Yáñez por muchos años. Ella abandonó a su marido, y abandonó igualmente las lámparas suaves y los excelentes sillones por cierto acróbata de un circo ruso que pasó por Santiago. Más tarde vendió boletos, desde Australia hasta las islas británicas, para colaborar con las exhibiciones del acróbata que la deslumbró. Por último fue rosacruz o algo parecido, en un campamento místico del sur de Francia.

En cuanto a Pilo Yáñez, el marido, se cambió el nombre por el de Juan Emar y se convirtió con el tiempo en un escritor poderoso y secreto. Fuimos amigos toda la vida. Silencioso y gentil, pero pobre, así murió. Sus muchos libros están aún sin publicarse, pero su germinación es segura.

Terminaré sobre Pilo Yáñez o Juan Emar (y volveré sobre mi timidez) recordando que, durante mi época estudiantil, mi amigo Pilo se empeñó en presentarme a su padre. «Te conseguirá un viaje a Europa con toda seguridad», me dijo. En ese momento todos los poetas y pintores latinoamericanos tenían los ojos atornillados en París. El padre de Pilo era una persona muy importante, un senador. Vivía en una de esas casas enormes y feas, en una calle cercana a la plaza de Armas y el palacio presidencial, que era, sin dudas, el sitio donde él hubiera preferido vivir.

Mis amigos se quedaron en la antesala, tras despojarme de mi capa para que yo hiciera una figura más normal. Me abrieron la puerta de la sala del senador y la cerraron a mi espalda. Era una sala inmensa, tal vez había sido en otro tiempo un gran salón de recepciones, pero estaba vacía. Solo allá en el fondo, al extremo de la habitación, bajo una lámpara de pie, distinguí un sillón con el senador encima. Las páginas del periódico que leía lo ocultaban totalmente como un biombo.

Al dar el primer paso sobre el parquet bruñido y criminalmente encerado, resbalé como un esquiador. Mi velocidad crecía vertiginosamente;

frenaba para detenerme y solamente lograba dar bandazos y caer varias veces. Mi última caída fue justo a los pies del senador que me observaba ahora con fríos ojos, sin soltar el periódico.

Logré sentarme en una sillita a su lado. El gran hombre me examinó con una mirada de entomólogo fatigado a quien le trajeran un ejemplar que ya conoce de memoria, una araña inofensiva. Me preguntó vagamente por mis proyectos. Yo, después de la caída, era todavía más tímido y menos elocuente de lo que acostumbraba.

No sé lo que le dije. Al cabo de veinte minutos me alargó una mano chiquitita en signo de despedida. Creí oírle prometer con una voz muy suave que me daría noticias suyas. Luego volvió a tomar su periódico y yo emprendí el regreso, a través del peligroso parquet, derrochando las precauciones que debí haber tenido para entrar en él. Naturalmente que nunca el senador, padre de mi amigo, me hizo llegar ninguna noticia. Por otra parte, una revuelta militar, estúpida y reaccionaria por cierto, lo hizo saltar más tarde de su asiento junto con su interminable periódico. Confieso que me alegré.

La Federación de Estudiantes

Yo había sido en Temuco el corresponsal de la revista *Claridad*, órgano de la Federación de Estudiantes, y vendía veinte o treinta ejemplares entre mis compañeros de liceo. Las noticias que el año de 1920 nos llegaron a Temuco marcaron a mi generación con cicatrices sangrientas. La «juventud dorada», hija de la oligarquía, había asaltado y destruido el local de la Federación de Estudiantes. La justicia, que desde la Colonia hasta el presente ha estado al servicio de los ricos, no encarceló a los asaltantes sino a los asaltados. Domingo Gómez Rojas, joven esperanza de la poesía chilena, enloqueció y murió torturado en un calabozo. La repercusión de este crimen, dentro de las circunstancias nacionales de un pequeño país, fue tan profunda y vasta como habría de ser el asesinato en Granada de Federico García Lorca.

Cuando llegué a Santiago, en marzo de 1921, para incorporarme a la universidad, la capital chilena no tenía más de quinientos mil habitantes. Olía a gas y a café. Miles de casas estaban ocupadas por gentes desconocidas y por chinches. El transporte en las calles lo hacían pequeños y destartalados tranvías, que se movían trabajosamente con gran bullicio de fierros y campanillas. Era interminable el trayecto entre la avenida Independencia y el otro extremo de la capital, cerca de la Estación Central, donde estaba mi instituto.

Al local de la Federación de Estudiantes entraban y salían las más famosas figuras de la rebelión estudiantil, ideológicamente vinculada al poderoso movimiento anarquista de la época. Alfredo Demaría, Daniel Schweitzer, Santiago Labarca, Juan Gandulfo eran los dirigentes de más historia. Juan Gandulfo era sin duda el más formidable de ellos, temido por su atrevida concepción política y por su valentía a toda prueba. A mí me trataba como si fuera un niño, que en realidad lo era. Una vez que llegué tarde a su estudio, para una consulta médica, me miró ceñudo y me dijo: «¿Por qué no vino a la hora? Hay otros pacientes que esperan». «No sabía qué hora era», le respondí. «Tome para que la sepa la próxima vez», me dijo, y sacó su reloj del chaleco y me lo entregó de regalo.

Juan Gandulfo era pequeño de estatura, redondo de cara y prematuramente calvo. Sin embargo, su presencia era siempre imponente. En cierta ocasión, un militar golpista, con fama de matón y de espadachín, lo desafió a duelo. Gandulfo aceptó, aprendió esgrima en quince días y dejó maltrecho y asustadísimo a su contrincante. Por esos mismos días grabó en madera la portada y las ilustraciones de *Crepusculario*, mi primer libro; son grabados impresionantes hechos por un hombre que nadie relaciona nunca con la creación artística.

En la vida literaria revolucionaria, la figura más importante era Roberto Meza Fuentes, director de la revista *Juventud*, que también pertenecía a la Federación de Estudiantes, aunque más antológica y deliberada que *Claridad*. Allí descollaban González Vera y Manuel Rojas, gente para mí de una generación mucho más antigua. Manuel Rojas llegaba hace poco de la Argentina, después de muchos años, y nos asombraba con su imponente estatura y sus palabras que dejaba caer con una suerte de menosprecio, orgullo o dignidad. Era linotipista. A González Vera lo había conocido yo en Temuco, fugitivo tras el asalto policial a la Federación de Estudiantes. Vino directamente a verme desde la estación de ferrocarril, que quedaba a algunos pasos de mi casa. Su aparición fue forzosamente memorable para un poeta de dieciséis años. Nunca había visto a un hombre tan pálido. Su cara delgadísima parecía trabajada en hueso o marfil. Vestía de negro, un negro deshilachado en los extremos de sus pantalones y de sus mangas, sin que por eso perdiera su elegancia. Su palabra me sonó irónica y aguda desde el primer momento. Su presencia me conmovió en aquella noche de lluvia que lo llevó a mi casa, sin que yo hubiera sabido antes de su existencia, tal como la llegada del nihilista revolucionario a la casa de Sacha Yegulev, el personaje de Andreiev que la juventud rebelde latinoamericana veía como ejemplo.

Alberto Rojas Giménez

En la revista *Claridad*, a la que yo me incorporé como militante político y literario, casi todo era dirigido por Alberto Rojas Giménez, quien iba a ser uno de mis más queridos compañeros generacionales. Usaba sombrero cordobés y largas chuletas de prócer. Elegante y apuesto, a pesar de la miseria en la que parecía bailar como pájaro dorado, resumía todas las cualidades del nuevo dandismo: una desdeñosa actitud, una comprensión inmediata de los numerosos conflictos y una alegre sabiduría (y apetencia) de todas las cosas vitales. Libros y muchachas, botellas y barcos, itinerarios y archipiélagos, todo lo conocía y lo utilizaba hasta en sus más pequeños gestos. Se movía en el mundo literario con un aire displicente de perdulario perpetuo, de despilfarrador profesional de su talento y su encanto. Sus corbatas eran siempre espléndidas muestras de opulencia, dentro de la pobreza general. Cambiaba de casa y de ciudad constantemente, y de ese modo su desenfadada alegría, su bohemia perseverante y espontánea regocijaban por algunas semanas a los sorprendidos habitantes de Rancagua, de Curicó, de Valdivia, de Concepción, de Valparaíso. Se iba como había llegado, dejando versos, dibujos, corbatas, amores y amistades en donde estuvo. Como tenía una idiosincrasia de príncipe de cuento y un desprendimiento inverosímil, lo regalaba todo, su sombrero, su camisa, su chaqueta y hasta sus zapatos. Cuando no le quedaba nada material, trazaba una frase en un papel, la línea de un verso o cualquier graciosa ocurrencia, y con un gesto magnánimo te lo obsequiaba al partir, como si te dejara en las manos una joya inapreciable.

Escribía sus versos a la última moda, siguiendo las enseñanzas de

Apollinaire y del grupo ultraísta de España. Había fundado una nueva escuela poética con el nombre de «Agu», que, según él, era el grito primario del hombre, el primer verso del recién nacido.

Rojas Giménez nos impuso pequeñas modas en el traje, en la manera de fumar, en la caligrafía. Burlándose de mí, con infinita delicadeza, me ayudó a despojarme de mi tono sombrío. Nunca me contagió con su apariencia escéptica, ni con su torrencial alcoholismo, pero hasta ahora recuerdo con intensa emoción su figura que lo iluminaba todo, que hacía volar la belleza de todas partes, como si animara a una mariposa escondida.

De don Miguel de Unamuno había aprendido a hacer pajaritas de papel. Construía una de largo cuello y alas extendidas que luego él soplaba. A esto lo llamaba darles el «impulso vital». Descubría poetas de Francia, botellas oscuras sepultadas en las bodegas, dirigía cartas de amor a las heroínas de Francis Jammes.

Sus bellos versos andaban arrugados en sus bolsillos sin que jamás, hasta hoy, se publicaran.

Tanto llamaba la atención su derrochadora personalidad, que un día, en un café, se le acercó un desconocido que le dijo: «Señor, lo he estado escuchando conversar y he cobrado gran simpatía por usted. ¿Puedo pedirle algo?» «¿Qué será?», le contestó con displicencia Rojas Giménez. «Que me permita saltarlo», dijo el desconocido. «Pero, ¿cómo?», respondió el poeta. «¿Es usted tan poderoso que puede saltarme aquí, sentado en esta mesa?» «No, señor», repuso con voz humilde el desconocido. «Yo quiero saltarlo más tarde, cuando usted ya esté tranquilo en su ataúd. Es la manera de rendir mi homenaje a las personas interesantes que he encontrado en mi vida: saltarlos, si me lo permiten, después de muertos. Soy un hombre solitario y este es mi único *hobby*.» Y sacando una libreta le dijo: «Aquí llevo la lista de las personas que he saltado». Rojas Giménez aceptó loco de alegría aquella extraña proposición. Algunos años después, en el invierno más lluvioso de que haya recuerdo en Chile, moría Rojas Giménez. Había dejado su chaqueta como de costumbre en algún bar del centro de Santiago. En mangas de camisa, en aquel invierno antártico, cruzó la ciudad hasta llegar a la Quinta Normal, a casa de su hermana Rosita. Dos días después una bronconeumonía se llevó de este mundo a uno de los seres más fascinantes que he conocido.

Se fue el poeta con sus pajaritas de papel volando por el cielo y bajo la lluvia.

Pero aquella noche los amigos que le velaban recibieron una insólita visita. La lluvia torrencial caía sobre los techos, los relámpagos y el viento iluminaban y sacudían los grandes plátanos de la Quinta Normal, cuando se abrió la puerta y entró un hombre de riguroso luto y empapado por la lluvia. Nadie lo conocía. Ante la expectación de los amigos que lo velaban, el desconocido tomó impulso y saltó sobre el ataúd. En seguida, sin decir una palabra, se retiró tan sorpresivamente como había llegado, desapareciendo en la lluvia y en la noche. Y así fue como la sorprendente vida de Alberto Rojas Giménez fue sellada con un rito misterioso que aún nadie puede explicarse.

Yo estaba recién llegado a España cuando recibí la noticia de su muerte. Pocas veces he sentido un dolor tan intenso. Fue en Barcelona. Comencé de inmediato a escribir mi elegía «Alberto Rojas Giménez viene volando», que publicó después la *Revista de Occidente*.

Pero, además, debía hacer algo ritual para despedirlo. Había muerto tan lejos, en Chile, en días de tremenda lluvia que anegaron el cementerio. El no poder estar junto a sus restos, el no poder acompañarlo en su último viaje, me hizo pensar en una ceremonia. Me acerqué a mi amigo el pintor Isaías Cabezón y con él nos dirigimos a la maravillosa basílica de Santa María del Mar. Compramos dos inmensas velas, tan altas casi como un hombre, y entramos con ellas a la penumbra de aquel extraño templo. Porque Santa María del Mar era la catedral de los navegantes. Pescadores y marineros la construyeron piedra a piedra hace muchos siglos. Luego fue decorada con millares de exvotos; barquitos de todos los tamaños y formas, que navegan en la eternidad, tapizan enteramente los muros y los techos de la bella basílica. Se me ocurrió que aquel era el gran escenario para el poeta desaparecido, su lugar de predilección si lo hubiera conocido. Hicimos encender los velones en el centro de la basílica, junto a las nubes del artesonado, y sentados con mi amigo, el pintor, en la iglesia vacía, con una botella de vino verde junto a cada uno, pensamos que aquella ceremonia silenciosa, pese a nuestro agnosticismo, nos acercaba de alguna manera misteriosa a nuestro amigo muerto. Las velas, encendidas en lo más alto de la basílica vacía, eran algo vivo y brillante, como si nos miraran desde la sombra y entre los exvotos los dos ojos de aquel poeta loco cuyo corazón se había extinguido para siempre.

Locos de invierno

A propósito de Rojas Giménez diré que la locura, cierta locura, anda muchas veces del brazo con la poesía. Así como a las personas más razonables les costaría mucho ser poetas, quizás a los poetas les cuesta mucho ser razonables. Sin embargo, la razón gana la partida y es la razón, base de la justicia, la que debe gobernar al mundo. Miguel de Unamuno, que quería mucho a Chile, dijo cierta vez: «Lo que no me gusta es ese lema. ¿Qué es eso de por la razón o la fuerza? Por la razón y siempre por la razón».

Entre los poetas locos que conocí en otro tiempo, hablaré de Alberto Valdivia. El poeta Alberto Valdivia era uno de los hombres más flacos del mundo y era tan amarillento como si hubiera sido hecho solo de hueso, con una brava melena gris y un par de gafas que cubrían sus ojos miopes, de mirada distante. Lo llamábamos «el cadáver Valdivia».

Entraba y salía silenciosamente en bares y cenáculos, en cafés y en conciertos, sin hacer ruido y con un misterioso paquetito de periódicos bajo el brazo. «Querido cadáver», le decíamos sus amigos, abrazando su cuerpo incorpóreo con la sensación de abrazar una corriente de aire.

Escribió preciosos versos cargados de sentimiento sutil, de intensa dulzura. Algunos de ellos son estos: «Todo se irá, la tarde, el sol, la vida: / será el triunfo del mal, lo irreparable. / Solo tú quedarás, inseparable / hermana del ocaso de mi vida».

Un verdadero poeta era aquel a quien llamábamos «el cadáver Valdivia», y lo llamábamos así, con cariño. Muchas veces le dijimos: «Cadáver, quédate a comer con nosotros». Nuestro sobrenombre no le molestó nunca. A veces en sus delgadísimos labios había una sonrisa. Sus frases eran escasas, pero cargadas de intención. Se hizo un rito llevarlo todos los años al cementerio. La noche anterior al 1 de noviembre se le ofrecía una cena tan suntuosa como lo permitían los escuálidos bolsillos de nuestra juventud estudiantil y literaria. Nuestro «cadáver» ocupaba el sitio de honor. A las doce en punto se levantaba la mesa y en alegre procesión nos íbamos hacia el cementerio. En el silencio nocturno se pronunciaba algún discurso celebrando al poeta «difunto». Luego, cada uno de nosotros se despedía de él con solemnidad y partíamos dejándolo completamente solo en la puerta del camposanto. El «cadáver Valdivia» había ya aceptado esta tradición en la que no había ninguna crueldad, puesto que hasta el último minuto él compartía la farsa. Antes de irnos se le entregaban algunos pesos para que comiera un sándwich en el nicho.

Dos o tres días después no sorprendía a nadie que el poeta cadáver entrara de nuevo sigilosamente por corrillos y cafés. Su tranquilidad estaba asegurada hasta el próximo 1 de noviembre.

En Buenos Aires conocí a un escritor argentino, muy excéntrico, que se llamaba o se llama Omar Vignole. No sé si vive aún. Era un hombre grandote, con un grueso bastón en la mano. Una vez, en un restaurante del centro donde me había invitado a comer, ya junto a la mesa se dirigió a mí con un ademán oferente y me dijo con voz estentórea que se escuchó en toda la sala repleta de parroquianos: «¡Sentáte, Omar Vignole!». Me senté con cierta incomodidad y le pregunté de inmediato: «Por qué me llamas Omar Vignole, a sabiendas de que tú eres Omar Vignole y yo Pablo Neruda?». «Sí —me respondió—, pero en este restaurante hay muchos que solo me conocen de nombre y, como varios de ellos me quieren dar una paliza, yo prefiero que te la den a ti.»

Este Vignole había sido agrónomo en una provincia argentina y de allá se trajo una vaca con la cual trabó una amistad entrañable. Paseaba por todo Buenos Aires con su vaca, tirándola de una cuerda. Por entonces publicó algunos de sus libros que siempre tenían títulos alusivos: *Lo que piensa la vaca*, *Mi vaca y yo*, etcétera, etcétera. Cuando se reunió por primera vez en Buenos Aires el congreso del Pen Club mundial, los escritores presididos por Victoria Ocampo temblaban ante la idea de que llegara al congreso Vignole con su vaca. Explicaron a las autoridades el peligro que les amenazaba y la policía acordonó las calles alrededor del Hotel Plaza para impedir que arribara, al lujoso recinto donde se celebraba el congreso, mi excéntrico amigo con su rumiante. Todo fue inútil. Cuando la fiesta estaba en su apogeo, y los escritores examinaban las relaciones entre el mundo clásico de los griegos y el sentido moderno de la historia, el gran Vignole irrumpió en el salón de conferencias con su inseparable vaca, la que para complemento comenzó a mugir como si quisiera tomar parte en el debate. La había traído al centro de la ciudad dentro de un enorme furgón cerrado que burló la vigilancia policial.

De este mismo Vignole contaré que una vez desafió a un luchador de *catch-as-can*. Aceptado el desafío por el profesional, llegó la noche del encuentro en un Luna Park repleto. Mi amigo apareció puntualmente con su vaca, la amarró a una esquina del cuadrilátero, se despojó de su elegantísima bata y se enfrentó a «El Extrangulador de Calcuta».

Pero aquí no servía de nada la vaca, ni el suntuoso atavío del poeta luchador. «El Extrangulador de Calcuta» se arrojó sobre Vignole y en un dos por tres lo dejó convertido en un nudo indefenso, y le colocó, además, como signo de humillación, un pie sobre su garganta de toro literario, entre la tremenda rechifla de un público feroz que exigía la continuación del combate.

Pocos meses después publicó un nuevo libro: *Conversaciones con la vaca*. Nunca olvidaré la originalísima dedicatoria impresa en la primera página de la obra. Así decía, si mal no recuerdo: «Dedico este libro filosófico a los cuarenta mil hijos de puta que me silbaban y pedían mi muerte en el Luna Park la noche del 24 de febrero».

En París, antes de la última guerra, conocí al pintor Álvaro Guevara, a quien en Europa siempre se le llamó Chile Guevara. Un día me telefoneó con urgencia. «Es un asunto de primera importancia», me dijo.

Yo venía de España y nuestra lucha de entonces era contra el Nixon de aquella época, llamado Hitler. Mi casa había sido bombardeada en Madrid y vi hombres, mujeres y niños destrozados por los bombarderos. La guerra mundial se aproximaba. Con otros escritores nos pusimos a combatir al fascismo a nuestra manera: con nuestros libros que exhortaban con urgencia a reconocer el grave peligro.

Mi compatriota se había mantenido al margen de esta lucha. Era un hombre taciturno y un pintor muy laborioso, lleno de trabajos. Pero el ambiente era de pólvora. Cuando las grandes potencias impidieron la llegada de armas para que se defendieran los españoles republicanos, y luego cuando en Múnich abrieron las puertas al ejército hitleriano, la guerra llegaba.

Acudí al llamado del Chile Guevara. Era algo muy importante lo que quería comunicarme.

—De qué se trata? —le dije.

—No hay tiempo que perder —me respondió—. No tienes por qué ser antifascista. No hay que ser antinada. Hay que ir al grano del asunto y ese grano lo he encontrado yo. Quiero comunicártelo con urgencia para que dejes tus congresos antinazis y te pongas de lleno a la obra. No hay tiempo que perder.

—Bueno, dime de qué se trata. La verdad, Álvaro, es que ando con muy poco tiempo libre.

—La verdad, Pablo, es que mi pensamiento está expresado en una obra de teatro, de tres actos. Aquí la he traído para leértela. —Y con su cara de cejas tupidas, de antiguo boxeador, me miraba fijamente mientras desembolsaba un voluminoso manuscrito.

Presa del terror y pretextando mi falta de tiempo, lo convencí de que me explayara verbalmente las ideas con las cuales pensaba salvar la humanidad.

—Es el huevo de Colón —me dijo—. Te voy a explicar. Cuántas papas salen de una papa que se siembra.

—Bueno, serán cuatro o cinco —dije por decir algo.

—Mucho más —respondió—. A veces cuarenta, a veces más de cien papas. Imagínate que cada persona plante una papa en el jardín, en el balcón, donde sea. ¿Cuántos habitantes tiene Chile? Ocho millones. Ocho millones de papas plantadas. Multiplica, Pablo, por cuatro, por cien. Se acabó el hambre, se acabó la guerra. ¿Cuántos habitantes tiene China? Quinientos millones, ¿verdad? Cada chino planta una papa. De cada papa sembrada salen cuarenta papas. Quinientos millones por cuarenta papas. La humanidad está salvada.

Cuando los nazis entraron a París no tomaron en cuenta esa idea salvadora: el huevo de Colón, o más bien la papa de Colón. Detuvieron a Álvaro Guevara una noche de frío y niebla en su casa de París. Lo llevaron a un campo de concentración y ahí lo mantuvieron preso, con un tatuaje en el brazo, hasta el fin de la guerra. Hecho un esqueleto humano salió del infierno, pero ya nunca pudo reponerse. Vino por última vez a Chile como para despedirse de su tierra; dándole un beso final, un beso de sonámbulo, se volvió a Francia, donde terminó de morir.

Gran pintor, querido amigo, Chile Guevara, quiero decirte una cosa: Ya sé que estás muerto, que no te sirvió de nada el apoliticismo de la papa. Sé que los nazis te mataron. Sin embargo, en el mes de junio del año pasado, entré en la National Gallery. Iba solamente para ver los Turner, pero antes de llegar a la sala grande encontré un cuadro impresionante: un cuadro que era para mí tan hermoso como los Turner, una pintura deslumbradora. Era el retrato de una dama, de una dama famosa: se llamó Edith Sitwell. Y este cuadro era una obra tuya, la única obra de un pintor de América Latina que haya alcanzado nunca el privilegio de estar entre las obras maestras de aquel gran museo de Londres.

No me importa el sitio, ni el honor, y en el fondo me importa también muy poco aquel hermoso cuadro. Me importa el que no nos hayamos conocido más, entendido más, y que hayamos cruzado nuestras vidas sin entendernos, por culpa de una papa.

Yo he sido un hombre demasiado sencillo: este es mi honor y mi vergüenza. Acompañé la farándula de mis compañeros y envidié su brillante plumaje, sus satánicas actitudes, sus pajaritas de papel y hasta esas vacas, que tal vez tengan que ver en forma misteriosa con la literatura. De todas maneras me parece que yo no nací para condenar, sino para amar. Aun hasta los divisionistas que me atacan, los que se agrupan en montones para sacarme los ojos y que antes se nutrieron de mi poesía, merecen por lo menos mi silencio. Nunca tuve miedo de contagiarme penetrando en la misma masa de mis enemigos, porque los únicos que tengo son los enemigos del pueblo.

Apollinaire dijo: «Piedad para nosotros los que exploramos las fronteras de lo irreal», cito de memoria, pensando en los cuentos que acabo de contar, cuentos de gente no por extravagante menos querida, no por incomprensible menos valerosa.

Grandes negocios

Siempre los poetas hemos pensado que poseemos grandes ideas para enriquecernos, que somos genios para proyectar negocios, aunque genios incomprendidos. Recuerdo que impulsado por una de esas combinaciones florecientes vendí a mi editor de Chile, en el año 1924, la propiedad de mi libro *Crepusculario*, no para una edición, sino para la eternidad. Creí que me iba a enriquecer con esa venta y firmé la escritura ante notario. El tipo me pagó quinientos pesos, que eran algo menos de cinco dólares por aquellos días. Rojas Giménez, Álvaro Hinojosa, Homero Arce, me esperaban en la puerta de la notaría para darnos un buen banquete en honor de este éxito comercial. En efecto, comimos en el mejor restaurante de la época, La Bahía, con suntuosos vinos, tabacos y licores. Previamente nos habíamos hecho lustrar los zapatos y lucían como espejos. Hicieron utilidades con el negocio: el restaurante, cuatro lustrabotas y un editor. Hasta el poeta no llegó la prosperidad.

Quien decía tener ojo de águila para todos los negocios era Álvaro Hinojosa. Nos impresionaba con sus grandiosos planes que, de ponerse en práctica, harían llover dinero sobre nuestras cabezas. Para nosotros, bohemios desastrados, su dominio del inglés, su cigarrillo de tabaco rubio, sus años universitarios en Nueva York, garantizaban el pragmatismo de su gran cerebro comercial.

Cierto día me invitó a conversar muy secretamente para hacerme partícipe y socio de una formidable tentativa dirigida a conquistar nuestro enriquecimiento inmediato. Yo sería su socio al cincuenta por ciento con solo aportar unos pocos pesos que recibiría de algún lado. Él pondría el resto. Aquel día nos sentíamos capitalistas sin Dios ni ley, decididos a todo.

—De qué mercancía se trata? —le pregunté con timidez al incomprendido rey de las finanzas.

Álvaro cerró los ojos, arrojó una bocanada de humo que se desenvolvía en pequeños círculos, y finalmente contestó con voz sigilosa:

—¡Cueros!

—Cueros? —repetí asombrado.

—De lobo de mar. Para ser preciso, de lobo de mar de un solo pelo.

No me atreví a averiguar más detalles. Ignoraba que las focas, o lobos marinos, pudieran tener un solo pelo. Cuando los contemplé sobre una roca, en las playas del sur, les vi una piel reluciente que brillaba al sol, sin advertir asomo alguno de cabellera sobre sus perezosas barrigas.

Cobré mis haberes con la velocidad del rayo, sin pagar lo que debía de alquiler, ni la cuota del sastre, ni el recibo del zapatero, y puse mi participación monetaria en las manos de mi socio financista.

Fuimos a ver los cueros. Álvaro se los había comprado a una tía suya, sureña, que era dueña de numerosas islas improductivas. Sobre los islotes de desolados roqueríos los lobos marinos acostumbraban practicar sus ceremonias eróticas. Ahora estaban ante mis ojos, en grandes atados de cueros amarillos, perforados por las carabinas de los servidores de la tía maligna. Subían hasta el techo los paquetes de cueros en la bodega alquilada por Álvaro para deslumbrar a los presuntos compradores.

—Y qué haremos con esta enormidad, con esta montaña de cueros? —le pregunté encogidamente.

—Todo el mundo necesita cueros de esta clase. Ya verás —dijo, y salimos de la bodega, Álvaro despidiendo chispas de energía, yo cabizbajo y callado.

Álvaro iba de aquí para allá con un portafolio, hecho de una de nuestras auténticas pieles de «lobo marino de un solo pelo», portafolio que rellenó de papeles en blanco para darle apariencia comercial. Nuestros últimos centavos se fueron en los anuncios de prensa. Que un magnate interesado y comprensivo los leyera, y bastaba. Seríamos ricos. Álvaro, muy atildado, quería confeccionarse media docena de trajes de tela inglesa. Yo, mucho más modesto, albergaba, entre mis sueños por satisfacer, el de adquirir un buen hisopo o brocha para afeitarme, ya que el actual iba camino de una calvicie inaceptable.

Por fin se presentó el comprador. Era un talabartero de cuerpo robusto, bajo de estatura, con ojos impertérritos, muy parco de palabras, y con cierto alarde de franqueza que a mi juicio se aproximaba a la grosería. Álvaro lo recibió con protectora displicencia y le señaló una hora, tres días después, apropiada para mostrarle nuestra fabulosa mercancía.

En el curso de esos tres días, Álvaro adquirió espléndidos cigarrillos ingleses y algunos puros cubanos Romeo y Julieta, que colocó de manera visible en el bolsillo exterior de su chaqueta, cuando llegó la hora de esperar al interesado. En el suelo habíamos esparcido las pieles que revelaban mejor estado.

El hombre concurrió puntualmente a la cita. No se sacó el sombrero y apenas nos saludó con un gruñido. Miró desdeñosamente y con rapidez las pieles extendidas en el piso. Luego paseó sus ojos astutos y férreos por los estantes atiborrados. Levantó una mano regordeta y una uña dudosa para señalar un atado de pieles, uno de aquellos que estaban más arriba y más lejos. Justamente donde yo había arrinconado las pieles más despreciables.

Álvaro aprovechó el momento culminante para ofrecerle uno de sus auténticos cigarros habanos. El mercachifle lo tomó rápidamente, le dio una dentellada a la punta y se lo encasquetó en las fauces. Pero continuó imperturbable, indicando el atado que deseaba inspeccionar.

No había más remedio que mostrárselo. Mi socio trepó por la escalera y, sonriendo como un condenado a muerte, bajó con el grueso envoltorio. El comprador, interrumpiéndose para sacarle humo y más humo al puro de Álvaro, revisó una por una todas las pieles del paquete.

El hombre levantaba una piel, la frotaba, la doblaba, la escupía y en seguida pasaba a otra, que a su vez era rasguñada, raspada, olfateada y dejada caer. Cuando al cabo terminó su inspección, paseó de nuevo su mirada de buitre por las estanterías colmadas con nuestras pieles de lobo de mar de un solo pelo y, por último, detuvo sus ojos en la frente de mi socio y experto en finanzas. El momento era emocionante.

Entonces dijo con voz firme y seca una frase inmortal, al menos para nosotros.

—Señores míos, yo no me caso con estos cueros —y se marchó para siempre, con el sombrero puesto como había entrado, fumando el soberbio cigarro de Álvaro, sin despedirse, matador implacable de todos nuestros ensueños millonarios.

Mis primeros libros

Me refugié en la poesía con ferocidad de tímido. Aleteaban sobre Santiago las nuevas escuelas literarias. En la calle Maruri, 513, terminé de escribir mi primer libro. Escribía dos, tres, cuatro y cinco poemas al día. En las tardes, al ponerse el sol, frente al balcón se desarrollaba un espectáculo diario que yo no me perdía por nada del mundo. Era la puesta de sol con grandiosos hacinamientos de colores, repartos de luz, abanicos inmensos de anaranjado y escarlata. El capítulo central de mi libro se llama «Los crepúsculos de Maruri». Nadie me ha preguntado nunca qué es eso de Maruri. Tal vez muy pocos sepan que se trata apenas de una humilde calle visitada por los más extraordinarios crepúsculos.

En 1923 se publicó ese mi primer libro: *Crepusculario*. Para pagar la impresión tuve dificultades y victorias cada día. Mis escasos muebles se vendieron. A la casa de empeños se fue rápidamente el reloj que solemnemente me había regalado mi padre, reloj al que él le había hecho pintar dos banderitas cruzadas. Al reloj siguió mi traje negro de poeta. El impresor era inexorable y, al final, lista totalmente la edición y pegadas las tapas, me dijo con aire siniestro: «No. No se llevará ni un solo ejemplar sin antes pagármelo todo». El crítico Alone aportó generosamente los últimos pesos, que fueron tragados por las fauces de mi impresor; y salí a la calle con mis libros al hombro, con los zapatos rotos y loco de alegría.

Mi primer libro! *Yo siempre he sostenido que la tarea del escritor no es misteriosa ni trágica, sino que, por lo menos la del poeta, es una tarea personal, de beneficio público. Lo más parecido a la poesía es un pan o un plato de cerámica, o una madera tiernamente labrada, aunque sea por torpes manos.* Sin embargo, creo que ningún artesano puede tener, como el poeta la tiene, por una sola vez durante su vida, esta embriagadora sensación del primer objeto creado con sus manos, con la desorientación aún palpitante de sus sueños. Es un momento que ya nunca más volverá. Vendrán muchas ediciones más cuidadas y bellas. Llegarán sus palabras trasvasadas a la copa de otros idiomas como un vino que cante y perfume en otros sitios de la tierra. Pero ese minuto en que sale fresco de tinta y tierno de papel el primer libro, ese minuto arrobador y embriagador, con sonido de alas que revolotean y de primera flor que se abre en la altura conquistada, ese minuto está presente una sola vez en la vida del poeta.

Uno de mis versos pareció desprenderse de aquel libro infantil y hacer su propio camino: es el «Farewell», que hasta ahora se sabe de memoria mucha gente por donde voy. En el sitio más inesperado me lo recitaban de memoria, o me pedían que yo lo hiciera. Aunque mucho me molestara, apenas presentado en una reunión, alguna muchacha comenzaba a elevar su voz con aquellos versos obsesionantes y, a veces, ministros de Estado me recibían cuadrándose militarmente delante de mí y espetándome la primera estrofa.

Años más tarde, Federico García Lorca, en España, me contaba cómo le pasaba lo mismo con su poema «La casada infiel». La máxima prueba de amistad que podía dar Federico, era repetir para uno su popularísima y bella poesía. Hay una alergia hacia el éxito estático de uno solo de nuestros trabajos. Este es un sentimiento sano y hasta biológico. Tal imposición de los lectores pretende inmovilizar al poeta en un solo minuto, cuando en verdad la creación es una constante rueda que gira con mayor aprendizaje y conciencia, aunque tal vez con menos frescura y espontaneidad.

Ya iba dejando atrás *Crepusculario*. Tremendas inquietudes movían mi poesía. En fugaces viajes al sur renovaba mis fuerzas. En 1923 tuve una curiosa experiencia. Había vuelto a mi casa en Temuco. Era más de medianoche. Antes de acostarme abrí las ventanas de mi cuarto. El cielo me deslumbró. Todo el cielo vivía poblado por una multitud pululante de estrellas. La noche estaba recién lavada y las estrellas antárticas se desplegaban sobre mi cabeza.

Me embargó una embriaguez de estrellas, celeste, cósmica. Corrí a mi mesa y escribí de manera delirante, como si recibiera un dictado, el primer poema de un libro que tendría muchos nombres y que finalmente se llamaría *El hondero entusiasta*. Me movía en una forma como nadando en mis verdaderas aguas.

Al día siguiente leí lleno de gozo mi poema nocturno. Más tarde, cuando llegué a Santiago, el mago Aliro Oyarzún escuchó con admiración aquellos versos míos. Con su voz profunda me preguntó luego:

—¿Estás seguro de que esos versos no tienen influencia de Sabat Ercasty?

—Creo que estoy seguro. Los escribí en un arrebato.

Entonces se me ocurrió enviar mi poema al propio Sabat Ercasty, un gran poeta uruguayo, ahora injustamente olvidado. En ese poeta había visto yo realizada mi ambición de una poesía que englobara no solo al hombre sino a la naturaleza, a las fuerzas escondidas; una poesía epopéyica que se enfrentara con el gran misterio del universo y también con las posibilidades del hombre. Entré en correspondencia con él. Al mismo tiempo que yo proseguía y maduraba mi obra, leía con mucha atención las cartas que Sabat Ercasty dedicaba a un tan desconocido y joven poeta.

Le envié el poema de aquella noche a Sabat Ercasty, a Montevideo, y le pregunté si en él había o no influencia de su poesía. Me contestó muy pronto una noble carta: «Pocas veces he leído un poema tan logrado, tan magnífico, pero tengo que decírselo: sí hay algo de Sabat Ercasty en sus versos».

Fue un golpe nocturno, de claridad, que hasta ahora agradezco. Estuve muchos días con la carta en los bolsillos, arrugándose hasta que se deshizo. Estaban en juego muchas cosas. Sobre todo me obsesionaba el estéril delirio de aquella noche. En vano había caído en esa sumersión de estrellas, en vano había recibido sobre mis sentidos aquella tempestad austral. Estaba equivocado. Debía desconfiar de la inspiración. La razón debía guiarme paso a paso por los pequeños senderos. Tenía que aprender a ser modesto. Rompí muchos originales, extravié otros. Solo diez años después reaparecerían estos últimos y se publicarían.

Terminó con la carta de Sabat Ercasty mi ambición cíclica de una ancha poesía, cerré la puerta a una elocuencia que para mí sería imposible de seguir, reduje deliberadamente mi estilo y mi expresión. Buscando mis más sencillos rasgos, mi propio mundo armónico, empecé a escribir otro libro de amor. El resultado fueron los *Veinte poemas*.

Los *Veinte poemas de amor y una canción desesperada* son un libro doloroso y pastoril que contiene mis más atormentadas pasiones adolescentes, mezcladas con la naturaleza arrolladora del sur de mi patria. Es un libro que amo porque a pesar de su aguda melancolía está presente en él el goce de la existencia. Me ayudaron a escribirlo un río y su desembocadura: el Imperial. Los *Veinte poemas* son el romance de Santiago, con las calles estudiantiles, la universidad y el olor a madreselva del amor compartido.

Los trozos de Santiago fueron escritos entre la calle Echaurren y la avenida España y en el interior del antiguo edificio del Instituto Pedagógico, pero el panorama son siempre las aguas y los árboles del sur. Los muelles de la «Canción desesperada» son los viejos muelles de Carahue y de Bajo Imperial; los tablones rotos y los maderos como muñones golpeados por el ancho río; el aleteo de gaviotas se sentía y sigue sintiéndose en aquella desembocadura.

En un esbelto y largo bote abandonado, de no sé qué barco náufrago, leí entero el *Juan Cristóbal* y escribí la «Canción desesperada». Encima de mi cabeza el cielo tenía un azul tan violento como jamás he visto otro. Yo escribía en el bote, escondido en la tierra. Creo que no he vuelto a ser tan alto y tan profundo como en aquellos días. Arriba el cielo azul impenetrable. En mis manos el *Juan Cristóbal* o los versos nacientes de mi poema. Cerca de mí todo lo que existió y siguió existiendo para siempre en mi poesía: el ruido lejano del mar, el grito de los pájaros salvajes, y el amor ardiendo sin consumirse como una zarza inmortal.

Siempre me han preguntado cuál es la mujer de los *Veinte poemas*, pregunta difícil de contestar. Las dos o tres que se entrelazan en esta melancólica y ardiente poesía corresponden, digamos, a Marisol y a Marisombra. Marisol es el idilio de la provincia encantada con inmensas estrellas nocturnas y ojos oscuros como el cielo mojado de Temuco.

Ella figura con su alegría y su vivaz belleza en casi todas las páginas, rodeada por las aguas del puerto y por la media luna sobre las montañas. Marisombra es la estudiante de la capital. Boina gris, ojos suavísimos, el constante olor a madreselva del errante amor estudiantil, el sosiego físico de los apasionados encuentros en los escondrijos de la urbe.

Mientras tanto, cambiaba la vida de Chile.

Clamoroso, se levantaba el movimiento popular chileno buscando entre los estudiantes y los escritores un apoyo mayor. Por una parte, el gran líder de la pequeña burguesía, dinámico y demagógico, Arturo Alessandri Palma, llegaba a la Presidencia de la República, no sin antes haber sacudido al país entero con su oratoria flamígera y amenazante. A pesar de su extraordinaria personalidad, pronto, en el poder, se convirtió en el clásico gobernante de nuestra América; el sector dominante de la oligarquía, que él combatió, abrió las fauces y se tragó sus discursos revolucionarios. El país siguió debatiéndose en los más terribles conflictos.

Al mismo tiempo, un líder obrero, Luis Emilio Recabarren, con una actividad prodigiosa organizaba al proletariado, formaba centrales sindicales, establecía nueve o diez periódicos obreros a lo largo del país. Una avalancha de desocupación hizo tambalear las instituciones. Yo escribía semanalmente en *Claridad*. Los estudiantes apoyábamos las reivindicaciones populares y éramos apaleados por la policía en las calles de Santiago. A la capital llegaban miles de obreros cesantes del salitre y del cobre. Las manifestaciones y la represión consiguiente teñían trágicamente la vida nacional.

Desde aquella época y con intermitencias, se mezcló la política en mi poesía y en mi vida. No era posible cerrar la puerta a la calle dentro de mis poemas, así como no era posible tampoco cerrar la puerta al amor, a la vida, a la alegría o a la tristeza en mi corazón de joven poeta.

La palabra

... Todo lo que usted quiera, sí, señor, pero son las palabras las que cantan, las que suben y bajan... Me prosterno ante ellas... Las amo, las adhiero, las persigo, las muerdo, las derrito... Amo tanto las palabras... Las inesperadas... Las que glotonamente se esperan, se acechan, hasta que de pronto caen... Vocablos amados... Brillan como piedras de colores, saltan como platinados peces, son espuma, hilo, metal, rocío... Persigo algunas palabras... Son tan hermosas que las quiero poner todas en mi poema... Las agarro al vuelo, cuando van zumbando, y las atrapo, las limpio, las pelo, me preparo frente al plato, las siento cristalinas, vibrantes, ebúrneas, vegetales, aceitosas, como frutas, como algas, como ágatas, como aceitunas... Y entonces las revuelvo, las agito, me las bebo, me las zampo, las trituro, las emperejilo, las liberto... Las dejo como estalactitas en mi poema, como pedacitos de madera bruñida, como carbón, como restos de naufragio, regalos de la ola... Todo está en la palabra... Una idea entera se cambia porque una palabra se trasladó de sitio, o porque otra se sentó como una reinita adentro de una frase que no la esperaba y que le obedeció... Tienen sombra, transparencia, peso, plumas, pelos, tienen de todo lo que se les fue agregando de tanto rodar por el río, de tanto transmigrar de patria, de tanto ser raíces... Son antiquísimas y recientísimas... Viven en el féretro escondido y en la flor apenas comenzada... Qué buen idioma el mío, qué buena lengua heredamos de los conquistadores torvos... Estos andaban a zancadas por las tremendas cordilleras, por las Américas encrespadas, buscando patatas, butifarras, frijolitos, tabaco negro, oro, maíz, huevos fritos, con aquel apetito voraz que nunca más se ha visto en el mundo... Todo se lo tragaban, con religiones, pirámides, tribus, idolatrías iguales a las que ellos traían en sus grandes bolsas... Por donde pasaban quedaba arrasada la tierra... Pero a los bárbaros se les caían de las botas, de las barbas, de los yelmos, de las herraduras, como piedrecitas, las palabras luminosas que se quedaron aquí resplandecientes... el idioma. Salimos perdiendo... Salimos ganando... Se llevaron el oro y nos dejaron el oro... Se lo llevaron todo y nos dejaron todo... Nos dejaron las palabras.

3
Los caminos del mundo

El vagabundo de Valparaíso

Valparaíso está muy cerca de Santiago y parecen separarlas solo nuestras hirsutas montañas en cuyas cimas se levantan, como obeliscos, gigantescos cactus hostiles y floridos.

Pero la verdad es que algo infinitamente indefinible separa a Valparaíso de Santiago, capital de Chile. Santiago es una ciudad prisionera, cerrada por sus muros de nieve. Valparaíso abre sus puertas al infinito mar, a los gritos de las calles, a los ojos de los niños: todo es allí diferente. En el punto más desordenado de mi juventud nos metíamos de pronto en un tren, siempre de madrugada, siempre sin haber dormido, siempre en un vagón de tercera clase, sin un centavo en los bolsillos, dirigidos por la estrella de Valparaíso. Éramos poetas o pintores de poco más o menos veinte años y entre aquellos cuatro o cinco viajeros reuníamos una valiosa carga de locura irreflexiva que quería emplearse, extenderse, estallar. Valparaíso nos llamaba con su pulso magnético.

Solo muchos años después he sentido desde otra ciudad ese mismo llamado inexplicable. Fue durante mis años de Madrid. De pronto en una cervecería, saliendo de un teatro en la noche o simplemente andando por la calle, oía la voz de Toledo que me llamaba, la muda voz de sus fantasmas, de su silencio. Y a esas altas horas, con mis amigos tan locos como los de mi juventud, nos largábamos hacia la antigua ciudadela calcinada y torcida. Otra vez visitantes sin dinero y sin ningún conocido, dormíamos ahora vestidos sobre las arenas del Tajo, bajo los puentes de piedra.

No sé por qué entre mis viajes fantasiosos a Valparaíso uno se me ha quedado grabado, impregnado por el aroma de hierbas arrancadas a la intimidad de los campos. Contaré la historia.

Íbamos a despedir a un poeta y a un pintor que tal vez viajarían a Francia en una posibilidad de tercera clase de la P.S.N.C. (Pacific Steam Navegation Company) surto en la bahía. Allí estaba el navío lleno de luces y fumándose su gruesa chimenea: no había duda de que partiría.

Como entre todos no teníamos para pagar ni el hotel más ratonil, buscamos a Novoa, uno de nuestros locos favoritos del gran Valparaíso. Sabíamos que él no desteñía y su casa en los cerros estaba siempre abierta de par en par a la locura. Era tarde en la noche cuando emprendimos la marcha. No era tan simple. Subiendo y resbalando interminablemente colinas y colinas hasta el infinito en la oscuridad veíamos imperturbable la silueta de Novoa que nos guiaba. Era un hombre grandísimo, de gruesos bigotazos y barba. Los faldones de su vestimenta oscura eran como alas en las cimas desconocidas de aquella cordillera que subíamos ciegos y abrumados.

Él no dejaba de hablar. Era un santo loco a quien solo nosotros los poetas habríamos canonizado. No daba importancia a esta consagración sino a las secretas relaciones, que solo él sabía, entre la salud corporal y los dones naturales de la tierra. Era, naturalmente, un naturista. Era un vegetariano vegetal, y él, sin dejar de predicarnos mientras marchaba, con voz tonante, hacia atrás, como si fuéramos sus discípulos, avanzaba imponente, tal como un san Cristóbal de los nocturnos, solitarios suburbios.

Por fin llegamos a su casa, que resultó ser una cabaña de dos habitaciones. Una de ellas la ocupaba la cama de nuestro san Cristóbal, la otra estancia la llenaba en gran parte un inmenso sillón de mimbre, obra maestra del siglo victoriano, profusamente entrecruzado por inútiles rosetones de paja y extraños cajoncitos adosados a sus brazos.

Fui designado para ocupar el gran sillón para dormir aquella noche.

Mis amigos extendieron en el suelo los diarios de la tarde y se acostaron parsimoniosamente sobre las noticias de la época.

Pronto supe, por sus respiraciones y ronquidos, que ya dormían todos. A mí me era difícil dormir sentado en aquel mueble monumental. El cansancio me mantuvo insomne.

Se oía un silencio de altura, de cumbres solitarias: solo algunos ladridos de perros astrales cruzaban la noche, solo algún pitazo lejanísimo de navío que entraba o que salía me confirmaba la noche de Valparaíso.

De pronto sentí una influencia extraña y arrobadora que me invadía. Era una fragancia montañosa a pradera, a vegetaciones que habían crecido con mi infancia y que yo había olvidado en el despeñado fragor de la ciudadanía. Me sentí reconciliado con el sueño, envuelto por la tierra maternal. Pero, de dónde podía venir aquella palpitación silvestre de la tierra? Estaba impregnándome, se apoderaba de mis sentidos un olor invasor compuesto por una purísima virginidad de aromas. En la oscuridad palpé hacia la armazón de mimbre de mi sillón colosal.

Metiendo los dedos entre sus vericuetos descubrí al tacto innumerables cajoncillos. Y en ellos, sin ver en la oscuridad, con mis manos toqué plantas secas y lisas, ramos ásperos, espinosos, redondos, hojas lanceoladas, tiernas o férreas. Todo un arsenal de la salud de nuestro anfitrión vegetariano, de una vida recogiendo malezas con sus grandes brazos de san Cristóbal abundante y andarín.

Revelado el misterio, me fue fácil dormir entre aquellas hierbas guardianas.

Hoy, en la mañana de este mes de agosto de 1973 en Isla Negra, al recordarlo, compruebo que todos mis amigos de aquella noche extraña y aromática ya se fueron a la muerte cumpliendo cada uno su trágico o tranquilo destino.

Hace ya muchos años desparecieron Novoa y sus bigotazos. Murieron también aquellos que al día siguiente se embarcaron a París. Un huracán venido del océano barrió para siempre con la cabaña y con el sillón que me cobijaron y me adormecieron en aquella aventura.

Todo se fue. Solo persiste, y me atormenta a veces en la noche, un aroma de hierbas secas y salvajes que entra en mi sueño y que solo yo sé de dónde viene.

En una calle estrecha de Valparaíso viví algunas semanas frente a la casa de don Zoilo Escobar. Nuestros balcones casi se tocaban. Mi vecino salía temprano al balcón y practicaba una gimnasia de anacoreta que revelaba el arpa de sus costillas. Siempre vestido con un pobre overol, o con unos raídos chaquetones, medio marino, medio arcángel, se había retirado hace tiempo de sus navegaciones, de la aduana, de las marinerías. Todos los días cepillaba su traje de gala con perfección meticulosa. Era una ilustre ropa de paño negro que nunca, por largos años, le vi puesta; un vestido que siempre guardó en el armario vetusto entre sus tesoros.

Pero su tesoro más agudo y más desgarrador era un violín Stradivarius que conservó celosamente toda su vida, sin tocarlo ni permitir que nadie lo tocara. Don Zoilo pensaba venderlo en Nueva York. Allí le darían una fortuna por el preclaro instrumento. A veces lo sacaba del pobre armario y nos permitía contemplarlo con religiosa emoción. Alguna vez viajaría al norte don Zoilo Escobar y regresaría sin violín, pero cargado de fastuosos anillos y con los dientes de oro que sustituirían en su boca a los huecos que fue dejando el prolongado correr de los años.

Una mañana no salió al balcón de gimnasia. Lo enterramos allá arriba, en el cementerio del cerro, con el traje de paño negro que por primera vez cubrió su pequeña osamenta de ermitaño. Las cuerdas del Stradivarius no pudieron llorar su partida. Nadie sabía tocarlo. Y, además, no apareció el violín cuando se abrió el armario. Tal vez voló hacia el mar, o hacia Nueva York, para consumar los sueños de don Zoilo.

Valparaíso es secreto, sinuoso, recodero. En los cerros se derrama la pobretería como una cascada. Se sabe cuánto come, cómo viste (y también cuánto no come y cómo no viste) el infinito pueblo de los cerros. La ropa a secar embandera cada casa y la incesante proliferación de pies descalzos delata con su colmena el inextinguible amor.

Pero cerca del mar, en el plano, hay casas con balcones y ventanas cerradas, donde no entran muchas pisadas. Entre ellas estaba la mansión del explorador. Golpeé muchas veces seguidas con el aldabón de bronce, para que se oyera. Finalmente se acercaron tenues pasos y un rostro averiguante entreabrió el portalón con desconfianza, con deseos de dejarme afuera. Era la vieja criada de aquella casa, una sombra de pañolón y delantal que apenas susurraba sus pasos.

El explorador era también muy anciano y solo él y la criada habitaban la espaciosa casa de ventanas cerradas. Yo había venido a conocer su colección de ídolos. Llenaban corredores y paredes las criaturas bermejas, las máscaras estriadas de blanco y ceniza, las estatuas que reproducían desaparecidas anatomías de dioses oceánicos, las resecas cabelleras polinésicas, los hostiles escudos de madera revestidos de piel de leopardo, los collares de dientes feroces, los remos de esquifes que quizá cortaron la espuma de las aguas afortunadas. Violentos cuchillos estremecían los muros con hojas plateadas que serpenteaban desde la sombra.

Observé que habían sido aminorados los dioses masculinos de madera. Sus falos estaban cuidadosamente cubiertos con taparrabos de tela, la misma tela que había servido de pañolón y delantal a la criada; era fácil comprobarlo.

El viejo explorador se desplazaba con sigilo por entre los trofeos. Sala tras sala me dio las explicaciones, entre perentorias e irónicas, de quien vivió mucho y continúa viviendo al rescoldo de sus imágenes. Su barbita blanca parecía la de un fetiche de Samoa. Me mostró las espingardas y los pistolones con los cuales persiguió al enemigo o hizo tocar el suelo al antílope y al tigre. Contaba sus aventuras sin alterar el tono de su murmullo. Era como si el sol entrase, a pesar de las ventanas cerradas, y dejara un solo pequeño rayo, una pequeña mariposa viva que revoloteara entre los ídolos.

Al partir le participé un proyecto de viaje mío hacia las Islas, mis deseos de salir muy pronto rumbo a las arenas doradas. Entonces, tras mirar hacia todos lados, acercó sus raídos bigotes blancos a mi oído y me deslizó temblorosamente: «Que no se entere ella, que no vaya a saberlo, pero yo también estoy preparando un viaje».

Se quedó así un instante, con un dedo en los labios, escuchando la probable pisada de un tigre en la selva. Y luego la puerta se cerró, oscura y súbita, como cuando cae la noche sobre el África.

Pregunté a los vecinos:

—Hay algún nuevo extravagante? Vale la pena haber regresado a Valparaíso?

Me respondieron:

—No tenemos casi nada de bueno. Pero si sigue por esa calle se va a topar con don Bartolomé.

—Y cómo voy a conocerlo?

—No hay manera de equivocarse. Viaja siempre en una carroza.

Pocas horas después compraba yo manzanas en una frutería cuando se detuvo un coche de caballos a la puerta. Bajó de él un personaje alto, desgarbado y vestido de negro.

También venía a comprar manzanas. Llevaba sobre el hombro un loro completamente verde que de inmediato voló hacia mí y se plantó en mi cabeza sin miramientos de ninguna clase.

—Es usted don Bartolomé? —pregunté al caballero.

—Esa es la verdad. Me llamo Bartolomé. —Y sacando la larga espada que llevaba bajo la capa me la pasó mientras llenaba su cesta con las manzanas y las uvas que compró. Era una antigua espada, larga y aguda, con empuñadura trabajada por florecientes plateros, una empuñadura como una rosa abierta.

Yo no lo conocía, nunca más volví a verle. Pero lo acompañé con respeto hasta la calle, luego abrí en silencio la puerta de su carruaje para que pasaran él y su cesto de frutas, y puse en sus manos, con solemnidad, el pájaro y la espada.

Pequeños mundos de Valparaíso, abandonados, sin razón y sin tiempo, como cajones que alguna vez quedaron en el fondo de una bodega y que nadie más reclamó, y no se sabe de dónde vinieron, ni se saldrán jamás de sus límites. Tal vez en estos dominios secretos, en estas almas de Valparaíso, quedaron guardadas para siempre la perdida soberanía de una ola, la tormenta, la sal, el mar que zumba y parpadea. El mar de cada uno, amenazante y encerrado: un sonido incomunicable, un movimiento solitario que pasó a ser harina y espuma de los sueños.

En las excéntricas vidas que descubrí me sorprendió la suprema unidad que mostraban con el puerto desgarrador. Arriba, por los cerros, florece la miseria a borbotones frenéticos de alquitrán y alegría. Las grúas, los embarcaderos, los trabajos del hombre cubren la cintura de la costa con una máscara pintada por la fugitiva felicidad. Pero otros no alcanzaron arriba, por las colinas; ni abajo, por las faenas. Guardaron en su cajón su propio infinito, su fragmento de mar.

Y lo custodiaron con sus armas propias, mientras el olvido se acercaba a ellos como la niebla.

Valparaíso a veces se sacude como una ballena herida. Tambalea en el aire, agoniza, muere y resucita.

Aquí cada ciudadano lleva en sí un recuerdo de terremoto. Es un pétalo de espanto que vive adherido al corazón de la ciudad. Cada ciudadano es un héroe antes de nacer. Porque en la memoria del puerto hay ese descalabro, ese estremecerse de la tierra que tiembla y el ruido ronco que llega de la profundidad, como si una ciudad submarina y subterránea echara a redoblar sus campanarios enterrados para decir al hombre que todo terminó.

A veces, cuando ya rodaron los muros y los techos entre el polvo y las llamas, entre los gritos y el silencio, cuando ya todo parecía definitivamente quieto en la muerte, salió del mar, como el último espanto, la gran ola, la inmensa mano verde que, alta y amenazante, sube como una torre de venganza barriendo la vida que quedaba a su alcance.

Todo comienza a veces por un vago movimiento, y los que duermen despiertan. El alma entre sueños se comunica con profundas raíces, con su hondura terrestre. Siempre quiso saberlo. Ya lo sabe. Luego, en el gran estremecimiento, no hay donde acudir, porque los dioses se fueron, las vanidosas iglesias se convirtieron en terrones triturados.

El pavor no es el mismo del que corre, del toro iracundo, del puñal que amenaza o del agua que se traga. Este es un pavor cósmico, una instantánea inseguridad, el universo que se desploma y se deshace. Y mientras tanto suena la tierra con un sordo trueno, con una voz que nadie le conocía.

El polvo que levantaron las casas al desplomarse, poco a poco se aquieta. Y nos quedamos solos con nuestros muertos y con todos los muertos, sin saber por qué seguimos vivos.

Las escaleras parten de abajo y de arriba y se retuercen trepando. Se adelgazan como cabellos, dan un ligero reposo, se tornan verticales. Se marean. Se precipitan. Se alargan. Retroceden. No terminan jamás.

Cuántas escaleras? Cuántos peldaños de escaleras? Cuántos pies en los peldaños? Cuántos siglos de pasos, de bajar y subir con el libro, con los tomates, con el pescado, con las botellas, con el pan? Cuántos miles de horas que desgastaron las gradas hasta hacerlas canales por donde circula la lluvia jugando y llorando?

Escaleras!

Ninguna ciudad las derramó, las deshojó en su historia, en su rostro, las aventó y las reunió, como Valparaíso. Ningún rostro de ciudad tuvo estos surcos por los que van y vienen las vidas, como si estuvieran siempre subiendo al cielo, como si siempre estuvieran bajando a la creación.

Escaleras que a medio camino dieron nacimiento a un cardo de flores purpúreas! Escaleras que subió el marinero que volvía del Asia y que encontró en su casa una nueva sonrisa o una terrible ausencia! Escaleras por las que bajó como un meteoro negro un borracho que caía! Escaleras por donde sube el sol para dar amor a las colinas!

Si caminamos todas las escaleras de Valparaíso habremos dado la vuelta al mundo.

Valparaíso de mis dolores!... Qué pasó en las soledades del Pacífico Sur? Estrella errante o batalla de gusanos cuya fosforescencia sobrevivió a la catástrofe?

La noche de Valparaíso! Un punto del planeta se iluminó, diminuto, en el universo vacío. Palpitaron las luciérnagas y comenzó a arder entre las montañas una herradura de oro.

La verdad es que luego la inmensa noche despoblada desplegó colosales figuras que multiplicaban la luz. Aldebarán tembló con su pulso remoto, Casiopea colgó su vestidura en las puertas del cielo, mientras sobre la esperma nocturna de la Vía Láctea rodaba el silencioso carro de la Cruz Austral.

Entonces, Sagitario, enarbolante y peludo, dejó caer algo, un diamante de sus patas perdidas, una pulga de su pellejo distante.

Había nacido Valparaíso, encendido y rumoroso, espumoso y meretricio.

La noche de sus callejones se llenó de náyades negras. En la oscuridad te acecharon las puertas, te aprisionaron las manos, las sábanas del sur extraviaron al marinero. Polyanta, Tritetonga, Carmela, Flor de Dios, Multicula, Berenice, «Baby Sweet», poblaron las cervecerías, custodiaron los náufragos del delirio, se sustituyeron y se renovaron, bailaron sin desenfreno, con la melancolía de mi raza lluviosa.

Desde el puerto salieron a conquistar ballenas los más duros veleros. Otros navíos partieron hacia las Californias del oro. Los últimos atravesaron los siete mares para recoger más tarde en el desierto chileno el nitrato que yace como polvo innumerable de una estatua demolida bajo las más secas extensiones del mundo.

Estas fueron las grandes aventuras.

Valparaíso centelleó a través de la noche universal. Del mundo y hacia el mundo surgieron navíos engalanados como palomas increíbles, barcos fragantes, fragatas hambrientas que el Cabo de Hornos había retenido más de la cuenta... Muchas veces los hombres recién desembarcados se precipitaban sobre el pasto... Feroces y fantásticos días en que los océanos no se comunicaban sino por las lejanías del estrecho patagónico. Tiempos en que Valparaíso pagaba con buena moneda a las tripulaciones que la escupían y la amaban.

En algún barco llegó un piano de cola; en otro pasó Flora Tristán, la abuela peruana de Gauguin; en otro, en el *Wager*, llegó Robinson Crusoe, el primero, de carne y hueso, recién recogido en Juan Fernández... Otras embarcaciones trajeron piñas, café, pimienta de Sumatra, bananas de Guayaquil, té con jazmines de Assam, anís de España... La remota bahía, la oxidada herradura del Centauro, se llenó de aromas intermitentes: en una calle te asaltaba una dulzura de canela; en otra, como una flecha blanca, te atravesaba el alma el olor de las chirimoyas; de un callejón salía a combatir contigo el detritus de algas del mar, de todo el mar chileno.

Valparaíso, entonces, se iluminaba y asumía un oro oscuro; se fue transformando en un naranjo marino, tuvo follaje, tuvo frescura y sombra, tuvo esplendor de fruta.

Las cumbres de Valparaíso decidieron descolgar a sus hombres, soltar las casas desde arriba para que estas titubearan en los barrancos que tiñe de rojo la greda, de dorado los dedales de oro, de verde huraño la naturaleza silvestre. Pero las casas y los hombres se agarraron a la altura, se enroscaron, se clavaron, se atormentaron, se dispusieron a lo vertical, se colgaron con dientes y uñas de cada abismo. El puerto es un debate entre el mar y la naturaleza evasiva de las cordilleras. Pero en la lucha fue ganando el hombre. Los cerros y la plenitud marina conformaron la ciudad, y la hicieron uniforme, no como un cuartel, sino con la disparidad de la primavera, con su contradicción de pinturas, con su energía sonora. Las casas se hicieron colores: se juntaron en ellas el amaranto y el amarillo, el carmín y el cobalto, el verde y el purpúreo. Así cumplió Valparaíso su misión de puerto verdadero, de navío encallado pero viviente, de naves con sus banderas al viento. El viento del océano mayor merecía una ciudad de banderas.

Yo he vivido entre estos cerros aromáticos y heridos. Son cerros suculentos en que la vida golpea con infinitos extramuros, con caracolismo insondable y retorcijón de trompeta. En la espiral te espera un carrusel anaranjado, un fraile que desciende, una niña descalza sumergida en su sandía, un remolino de marineros y mujeres, una venta de la más oxidada ferretería, un circo minúsculo en cuya carpa solo caben los bigotes del domador, una escala que sube a las nubes, un ascensor que asciende cargado de cebollas, siete burros que transportan agua, un carro de bomberos que vuelve de un incendio, un escaparate en que se juntaron botellas de vida o muerte.

Pero estos cerros tienen nombres profundos. Viajar entre estos nombres es un viaje que no termina, porque el viaje de Valparaíso no termina ni en la tierra, ni en la palabra. Cerro Alegre, Cerro Mariposa, Cerro Polanco, Cerro del Hospital, de la Mesilla, de la Rinconada, de la Lobería, de las Jarcias, de las Alfareras, de los Chaparro, de la Calahuala, del Litre, del Molino, del Almendral, de los Pequenes, de los Chercanes, de Acevedo, del Pajonal, del Presidio, de las Zorras, de doña Elvira, de San Esteban, de Astorga, de la Esmeralda, del Almendro, de Rodríguez, de la Artillería, de los Lecheros, de la Concepción, del Cementerio, del Cardonal, del Árbol Copado, del Hospital Inglés, de la Palma, de la Reina Victoria, de Carvallo, de San Juan de Dios, de Pocuro, de la Caleta, de la Cabritería, de Vizcaya, de don Elías, del Cabo, de las Cañas, del Atalaya, de la Parrasia, del Membrillo, del Buey, de la Florida.

Yo no puedo andar en tantos sitios. Valparaíso necesita un nuevo monstruo marino, un octopiernas, que alcance a recorrerlo. Yo aprovecho su inmensidad, su íntima inmensidad, pero no logro abarcarlo en su diestra multicolora, en su germinación siniestra, en su altura o su abismo.

Yo solo lo sigo en sus campanas, en sus ondulaciones y en sus nombres. Sobre todo, en sus nombres, porque ellos tienen raíces y radícula, tienen aire y aceite, tienen historia y ópera: tienen sangre en las sílabas.

Cónsul de Chile en un agujero

Un premio literario estudiantil, cierta popularidad de mis nuevos libros y mi capa famosa, me habían proporcionado un aura de respetabilidad, más allá de los círculos estéticos. Pero la vida cultural de nuestros países en los años veinte dependía exclusivamente de Europa, salvo contadas y heroicas excepciones. En cada una de nuestras repúblicas actuaba una «élite» cosmopolita y, en cuanto a los escritores de la oligarquía, ellos vivían en París. Nuestro gran poeta Vicente Huidobro no solo escribía en francés sino que alteró su nombre y en vez de Vicente se transformó en Vincent.

Lo cierto es que, apenas tuve un rudimento de fama juvenil, todo el mundo me preguntaba en la calle:

—Pero, ¿qué hace usted aquí? Usted debe irse a París.

Un amigo me recomendó al jefe de un departamento en el Ministerio de Relaciones. Fui recibido de inmediato. Ya conocía mis versos.

—Conozco también sus aspiraciones. Siéntese en ese sillón confortable. Desde aquí tiene una buena vista hacia la plaza, hacia la feria de la plaza. Mire usted esos automóviles. Todo es vanidad. Feliz usted que es un joven poeta. ¿Ve usted ese palacio? Era de mi familia. Y usted me tiene ahora aquí, en este cuchitril, envuelto en burocracia. Cuando lo único que vale es el espíritu. ¿Le gusta a usted Tchaikovski?

Después de una hora de conversación artística, al darme la mano de la despedida, me dijo que no me preocupara del asunto, que él era el director del servicio consular.

—Puede considerarse usted desde ya designado para un puesto en el exterior.

Durante dos años acudí periódicamente al gabinete del atento jefe diplomático, cada vez más obsequioso. Apenas me veía aparecer llamaba con displicencia a uno de sus secretarios y, enarcando las cejas, le decía:

—No estoy para nadie. Déjeme olvidar la prosa cotidiana. Lo único espiritual en este ministerio es la visita del poeta. Ojalá nunca nos abandone.

Hablaba con sinceridad, estoy seguro. Acto seguido me conversaba sin tregua de perros de raza. «Quien no ama a los perros no ama a los niños.» Seguía con la novela inglesa, después pasaba a la antropología y al espiritismo, para detenerse más allá en cuestiones de heráldica y genealogía. Al despedirme repetía una vez más, como un secreto temible entre los dos, que mi puesto en el extranjero estaba asegurado. Aunque yo carecía de dinero para comer, salía a la calle esa noche respirando como un ministro consejero. Y cuando mis amigos me preguntaban qué andaba haciendo, yo me daba importancia y respondía:

—Preparo mi viaje a Europa.

Esto duró hasta que me encontré con mi amigo Bianchi. La familia Bianchi de Chile es un noble clan. Pintores y músicos populares, juristas y escritores, exploradores y andinistas, dan un tono de inquietud y rápido entendimiento a todos los Bianchi. Mi amigo, que había sido embajador y conocía los secretos ministeriales, me preguntó:

—¿No sale aún tu nombramiento?

—Lo tendré de un momento a otro, según me lo asegura un alto protector de las artes que trabaja en el ministerio.

Se sonrió y me dijo:

—Vamos a ver al ministro.

Me tomó de un brazo y subimos las escaleras de mármol. A nuestro paso se apartaban apresuradamente ordenanzas y empleados. Yo estaba tan sorprendido que no podía hablar. Por primera vez veía a un ministro de Relaciones Exteriores. Este era muy bajito de estatura y, para amortiguarlo, se sentó de un salto en el pupitre. Mi amigo le refirió mis impetuosos deseos de salir de Chile. El ministro tocó uno de sus muchos timbres y pronto apareció, para aumentar mi confusión, mi protector espiritual.

—¿Qué puestos están vacantes en el servicio? —le dijo el ministro.

El atildado funcionario, que ahora no podía hablar de Tchaikovski, dio los nombres de varias ciudades diseminadas en el mundo, de las cuales solo alcancé a pescar un nombre que nunca había oído ni leído antes: Rangoon.

—¿Dónde quiere ir, Pablo? —me dijo el ministro.

—A Rangoon —respondí sin vacilar.

—Nómbrelo —ordenó el ministro a mi protector, que ya corría y volvía con el decreto.

Había un globo terráqueo en el salón ministerial. Mi amigo Bianchi y yo buscamos la ignota ciudad de Rangoon. El viejo mapa tenía una profunda abolladura en una región de Asia y en esa concavidad la descubrimos.

—Rangoon. Aquí está Rangoon.

Pero cuando encontré a mis amigos poetas, horas más tarde, y quisieron celebrar mi nombramiento, resultó que había olvidado por completo el nombre de la ciudad. Solo pude explicarles con desbordante júbilo que me habían nombrado cónsul en el fabuloso Oriente y que el lugar a que iba destinado se hallaba en un agujero del mapa.

Montparnasse

Un día de junio de 1927 partimos hacia las remotas regiones. En Buenos Aires cambiamos mi pasaje de primera por dos de tercera y zarpamos en el *Baden*. Este era un barco alemán que se decía de clase única, pero esa «única» debe haber sido la quinta. Los turnos se dividían en dos: uno para servir rápidamente a los inmigrantes portugueses y gallegos; y otro para los demás pasajeros surtidos, en especial alemanes que volvían de las minas o de las fábricas de América Latina. Mi compañero Álvaro hizo una clasificación inmediata de las pasajeras. Era un activo tenorio. Las dividió en dos grupos. Las que atacan al hombre y las que obedecen al látigo. Estas fórmulas no siempre se cumplían. Tenía toda clase de trucos para apoderarse del amor de las señoras. Cuando asomaba en el puente un par de pasajeras interesantes, me tomaba rápidamente una mano y fingía interpretar sus líneas, con ademanes misteriosos. A la segunda vuelta las paseantes se detenían y le suplicaban que les leyera el destino. En el acto les tomaba las manos acariciándoselas excesivamente y siempre el porvenir que les leía les pronosticaba una visita a nuestro camarote.

Por mi parte, el viaje de pronto se transformó y dejé de ver a los pasajeros que protestaban ruidosamente por el eterno menú de *Kartoffel*; dejé de ver el mundo y el monótono Atlántico para solo contemplar los ojos oscuros y anchos de una joven brasileña, infinitamente brasileña, que subió al barco en Río de Janeiro, con sus padres y sus dos hermanos.

La Lisboa alegre de aquellos años con pescadores en las calles y sin Salazar en el trono, me llenó de asombro. En el pequeño hotel la comida era deliciosa. Grandes bandejas de fruta coronaban la mesa. Las casas multicolores; los viejos palacios con arcos en la puerta; las monstruosas catedrales como cascarones, de las que Dios se hubiera ido hace siglos a vivir a otra parte; las casas de juego dentro de antiguos palacios; la multitud infantilmente curiosa en las avenidas; la duquesa de Braganza, perdida la razón, andando hierática por una calle de piedras, seguida por cien chicos vagabundos y atónitos; esa fue mi entrada a Europa.

Y luego Madrid con sus cafés llenos de gente; el bonachón Primo de Rivera dando la primera lección de tiranía a un país que iba a recibir después la lección completa. Mis poemas iniciales de *Residencia en la tierra* que los españoles solo llegarían a comprenderlos más tarde, cuando surgió la generación de Alberti, Lorca, Aleixandre, Diego. Y España fue para mí también el interminable tren y el vagón de tercera más duro del mundo que nos dejó en París.

Desaparecíamos entre la multitud humeante de Montparnasse, entre argentinos, brasileños, chilenos. Aún no soñaban en aparecer los venezolanos, sepultados entonces bajo el reino de Gómez. Y más allá los primeros hindúes con sus trajes talares. Y mi vecina de mesa, con su culebrita enrollada al cuello, que tomaba con melancólica lentitud un *café crème*. Nuestra colonia sudamericana bebía coñac y bailaba tangos, esperando la menor oportunidad para armar alguna colosal trifulca y pegarse con medio mundo.

Para nosotros, bohemios provincianos de la América del Sur, París, Francia, Europa eran doscientos metros y dos esquinas: Montparnasse, La Rotonde, Le Dome, La Coupole y tres o cuatro cafés más. Las *boîtes* con negros comenzaban a estar de moda. Entre los sudamericanos, los argentinos eran los más numerosos, los más pendencieros y los más ricos. A cada instante se formaba un tumulto y un argentino era elevado entre cuatro garzones, pasaba en vilo sobre las mesas y era rudamente depositado en plena calle. No les gustaban nada a nuestros primos de Buenos Aires esas violencias que les desplanchaban los pantalones y, más grave aun, que los despeinaban. La gomina era parte esencial de la cultura argentina en aquella época.

La verdad es que en esos primeros días de París, cuyas horas volaban, no conocí un solo francés, un solo europeo, un solo asiático, mucho menos ciudadanos del África y de la Oceanía. Los americanos de lengua española, desde los mexicanos hasta los patagónicos, andaban en corrillos, contándose los defectos, disminuyéndose los unos a los otros, sin poder vivir los unos sin los otros. Un guatemalteco prefiere la compañía de un vagabundo paraguayo, para perder el tiempo en forma exquisita, antes que la de Pasteur.

Por esos días conocí a César Vallejo, el gran cholo; poeta de poesía arrugada, difícil al tacto como piel selvática, pero poesía grandiosa, de dimensiones sobrehumanas.

Por cierto que tuvimos una pequeña dificultad apenas nos conocimos. Fue en La Rotonde. Nos presentaron y, con su pulcro acento peruano, me dijo al saludarme:

—Usted es el más grande de todos nuestros poetas. Solo Rubén Darío se le puede comparar.

—Vallejo —le dije—, si quiere que seamos amigos nunca vuelva a decirme una cosa semejante. No sé dónde iríamos a parar si comenzamos a tratarnos como literatos.

Me pareció que mis palabras le molestaron. Mi educación antiliteraria me impulsaba a ser mal educado. Él, en cambio, pertenecía a una raza más vieja que la mía, con virreinato y cortesía. Al notar que se había resentido, me sentí como un rústico inaceptable.

Pero aquello pasó como una nubecilla. Desde ese mismo momento fuimos amigos verdaderos. Años más tarde, cuando me detuve por un tiempo mayor en París, nos veíamos diariamente. Entonces lo conocí más y más en su intimidad.

Vallejo era más bajo de estatura que yo, más delgado, más huesudo. Era también más indio que yo, con unos ojos muy oscuros y una frente muy alta y abovedada. Tenía un hermoso rostro incaico entristecido por cierta indudable majestad. Vanidoso como todos los poetas, le gustaba que le hablaran así de sus rasgos aborígenes. Alzaba la cabeza para que yo la admirara y me decía:

—Tengo algo, ¿verdad? —y luego se reía sigilosamente de sí mismo.

Era muy diferente su entusiasmo al que expresaba a veces Vicente Huidobro, poeta antípoda de Vallejo en tantas cosas. Huidobro se dejaba caer un mechón en la frente, metía los dedos en el chaleco, erguía el busto y preguntaba:

—¿Notan mi parecido con Napoleón Bonaparte?

Vallejo era sombrío tan solo externamente, como un hombre que hubiera estado en la penumbra, arrinconado durante mucho tiempo. Era solemne por naturaleza y su cara parecía una máscara inflexible, cuasihierática. Pero la verdad interior no era esa. Yo lo vi muchas veces (especialmente cuando lográbamos arrancarlo de la dominación de su mujer, una francesa tiránica y presumida, hija de *concierge*), yo lo vi dar saltos escolares de alegría. Después volvía a su solemnidad y a su sumisión.

De pronto surgió de las sombras de París ese mecenas que siempre estuvimos esperando y que nunca llegaba. Era un chileno, escritor, amigo de Rafael Alberti, de los franceses, de medio mundo. También, y como cualidad aún más importante, era el hijo del dueño de la compañía naviera más grande de Chile. Y famoso por su prodigalidad.

Aquel mesías recién caído del cielo quería festejarme y nos condujo a todos a una *boîte* de rusos blancos llamada La Bodega Caucasiana. Las paredes estaban decoradas con trajes y paisajes del Cáucaso. Pronto nos vimos rodeados de rusas, o falsas rusas, ataviadas como campesinas de las montañas.

Condon, que así se llamaba nuestro anfitrión, parecía el último ruso de la decadencia. Frágil y rubio, pedía inagotablemente champaña y daba saltos enloquecidos, imitando los bailes de cosacos que no había visto jamás.

—¡Champaña, más champaña! —E inesperadamente se desplomó nuestro pálido y millonario anfitrión. Quedó depositado bajo la mesa, profundamente dormido, como el cadáver exangüe de un caucasiano exterminado por un oso.

Un temblor helado nos recorrió. El hombre no despertaba ni con compresas de hielo, ni con botellas de amoníaco destapadas junto a su nariz. Ante nuestro desamparado desconcierto nos abandonaron todas las bailarinas, menos una. En los bolsillos de nuestro invitador no hallamos sino un decorativo libro de cheques que, en sus condiciones cadavéricas, no podía firmar.

El cosaco mayor de la *boîte* exigía el pago inmediato y cerraba la puerta de salida para que no escapáramos. Solo pudimos salvarnos del encerradero dejando allí empeñado mi flamante pasaporte diplomático.

Salimos con nuestro millonario exánime a cuestas. Nos costó un esfuerzo gigantesco acarrearlo a un taxi, incrustarlo en él, desembarcarlo en su fastuoso hotel. Lo dejamos en brazos de dos inmensos porteros de libreas rojas que se lo llevaron como si trasladaran a un almirante caído en el puente de su navío.

En el taxi nos esperaba la muchacha de la *boîte*, la única que no nos abandonó en nuestro infortunio. Álvaro y yo la invitamos a Les Halles, a saborear la sopa de cebollas del amanecer. Le compramos flores en el mercado, la besamos en reconocimiento a su conducta samaritana, y nos dimos cuenta de que tenía cierto atractivo. No era bonita ni fea, pero la rehabilitaba la nariz respingada de las parisienses. Entonces la invitamos a nuestro misérrimo hotel. No tuvo ninguna complicación en irse con nosotros.

Se fue con Álvaro a su habitación. Yo caí rendido en mi cama, pero de pronto sentí que me zamarreaban. Era Álvaro. Su cara de loco apacible me pareció un tanto extraña.

—Pasa algo —me dijo—. Esta mujer tiene algo excepcional, insólito, que no te podría explicar. Tienes que probarla de inmediato.

Pocos minutos después la desconocida se metió soñolienta e indulgentemente en mi cama. Al hacer el amor con ella comprobé su misterioso don. Era algo indescriptible que brotaba de su profundidad, que se remontaba al origen mismo del placer, al nacimiento de una ola, al secreto genésico de Venus. Álvaro tenía razón.

Al día siguiente, en un aparte del desayuno, Álvaro me previno en español:

—Si no dejamos de inmediato a esta mujer, nuestro viaje será frustrado. No naufragaríamos en el mar, sino en el sacramento insondable del sexo.

Decidimos colmarla de pequeños regalos: flores, chocolates y la mitad de los francos que nos quedaban. Nos confesó que no trabajaba en el cabaret caucasiano; que lo había visitado la noche antes por primera y única vez. Luego tomamos un taxi con ella. El chofer atravesaba un barrio indefinido cuando le ordenamos detenerse. Nos despedimos de ella con grandes besos y la dejamos ahí, desorientada pero sonriente.

Nunca más la vimos.

Viaje al Oriente

Tampoco olvidaré el tren que nos llevó a Marsella, cargado como una cesta de frutas exóticas, de gente abigarrada, campesinas y marineros, acordeones y canciones que se coreaban en todo el coche. Íbamos hacia el mar Mediterráneo, hacia las puertas de la luz... Era 1927. Me fascinó Marsella con su romanticismo comercial y el Vieux Port alado de velámenes hirvientes con su propia, tenebrosa turbulencia. Pero el barco de las Messageries Maritimes en el cual tomamos pasaje hasta Singapur era un pedazo de Francia en el mar, con su *petite bourgeoisie* que emigraba a ocupar puestos en las lejanas colonias. Durante el viaje, al observar los de la tripulación nuestras máquinas de escribir y nuestro papeleo de escritores, nos pidieron que les tecleáramos a máquina sus cartas. Recogíamos al dictado increíbles cartas de amor de la marinería, para sus novias de Marsella, de Burdeos, del campo. En el fondo no les interesaba el contenido, sino que fueran hechas a máquina. Pero cuanto en ellas se decía era como poemas de Tristan Corbière, mensajes todos rudos y tiernos. El Mediterráneo se fue abriendo a nuestra proa con sus puertos, sus alfombras, sus traficantes, sus mercados. En el mar Rojo el puerto de Djibuti me impresionó. La arena calcinada, surcada tantas veces por el ir y venir de Arthur Rimbaud; aquellas negras estatuarias con sus cestas de fruta; aquellas chozas miserables de la población primitiva; y un aire destartalado en los cafés aclarados por una luz vertical y fantasmagórica... Allí se tomaba té helado con limón.

Lo importante era ver qué pasaba en Shanghái por la noche. Las ciudades de mala reputación atraen como mujeres venenosas. Shanghái abría su boca nocturna para nosotros dos, provincianos del mundo, pasajeros de tercera clase con poco dinero y con una curiosidad triste.

Entramos a uno y a otro de los grandes cabarets. Era una noche de media semana y estaban vacíos. Resultaba deprimente ver aquellas inmensas pistas de baile, construidas como para que bailaran centenares de elefantes, donde no bailaba nadie. En las esquinas opacas surgían esqueléticas rusas del zar que bostezaban pidiéndonos que las convidáramos a tomar champaña. Así recorrimos seis o siete de los sitios de perdición donde lo único que se perdía era nuestro tiempo.

Era tarde para regresar al barco que habíamos dejado muy distante, detrás de las entrecruzadas callejuelas del puerto. Tomamos un *rickshaw* para cada uno. Nosotros no estábamos acostumbrados a ese transporte de caballos humanos. Aquellos chinos de 1928 trotaban, tirando sin descansar del carrito, durante largas distancias.

Como había empezado a llover y se acentuaba la lluvia, nuestros *rickshaw men* detuvieron con delicadeza sus carruajes. Taparon cuidadosamente con una tela impermeable las delanteras de los *rickshaws* para que ni una gota salpicara nuestras narices extranjeras.

«Qué raza tan fina y cuidadosa. No en balde transcurrieron dos mil años de cultura», pensábamos Álvaro y yo, cada uno en su asiento rodante.

Sin embargo, algo comenzó a inquietarme. No veía nada, encerrado bajo un cerco de cumplidas precauciones, pero sí oía, a pesar de la tela engomada, la voz de mi conductor que emitía una especie de zumbido. Al ruido de sus pies descalzos se unieron luego otros ruidos rítmicos de pies descalzos que trotaban por el pavimento mojado. Finalmente se amortiguaron los ruidos, signo de que el pavimento había concluido. Seguramente marchábamos ahora por terrenos baldíos, fuera de la ciudad.

De repente se detuvo mi *rickshaw*. El conductor desató con destreza la tela que me protegía de la lluvia. No había ni sombra de barco en aquel suburbio despoblado. El otro *rickshaw* estaba parado a mi lado y Álvaro se bajó desconcertado de su asiento.

—*¡Money! ¡Money!* —repetían con voz tranquila los siete u ocho chinos que nos rodeaban.

Mi amigo esbozó el ademán de buscarse un arma en el bolsillo del pantalón, y eso bastó para que ambos recibiéramos un golpe en la nuca. Yo caí de espaldas, pero los chinos me tomaron la cabeza en el aire para impedir el encontronazo, y con suavidad me dejaron tendido sobre la tierra mojada. Hurgaron con celeridad en mis bolsillos, en mi camisa, en mi sombrero, en mis zapatos, en mis calcetines y en mi corbata, derrochando una destreza de malabaristas. No dejaron un centímetro de ropa sin trajinar, ni un céntimo del único y poco dinero que teníamos. Eso sí, con la gentileza tradicional de los ladrones de Shanghái, respetaron religiosamente nuestros papeles y nuestros pasaportes.

Cuando quedamos solos caminamos hacia las luces que se divisaban a la distancia. Encontramos pronto centenares de chinos nocturnos pero honrados. Ninguno sabía francés, ni inglés, ni español, pero todos quisieron ayudarnos a salir de nuestro desamparo y nos guiaron de cualquier modo hasta nuestro suspirado, paradisíaco camarote de tercera.

Llegamos al Japón. El dinero que esperábamos, proveniente de Chile, debía hallarse ya en el consulado. Hubimos de alojarnos, mientras tanto, en un refugio de marineros, en Yokohama. Dormíamos sobre malos jergones. Se había roto un vidrio, nevaba, y el frío nos llegaba al alma. Nadie nos hacía caso. Cierta madrugada, un barco petrolero se partió en dos frente a la costa japonesa y el asilo se llenó de náufragos. Entre ellos había un marinero vasco que no sabía hablar ningún idioma, salvo el español y el suyo, y que nos contó su aventura: durante cuatro días y noches se mantuvo a flote en un trozo del buque, rodeado por las olas de fuego del petróleo encendido. Los náufragos fueron abastecidos de cobertores y provisiones, y el vasco, generoso muchacho!, se convirtió en nuestro protector.

En contraste, el cónsul general de Chile —me parece que se llamaba De la Marina o De la Rivera— nos recibió desde su altura empingorotada, haciéndonos comprender nuestra pequeñez de náufragos. No disponía de tiempo. Tenía que comer esa noche con la condesa Yufú San. Lo invitaba la corte imperial a tomar el té. O estaba embebido en profundos estudios sobre la dinastía reinante.

—Qué hombre más fino el emperador, etcétera.

No. No tenía teléfono. Para qué tener teléfono en Yokohama? Solo lo llamarían en japonés. En cuanto a noticias de nuestro dinero, el director del banco, íntimo amigo suyo, no le había comunicado nada. Sentía mucho despedirse. Lo esperaban en una recepción de gala. Hasta mañana.

Y así todos los días. Abandonábamos el consulado tiritando de frío porque nuestra ropa se había disminuido en el atraco y solo disponíamos de unos pobres suéteres de náufragos. El último día nos enteramos de que nuestros fondos habían llegado a Yokohama antes que nosotros. El banco había enviado tres avisos al señor cónsul y aquel engolado maniquí y altísimo funcionario no se había dado cuenta de un detalle como ese, tan por debajo de su rango. (Cuando leo en los periódicos que algunos cónsules son asesinados por compatriotas enloquecidos, pienso con nostalgia en aquel ilustre condecorado.)

Aquella noche nos fuimos al mejor café de Tokio, el Kuroncko, en la Ginza. Se comía bien por esos tiempos en Tokio, amén de la semana de hambre que sazonaba los manjares. En la buena compañía de deliciosas muchachas japonesas, brindamos muchas veces en honor de todos los viajeros desdichados desatendidos por los cónsules perversos que andan desparramados por el mundo.

En Singapur creíamos estar al lado de Rangoon. Amarga desilusión! Lo que en el mapa era la distancia de algunos milímetros se convirtió en pavoroso abismo. Varios días de barco nos esperaban y, para complemento, el único que hacía la travesía había partido hacia Rangoon el día anterior. No teníamos para pagar el hotel ni los pasajes. Nuestros nuevos fondos nos esperaban en Rangoon.

Ah! Pero por algo existe el cónsul de Chile en Singapur, mi colega. El señor Mansilla acudió presuroso. Poco a poco su sonrisa se fue debilitando hasta desaparecer del todo y dejar sitio a un rictus de irritación.

—¡No puedo ayudarles en nada! ¡Acudan al ministerio!

Invoqué inútilmente la solidaridad de los cónsules. El hombre tenía cara de carcelero implacable. Tomó su sombrero, y ya corría hacia la puerta cuando se me ocurrió una idea maquiavélica:

—Señor Mansilla, voy a verme obligado a dar algunas conferencias sobre nuestra patria, con entrada pagada, para reunir el dinero del pasaje. Le ruego conseguirme el local, un intérprete y el permiso necesario.

El hombre se puso pálido:

—¿Conferencias sobre Chile en Singapur? No lo permito. Esta es mi jurisdicción y nadie más que yo puede hablar aquí de Chile.

—Cálmese, señor Mansilla —le respondí—. Mientras más personas hablemos de la patria lejana, tanto mejor. No veo por qué se irrita usted.

Finalmente transamos en aquella extravagante negociación con cariz de patriótico chantaje. Tembloroso de furia nos hizo firmar diez recibos y nos alargó el dinero. Al contarlo observamos que los recibos eran por una cantidad mayor.

—Son los intereses —nos explicó.

(Diez días después le enviaría yo el cheque de reembolso desde Rangoon, pero sin incluir los intereses, naturalmente.)

Desde la cubierta del barco que llegaba a Rangoon, vi asomar el gigantesco embudo de oro de la gran pagoda Shwedagon. Multitud de trajes extraños agolpaban su violento colorido en el muelle. Un río ancho y sucio desembocaba allí, en el golfo de Martaban. Este río tiene el nombre de río más bello entre todos los ríos del mundo: Irrawadhy.

Junto a sus aguas comenzaba mi nueva vida.

Álvaro

... Diablo de hombre este Álvaro... Ahora se llama Álvaro de Silva... Vive en Nueva York... Casi toda su vida la pasó en la selva neoyorkina... Lo imagino comiendo naranjas a horas insultantes, quemando con el fósforo el papel de los cigarrillos, haciendo preguntas vejatorias a medio mundo... Siempre fue un maestro desordenado, poseedor de una brillante inteligencia, inteligencia inquisitiva que parece no llevara a ninguna parte, sino a Nueva York. Era 1925... Entre las violetas que se le escapaban de la mano cuando corría a llevárselas a una transeúnte desconocida, con la cual quería acostarse de inmediato, sin saber ni cómo se llamaba, ni de dónde era, y sus interminables lecturas de Joyce, me reveló a mí, y a muchos otros, insospechadas opiniones, puntos de vista de gran ciudadano que vive dentro de la urbe, en su cueva, y sale a otear la música, la pintura, los libros, la danza... Siempre comiendo naranjas, pelando manzanas, insoportable dietético, asombrosamente entrometido en todo, por fin veíamos al antiprovinciano de los sueños, que todos los provincianos habíamos querido ser, sin las etiquetas pegadas a las valijas, sino circulando dentro de sí, con una mezcla de países y conciertos, de cafés al amanecer, de universidades con nieve en el tejado... Llegó a hacerme la vida imposible... Yo adonde llego asumo un sueño vegetal, me fijo un sitio y trato de echar alguna raíz, para pensar, para existir... Álvaro andaba de una electricidad a otra, fascinado con los films en que podríamos trabajar, vistiéndonos inmediatamente de musulmanes para ir a los estudios... Por ahí andan retratos míos en traje bengalí (como me quedaba sin hablar creyeron en la cigarrería, en Calcuta, que yo era de

la familia de Tagore) cuando acudíamos a los estudios Dum-Dum para ver si nos contrataban... Y luego había que salir corriendo de la YMCA porque no habíamos pagado el alojamiento... Y las enfermeras que nos amaban... Álvaro se metió en fabulosos negocios... Quería vender té de Assam, telas de Cachemira, relojes, tesoros antiguos... Todo se dilapidaba pronto... Dejaba las muestras de Cachemira, las bolsitas de té sobre las mesas, sobre las camas... Ya había tomado una valija y estaba en otra parte... En Múnich... En Nueva York...

Si yo he visto escritores, continuos, indefectibles, prolíficos, es este el mayor... Casi nunca publica... No comprendo... Ya en la mañana, sin salir de la cama, con unas gafas encaramadas en la jorobilla de la nariz, está dele que dele a la máquina de escribir, consumiendo resmas de toda clase de papel, de todos los papeles... Sin embargo, su movilidad, su criticismo, sus naranjas, sus cíclicas transmisiones, su cueva de Nueva York, sus violetas, su embrollo que parece tan claro, su claridad tan embrollada... No sale de él la obra que siempre se esperó... Será porque no le da la gana... Será porque no puede hacerla... Porque está tan ocupado... Porque está tan desocupado... Pero lo sabe todo, lo mira todo a través de los continentes con esos ojos azules intrépidos, con ese tacto sutil que deja sin embargo que se escurra entre sus dedos la arena del tiempo...

4
La soledad luminosa

Imágenes de la selva

Sumergido en estos recuerdos debo despertar de pronto. Es el ruido del mar. Escribo en Isla Negra, en la costa, cerca de Valparaíso. Recién se han calmado grandes vendavales que azotaron el litoral. El océano —que más que mirarlo yo desde mi ventana me mira él con mil ojos de espuma— conserva aún en su oleaje la terrible persistencia de la tormenta.

Qué años lejanos! Reconstruirlos es como si el sonido de las olas que ahora escucho entrara intermitentemente dentro de mí, a veces arrullándome para dormirme, otras veces con el brusco destello de una espada. Recogeré esas imágenes sin cronología, tal como estas olas que van y vienen.

1929. De noche. Veo la multitud agrupada en la calle. Es una fiesta musulmana. Han preparado una larga trinchera en medio de la calle y la han rellenado de brasas. Me acerco. Me enciende la cara el vigor de las brasas que se han acumulado, bajo una levísima capa de ceniza, sobre la cinta escarlata de fuego vivo. De pronto aparece un extraño personaje. Con el rostro tiznado de blanco y rojo viene en hombros de cuatro hombres vestidos también de rojo. Lo bajan, comienza a andar tambaleante por las brasas, y grita mientras camina:

—¡Alá! ¡Alá!

El inmenso gentío devora atónito la escena. Ya el mago recorrió incólume la larga cinta de brasas. Entonces se desprende un hombre de la multitud, se saca sus sandalias y hace con el pie desnudo el mismo recorrido. Interminablemente van saliendo voluntarios. Algunos se detienen en mitad de la trinchera para talonear en el fuego al grito de «¡Alá! ¡Alá!», aullando con horribles gestos, torciendo la mirada hacia el cielo. Otros pasan con sus niños en los brazos. Ninguno se quema; o tal vez se queman y uno no lo sabe.

Junto al río sagrado se eleva el templo de Kali, la diosa de la muerte. Entramos mezclados con centenares de peregrinos que han llegado desde el fondo de la provincia hindú, a conquistar su gracia. Atemorizados, harapientos, son empujados por los brahmanes que a cada paso se hacen pagar por algo. Los brahmanes levantan uno de los siete velos de la diosa execrable y, cuando lo levantan, suena un golpe de gong como para desplomar el mundo. Los peregrinos caen de rodillas, saludan con las manos juntas, tocan el suelo con la frente, y siguen marchando hasta el próximo velo. Los sacerdotes los hacen converger a un patio donde decapitan cabros de un solo hachazo y cobran nuevos tributos. Los balidos de los animales heridos son ahogados por los golpes de gong. Las paredes de cal sucia se salpican de sangre hasta el techo. La diosa es una figura de cara oscura y ojos blancos. Una lengua escarlata de dos metros baja desde su boca hasta el suelo. De sus orejas, de su cuello, cuelgan collares de cráneos y emblemas de la muerte. Los peregrinos pagan sus últimas monedas antes de ser empujados a la calle.

Eran muy distintos de aquellos peregrinos sumisos los poetas que me rodearon para decirme sus canciones y sus versos. Acompañándose con sus tamboriles, vestidos con sus talares ropas blancas, sentados en cuclillas sobre el pasto, cada uno de ellos lanzaba un ronco, entrecortado grito, y de sus labios subía una canción que habían compuesto con la misma forma y metro de las canciones antiguas, milenarias. Pero el sentido de las canciones había cambiado. Estas no eran canciones de sensualidad, de goce, sino canciones de protesta, canciones contra el hambre, canciones escritas en las prisiones. Muchos de estos jóvenes poetas que encontré a todo lo largo de la India, y cuyas miradas sombrías no podré olvidar, acababan de salir de la cárcel, iban a regresar a sus muros, tal vez mañana. Porque ellos pretendían sublevarse contra la miseria y contra los dioses. Esta es la época que nos ha tocado vivir. Y este es el siglo de oro de la poesía universal. Mientras los nuevos cánticos son perseguidos, un millón de hombres duerme noche a noche junto al camino, en las afueras de Bombay. Duermen, nacen y mueren. No hay casas, ni pan, ni medicinas. En tales condiciones ha dejado su imperio colonial la civilizada, orgullosa Inglaterra. Se ha despedido de sus antiguos súbditos sin dejarles escuelas, ni industrias, ni viviendas, ni hospitales, sino prisiones y montañas de botellas de whisky vacías.

El recuerdo del orangután *Rango* es otra imagen tierna, que viene de las olas. En Medán, Sumatra, toqué algunas veces la puerta de aquel ruinoso jardín botánico. Ante mi asombro, era él quien vino cada vez a abrirme. Tomados de la mano recorríamos un sendero hasta sentarnos en una mesa que él golpeaba con sus dos manos y sus dos pies. Entonces aparecía un camarero que nos servía una jarra de cerveza, no muy chica ni muy grande, buena para el orangután y para el poeta.

En el zoológico de Singapur veíamos al pájaro lira dentro de una jaula, fosforescente y colérico, espléndido en su belleza de ave recién salida del edén. Y un poco más allá se paseaba en su jaula una pantera negra, aún olorosa a la selva de donde vino. Era un fragmento curioso de la noche estrellada, una cinta magnética que se agitaba sin cesar, un volcán negro y elástico que quería arrasar el mundo, un dínamo de fuerza pura que ondulaba; y dos ojos amarillos, certeros como puñales, que interrogaban con su fuego, que no comprendían ni la prisión ni al género humano.

Llegamos al extraño templo de La Serpiente, en los suburbios de la ciudad de Penang, en lo que antes se llamaba la Indochina.

Este templo está muy descrito por viajeros y periodistas. Con tantas guerras, tantas destrucciones y tanto tiempo y lluvia que han caído sobre las calles de Penang, no sé si existirá todavía. Bajo el techo de tejas un edificio bajo y negruzco, carcomido por las lluvias tropicales, entre el espesor de las grandes hojas de los plátanos. Olor a humedad. Aroma de frangipanes. Cuando entramos al templo no vemos nada en la penumbra. Un fuerte olor a incienso y por allá algo que se mueve. Es una serpiente que se despereza. Poco a poco notamos que hay algunas otras. Luego observamos que tal vez son docenas. Más tarde comprendemos que hay centenares o miles de serpientes. Las hay pequeñas enroscadas a los candelabros, las hay oscuras, metálicas y delgadas, todas parecen adormecidas y saciadas. En efecto, por todas partes se ven finas fuentes de porcelana, algunas rebosantes de leche, otras llenas de huevos. Las serpientes no nos miran. Pasamos rozándolas por los estrechos laberintos del templo, están sobre nuestras cabezas, colgadas de la arquitectura dorada, duermen en la mampostería, se enroscan sobre los altares. He ahí a la temible víbora de Russell; se está tragando un huevo junto a una docena de mortíferas serpientes coral, cuyos anillos de color escarlata anuncian su veneno instantáneo. Distinguí la *fer de lance*, varios grandes pitones, la *Coluber derusi* y la *Coluber noya*. Serpientes verdes, grises, azules, negras, rellenaban la sala. Todo en silencio. De cuando en cuando algún bonzo vestido de azafrán atraviesa la sombra. El brillante color de su túnica lo hace parecer una serpiente más, movediza y perezosa, en busca de un huevo o de una fuente de leche.

Trajeron hasta aquí a estas culebras? Cómo se acostumbraron? A nuestras preguntas nos responden con una sonrisa, diciéndonos que vinieron solas, y que se irán solas cuando les dé la gana. Lo cierto es que las puertas están abiertas y no hay rejillas o vidrios ni nada que las obligue a quedarse en el templo.

El autobús salía de Penang y debía cruzar la selva y las aldeas de Indochina para llegar a Saigón. Nadie entendía mi idioma ni yo entendía el de nadie. Nos parábamos en recodos de la selva virgen, a lo largo del interminable camino, y descendían los viajeros, campesinos de extrañas vestiduras, taciturna dignidad y ojos oblicuos. Ya quedaban solo tres o cuatro dentro del imperturbable carromato que chirriaba y amenazaba desintegrarse bajo la noche caliente.

De repente me sentí presa de pánico. Dónde estaba? Adónde iba? Por qué pasaba esa noche larguísima entre desconocidos? Atravesábamos Laos y Camboya. Observé los rostros impenetrables de mis últimos compañeros de viaje. Iban con los ojos abiertos. Sus facciones me parecieron patibularias. Me hallaba, sin duda, entre típicos bandidos de un cuento oriental.

Se cambiaban miradas de inteligencia y me observaban de soslayo. En ese mismo momento el autobús se detuvo silenciosamente en plena selva. Escogí mi sitio para morir. No permitiría que me llevaran a ser sacrificado bajo aquellos árboles ignotos cuya sombra oscura ocultaba el cielo. Moriría allí, en un banco del desvencijado autobús, entre cestas de vegetales y jaulas de gallinas que eran lo único familiar dentro de aquel minuto terrible. Miré a mi alrededor, decidido a enfrentar la saña de mis verdugos, y advertí que también ellos habían desaparecido.

Esperé largo tiempo, solo, con el corazón acongojado por la oscuridad intensa de la noche extranjera. Iba a morir sin que nadie lo supiera! Tan lejos de mi pequeño país amado! Tan separado de todos mis amores y de mis libros!

De pronto apareció una luz y otra luz. El camino se llenó de luces. Sonó un tambor; estallaron las notas estridentes de la música camboyana. Flautas, tamboriles y antorchas llenaron de claridades y sonidos el camino. Subió un hombre que me dijo en inglés:

—El autobús ha sufrido un desperfecto. Como será larga la espera, tal vez hasta el amanecer, y no hay aquí dónde dormir, los pasajeros han ido a buscar una *troupe* de músicos y bailarines para que usted se entretenga.

Durante horas, bajo aquellos árboles que ya no me amenazaban, presencié las maravillosas danzas rituales de una noble y antigua cultura y escuché hasta que salió el sol la deliciosa música que invadía el camino.

El poeta no puede temer del pueblo. Me pareció que la vida me hacía una advertencia y me enseñaba para siempre una lección: la lección del honor escondido, de la fraternidad que no conocemos, de la belleza que florece en la oscuridad.

Congreso en la India

Hoy es un día de esplendor. Estamos en el Congreso de la India. Una nación en plena lucha por su liberación. Miles de delegados llenan las galerías. Conozco personalmente a Gandhi. Y al Pandit Motilal Nehru, también patriarca del movimiento. Y a su hijo, el elegante joven Jawahrlal, recién llegado de Inglaterra. Nehru es partidario de la independencia, mientras que Gandhi sostiene la simple autonomía como paso necesario. Gandhi: una cara fina de sagacísimo zorro; un hombre práctico; un político parecido a nuestros viejos dirigentes criollos; maestro en comités, sabio en tácticas, infatigable. En tanto la multitud es una corriente interminable que toca adorativamente el borde de su túnica blanca y grita: «¡Ghandiji! ¡Ghandiji!», él saluda someramente y sonríe sin quitarse las gafas. Recibe y lee mensajes; contesta telegramas; todo sin esfuerzo; es un santo que no se gasta. Nehru: un inteligente académico de su revolución.

Gran figura de aquel congreso fue Subhas Chandra Bose, impetuoso demagogo, violento antiimperialista, fascinante figura política de su patria. En la guerra del 14, durante la invasión japonesa, se unió a estos, en contra del Imperio inglés. Muchos años después, aquí en la India, uno de sus compañeros me cuenta cómo cayó el fuerte de Singapur:

—Teníamos nuestras armas dirigidas hacia los japoneses sitiadores. De pronto nos preguntamos... ¿y por qué? Hicimos dar vuelta a nuestros soldados y las apuntamos en contra de las tropas inglesas. Fue muy sencillo. Los japoneses eran invasores transitorios. Los ingleses parecían eternos.

Subhas Chandra Bose fue detenido, juzgado y condenado a muerte por los tribunales británicos de la India, como culpable de alta traición. Se multiplicaron las protestas, impulsadas por la ola independentista. Por fin, después de muchas batallas legales, su abogado —precisamente Nehru— logró su amnistía. Desde aquel instante se convirtió en héroe popular.

Los dioses recostados

...Por todas partes las estatuas de Buda, de Lord Buda... Las severas, verticales, carcomidas estatuas, con un dorado como de resplandor animal, con una disolución como si el aire las desgastara... Les brotan en las mejillas, en los pliegues de la túnica, en codos y ombligos y boca y sonrisa, pequeñas máculas: hongos, porosidades, huellas excrementicias de la selva... O bien las yacentes, las inmensas yacentes, las estatuas de cuarenta metros de piedra, de granito arenero, pálidas, tendidas entre las susurrantes frondas, inesperadas, surgiendo de algún rincón de la selva, de alguna circundante plataforma... Dormidas o no dormidas, allí llevan cien años, mil años, mil veces mil años... Pero son suaves, con una conocida ambigüedad metaterrena, aspirantes a quedarse y a irse... Y esa sonrisa de suavísima piedra, esa majestad imponderable hecha, sin embargo, de piedra dura, perpetua, a quién sonríen, a quiénes, sobre la tierra sangrienta?... Pasaron las campesinas que huían, los hombres del incendio, los guerreros enmascarados, los falsos sacerdotes, los devorantes turistas... Y se mantuvo en su sitio la estatua, la inmensa piedra con rodillas, con pliegues en la túnica de piedra, con la mirada perdida y, no

obstante, existente, enteramente inhumana y en alguna forma también humana, en alguna forma o en alguna contradicción estatuaria, siendo y no siendo dios, siendo y no siendo piedra, bajo el graznido de las aves negras, entre el aleteo de las aves rojas, de las aves de la selva... De alguna manera pensamos en los terribles Cristos españoles que nosotros heredamos con llagas y todo, con pústulas y todo, con cicatrices y todo, con ese olor a vela, a humedad, a pieza encerrada que tienen las iglesias... Esos Cristos también dudaron entre ser hombres y dioses... Para hacerlos hombres, para aproximarlos más a los que sufren, a las parturientas y a los decapitados, a los paralíticos y a los avaros, a la gente de iglesias y a la que rodea las iglesias, para hacerlos humanos, los estatuarios los dotaron de horripilantes llagas, hasta que se convirtió todo aquello en la religión del suplicio, en el peca y sufre, en el no pecas y sufres, en el vive y sufre, sin que ninguna escapatoria te librara... Aquí no, aquí la paz llegó a la piedra... Los estatuarios se rebelaron contra los cánones del dolor y estos Budas colosales, con pies de dioses gigantes, tienen en el rostro una sonrisa de piedra que es sosegadamente humana, sin tanto sufrimiento... Y de ellos mana un olor, no a habitación muerta, no a sacristía y telarañas, sino a espacio vegetal, a ráfagas que de pronto caen huracanadas, con plumas, hojas, polen de la infinita selva...

Desventurada familia humana

He leído en algunos ensayos sobre mi poesía que mi permanencia en Extremo Oriente influye en determinados aspectos de mi obra, especialmente en *Residencia en la tierra*. En verdad, mis únicos versos de aquel tiempo fueron los de *Residencia en la tierra*, pero, sin atreverme a sostenerlo en forma tajante, digo que me parece equivocado eso de la influencia.

Todo el esoterismo filosófico de los países orientales, confrontado con la vida real, se revelaba como un subproducto de la inquietud, de la neurosis, de la desorientación y del oportunismo occidentales, es decir, de la crisis de principios del capitalismo. En la India no había por aquellos años muchos sitios para las contemplaciones del ombligo profundo. Una vida de brutales exigencias materiales, una condición colonial cimentada en la más acendrada abyección, miles de muertos cada día, de cólera, de viruela, de fiebres y de hambre, organizaciones feudales desequilibradas por su inmensa población y su pobreza industrial, imprimían a la vida una gran ferocidad en la que los reflejos místicos desaparecían.

Casi siempre los núcleos teosóficos eran dirigidos por aventureros occidentales, sin faltar americanos del Norte y del Sur. No cabe duda que entre ellos había gente de buena fe, pero la generalidad explotaba un mercado barato donde se vendían, al por mayor, amuletos y fetiches exóticos, envueltos en pacotilla metafísica. Esa gente se llenaba la boca con el *dharma* y el *yoga*. Les encantaba la gimnasia religiosa impregnada de vacío y palabrería.

Por tales razones, el Oriente me impresionó como una grande y desventurada familia humana, sin destinar sitio en mi conciencia para sus ritos ni para sus dioses. No creo, pues, que mi poesía de entonces haya reflejado otra cosa que la soledad de un forastero trasplantado a un mundo violento y extraño.

Recuerdo a uno de aquellos turistas del ocultismo, vegetariano y conferenciante. Era un tipo pequeñito, de mediana edad, calva reluciente y total, clarísimos ojos azules, mirada penetrante y cínica, de apellido Powers. Venía de Norteamérica, de California, profesaba la religión budista, y sus conferencias concluían siempre con la siguiente prescripción dietética: «Como lo decía Rockefeller, aliméntese con una naranja al día».

Este Powers me cayó simpático por su alegre frescura. Hablaba español. Después de sus conferencias nos íbamos a devorar juntos grandes panzadas de cordero asado (*kebab*) con cebolla. Era un budista teológico, no sé si legítimo o ilegítimo, con una voracidad más auténtica que el contenido de sus conferencias.

Pronto se prendó primero de una muchacha mestiza, enamorada de su *smoking* y de sus teorías, una señorita anémica, de mirada doliente, que lo creía un dios, un viviente Buda. Así comienzan las religiones.

Al cabo de algunos meses de ese amor me vino a buscar un día para que presenciara un nuevo casamiento suyo. En su motocicleta, que le proporcionaba una firma comercial a la cual servía como vendedor de refrigeradoras, dejamos velozmente atrás bosques, monasterios y arrozales. Llegamos por fin a una pequeña aldea de construcción china y habitantes chinos. Recibieron a Powers con cohetes y música, mientras la novia jovencita permanecía sentada, maquillada de blanco como un ídolo, en una silla más alta que las otras. Al compás de la música tomamos limonadas de todos colores. En ningún momento se dirigieron la palabra Powers y su nueva esposa.

Regresamos a la ciudad. Powers me explicó que en ese rito solo la novia se casaba. Las ceremonias continuarían sin necesidad de que él estuviera presente. Más tarde regresaría a vivir con ella.

—Se da usted cuenta de que está practicando la poligamia? —le pregunté.

—Mi otra esposa lo sabe y estará muy contenta —respondió.

En esa afirmación suya había tanta verdad como en su historia de la naranja cada día. Una vez que llegamos a su casa, la casa de su primera mujer, hallamos a esta, una mestiza doliente, agonizando con su taza de veneno en el velador y una carta de despedida. Su cuerpo moreno, totalmente desnudo, estaba inmóvil bajo el mosquitero. Duró varias horas su agonía.

Acompañé a Powers, a pesar de que comenzaba a sentirlo repulsivo, porque sufría evidentemente. El cínico que llevaba por dentro se le había desmoronado. Acudí con él a la ceremonia funeral. En la ribera de un río colocamos el ataúd barato sobre un altillo de leña. Powers aplicó fuego a las chamizas con un fósforo, murmurando frases rituales en sánscrito.

Unos cuantos musicantes vestidos con túnicas anaranjadas salmodiaban o soplaban tristísimos instrumentos. La leña se apagaba a medio consumir y era preciso reavivar la candela con los fósforos. El río corría indiferente dentro de sus márgenes. El cielo azul eterno del Oriente demostraba también una absoluta impasibilidad, un infinito desamor hacia aquel triste funeral solitario de una pobre abandonada.

Mi vida oficial funcionaba una sola vez cada tres meses, cuando arribaba un barco de Calcuta que transportaba parafina sólida y grandes cajas de té para Chile. Afiebradamente debía timbrar y firmar documentos. Luego vendrían otros tres meses de inacción, de contemplación ermitaña de mercados y templos. Esta es la época más dolorosa de mi poesía.

La calle era mi religión. La calle birmana, la ciudad china con sus teatros al aire libre y sus dragones de papel y sus espléndidas linternas. La calle hindú, la más humilde, con sus templos que eran el negocio de una casta, y la gente pobre prosternada afuera en el barro. Los mercados donde las hojas de betel se levantaban en pirámides verdes como montañas de malaquita. Las pajarerías, los sitios de venta de fieras y pájaros salvajes. Las calles ensortijadas por las que transitaban las birmanas cimbreantes con un largo cigarro en la boca. Todo eso me absorbía y me iba sumergiendo poco a poco en el sortilegio de la vida real.

Las castas tenían clasificada la población india como en un coliseo paralelepípedo de galerías superpuestas en cuyo tope se sentaban los dioses. Los ingleses mantenían a su vez su escalafón de castas, que iba desde el pequeño empleado de tienda, pasaba por los profesionales e intelectuales, seguía con los exportadores, y culminaba con la azotea del aparato en la cual se sentaban cómodamente los aristócratas del Civil Service y los banqueros del *empire*.

Estos dos mundos no se tocaban. La gente del país no podía entrar a los sitios destinados a los ingleses, y los ingleses vivían ausentes de la palpitación del país. Tal situación me trajo dificultades. Mis amigos británicos me vieron en un vehículo denominado *gharry*, cochecito especializado en rodantes y efímeras citas galantes, y me advirtieron amablemente que un cónsul como yo no debía usar esos vehículos por ningún motivo. También me intimaron que no debía sentarme en un restaurante persa, sitio lleno de vida donde yo tomaba el mejor té del mundo en pequeñas tazas transparentes. Estas fueron las últimas amonestaciones. Después dejaron de saludarme.

Yo me sentí feliz con el boicot. Aquellos europeos prejuiciosos no eran muy interesantes que digamos y, a fin de cuentas, yo no había venido a Oriente a convivir con colonizadores transeúntes, sino con el antiguo espíritu de aquel mundo, con aquella grande y desventurada familia humana. Me adentré tanto en el alma y la vida de esa gente, que me enamoré de una nativa. Se vestía como una inglesa y su nombre de calle era Josie Bliss. Pero en la intimidad de su casa, que pronto compartí, se despojaba de tales prendas y de tal nombre para usar su deslumbrante sarong y su recóndito nombre birmano.

Tango del viudo

Tuve dificultades en mi vida privada. La dulce Josie Bliss fue reconcentrándose y apasionándose hasta enfermar de celos. De no ser por eso, tal vez yo hubiera continuado indefinidamente junto a ella. Sentía ternura hacia sus pies desnudos, hacia las blancas flores que brillaban sobre su cabellera oscura. Pero su temperamento la conducía hasta un paroxismo salvaje. Tenía celos y aversión a las cartas que me llegaban de lejos; escondía mis telegramas sin abrirlos; miraba con rencor el aire que yo respiraba.

A veces me despertó una luz, un fantasma que se movía detrás del mosquitero. Era ella, vestida de blanco, blandiendo su largo y afilado cuchillo indígena. Era ella paseando horas enteras alrededor de mi cama sin decidirse a matarme. «Cuando te mueras se acabarán mis temores», me decía. Al día siguiente celebraba misteriosos ritos en resguardo a mi fidelidad.

Acabaría por matarme. Por suerte, recibí un mensaje oficial que me participaba mi traslado a Ceilán. Preparé mi viaje en secreto, y un día, abandonando mi ropa y mis libros, salí de la casa como de costumbre y subí al barco que me llevaría lejos.

Dejaba a Josie Bliss, especie de pantera birmana, con el más grande dolor. Apenas comenzó el barco a sacudirse en las olas del golfo de Bengala, me puse a escribir el poema «Tango del viudo», trágico trozo de mi poesía destinado a la mujer que perdí y me perdió porque en su sangre crepitaba sin descanso el volcán de la cólera. Qué noche tan grande, qué tierra tan sola!

El opio

...Había calles enteras dedicadas al opio... Sobre bajas tarimas se extendían los fumadores... Eran los verdaderos lugares religiosos de la India... No tenían ningún lujo, ni tapicerías, ni cojines de seda... Todo era tablas sin pintar, pipas de bambú y almohadas de loza china... Flotaba un aire de decoro y austeridad que no existía en los templos... Los hombres adormecidos no hacían movimiento ni ruido... Fumé una pipa... No era nada... Era un humo caliginoso, tibio y lechoso... Fumé cuatro pipas y estuve

cinco días enfermo, con náuseas que me venían desde la espina dorsal, que me bajaban del cerebro... Y un odio al sol, a la existencia... El castigo del opio... Pero aquello no podía ser todo... Tanto se había dicho, tanto se había escrito, tanto se había hurgado en los maletines y en las maletas, tratando de atrapar en las aduanas el veneno, el famoso veneno sagrado... Había que vencer el asco... Debía conocer el opio, saber el opio, para dar mi testimonio... Fumé muchas pipas, hasta que conocí... No hay sueños, no hay imágenes, no hay paroxismo... Hay un debilitamiento melódico, como si una nota infinitamente suave se prolongara en la atmósfera... Un desvanecimiento, una oquedad dentro de uno... Cualquier movimiento, del codo, de la nuca, cualquier sonido lejano de carruaje, un bocinazo o un grito callejero, entran a formar parte de un todo, de una reposante delicia... Comprendí por qué los peones de plantación, los jornaleros, los rickshaw men *que tiran y tiran del* rickshaw *todo el día, se quedaban allí de pronto, oscurecidos, inmóviles... El opio no era el paraíso de los exotistas que me habían pintado, sino la escapatoria de los explotados... Todos aquellos del fumadero eran pobres diablos... No había ningún cojín bordado, ningún indicio de la menor riqueza... Nada brillaba en el recinto, ni siquiera los semicerrados ojos de los fumadores... Descansaban, dormían?... Nunca lo supe... Nadie hablaba... Nadie hablaba nunca... No había muebles, alfombras, nada... Sobre las tarimas gastadas, suavísimas de tanto tacto humano, se veían unas pequeñas almohadas de madera... Nada más, sino el silencio y el aroma del opio, extrañamente repulsivo y poderoso... Sin duda existía allí un camino hacia el aniquilamiento... El opio de los magnates, de los colonizadores, se destinaba a los colonizados... Los fumaderos tenían a la puerta su expendio autorizado, su número y su patente... En el interior reinaba un gran silencio opaco, una inacción que amortiguaba la desdicha y endulzaba el cansancio... Un silencio caliginoso, sedimento de muchos sueños truncos que hallaban su remanso... Aquellos que soñaban con los ojos entrecerrados estaban viviendo una hora sumergidos debajo del mar, una noche entera en una colina, gozando de un reposo sutil y deleitoso...*

Después de entonces no volví a los fumaderos... Ya sabía... Ya conocía... Ya había palpado algo inasible... remotamente escondido detrás del humo...

Ceilán

Ceilán, la más bella isla grande del mundo, tenía hacia 1929 la misma estructura colonial que Birmania y la India. Los ingleses se encastillaban en sus barrios y en sus *clubs*, rodeados por una inmensa muchedumbre de músicos, alfareros, tejedores, esclavos de plantaciones, monjes vestidos de amarillo e inmensos dioses tallados en las montañas de piedra.

Entre los ingleses vestidos de *smoking* todas las noches, y los hindúes inalcanzables en su fabulosa inmensidad, yo no podía elegir sino la soledad, y de ese modo aquella época ha sido la más solitaria de mi vida. Pero la recuerdo igualmente como la más luminosa, como si un relámpago de fulgor extraordinario se hubiera detenido en mi ventana para iluminar mi destino por dentro y por fuera.

Me fui a vivir a un pequeño *bungalow*, recién edificado en el suburbio de Wellawatha, junto al mar. Era una zona despoblada y el oleaje rompía contra los arrecifes. De noche crecía la música marina.

Por la mañana, el milagro de aquella naturaleza recién lavada me sobrecogía. Desde temprano estaba yo con los pescadores. Las embarcaciones provistas de larguísimos flotadores parecían arañas del mar. Los hombres extraían peces de violentos colores, peces como pájaros de la selva infinita, unos de oscuro azul fosforescente como intenso terciopelo vivo, otros en forma de globo punzante que se desinflaba hasta convertirse en una pobre bolsita de espinas.

Contemplaba con horror la masacre de las alhajas del mar. El pescado se vendía en pedazos a la pobre población. El machete de los sacrificadores cortaba en trozos aquella materia divina de la profundidad para transformarla en sangrienta mercadería.

Andando por la costa llegaba al baño de los elefantes. Acompañado por mi perro no podía equivocarme. Del agua tranquila surgía un inmóvil hongo gris, que luego se convertía en serpiente, después en inmensa cabeza, por último en montaña con colmillos. Ningún país del mundo tenía ni tiene tantos elefantes trabajando en los caminos. Resultaba asombroso verlos ahora —lejos del circo o de las barras del jardín zoológico—, cruzando con su carga de madera de un lado a otro, como laboriosos y grandes jornaleros.

Mis únicas compañías fueron mi perro y mi mangosta. Esta, recién salida de la selva, creció a mi lado, dormía en mi cama y comía en mi mesa. Nadie puede imaginarse la ternura de una mangosta. Mi pequeño animalito conocía cada minuto de mi existencia, se paseaba por mis papeles y corría detrás de mí todo el día. Se enrollaba entre mi hombro y mi cabeza a la hora de la siesta y dormía allí con el sueño sobresaltado y eléctrico de los animales salvajes.

Mi mangosta domesticada se hizo famosa en el suburbio. De las continuas batallas que sostienen valientemente con las tremendas cobras, conservan las mangostas un prestigio algo mitológico, yo creo, tras haberlas visto luchar muchas veces contra las serpientes, a las que vencen solo por su agilidad y por su gruesa capa de pelo color sal y pimienta que engaña y desconcierta al reptil. Por allá se cree que la mangosta, después de los combates contra sus venenosos enemigos, sale en busca de las hierbecitas del antídoto.

Lo cierto es que el prestigio de mi mangosta —que me acompañaba cada día en mis largas caminatas por las playas— hizo que una tarde todos los niños del arrabal se dirigieran a mi casa en imponente procesión. Había aparecido en la calle una atroz serpiente, y ellos venían en demanda de *Kiria*, mi famosa mangosta, cuyo indudable triunfo se aprestaban a celebrar. Seguido por mis admiradores —bandas enteras de chiquillos tamiles y cingaleses, sin más trajes que sus taparrabos—, encabecé el desfile guerrero con mi mangosta en los brazos.

El ofidio era una especie negra de la temible *pollongha*, o víbora de Russell, de mortífero poder. Tomaba el sol entre las hierbas sobre una cañería blanca de la que se destacaba como un látigo en la nieve.

Se quedaron atrás, silenciosos, mis seguidores. Yo avancé por la cañería. A unos dos metros de distancia, frente a la víbora, largué mi mangosta. *Kiria* olfateó el peligro en el aire y se dirigió con lentos pasos hacia la serpiente. Yo y mis pequeños acompañantes contuvimos la respiración. La gran batalla iba a comenzar. La serpiente se enrolló, levantó la cabeza, abrió las fauces y dirigió su hipnótica mirada al animalito. La mangosta siguió avanzando. Pero a escasos centímetros de la boca del monstruo se dio cuenta exacta de lo que iba a pasar. Entonces dio un gran salto, emprendió vertiginosa carrera en sentido contrario, y dejó atrás serpiente y espectadores. No paró de correr hasta llegar a mi dormitorio.

Así perdí mi prestigio en el suburbio de Wellawatha hace ya más de treinta años.

En estos días me ha traído mi hermana un cuaderno que contiene mis más antiguas poesías, escritas en 1918 y 1919. Al leerlas he sonreído ante el dolor infantil y adolescente, ante el sentimiento literario de soledad que se desprende de toda mi obra de juventud. El escritor joven no puede escribir sin ese estremecimiento de soledad, aunque sea ficticio, así como el escritor maduro no hará nada sin el sabor de compañía humana, de sociedad.

La verdadera soledad la conocí en aquellos días y años de Wellawatha. Dormí todo aquel tiempo en un catre de campaña como un soldado, como un explorador. No tuve más compañía que una mesa y dos sillas, mi trabajo, mi perro, mi mangosta y el *boy* que me servía y regresaba a su aldea por la noche. Este hombre no era propiamente compañía; su condición de servidor oriental lo obligaba a ser más silencioso que una sombra. Se llamaba o se llama Brampy. No era preciso ordenarle nada, pues todo lo tenía listo: mi comida en la mesa, mi ropa acabada de planchar, la botella de whisky en la veranda. Parecía que se le había olvidado el lenguaje. Solo sabía sonreír con grandes dientes de caballo.

La soledad en este caso no se quedaba en tema de invocación literaria, sino que era algo duro como la pared de un prisionero, contra la cual puedes romperte la cabeza sin que nadie acuda, así grites y llores.

Yo comprendía que a través del aire azul, de la arena dorada, más allá de la selva primordial, más allá de las víboras y de los elefantes, había centenares, millares de seres humanos que cantaban y trabajaban junto al agua, que hacían fuego y moldeaban cántaros; y también mujeres ardientes que dormían desnudas sobre las delgadas esteras, a la luz de las inmensas estrellas. Pero, cómo acercarme a ese mundo palpitante sin ser considerado un enemigo?

Paso a paso fui conociendo la isla. Una noche atravesé todos los oscuros suburbios de Colombo para asistir a una comida de gala. De una casa oscura partía la voz de un niño o de una mujer que cantaba. Hice detener el *rickshaw*. Al lado de la puerta pobre me asaltó una emanación que es el olor inconfundible de Ceilán: mezcla de jazmines, sudor, aceite de coco, frangipán y magnolia. Las caras oscuras, confundidas con el color y el olor de la noche, me invitaron a pasar. Me senté silencioso en las esteras, mientras persistía en la oscuridad la misteriosa voz humana que me había hecho detenerme, voz de niño o de mujer, trémula y sollozante, que subía hasta lo indecible, se cortaba de pronto, bajaba hasta volverse oscura como las tinieblas, se adhería al aroma de los frangipanes, se enroscaba en arabescos y caía de pronto —con todo su peso cristalino— como si el más alto de los surtidores hubiese tocado el cielo para desplomarse en seguida entre los jazmines.

Mucho tiempo continué allí, estático bajo el sortilegio de los tambores y la fascinación de aquella voz, y luego continué mi camino, borracho por el enigma de un sentimiento indescifrable, de un ritmo cuyo misterio salía de toda la tierra. Una tierra sonora, envuelta en sombra y aroma.

Los ingleses ya estaban sentados a la mesa, vestidos de negro y blanco.

—Perdónenme. En el camino me detuve a oír música —les dije.

Ellos, que habían vivido veinticinco años en Ceilán, se sorprendieron elegantemente. Música? Tenían música los nativos? Ellos no lo sabían. Era la primera noticia.

Esta terrible separación de los colonizadores ingleses con el vasto mundo asiático nunca tuvo término. Y siempre significó un aislamiento antihumano, un desconocimiento total de los valores y la vida de aquella gente.

Había excepciones en el colonialismo, lo indagué más tarde. De pronto algún inglés del Club Service se enamoraba perdidamente de una beldad india. Era de inmediato expulsado de su puesto y aislado de sus compatriotas como un leproso. Sucedió también por aquel tiempo que los colonizadores ordenaron quemar la cabaña de un campesino cingalés, con el propósito de desalojarlo y expropiar sus tierras. El inglés que debía ejecutar las órdenes de arrasar la choza era un modesto funcionario. Se llamaba Leonard Woolf. Pero se negó a hacerlo y fue privado de su cargo. Devuelto a Inglaterra, escribió allí uno de los mejores libros que se haya escrito jamás sobre el Oriente: *A village in the jungle*, obra maestra de la verdadera vida y de la literatura real, un tanto o un mucho apabullada por la fama de la mujer de Woolf, nada menos que Virginia Woolf, grande escritora subjetiva de renombre universal.

Poco a poco comenzó a romperse la corteza impenetrable y tuve algunos pocos y buenos amigos. Descubrí al mismo tiempo la juventud impregnada de colonialismo cultural que no hablaba sino de los últimos libros aparecidos en Inglaterra. Encontré que el pianista, fotógrafo, crítico, cinematografista, Lionel Wendt, era el centro de la vida cultural que se debatía entre los estertores del imperio y una reflexión hacia los valores vírgenes de Ceilán.

Este Lionel Wendt, que poseía una gran biblioteca y recibía los últimos libros de Inglaterra, tomó la extravagante y buena costumbre de mandar a mi casa, situada lejos de la ciudad, un ciclista cargado con un saco de libros cada semana. Así, durante aquel tiempo, leí kilómetros de novelas inglesas, entre ellas *Lady Chatterley* en su primera edición privada publicada en Florencia. Las obras de Lawrence me impresionaron por su aproximación poética y cierto magnetismo vital dirigido a las relaciones escondidas entre los seres. Pero pronto me di cuenta de que, a pesar de su genio, estaba frustrado, como tantos grandes escritores ingleses, por su prurito pedagógico. D. H. Lawrence sienta una cátedra de educación sexual que tiene poco que ver con nuestro espontáneo aprendizaje de la vida y del amor. Terminó por aburrirme, decididamente, sin que se haya menoscabado mi admiración hacia su torturada búsqueda místico-sexual, más dolorosa cuanto más inútil.

Entre las cosas de Ceilán que recuerdo, está una gran cacería de elefantes.

Los elefantes se habían propagado en exceso por un determinado distrito e incursionaban dañando casas y cultivos. Por más de un mes a lo largo de un gran río, los campesinos —con fuego, con hogueras y tam-tams— fueron agrupando los rebaños salvajes y empujándolos hacia un rincón de la selva. De noche y de día las hogueras y el sonido inquietaban a las grandes bestias, que se movían como un lento río hacia el noroeste de la isla.

Aquel día estaba preparado el *kraal*. Las empalizadas obstruían una parte del bosque. Por un estrecho corredor vi el primer elefante que entró y se sintió cercado. Ya era tarde. Avanzaban centenares más por el estrecho corredor sin salida. El inmenso rebaño de cerca de quinientos elefantes no pudo avanzar ni retroceder.

Se dirigieron los machos más poderosos hacia las empalizadas tratando de romperlas, pero detrás de ellas surgieron innumerables lanzas que los detuvieron. Entonces se replegaron en el centro del recinto, decididos a proteger a las hembras y a las criaturas. Era conmovedora su defensa y su organización. Lanzaban un llamado angustioso, especie de relincho o trompetazo, y en su desesperación cortaban de raíz los árboles más débiles.

De pronto, cabalgando dos grandes elefantes domesticados, entraron los domadores. La pareja domesticada actuaba como vulgares policías. Se situaban a los costados del animal prisionero, lo golpeaban con sus trompas, ayudaban a reducirlo a la inmovilidad. Entonces los cazadores le amarraban una pata trasera con gruesas cuerdas a un árbol vigoroso. Uno por uno fueron sometidos de esa manera.

El elefante prisionero rechaza el alimento por muchos días. Pero los cazadores conocen sus debilidades. Los dejan ayunar un tiempo y luego les traen brotes y cogollos de sus arbustos favoritos, de esos que, cuando estaban en libertad, buscaban a través de largos viajes por la selva. Finalmente el elefante se decide a comerlos. Ya está domesticado. Ya comienza a aprender sus pesados trabajos.

La vida en Colombo

En Colombo no se advertía aparentemente ningún síntoma revolucionario. El clima político difería del de la India. Todo estaba sumido en una tranquilidad opresiva. El país daba para los ingleses el té más fino del mundo.

El país estaba dividido en sectores o compartimentos. Después de los ingleses, que ocupaban la altura de la pirámide y vivían en grandes residencias con jardines, venía una clase media parecida a la de los países de América del Sur. Se llamaban o se llaman *burghers* y descendían de los antiguos *boers*, aquellos colonos holandeses de África del Sur que fueron confinados a Ceilán durante la guerra colonial del siglo pasado.

Más abajo estaba la población budista y mahometana de los cingaleses, compuesta por muchos millones. Y todavía más abajo, en el rango del trabajo peor pagado, se contaban también por millones los inmigrantes indios, todos ellos del sur de su país, de lenguaje tamil y religión hindú.

En el llamado «mundo social» que desplegaba sus galas en los hermosos *clubs* de Colombo, dos notables *snobs* se disputaban el campo. Uno era un falso noble francés, el conde de Mauny, que tenía sus adeptos. El otro era un polaco elegante y descuidado, mi amigo Winzer, que dictaminaba en los escasos salones. Este hombre era notablemente ingenioso, bastante cínico y enterado de cuanto existe en el universo. Su profesión era curiosa —«conservador del tesoro cultural y arqueológico»— y fue para mí una revelación cuando lo acompañé una vez en una de sus giras oficiales.

Las excavaciones habían sacado a la luz dos antiguas ciudades magníficas que la selva se había tragado: Anuradapura y Polonnaruwa. Columnas y corredores brillaron de nuevo bajo el esplendor del sol cingalés. Naturalmente, todo aquello que era transportable partía bien embalado hacia el British Museum de Londres.

Mi amigo Winzer no lo hacía mal. Llegaba a los remotos monasterios y, con gran complacencia de los monjes budistas, trasladaba a la camioneta oficial las portentosas esculturas de piedra milenaria que concluirían su destino en los museos de Inglaterra. Había que ver la cara de satisfacción de los monjes vestidos color de azafrán cuando Winzer les dejaba, en sustitución de sus antigüedades, unas pintarrajeadas figuras budistas de celuloide japonés. Las miraban con reverencia y las depositaban en los mismos altares donde habían sonreído por varios siglos las estatuas de jaspe y granito.

Mi amigo Winzer era un excelente producto del imperio, es decir, un elegante sinvergüenza.

Algo vino a turbar aquellos días consumidos por el sol. Inesperadamente, mi amor birmano, la torrencial Josie Bliss, se estableció frente a mi casa. Había viajado allí desde su lejano país. Como pensaba que no existía arroz sino en Rangoon, llegó con un saco de arroz a cuestas, con nuestros discos favoritos de Paul Robeson y con una larga alfombra enrollada. Desde la puerta de enfrente se dedicó a observar y luego a insultar y a agredir a cuanta gente me visitaba, Josie Bliss consumida por sus celos devoradores, al mismo tiempo que amenazaba con incendiar mi casa. Recuerdo que atacó con un largo cuchillo a una dulce muchacha eurasiática que vino a visitarme.

La Policía Colonial consideró que su presencia incontrolada era un foco de desorden en la tranquila calle. Me dijeron que la expulsarían del país si yo no la recogía. Yo sufrí varios días, oscilando entre la ternura que me inspiraba su desdichado amor y el terror que le tenía.

No podía dejarla poner un pie en mi casa. Era una terrorista amorosa, capaz de todo.

Por fin un día se decidió a partir. Me rogó que la acompañara hasta el barco. Cuando este estaba por salir y yo debía abandonarlo, se desprendió de sus acompañantes y, besándome en un arrebato de dolor y amor, me llenó la cara de lágrimas. Como en un rito me besaba los brazos, el traje y, de pronto, bajó hasta mis zapatos, sin que yo pudiera evitarlo. Cuando se alzó de nuevo, su rostro estaba enharinado con la tiza de mis zapatos blancos. No podía pedirle que desistiera del viaje, que abandonara conmigo el barco que se la llevaba para siempre. La razón me lo impedía, pero mi corazón adquirió allí una cicatriz que no se ha borrado. Aquel dolor turbulento, aquellas lágrimas terribles rodando sobre el rostro enharinado, continúan en mi memoria.

Había casi terminado de escribir el primer volumen de *Residencia en la tierra*. Sin embargo, mi trabajo había adelantado con lentitud. Estaba separado del mundo mío por la distancia y por el silencio, y era incapaz de entrar de verdad en el extraño mundo que me rodeaba.

Mi libro recogía como episodios naturales los resultados de mi vida suspendida en el vacío: «Más cerca de la sangre que de la tinta». Pero mi estilo se hizo más acendrado y me di alas en la repetición de una melancolía frenética. Insistí por verdad y por retórica (porque esas harinas hacen el pan de la poesía) en un estilo amargo que porfió sistemáticamente en mi propia destrucción. El estilo no es solo el hombre. Es también lo que lo rodea, y si la atmósfera no entra dentro del poema, el poema está muerto: muerto porque no ha podido respirar.

Nunca leí con tanto placer y tanta abundancia como en aquel suburbio de Colombo en que viví solitario por mucho tiempo. De vez en cuando volvía a Rimbaud, a Quevedo o a Proust. *Por el camino de Swann* me hizo revivir los tormentos, los amores y los celos de mi adolescencia. Y comprendí que en aquella frase de la sonata de Vinteuil, frase musical que Proust llamó «aérea y olorosa», no solo se paladea la descripción más exquisita del apasionante sonido, sino también una desesperada medida de la pasión.

Mi problema en aquellas soledades fue encontrar esa música y oírla. Con la ayuda de mi amigo músico y musicólogo, investigamos hasta saber que el Vinteuil de Proust fue formado tal vez por Schubert y Wagner y Saint-Saëns y Fauré y D'Indy y César Franck. Mi indigna mala educación musical se mantuvo ignorante de casi todos esos músicos. Sus obras eran cajas ausentes o cerradas. Mi oído nunca reconoció sino las melodías más evidentes, y eso, con dificultad.

Por fin, avanzando en la pesquisa, más literaria que sonora, conseguí un álbum con los tres discos de la sonata para piano y violín de César Franck. No había duda, allí estaba la frase de Vinteuil. No podía caber duda ninguna.

Mi atracción había sido solo literaria. Proust, el más grande realista poético, en su crónica crítica de una sociedad agonizante que amó y odió, se detuvo con apasionada complacencia en muchas obras de arte, cuadros y catedrales, actrices y libros. Pero aunque su clarividencia iluminó cuanto tocaba, reiteró el encanto de esta sonata y su frase renaciente con una intensidad que quizá no dio a otras descripciones. Sus palabras me condujeron a revivir mi propia vida, mis lejanos sentimientos perdidos en mí mismo, en mi propia ausencia. Quise ver en la frase musical el relato mágico literario de Proust y adopté o fui adoptado por las alas de la música.

La frase se envuelve en la gravedad de la sombra, enronqueciéndose, agravando y dilatando su agonía. Parece edificar su congoja como una estructura gótica, que las volutas repiten llevadas por el ritmo que eleva sin cesar la misma flecha.

El elemento nacido del dolor busca una salida triunfante que no reniega en la altura su origen trastornado por la tristeza. Parece enroscarse en una patética espiral, mientras el piano oscuro acompaña una y otra vez la muerte y la resurrección del sonido. La intimidad sombría del piano da una y otra vez a luz el serpentino nacimiento, hasta que amor y dolor se enlazan en la agonizante victoria.

Para mí que estas eran la frase y la sonata.

La sombra brusca caía como un puño sobre mi casa perdida entre los cocoteros de Wellawatha, pero cada noche la sonata vivía conmigo, conduciéndome y envolviéndome, dándome su perpetua tristeza, su victoriosa melancolía.

Los críticos que tanto han escarmenado mis trabajos no han visto hasta ahora esta secreta influencia que aquí va confesada. Porque allí en Wellawatha escribí yo gran parte de *Residencia en la tierra*. Aunque mi poesía no es «olorosa ni aérea» sino tristemente terrenal, me parece que esos temas, tan repetidamente enlutados, tienen que ver con la intimidad retórica de aquella música que convivió conmigo.

Años después, ya de regreso en Chile, me encontré en una tertulia, juntos y jóvenes, a los tres grandes de la música chilena. Fue, creo, en 1932, en casa de Marta Brunet.

Claudio Arrau conversaba en un rincón con Domingo Santa Cruz y Armando Carvajal. Me acerqué a ellos, pero apenas me miraron. Siguieron hablando imperturbablemente de música y de músicos. Traté entonces de lucirme hablándoles de aquella sonata, la única que yo conocía.

Me miraron distraídamente y desde arriba me dijeron:

—¿César Franck? ¿Por qué César Franck? Lo que debes conocer es Verdi.

Y siguieron en su conversación, sepultándome en una ignorancia de la que aún no salgo.

Singapur

La verdad es que la soledad de Colombo no solo era pesada, sino letárgica. Tenía algunos escasos amigos en la calleja en que vivía. Amigas de varios colores pasaban por mi cama de campaña sin dejar más historia que el relámpago físico. Mi cuerpo era una hoguera solitaria encendida noche y día en aquella costa tropical. Mi amiga Patsy llegaba frecuentemente con algunas de sus compañeras, muchachas morenas y doradas, con sangre de bóeres, de ingleses, de dravidios. Se acostaban conmigo deportiva y desinteresadamente.

Una de ellas me ilustró sobre sus visitas a las *chummeries*. Así se llamaban los *bungalows* en que grupos de jóvenes ingleses, pequeños empleados de tiendas y compañías, vivían en común para economizar alquileres y alimentos. Sin ningún cinismo, como algo natural, me contó la muchacha que en una ocasión había fornicado con catorce de ellos.

—Y cómo lo hiciste? —le pregunté.

—Estaba sola con ellos aquella noche y celebraban una fiesta. Pusieron un gramófono y yo bailaba unos pasos con cada uno, y nos perdíamos durante el baile en alguno de los dormitorios. Así quedaron todos contentos.

No era prostituta. Era más bien un producto colonial, una fruta cándida y generosa. Su cuento me impresionó y nunca tuve por ella sino simpatía.

Mi solitario y aislado *bungalow* estaba lejos de toda urbanización. Cuando yo lo alquilé traté de saber en dónde se hallaba el excusado, que no se veía por ninguna parte. En efecto, quedaba muy lejos de la ducha, hacia el fondo de la casa.

Lo examiné con curiosidad. Era una caja de madera con un agujero al centro, muy similar al artefacto que conocí en mi infancia campesina, en mi país. Pero los nuestros se situaban sobre un pozo profundo o sobre una corriente de agua. Aquí el depósito era un simple cubo de metal bajo el agujero redondo.

El cubo amanecía limpio cada día sin que yo me diera cuenta de cómo desaparecía su contenido. Una mañana me había levantado más temprano que de costumbre. Me quedé asombrado mirando lo que pasaba.

Entró por el fondo de la casa, como una estatua oscura que caminara, la mujer más bella que había visto hasta entonces en Ceilán, de la raza tamil, de la casta de los parias. Iba vestida con un sari rojo y dorado, de la tela más burda. En los pies descalzos llevaba pesadas ajorcas. A cada lado de la nariz le brillaban dos puntitos rojos. Serían vidrios ordinarios, pero en ella parecían rubíes.

Se dirigió con paso solemne hacia el retrete, sin mirarme siquiera, sin darse por aludida de mi existencia, y desapareció con el sórdido receptáculo sobre la cabeza, alejándose con su paso de diosa.

Era tan bella que a pesar de su humilde oficio me dejó preocupado. Como si se tratara de un animal huraño, llegado de la jungla, pertenecía a otra existencia, a un mundo separado. La llamé sin resultado. Después alguna vez le dejé en su camino algún regalo, seda o fruta. Ella pasaba sin oír ni mirar. Aquel trayecto miserable había sido convertido por su oscura belleza en la obligatoria ceremonia de una reina indiferente.

Una mañana, decidido a todo, la tomé fuertemente de la muñeca y la miré cara a cara. No había idioma alguno en que pudiera hablarle. Se dejó conducir por mí sin una sonrisa y pronto estuvo desnuda sobre mi cama. Su delgadísima cintura, sus plenas caderas, las desbordantes copas de sus senos, la hacían igual a las milenarias esculturas del sur de la India. El encuentro fue el de un hombre con una estatua. Permaneció todo el tiempo con sus ojos abiertos, impasible. Hacía bien en despreciarme. No se repitió la experiencia.

Me costó trabajo leer el cablegrama. El Ministerio de Relaciones Exteriores me comunicaba un nuevo nombramiento. Dejaba yo de ser cónsul en Colombo para desempeñar idénticas funciones en Singapur y Batavia. Esto me ascendía del primer círculo de la pobreza para hacerme ingresar en el segundo. En Colombo tenía derecho a retener (si entraban) la suma de ciento sesenta y seis dólares con sesenta y seis centavos. Ahora, siendo cónsul en dos colonias a la vez, podría retener (si entraban) dos veces ciento sesenta y seis dólares con sesenta y seis centavos, es decir, la suma de trescientos treinta y tres dólares con treinta y dos centavos (si entraban). Lo cual significaba, por de pronto, que dejaría de dormir en un catre de campaña. Mis aspiraciones materiales no eran excesivas.

Pero, qué haría con *Kiria*, mi mangosta? La regalaría a aquellos chicos irrespetuosos del barrio que ya no creían en su poder contra las serpientes? Ni pensarlo. La descuidarían, no la dejarían comer en la mesa como era su costumbre conmigo. La soltaría en la selva para que volviera a su estado primitivo? Jamás. Sin duda había perdido sus instintos de defensa y las aves de rapiña la devorarían sin advertencia previa. Por otra parte, cómo llevarla conmigo? En el barco no aceptarían tan singular pasajero.

Decidí entonces hacerme acompañar en mi viaje por Brampy, mi *boy* cingalés. Era un gasto de millonario y era igualmente una locura, porque iríamos hacia países —Malasia, Indonesia— cuyos idiomas desconocía Brampy totalmente. Pero la mangosta podría viajar de incógnito en el *cafarnaum* del puente, desapercibida dentro de un canasto. Brampy la conocía tan bien como yo. El problema era la aduana, pero el taimado Brampy se encargaría de burlarla.

Y de ese modo, con tristeza, alegría y mangosta, dejamos la isla de Ceilán, rumbo a otro mundo desconocido.

Resultará difícil entender por qué Chile tenía tantos consulados diseminados en todas partes. No deja de ser extraño que una pequeña república, arrinconada cerca del Polo Sur, envíe y mantenga representantes oficiales en archipiélagos, costas y arrecifes del otro lado del globo.

En el fondo —explico yo— estos consulados eran producto de la fantasía y de la *self-importance* que solemos darnos los americanos del sur. Por otra parte, ya he dicho que en esos sitios lejanísimos embarcaban para Chile yute, parafina sólida para fabricar velas y, sobre todo, té, mucho té. Los chilenos tomamos té cuatro veces al día. Y no podemos cultivarlo. En cierta ocasión se produjo una inmensa huelga de obreros del salitre por carencia de este producto tan exótico. Recuerdo que unos exportadores ingleses me preguntaron en cierta ocasión, después de algunos whiskies, qué hacíamos los chilenos con tales cantidades exorbitantes de té.

—Lo tomamos —les dije.

(Si creían sacarme el secreto de algún aprovechamiento industrial, sentí decepcionarlos.)

El consulado en Singapur tenía ya diez años de existencia. Bajé, pues, con la confianza que me daban mis veintitrés años de edad, siempre acompañado de Brampy y de mi mangosta. Nos fuimos directamente al Raffles Hotel. Allí mandé lavar mi ropa, que no era poca, y luego me senté en la veranda. Me extendí perezosamente en un *easychair* y pedí uno, dos y hasta tres gin pahit.

Todo era muy Sommerset Maugham hasta que se me ocurrió buscar en la guía de teléfonos la sede de mi consulado. No estaba registrado, diablos! Hice en el acto un llamado de urgencia a los establecimientos del gobierno inglés. Me respondieron, después de una consulta, que allí no había consulado de Chile. Pregunté entonces referencias del cónsul, señor Mansilla. No lo conocían.

Me sentí abrumado. Tenía apenas recursos para pagar un día de hotel y el lavado de mi ropa. Pensé que el consulado fantasma tendría su sede en Batavia y decidí continuar viaje en el mismo barco que me trajo, el cual iba precisamente hasta Batavia y todavía estaba en el puerto. Ordené sacar mi ropa de la caldera donde se remojaba, Brampy hizo un bulto húmedo con ella, y emprendimos carrera hacia los muelles.

Ya levantaban la escalera de a bordo. Jadeante subí los peldaños. Mis excompañeros de viaje y los oficiales del buque me miraron sorprendidos. Me metí en la misma cabina que había dejado en la mañana y, tendido de espaldas en la litera, cerré los ojos mientras el vapor se alejaba del fatídico puerto.

Había conocido en el barco a una muchacha judía. Se llamaba Kruzi. Era rubia, gordezuela, de ojos color naranja y alegría rebosante. Me dijo que tenía una buena colocación en Batavia. Me acerqué a ella en la fiesta final de la travesía. Entre copa y copa me arrastraba a bailar. Yo la seguía torpemente en las lentas contorsiones que se usaban en la época. Aquella última noche nos dedicamos a hacer el amor en mi cabina, amistosamente, conscientes de que nuestros destinos se juntaban al azar y por una sola vez. Le conté mis desventuras. Ella me compadeció suavemente y su pasajera ternura me llegó al alma.

Kruzi, por su parte, me confesó la verdadera ocupación que la esperaba en Batavia. Había cierta organización más o menos internacional que colocaba muchachas europeas en los lechos de asiáticos respetables. A ella le habían dado opción entre un marajá, un príncipe de Siam y un rico comerciante chino. Se decidió por este último, un hombre joven pero apacible.

Cuando bajamos a tierra, al día siguiente, divisé el Rolls Royce del magnate chino, y también el perfil del dueño a través de las floreadas cortinillas del automóvil. Kruzi desapareció entre el gentío y los equipajes.

Yo me instalé en el hotel Der Nederlanden. Me preparaba para el almuerzo cuando vi entrar a Kruzi. Se echó en mis brazos, sofocada por el llanto.

—Me expulsan de aquí. Debo partir mañana.

—Pero, quiénes te expulsan, por qué te expulsan?

Me contó entrecortadamente su descalabro. Estaba a punto de subir al Rolls Royce cuando los agentes de inmigración la detuvieron para someterla a un interrogatorio brutal. Tuvo que confesarlo todo. Las autoridades holandesas consideraron un grave delito que ella pudiera vivir en concubinato con un chino. La pusieron finalmente en libertad, con la promesa de no visitar a su galán y con la otra promesa de embarcarse al día siguiente, en el mismo barco en que había llegado y que regresaba a Occidente.

Lo que más la hería era haber decepcionado a aquel hombre que la esperaba, sentimiento al que seguramente no era ajeno el imponente Rolls Royce. Sin embargo, Kruzi en el fondo era una sentimental. En sus lágrimas había mucho más que interés frustrado: se sentía humillada y ofendida.

—Sabes su dirección? Conoces su teléfono? —le pregunté.

—Sí —me respondió—. Pero tengo miedo de que me detengan. Me amenazaron con encerrarme en un calabozo.

—No tienes nada que perder. Anda a ver a ese hombre que ha pensado en ti sin conocerte. Le debes por lo menos algunas palabras. Qué pueden importarte ya los policías holandeses? Véngate de ellos. Anda a ver a tu chino. Toma tus precauciones, burla a tus humilladores y te sentirás mejor. Me parece que así te irás de este país más contenta.

Aquella noche, tarde, regresó mi amiga. Había ido a ver a su admirador por correspondencia. Me contó la entrevista. El hombre era un oriental afrancesado y letrado. Hablaba con naturalidad el francés. Estaba casado, según las normas de la honorable matrimonialidad china, y se aburría muchísimo.

El pretendiente amarillo había preparado, para la novia blanca que le llegaba de Occidente, un *bungalow* con jardín, rejillas antimosquitos, muebles Luis XIV, y una gran cama que fue puesta a prueba aquella noche. El dueño de la casa le fue mostrando melancólicamente los pequeños refinamientos que guardaba para ella, los tenedores y cuchillos de plata (él solo comía con palillos), el bar con bebidas europeas, el refrigerador colmado de frutas.

Luego se detuvo ante un gran baúl herméticamente cerrado. Extrajo una pequeña llave de su pantalón, abrió aquel cofre y mostró a los ojos de Kruzi el más extraño de los tesoros: centenares de calzones femeninos, sutiles pantaletas, mínimas bragas. Íntimas prendas de mujer, por centenares o millares, colmaban aquel mueble santificado por el ácido aroma del sándalo. Allí estaban reunidas todas las sedas, todos los colores. La gama se desplazaba del violeta al amarillo, de los múltiples rosados a los verdes secretos, de los violentos rojos a los negros refulgentes, de los eléctricos celestes a los blancos nupciales. Todo el arcoíris de la concupiscencia masculina de un fetichista que, sin duda, coleccionó aquel florilegio para deleite de su propia voluptuosidad.

—Me quedé deslumbrada —dijo Kruzi, volviendo a los sollozos—. Tomé al azar un puñado de esas prendas y aquí las tengo.

Me sentí conmovido, yo también, por el misterio humano. Nuestro chino, un serio comerciante, importador o exportador, coleccionaba calzones femeninos como si fuera un perseguidor de mariposas. Quién iba a pensarlo?

—Déjame uno —dije a mi amiga.

Ella escogió uno blanco y verde y lo acarició suavemente antes de entregármelo.

—Dedícamelo, Kruzi, por favor.

Entonces ella lo estiró cuidadosamente y escribió mi nombre y el suyo en la superficie de seda, que mojó también con algunas lágrimas.

Al día siguiente partió sin que yo la viera, como no he vuelto a verla nunca más. Los vaporosos calzones, con su dedicatoria y sus lágrimas, anduvieron en mis valijas, mezclados con mi ropa y mis libros, por muchísimos años. No supe ni cuándo ni cómo alguna visitante abusadora se marchó de mi casa con ellos puestos.

Batavia

Por aquellos tiempos, cuando aún no existían los «moteles» en el mundo, el hotel Nederlanden era insólito. Tenía un gran cuerpo central, destinado al comedor y las oficinas, y luego un *bungalow* para cada viajero, separados entre sí por pequeños jardines y árboles poderosos. En sus altas copas vivían infinidad de pájaros, ardillas membranosas que volaban de un ramaje a otro e insectos que chirriaban como en la selva. Brampy se esmeró en su tarea de cuidar la mangosta, cada vez más inquieta en su nueva residencia.

Aquí sí había consulado de Chile. Por lo menos figuraba en la guía de teléfonos. Al día siguiente, descansado y mejor vestido, me dirigí a sus oficinas. El escudo consular de Chile estaba colgado en la fachada de un gran edificio. Era una compañía de navegación. Alguien del numeroso personal me condujo a la oficina del director, un holandés colorado y voluminoso. No tenía estampa de gerente de empresa naviera, sino de cargador de puerto.

—Soy el nuevo cónsul de Chile —me presenté—. Comienzo por agradecer sus servicios y le ruego ponerme al corriente de los principales asuntos del consulado. Quiero hacerme cargo de mi puesto inmediatamente.

—¡Aquí no hay más cónsul que yo! —contestó furibundo.

—Cómo es eso?

—Comiencen por pagarme lo que me deben —gritó.

Puede ser que aquel hombre supiera de navegación, pero la cortesía no la conocía en ningún idioma. Atropellaba las frases mientras daba mordiscos rabiosos a un pésimo *cheruto* que emponzoñaba el aire.

El energúmeno me dejaba muy poca oportunidad de interrumpirlo. Su indignación y el *cheruto* le causaban estruendosos ataques de tos, cuando no gargarismos que terminaban en escupos. Finalmente pude meter una frase en defensa propia:

—Señor, yo no le debo nada y nada tengo que pagarle. Entiendo que es usted cónsul *ad honorem*, es decir, honorario. Y si esto le parece discutible, no encuentro que se pueda arreglar con vociferaciones que no estoy dispuesto a recibir.

Más tarde comprobé que al grosero holandés no le faltaba una parte de razón. El tipo había sido víctima de una verdadera estafa de la que, naturalmente, no éramos culpables ni yo ni el gobierno de Chile. Era Mansilla el tortuoso personaje que provocaba las iras del holandés. Fui comprobando que el tal Mansilla nunca desempeñó su puesto de cónsul en Batavia; que vivía en París desde hacía mucho tiempo. Había hecho un trato con el holandés para que este ejerciera sus funciones consulares y le enviara mensualmente los papeles y el dinero de las recaudaciones. Él se comprometía a pagarle por sus trabajos una suma mensual que nunca le pagó. De ahí la indignación de este holandés terrestre que cayó sobre mi cabeza como el derrumbamiento de una cornisa.

Al día siguiente me sentí infinitamente enfermo. Fiebre maligna, gripe, soledad y hemorragia. Hacía calor y sudor. La nariz me sangraba como en mi infancia, en Temuco, bajo el frío de Temuco.

Haciendo un esfuerzo para sobrevivir me dirigí al Palacio de Gobierno. Estaba situado en Buitenzorg, en pleno y espléndido Jardín Botánico. Los burócratas apartaron con dificultad los ojos azules de sus papeles blancos. Sacaron lápices que también transpiraban y escribieron mi nombre con algunas gotas de sudor.

Salí más enfermo que cuando entré. Anduve por las avenidas hasta sentarme bajo un árbol inmenso. Aquí todo era sano y fresco; la vida respiraba tranquila y poderosa. Los árboles gigantescos elevaban frente a mí sus troncos rectos, lisos y plateados, hasta cien metros de altura. Leí la placa esmaltada que los clasificaba. Eran variedades del eucaliptus, desconocidas para mí. Hasta mi nariz bajó, desde la inmensa altura, una ola fría de perfume. Aquel emperador entre los árboles se había apiadado de mí, y una ráfaga de su aroma me había devuelto la salud.

O tal vez sería la solemnidad verde del Jardín Botánico, la infinita variedad de las hojas, el entrecruzamiento de las lianas, las orquídeas que estallaban como estrellas de mar entre el follaje, la profundidad submarina de aquel recinto forestal, el grito de los guacamayos, el chillido de los monos; todo esto me devolvió la confianza en mi destino y mi alegría de vivir, que se iban apagando como una vela gastada.

Volví reconfortado al hotel, me senté en la veranda de mi *bungalow* con papel de escribir y mi mangosta encima de la mesa, y decidí enviar un telegrama al gobierno de Chile. Me faltaba la tinta. Entonces fue cuando llamé al *boy* del hotel y le pedí en inglés *ink*, para que me trajera un tintero. No dio el menor signo de comprensión. Se limitó a llamar a otro *boy*, tan vestido de blanco y tan descalzo como él, para que lo ayudara a interpretar mis enigmáticos deseos. No había nada que hacer. Cuando yo decía *ink* y movía mi lápiz mojándolo en un tintero imaginario, los siete u ocho *boys* que se habían reunido para asesorar al primero repetían al unísono mi maniobra con un lápiz que sacaban de sus faltriqueras, y exclamaban con ímpetu: *ink*, *ink*, muertos de risa. Les parecía un nuevo rito que estaban aprendiendo. Desesperado, me lancé hasta el *bungalow* fronterizo, seguido por la retahíla de servidores vestidos de blanco. De una mesa solitaria tomé un tintero que allí estaba por milagro y, blandiéndolo ante sus ojos asombrados, les grité:

—*This! This!*

Entonces todos sonrieron y dijeron a coro:

—¡Tinta! ¡Tinta!

Así supe que la tinta se llama «tinta» en malayo.

Llegó el momento en que se me restituyó el derecho de instalarme consularmente. Mi disputado patrimonio era: un sello de goma carcomido, una almohadilla para entintarlo y unas cuantas carpetas de documentos que contenían sumas y restas. Las restas habían ido a parar a los bolsillos del pícaro cónsul que operaba desde París. El holandés burlado me entregó el envoltorio insignificante, sin dejar de masticar su *cheruto*, con una sonrisa fría, de mastodonte decepcionado.

De cuando en cuando firmaba facturas consulares y les aplicaba el desquiciado sello oficial. Así llegaban a mí los dólares que, transformados en *gulders*, alcanzaban estrictamente para sostener mi existencia: el alojamiento y la alimentación para mí, el sueldo de Brampy y el cuidado de mi mangosta *Kiria*, que crecía ostensiblemente y se comía tres o cuatro huevos al día. Además, tuve que comprarme un *smoking* blanco y un frac que me comprometí a pagar por mensualidades. Me sentaba a veces, casi siempre solo, en los repletos cafés al aire libre, junto a los anchos canales, a tomar la cerveza o el gin pahit. Es decir, reanudé mi vida de tranquilidad desesperada.

La *rice-table* del restaurante del hotel era majestuosa. Entraba al comedor una procesión de diez a quince servidores que iban desfilando frente a uno con sus respectivas fuentes en alto. Cada una de esas fuentes estaba dividida en compartimentos y en cada uno de esos compartimentos brillaba un manjar misterioso. Sobre una base de arroz erigía su sustancia aquella infinidad comestible. Yo, que he sido siempre glotón y por mucho tiempo desnutrido, elegía algo de cada una de las fuentes, de cada uno de los quince o dieciocho servidores, hasta que mi plato se convertía en una pequeña montaña donde los pescados exóticos, los huevos indescifrables, los vegetales inesperados, los pollos inexplicables y las carnes insólitas, cubrían como una bandera la cumbre de mi almuerzo. Los chinos dicen que la comida debe tener tres excelencias: sabor, olor y color. La *rice-table* de mi hotel juntaba esas tres virtudes, y una más: abundancia.

Por aquellos días perdí a *Kiria*, mi mangosta. Tenía la riesgosa costumbre de seguirme adonde yo fuera, con pasitos muy rápidos e imperceptibles. Ir detrás de mí significaba lanzarse hacia las calles que cruzaban automóviles, camiones, *rickshaws*, peatones holandeses, chinos, malayos. Un mundo turbulento para una cándida mangosta que no conocía sino a dos personas en el mundo.

Pasó lo inevitable. Al volver al hotel y mirar a Brampy me di cuenta de la tragedia. No le pregunté nada. Pero cuando me senté en la veranda, ella no saltó sobre mis rodillas, ni pasó su peludísima cola por mi cabeza.

Puse un aviso en los diarios: «Mangosta perdida. Obedece al nombre de *Kiria*». Nadie respondió. Ningún vecino la vio. Tal vez ya estaría muerta. Desapareció para siempre.

Brampy, su guardián, se sintió tan deshonrado que por mucho tiempo no se mostró ante mi vista. Mi ropa, mis zapatos eran atendidos por un fantasma. A veces creía yo escuchar el chillido de *Kiria* que me llamaba desde algún árbol nocturno. Encendía la luz, abría las ventanas y las puertas, escrutaba los cocoteros. No era ella. El mundo que *Kiria* conocía se había transformado en una gran estafa; su confianza se había desmoronado en la selva amenazante de la ciudad. Me sentí por mucho tiempo traspasado de melancolía.

Brampy, avergonzado, decidió volver a su país. Lo sentí mucho pero, en realidad, era aquella mangosta lo único que nos unía. Llegó una tarde con el fin de mostrarme el traje nuevo que había comprado para llegar bien vestido a su pueblo natal, a Ceilán. Apareció de pronto vestido de blanco y abotonado hasta el cuello. Lo más sorprendente era un inmenso bonete de chef que se había encasquetado sobre su oscurísima cabeza. Estallé en una carcajada incontenible. Brampy no se ofendió. Por el contrario, me sonrió con gran dulzura, con una sonrisa comprensiva de mi ignorancia.

La calle de mi nueva casa en Batavia se llamaba Probolingo. Era una sala, un dormitorio, una cocina, un baño. Nunca tuve automóvil, pero sí un garage que se mantuvo siempre vacío. Me sobraba el espacio en aquella casa diminuta. Tomé una cocinera javanesa, una vieja campesina, igualitaria y encantadora. Un *boy*, también javanés, servía a la mesa y limpiaba mi ropa. Allí terminé *Residencia en la tierra*.

Mi soledad se redobló. Pensé en casarme. Había conocido a una criolla, vale decir, holandesa con algunas gotas de sangre malaya, que me gustaba mucho. Era una mujer alta y suave, extraña totalmente al mundo de las artes y de las letras. (Varios años más tarde, mi biógrafa y amiga Margarita Aguirre escribiría, acerca de aquel matrimonio mío, lo siguiente: «Neruda regresó a Chile en 1932. Dos años antes se había casado en Batavia con María Antonieta Hagenaar, joven holandesa establecida en Java. Ella está muy orgullosa de ser la esposa de un cónsul y tiene de América una idea bastante exótica. No sabe el español y comienza a aprenderlo. Pero no hay duda de que no es solo el idioma lo que no aprende. A pesar de todo, su adhesión sentimental a Neruda es muy fuerte, y se les ve siempre juntos. Maruca, así la llama Pablo, es altísima, lenta, hierática».)

Mi vida era bastante simple. Pronto conocí a otras personas amables. El cónsul cubano y su mujer fueron mis amigos obligados, unidos a mí por el idioma. El compatriota de Capablanca hablaba sin parar, como una máquina permanente. Oficialmente era el representante de Machado, el tirano de Cuba. Sin embargo, me contaba que las prendas de los presos políticos, relojes, anillos y a veces dientes de oro, aparecían en el vientre de los tiburones pescados en la bahía de La Habana.

El cónsul alemán Hertz adoraba la plástica moderna, los caballos azules de Franz Marc, las alargadas figuras de Wilhelm Lehmbruck. Era una persona sensitiva y romántica, un judío con siglos de herencia cultural. Le pregunté una vez:

—Y ese Hitler cuyo nombre aparece de cuando en cuando en los diarios, ese cabecilla antisemita y anticomunista, no cree usted que pueda llegar al poder?

—Imposible —me dijo.

—Cómo imposible, cuando todo lo más absurdo se ve en la historia?

—Es que usted no conoce a Alemania —sentenció—. Allí sí que es totalmente imposible que un agitador loco como ese pueda gobernar siquiera en una aldea.

Pobre amigo mío, pobre cónsul Hertz! Aquel agitador loco por poco no gobernó al mundo. Y el ingenuo Hertz debe haber terminado en una anónima y monstruosa cámara de gas, con toda su cultura y su noble romanticismo.

5
España en el corazón

Cómo era Federico

Un largo viaje por mar de dos meses me devolvió a Chile en 1932. Ahí publiqué *El hondero entusiasta*, que andaba extraviado en mis papeles, y *Residencia en la tierra*, que había escrito en Oriente. En 1933 me designaron cónsul de Chile en Buenos Aires, donde llegué en el mes de agosto.

Casi al mismo tiempo llegó a esa ciudad Federico García Lorca, para dirigir y estrenar su tragedia teatral *Bodas de sangre*, en la compañía de Lola Membrives. Aún no nos conocíamos, pero nos conocimos en Buenos Aires y muchas veces fuimos festejados juntos por escritores y amigos. Por cierto que no faltaron las incidencias. Federico tenía contradictores. A mí también me pasaba y me sigue pasando lo mismo. Estos contradictores se sienten estimulados y quieren apagar la luz para que a uno no lo vean. Así sucedió aquella vez. Como había interés en asistir al banquete que nos ofrecía el Pen Club en el Hotel Plaza, a Federico y a mí, alguien hizo funcionar los teléfonos todo el día para notificar que el homenaje se había suspendido. Y fueron tan acuciosos que llamaron incluso al director del hotel, a la telefonista y al cocinero-jefe para que no recibieran adhesiones ni prepararan la comida. Pero se desbarató la maniobra y al fin estuvimos reunidos Federico García Lorca y yo, entre cien escritores argentinos.

Dimos una gran sorpresa. Habíamos preparado un discurso al alimón. Ustedes probablemente no saben lo que significa esa palabra y yo tampoco lo sabía. Federico, que estaba siempre lleno de invenciones y ocurrencias, me explicó: «Dos toreros pueden torear al mismo tiempo el mismo toro y con un único capote. Esta es una de las pruebas más peligrosas del arte taurino. Por eso se ve muy pocas veces. No más de dos o tres veces en un siglo y solo pueden hacerlo dos toreros que sean hermanos o que, por lo menos, tengan sangre común. Esto es lo que se llama torear al alimón. Y esto es lo que haremos en un discurso».

Y esto es lo que hicimos, pero nadie lo sabía. Cuando nos levantamos para agradecer al presidente del Pen Club el ofrecimiento del banquete, nos levantamos al mismo tiempo, cual dos toreros, para un solo discurso. Como la comida era en mesitas separadas, Federico estaba en una punta y yo en la otra, de modo que la gente por un lado me tiraba a mí de la chaqueta para que me sentara creyendo en una equivocación, y por el otro hacían lo mismo con Federico. Empezamos, pues, a hablar al mismo tiempo diciendo yo «Señoras» y continuando él con «Señores», entrelazando hasta el fin nuestras frases de manera que pareció una sola unidad hasta que dejamos de hablar. Aquel discurso fue dedicado a Rubén Darío, porque tanto García Lorca como yo, sin que se nos pudiera sospechar de modernistas, celebrábamos a Rubén Darío como uno de los grandes creadores del lenguaje poético en el idioma español.

He aquí el texto del discurso:

NERUDA: Señoras...

LORCA: ...y señores: Existe en la fiesta de los toros una suerte llamada «toreo del alimón», en que dos toreros hurtan su cuerpo al toro cogidos de la misma capa.

NERUDA: Federico y yo, amarrados por un alambre eléctrico, vamos a parear y a responder esta recepción muy decisiva.

LORCA: Es costumbre en estas reuniones que los poetas muestren su palabra viva, plata o madera, y saluden con su voz propia a sus compañeros y amigos.

NERUDA: Pero nosotros vamos a establecer entre vosotros un muerto, un comensal viudo, oscuro en las tinieblas de una muerte más grande que otras muertes, viudo de la vida, de quien fuera en su hora marido deslumbrante, nos vamos a esconder bajo su sombra ardiendo, vamos a repetir su nombre hasta que su poder salte del olvido.

LORCA: Nosotros vamos, después de enviar nuestro abrazo con ternura de pingüino al delicado poeta Amado Villar, vamos a lanzar un gran nombre sobre el mantel, en la seguridad de que se han de romper las copas, han de saltar los tenedores, buscando el ojo que ellos ansían, y un golpe de mar ha de manchar los manteles. Nosotros vamos a nombrar al poeta de América y de España: Rubén...

NERUDA: Darío. Porque, señoras...

LORCA: y señores...

NERUDA: Dónde está, en Buenos Aires, la plaza de Rubén Darío?

LORCA: ¿Dónde está la estatua de Rubén Darío?

NERUDA: Él amaba los parques. Dónde está el parque Rubén Darío?

LORCA: ¿Dónde está la tienda de rosas de Rubén Darío?

NERUDA: Dónde está el manzano y las manzanas de Rubén Darío?

LORCA: ¿Dónde está la mano cortada de Rubén Darío?

NERUDA: Dónde está el aceite, la resina, el cisne de Rubén Darío?

LORCA: Rubén Darío duerme en su «Nicaragua natal» bajo su espantoso león de marmolina, como esos leones que los ricos ponen en los portales de sus casas.

NERUDA: Un león de botica al fundador de leones, un león sin estrellas a quien dedicaba estrellas.

LORCA: Dio el rumor de la selva con un adjetivo, y como fray Luis de Granada, jefe de idiomas, hizo signos estelares con el limón, y la pata de ciervo, y los moluscos llenos de terror e infinito: nos puso al mar con fragatas y sombras en las niñas de nuestros ojos y construyó un enorme paseo de gin sobre la tarde más gris que ha tenido el cielo, y saludó de tú a tú el ábrego oscuro, todo pecho, como un poeta romántico, y puso la mano sobre el capitel corintio con una duda irónica y triste de todas las épocas.

NERUDA: Merece su nombre rojo recordarlo en sus direcciones esenciales con sus terribles dolores del corazón, su incertidumbre incandescente, su descenso a los espirales del infierno, su subida a los castillos de la fama, sus atributos de poeta grande, desde entonces y para siempre e imprescindible.

LORCA: Como poeta español enseñó en España a los viejos maestros y a los niños, con un sentido de universalidad y de generosidad que hace falta en los poetas actuales. Enseñó a Valle-Inclán y a Juan Ramón Jiménez, y a los hermanos Machado, y su voz fue agua y salitre, en el surco del venerable idioma. Desde Rodrigo Caro a los Argensolas o don Juan de Arguijo no había tenido el español fiestas de palabras, choques de consonantes, luces y forma como en Rubén Darío. Desde el paisaje de Velázquez y la hoguera de Goya y desde la melancolía de Quevedo al culto color manzana de las payesas mallorquinas, Darío paseó la tierra de España como su propia tierra.

NERUDA: Lo trajo a Chile, una marea, el mar caliente del norte, y lo dejó allí el mar, abandonado en costa dura y dentada, y el océano lo golpeaba con espumas y campanas, y el viento negro de Valparaíso lo llenaba de sal sonora. Hagamos esta noche su estatua con el aire atravesada por el humo y la voz y por las circunstancias, y por la vida, como esta su poética magnífica, atravesada por sueños y sonidos.

LORCA: Pero sobre esta estatua de aire yo quiero poner su sangre como un ramo de coral agitado por la marea, sus nervios idénticos a la fotografía de un grupo de rayos, su cabeza de minotauro, donde la nieve gongorina es pintada por un vuelo de colibríes, sus ojos vagos y ausentes de millonario de lágrimas, y también sus defectos. Las estanterías comidas ya por los jaramagos, donde suenan vacíos de flauta, las botellas de coñac de su dramática embriaguez, y su mal gusto encantador, y sus ripios descarados que llenan de humanidad la muchedumbre de sus versos. Fuera de normas, formas y espuelas queda en pie la fecunda sustancia de su gran poesía.

NERUDA: Federico García Lorca, español, y yo, chileno, declinamos la responsabilidad de esta noche de camaradas, hacia esa gran sombra que cantó más altamente que nosotros, y saludó con voz inusitada a la tierra argentina que posamos.

LORCA: Pablo Neruda, chileno, y yo, español, coincidimos en el idioma y en el gran poeta nicaragüense, argentino, chileno y español, Rubén Darío.

NERUDA Y LORCA: Por cuyo homenaje y gloria levantamos nuestro vaso.

Miguel Hernández

No permanecí mucho tiempo en el consulado de Buenos Aires. Al comenzar 1934 fui trasladado con el mismo cargo a Barcelona. Don Tulio Maqueira era mi jefe, es decir, cónsul general de Chile en España. Fue, por cierto, el más cumplido funcionario del servicio consular chileno que he conocido. Un hombre muy severo, con fama de huraño, que conmigo fue extraordinariamente bondadoso, comprensivo y cordial.

Descubrió rápidamente don Tulio Maqueira que yo restaba y multiplicaba con grandes tropiezos, y que no sabía dividir (nunca he podido aprenderlo). Entonces me dijo:

—Pablo, usted debe vivir en Madrid. Allá está la poesía. Aquí en Barcelona están esas terribles multiplicaciones y divisiones que no lo quieren a usted. Yo me basto para eso.

Al llegar a Madrid, convertido de la noche a la mañana y por arte de birlibirloque en cónsul chileno en la capital de España, conocí a todos los amigos de García Lorca y de Alberti. Uno de ellos era el joven poeta Miguel Hernández. Yo lo conocí cuando llegaba de alpargatas y pantalón campesino de pana desde sus tierras de Orihuela, en donde había sido pastor de cabras. Yo publiqué sus versos en mi revista *Caballo Verde* y me entusiasmaba el destello y el brío de su abundante poesía.

Miguel era tan campesino que llevaba un aura de tierra en torno a él. Tenía una cara de terrón o de papa que se saca de entre las raíces y que conserva frescura subterránea. Vivía y escribía en mi casa. Mi poesía americana, con otros horizontes y llanuras, lo impresionó y lo fue cambiando.

Me contaba cuentos terrestres de animales y pájaros. Era ese escritor salido de la naturaleza como una piedra intacta, con virginidad selvática y arrolladora fuerza vital. Me narraba cuán impresionante era poner los oídos sobre el vientre de las cabras dormidas. Así se escuchaba el ruido de la leche que llegaba a las ubres, el rumor secreto que nadie ha podido escuchar sino aquel poeta de cabras.

Otras veces me hablaba del canto de los ruiseñores. El Levante español, de donde provenía, estaba cargado de naranjos en flor y de ruiseñores. Como en mi país no existe ese pájaro, ese sublime cantor, el loco de Miguel quería darme la más viva expresión plástica de su poderío. Se encaramaba a un árbol de la calle y, desde las más altas ramas, silbaba o trinaba como sus amados pájaros natales.

Como no tenía de qué vivir le busqué un trabajo. Era duro encontrar trabajo para un poeta en España. Por fin un vizconde, alto funcionario del Ministerio de Relaciones, se interesó por el caso y me respondió que sí, que estaba de acuerdo, que había leído los versos de Miguel, que lo admiraba, y que este indicara qué puesto deseaba para extenderle el nombramiento. Alborozado dije al poeta:

—Miguel Hernández, al fin tienes un destino. El vizconde te coloca. Serás un alto empleado. Dime qué trabajo deseas ejecutar para que decreten tu nombramiento.

Miguel se quedó pensativo. Su cara de grandes arrugas prematuras se cubrió con un velo de cavilaciones. Pasaron las horas y solo por la tarde me contestó. Con ojos brillantes del que ha encontrado la solución de su vida, me dijo:

—¿No podría el vizconde encomendarme un rebaño de cabras por aquí cerca de Madrid?

El recuerdo de Miguel Hernández no puede escapárseme de las raíces del corazón. El canto de los ruiseñores levantinos, sus torres de sonido erigidas entre la oscuridad y los azahares, eran para él presencia obsesiva, y eran parte del material de su sangre, de su poesía terrenal y silvestre en la que se juntaban todos los excesos del color, del perfume y de la voz del Levante español, con la abundancia y la fragancia de una poderosa y masculina juventud.

Su rostro era el rostro de España. Cortado por la luz, arrugado como una sementera, con algo rotundo de pan y de tierra. Sus ojos quemantes, ardiendo dentro de esa superficie quemada y endurecida al viento, eran dos rayos de fuerza y de ternura.

Los elementos mismos de la poesía los vi salir de sus palabras, pero alterados ahora por una nueva magnitud, por un resplandor salvaje, por el milagro de la sangre vieja transformada en un hijo. En mis años de poeta, y de poeta errante, puedo afirmar que la vida no me ha dado contemplar un fenómeno igual de vocación y de eléctrica sabiduría verbal.

Caballo Verde

Con Federico y Alberti, que vivía cerca de mi casa en un ático sobre una arboleda, la arboleda perdida, con el escultor Alberto, panadero de Toledo que por entonces ya era maestro de la escultura abstracta, con Altolaguirre y Bergamín; con el gran poeta Luis Cernuda, con Vicente Aleixandre, poeta de dimensión ilimitada, con el arquitecto

Luis Lacasa, con todos ellos en un solo grupo, o en varios, nos veíamos diariamente en casas y cafés.

De la Castellana o de la cervecería de Correos viajábamos hasta mi casa, la casa de las flores, en el barrio de Argüelles. Desde el segundo piso de uno de los grandes autobuses que mi compatriota, el gran Cotapos, llamaba «bombardones», descendíamos en grupos bulliciosos a comer, beber y cantar. Recuerdo entre los jóvenes compañeros de poesía y alegría a Arturo Serrano Plaja, poeta; a José Caballero, pintor de deslumbrante talento y gracia; a Antonio Aparicio, que llegó de Andalucía directamente a mi casa; y a tantos otros que ya no están o que ya no son, pero cuya fraternidad me falta vivamente como parte de mi cuerpo o sustancia de mi alma.

Aquel Madrid! Nos íbamos con Maruja Mallo, la pintora gallega, por los barrios bajos buscando las casas donde venden esparto y esteras, buscando las calles de los toneleros, de los cordeleros, de todas las materias secas de España, materias que trenzan y agarrotan su corazón. España es seca y pedregosa, y le pega el sol vertical sacando chispas de la llanura, construyendo castillos de luz con la polvareda. Los únicos verdaderos ríos de España son sus poetas; Quevedo con sus aguas verdes y profundas, de espuma negra; Calderón, con sus sílabas que cantan; los cristalinos Argensolas; Góngora, río de rubíes.

Vi a Valle-Inclán una sola vez. Muy delgado, con su interminable barba blanca, me pareció que salía de entre las hojas de sus propios libros, aprensado por ellas, con un color de página amarilla.

A Ramón Gómez de la Serna lo conocí en su cripta de Pombo, y luego lo vi en su casa. Nunca puedo olvidar la voz estentórea de Ramón, dirigiendo, desde su sitio en el café, la conversación y la risa, los pensamientos y el humo. Ramón Gómez de la Serna es para mí uno de los más grandes escritores de nuestra lengua, y su genio tiene de la abigarrada grandeza de Quevedo y Picasso. Cualquier página de Ramón Gómez de la Serna escudriña como un hurón en lo físico y en lo metafísico, en la verdad y en el espectro, y lo que sabe y ha escrito sobre España no lo ha dicho nadie sino él. Ha sido el acumulador de un universo secreto. Ha cambiado la sintaxis del idioma con sus propias manos, dejándolo impregnado con sus huellas digitales que nadie puede borrar.

A don Antonio Machado lo vi varias veces sentado en su café con su traje negro de notario, muy callado y discreto, dulce y severo como árbol viejo de España. Por cierto que el maldiciente Juan Ramón Jiménez, viejo niño diabólico de la poesía, decía de él, de don Antonio, que este iba siempre lleno de cenizas y que en los bolsillos solo guardaba colillas.

Juan Ramón Jiménez, poeta de gran esplendor, fue el encargado de hacerme conocer la legendaria envidia española. Este poeta que no necesitaba envidiar a nadie puesto que su obra es un gran resplandor que comienza con la oscuridad del siglo, vivía como un falso ermitaño, zahiriendo desde su escondite a cuanto creía que le daba sombra.

Los jóvenes —García Lorca, Alberti, así como Jorge Guillén y Pedro Salinas— eran perseguidos tenazmente por Juan Ramón, un demonio barbudo que cada día lanzaba su saeta contra este o aquel. Contra mí escribía todas las semanas en unos acaracolados comentarios que publicaba domingo a domingo en el diario *El Sol.* Pero yo opté por vivir y dejarlo vivir. Nunca contesté nada. No respondí —ni respondo— las agresiones literarias.

El poeta Manuel Altolaguirre, que tenía una imprenta y vocación de imprentero, llegó un día por mi casa y me contó que iba a publicar una hermosa revista de poesía, con la representación de lo más alto y lo mejor de España.

—Hay una sola persona que puede dirigirla —me dijo—. Y esa persona eres tú.

Yo había sido un épico inventor de revistas que pronto las dejé o me dejaron. En 1925 fundé una tal *Caballo de Bastos.* Era el tiempo en que escribíamos sin puntuación y descubríamos Dublín a través de las calles de Joyce. Humberto Díaz Casanueva usaba entonces un suéter con cuello de tortuga, gran audacia para un poeta de la época. Su poesía era bella e inmaculada, como ha seguido siéndolo *per secula.* Rosamel del Valle se vestía enteramente de negro, de sombrero a zapatos, como debían vestirse los poetas. A estos dos compañeros próceres los recuerdo como colaboradores activos. Olvido a otros. Pero aquel galope de nuestro caballo sacudió la época.

—Sí, Manolito. Acepto la dirección de la revista.

Manuel Altolaguirre era un impresor glorioso cuyas propias manos enriquecían las cajas con estupendos caracteres bodónicos. Manolito hacía honor a la poesía, con la suya y con sus manos de arcángel trabajador. Él tradujo e imprimió con belleza singular el *Adonais,* de Shelley, elegía a la muerte de John Keats. Imprimió también la *Fábula del Genil*, de Pedro Espinosa. Cuánto fulgor despedían las estrofas áureas y esmaltinas del poema en aquella majestuosa tipografía que destacaba las palabras como si estuvieran fundiéndose de nuevo en el crisol.

De mi *Caballo Verde* salieron a la calle cinco números primorosos, de indudable belleza. Me gustaba ver a Manolito, siempre lleno de risa y de sonrisa, levantar los tipos, colocarlos en las cajas y luego accionar con el pie la pequeña prensa tarjetera. A veces se llevaba los ejemplares de la edición en el coche-cuna de su hija Paloma. Los transeúntes lo piropeaban:

—¡Qué papá tan admirable! ¡Atravesar el endiablado tráfico con esa criatura!

La criatura era la Poesía, que iba de viaje con su *Caballo Verde*. La revista publicó el primer nuevo poema de Miguel Hernández y, naturalmente, los de Federico, Cernuda, Aleixandre, Guillén (el bueno: el español). Juan Ramón Jiménez, neurótico, novecentista, seguía lanzándome dardos dominicales. A Rafael Alberti no le gustó el título:

—¿Por qué va a ser verde el caballo? Caballo Rojo, debería llamarse.

No le cambié el color. Pero Rafael y yo no nos peleamos por eso. Nunca nos peleamos por nada. Hay bastante sitio en el mundo para caballos y poetas de todos los colores del arcoíris.

El sexto número de *Caballo Verde* se quedó en la calle Viriato sin compaginar ni coser. Estaba dedicado a Julio Herrera y Reissig —segundo Lautréamont de Montevideo— y los textos que en su homenaje escribieron los poetas españoles se pasmaron ahí con su belleza, sin gestación ni destino. La revista debía aparecer el 19 de julio de 1936, pero aquel día se llenó de pólvora la calle. Un general desconocido, llamado Francisco Franco, se había rebelado contra la República en su guarnición de África.

El crimen fue en Granada

Justamente cuando escribo estas líneas, la España oficial celebra muchos —tantos!— años de insurrección cumplida. En este momento, en Madrid, el Caudillo vestido de oro y azul, rodeado por la Guardia mora, junto al embajador norteamericano, al de Inglaterra y a varios más, pasa revista a las tropas. Unas tropas compuestas, en su mayoría, de muchachos que no conocieron aquella guerra.

Yo sí la conocí. Un millón de españoles muertos! Un millón de exilados! Parecería que jamás se borraría de la conciencia humana esa espina sangrante. Sin embargo, los muchachos que ahora desfilan frente a la Guardia mora ignoran tal vez la verdad de esa historia tremenda.

Todo empezó para mí la noche del 19 de julio de 1936. Un chileno simpático y aventurero, llamado Bobby Deglané, era empresario de *catch-as-can* en el gran circo Price de Madrid. Le manifesté mis reservas sobre la seriedad de ese «deporte», y él me convenció de que fuera al circo, junto con García Lorca, a verificar la autenticidad del espectáculo. Convencí a Federico y quedamos en encontrarnos allí a una hora convenida. Pasaríamos el rato viendo las truculencias del Troglodita Enmascarado, del Estrangulador Abisinio y del Orangután Siniestro.

Federico faltó a la cita. Ya iba camino de su muerte. Ya nunca más nos vimos. Su cita era con otros estranguladores. Y de ese modo la guerra de España, que cambió mi poesía, comenzó para mí con la desaparición de un poeta.

Qué poeta! Nunca he visto reunidos como en él la gracia y el genio, el corazón alado y la cascada cristalina. Federico García Lorca era el duende derrochador, la alegría centrífuga que recogía en su seno e irradiaba como un planeta la felicidad de vivir. Ingenuo y comediante, cósmico y provinciano, músico singular, espléndido mimo, espantadizo y supersticioso, radiante y gentil, era una especie de resumen de las edades de España, del florecimiento popular; un producto arábigo-andaluz que iluminaba y perfumaba como un jazminero toda la escena de aquella España, ay de mí!, desaparecida.

A mí me seducía el gran poder metafórico de García Lorca y me interesaba todo cuanto escribía. Por su parte, él me pedía a veces que le leyera mis últimos poemas y, a media lectura, me interrumpía a voces: «¡No sigas, no sigas, que me influencias!».

En el teatro y en el silencio, en la multitud y en el decoro, era un multiplicador de la hermosura. Nunca vi un tipo con tanta magia en las manos, nunca tuve un hermano más alegre. Reía, cantaba, musicaba, saltaba, inventaba, chisporroteaba. Pobrecillo, tenía todos los dones del mundo, y así como fue un trabajador de oro, un abejón colmenar de la gran poesía, era un manirroto de su ingenio.

—Escucha —me decía, tomándome de un brazo—, ves esa ventana? ¿No la hallas chorpatélica?

—Y qué significa chorpatélico?

—Yo tampoco lo sé, pero hay que darse cuenta de lo que es o no es chorpatélico. De otra manera uno está perdido. Mira ese perro, ¡qué chorpatélico es!

O me contaba que en un colegio de niños de corta edad, en Granada, le invitaron a una conmemoración del *Quijote*, y que cuando llegó a las aulas, todos los niños cantaron bajo la dirección de la directora:

> Siempre siempre será celebrado
> desde el uno hasta el otro confín
> este libro que fue comentado
> por don F. Rodríguez Marín.

Una vez dicté yo una conferencia sobre García Lorca, años después de su muerte, y uno del público me preguntó:

—¿Por qué dice usted en la «Oda a Federico» que por él «pintan de azul los hospitales»?

—Mire, compañero —le respondí—, hacerle preguntas de ese tipo a un poeta es como preguntarle la edad a las mujeres. La poesía no es una materia estática, sino una corriente fluida que muchas veces se escapa de las manos del propio creador. Su materia prima está hecha de elementos que son y al mismo tiempo no son, de cosas existentes e inexistentes. De todos modos, trataré de responderle con sinceridad. Para mí el color azul es el más bello de los colores. Tiene la implicación del espacio humano, como la bóveda celeste, hacia la libertad y la alegría. La presencia de Federico, su magia personal, imponían una atmósfera de júbilo a su alrededor. Mi verso probablemente quiere decir que incluso los hospitales, incluso la tristeza de los hospitales, podían transformarse bajo el hechizo de su influencia y verse convertidos de pronto en bellos edificios azules.

Federico tuvo un preconocimiento de su muerte. Una vez que volvía de una gira teatral me llamó para contarme un suceso muy extraño. Con los artistas de «La Barraca» había llegado a un lejanísimo pueblo de Castilla y acamparon en los aledaños. Fatigado por las preocupaciones del viaje, Federico no dormía. Al amanecer se levantó y salió a vagar solo por los alrededores. Hacía frío, ese frío de cuchillo que Castilla tiene reservado al viajero, al intruso. La niebla se desprendía en masas blancas y todo lo convertía a su dimensión fantasmagórica.

Una gran verja de fierro oxidado. Estatuas y columnas rotas, caídas entre la hojarasca. En la puerta de un viejo dominio se detuvo. Era la entrada al extenso parque de una finca feudal. El abandono, la hora y el frío hacían la soledad más penetrante. Federico se sintió de pronto agobiado por lo que saldría de aquel amanecer, por algo confuso que allí tenía que suceder. Se sentó en un capitel caído.

Un cordero pequeñito llegó a ramonear las yerbas entre las ruinas y su aparición era como un pequeño ángel de niebla que humanizaba de pronto la soledad, cayendo como un pétalo de ternura sobre la soledad del paraje. El poeta se sintió acompañado.

De pronto, una piara de cerdos entró también al recinto. Eran cuatro o cinco bestias oscuras, cerdos negros semisalvajes con hambre cerril y pezuñas de piedra.

Federico presenció entonces una escena de espanto. Los cerdos se echaron sobre el cordero y junto al horror del poeta lo despedazaron y devoraron.

Esta escena de sangre y soledad hizo que Federico ordenara a su teatro ambulante continuar inmediatamente el camino.

Transido de horror todavía, tres meses antes de la Guerra Civil, Federico me contaba esta historia terrible.

Yo vi después, con mayor y mayor claridad, que aquel suceso fue la representación anticipada de su muerte, la premonición de su increíble tragedia.

Federico García Lorca no fue fusilado; fue asesinado. Naturalmente nadie podía pensar que le matarían alguna vez. De todos los poetas de España era el más amado, el más querido, y el más semejante a un niño por su maravillosa alegría. Quién pudiera creer que hubiera sobre la tierra, y sobre su tierra, monstruos capaces de un crimen tan inexplicable?

La incidencia de aquel crimen fue para mí la más dolorosa de una larga lucha. Siempre fue España un campo de gladiadores; una tierra con mucha sangre. La plaza de toros, con su sacrificio y su elegancia cruel, repite, engalanada de farándula, el antiguo combate mortal entre la sombra y la luz.

La Inquisición encarcela a fray Luis de León; Quevedo padece en su calabozo; Colón camina con grillos en los pies. Y el gran espectáculo fue el osario en El Escorial, como ahora lo es el Monumento a los Caídos, con una cruz sobre un millón de muertos y sobre incontables y oscuras prisiones.

Los *Sonetos del amor oscuro*

García Lorca, en sus romances y poemas apasionados o descriptivos sobre el amor humano, muestra muy pocas veces las claves de ciertos sentimientos profundos. Tal vez pasó su vida amorosa por ciclos diferentes. Yo no conozco esos problemas como para esclarecerlos.

Hay, sin embargo, un soneto antiguo en que parece apuntar en un detalle su revelación. Es precisamente uno de los mejores de Federico. Siempre le pedí que me lo repitiera y una vez me los escribió con lápiz en un papel, sentados los dos en un restaurante. Cuando terminó de rehacerlo de memoria me lo alargó diciéndome: «Te lo regalo de veras, es decir que no tiene nadie otra copia».

Uno de sus versos dice:

Un Apolo de hueso borra el cauce inhumano
donde mi sangre teje juncos de primavera...

y termina:

Oh pequeña morena de delgada cintura!
Oh Perú de metal y de melancolía!
Oh España, oh luna muerta sobre la piedra dura!

El poeta escribió estos versos a una amiga peruana, Carmen, la esposa del chileno Alfredo Condon.

También debo recordar que aquellos que alguna vez, y pocas semanas antes que lo mataran, me dijo de memoria en casa de Manuel Altolaguirre, se titulaban *Sonetos del amor oscuro*. Me dieron una sensación de gran belleza y seguramente estaban dedicados a su último y verdadero amor.

Me han dicho que el libro entero quedó intacto entre los papeles del poeta asesinado. Si esto es verdad y por un falso sentido de la moralidad la familia García Lorca ha impedido su publicación, esto será imperdonable. Pero no tengo seguridad de ello. Cuando me encontré con Francisco García Lorca hace algunos años en Sao Paulo no tuve ocasión de aclarar este asunto.

El último amor del poeta Federico

Hay una manera oscurantista de tratar el homosexualismo de Federico García Lorca, tema que me parece inevitable. La manera española y latinoamericana: esconder cuidadosamente esta inclinación personal de Federico. Hay mucho, en esta actitud, de respeto al poeta asesinado. Pero también existe el tabú de lo sexual, la herencia eclesiástica del imperio y colonización española, la hipocresía decimonónica.

Por otra parte, han surgido algunos escandalizantes, casi siempre reaccionarios, que, para ocultar el horrendo crimen político, arrojan la singularidad erótica de García Lorca como probable causal de su muerte. Esta es una cortina de humo. El fascismo español, como el alemán y el italiano, fueron especiales exterminadores de intelectuales.

Los nazis, en los territorios ocupados, masacraron escritores, profesionales, artistas, hombres de ciencia. En Polonia no querían dejar vivos sino a unos cuantos miles de polacos de rudimentaria ocupación, que pudieran hacer tareas de amanuenses en la nación diezmada.

Los españoles no lo hicieron mal. La persecución a maestros, profesionales, masones, universitarios, alcanzó en Galicia su máxima ferocidad. Las redadas se hacían de noche, buscando letrados que eran acumulados en la plaza de toros de Badajoz, o simplemente fusilados al amanecer en cualquiera parte. La pintora gallega Maruja Mallo me contaba que, muerta de frío, dormía en el campo a la intemperie. Así pasó tres meses aterrorizada de que la agarraran.

Por la mañana se metía clandestinamente en su casa. En el camino había tropezado con media docena de cadáveres, los fusilados de aquel amanecer.

García Lorca tenía que ser ejecutado como lo habrían sido Alberti y Machado si los hubieran cogido. Franco, en la única declaración que hizo de su muerte, la atribuyó al desorden de los primeros días de la Guerra Civil. Pero esto queda fácilmente desmentido por el largo cautiverio, martirio y muerte del poeta encarcelado, Miguel Hernández. Grandes oportunidades tuvieron de liberarlo. Embajadas, cardenales y escritores que intervinieron ante el fascismo español no lograron sino prolongar el cautiverio de Miguel Hernández. Su muerte, como la de Federico, fue un repugnante asesinato político.

Volviendo a las costumbres íntimas de García Lorca, diré que me ha tocado conocer y tratar a muy pocos homosexuales, pero aun después de meses de verme casi todos los días con el poeta en Buenos Aires, en 1933, no me daba cuenta de su característica, no podría decir de él que tuviera un encanto femenino. Todas las luces de la inteligencia lo vestían de una manera tan espléndida que brillaba como una piedra preciosa. Su cara gruesa y morena no tenía nada afeminado, su seducción era natural e intelectual. Está probada su homosexualidad y esto lo vi más tarde. Pero tal vez hay también homosexuales felices y homosexuales desdichados, y lo visible es más visible en la tristeza. Federico irradiaba felicidad y en esta copa desbordante deben haber contado sus amores satisfechos.

En Buenos Aires comencé a tener alguna sospecha de su naturaleza amorosa. Sucedió que cierta vez me contaba cómo las muchachas, casi siempre poetisas en ciernes, llenaban su habitación del hotel y no lo dejaban respirar. Esto me lo decía entre broma y broma sobre la situación. Así descubrí su pánico ante el asedio femenino y le ofrecí de inmediato mis servicios. Quedamos en que en los momentos de verdadera alarma me llamaría por teléfono y yo acudiría al hotel con la velocidad del rayo, para hacerme cargo de alguna manera de la agradable misión de arrastrar a otra parte a alguna de sus admiradoras.

El convenio se mantuvo alegremente, y, con cierta eficacia, saqué algunos resultados inesperadamente primorosos de mi colaboración. Algunas de esas palomas engañadas por la luz de Federico cayeron en mis brazos.

Por cierto que una vez me sirvió él en una aventura erótico-cósmica, episodio de la urgencia juvenil que me hace sonreír aún, cuando con cierta fruición retorna a mis recuerdos.

Habíamos sido invitados una noche por un millonario caudillo de esos que solo la Argentina o los Estados Unidos podían producir. Se trataba de un hombre rebelde y autodidacta que había hecho una fortuna fabulosa con un periódico sensacionalista. Su casa, rodeada por un inmenso parque, era encarnación de los sueños de un vibrante nuevo rico. Centenares de jaulas de faisanes de todos los colores y de todos los países orillaban el camino. La biblioteca estaba cubierta solo de libros antiquísimos que mi anfitrión compraba por cable en las subastas de bibliófilos europeos: era extensa y estaba repleta. Pero lo más espectacular era que el piso de esta enorme habitación se revestía totalmente con pieles de pantera cosidas unas a otras hasta formar un solo y gigantesco tapiz. Supe que el hombre había tenido agentes en África, en Asia y en el Amazonas destinados exclusivamente a recolectar pellejos de leopardos, ocelotes, gatos fenomenales, cuyos lunares estaban ahora brillando bajo mis pies en la biblioteca de este capitalista caprichoso.

Así eran las cosas en la casa del famoso Natalio Botana, poderoso nuevo rico, dominador de Buenos Aires. Federico y yo nos sentamos a la mesa cerca del dueño de casa y frente a una poetisa alta, rubia y vaporosa que dirigió sus ojos verdes más a mí que a Federico durante la comida. Esta consistía en un buey entero llevado sobre las brasas mismas y la ceniza, en una colosal angarilla que portaban ocho o diez gauchos sobre los hombros. La noche era rabiosamente azul y estrellada. El perfume del asado con cuero, invención sublime de los argentinos, se mezclaba al aire de la pampa, a la fragancia del trébol y la menta, al murmullo de miles de grillos y renacuajos.

Nos levantamos después de comer con la poetisa y con Federico, que todo lo celebraba y todo lo reía, nos fuimos hacia la piscina iluminada. García Lorca iba adelante y no dejaba de reír y de hablar. Estaba feliz. Esa era su costumbre. La felicidad era su piel.

Dominando la piscina luminosa se levantaba una alta torre. Su blancura de cal fosforecía con las luces nocturnas.

Estábamos los tres solos y subimos lentamente hasta el mirador más alto de la torre. Arriba los tres, poetas de diferentes estilos, nos quedamos separados del mundo. El ojo azul de la piscina brillaba desde abajo. Más lejos se oían las guitarras y las canciones de la fiesta. La noche encima de nosotros estaba tan cercana y estrellada que parecía atrapar nuestras cabezas, sumergirlas en su profundidad.

Tomé en mis brazos a la muchacha alta y dorada, y al besarla me di cuenta de que era una mujer carnal y compacta, hecha y derecha.

Ante la sorpresa de Federico nos tendimos en el suelo del mirador y ya comenzaba a desvestirla y a desvestirme, cuando noté cerca de nosotros los ojos desmesurados de Federico que nos miraban sin atreverse a creer lo que estaba pasando y lo que iba a pasar.

Le grité: Largo de aquí! Ándate y cuida de que no suba nadie por la escalera!

Así pues, mientras el sacrificio al cielo estrellado y a Afrodita nocturna se consumaba en lo alto de la torre, Federico, feliz de su misión de celestino y centinela, bajaba los escalones oscuros de la torre con tal apresuramiento que rodó varias gradas. Tuvimos que bajarlo entre mi amiga y yo con muchas dificultades. La cojera le duró quince días.

Al llegar a Madrid en el año 1934, conocí a todos los amigos de García Lorca y de Alberti. Eran muchos y a los pocos días yo era uno más entre los poetas españoles. Naturalmente que españoles y americanos somos muy diferentes, y eso se lleva siempre con orgullo o con error por unos y por otros.

Yo encontré que los españoles de mi generación eran mucho más fraternales y solidarios que mis compañeros de América. Al mismo tiempo comprobé que nosotros éramos más universales, más metidos en otros lenguajes y en otras culturas. Eran muy pocos entre ellos los que hablaban idiomas. Cuando vinieron Desnos y Crevel a Madrid yo tenía que traducirles para que se entendieran. Federico no sabía decir ni cuatro palabras en francés. Naturalmente que había excepciones: Alberti, Guillén, Salinas habían viajado y el mundo era más extenso para ellos. Los españoles, por lo general, me parecieron provincianos de Europa. Esto me gustó mucho desde el principio. Más tarde he comprendido que la fuerza principal de España, su razón o sinrazón espiritual, es su limitación terrenal, y tal vez también su tragedia.

En el círculo de amigos de Federico, que frecuenté cada día durante los años de mi vida en España, casi no había homosexuales. Tal vez Federico, que era vistoso como un gran torero, tenía sus amoríos en otra parte. Más tarde, en la tertulia nuestra, estuvo siempre acompañado de un muchachón muy recio, varonil y bien plantado. Poco a poco me fui dando cuenta de que era este muchacho el persistente amor de Federico, su último amor. Se llamaba Rafael Rapín [Rafael Rodríguez Rapún]. Era de origen obrero. Tímido, de pelo largo, rizado, no muy alto de cuerpo ni muy delgado, tenía esa sencillez popular española y una completa normalidad varonil. Me pareció que él y otros chicos que llegaban con él al café eran más bien desamparados sexuales, y así un día, como un buen papá, llevé a dos o tres, entre ellos el amigo de Federico, a un burdel cercano a la cervecería donde nos reuníamos. A mí, como americano precoz, me parecía inverosímil que esos muchachos no hubieran conocido mujer.

El hambre sexual de España era rabiosa. Una tarde que pasábamos por los suburbios hacia la Bombilla, clásico barrio popular de esparcimiento, bajábamos y bajábamos hacia el

Manzanares por un camino polvoriento, cercado por tapias blancas que se prolongaban por kilómetros a cada lado. Me llamó la atención que los muros blancos de cal estuvieran en toda su extensión ennegrecidos de grafiti, al punto que oscurecían los interminables muros blancos.

Me bajé del coche para examinar las curiosas inscripciones. Pero en verdad todas tenían la misma fórmula con torpes letras de todas dimensiones: «Por aquí pasó Pepe con ganas de joder!!», «Por aquí pasaron Antonio, Alberto y José María, con ganas de joder!!!», «El día 3 de julio pasamos por este lugar P.S. y R, con ganas de joder!!».

Ese erotismo hidrófobo formó parte de España, de su clausura, de su silencio, de su férrea armadura. Esto me resultaba escandaloso. Yo, casi impúber, anduve ya entre camas y cuerpos de mujeres. Aunque también la América española se aguantó la imposición de la castidad colonial, todo el mundo se las arregló para burlarla.

Yo no di importancia al haber llevado a una aventura a aquellos muchachos, y Federico, hacia quien sin duda yo procedí con torpeza, no hizo sino reír del episodio. Lo cuento para que se comprenda lo poco que pesaba la desviación sentimental del poeta.

Porque a mí me parece que, así como en sus poemas sobre Nueva York, García Lorca fustiga con saña la perversión viciosa, él fue una pura criatura humana. Su ternura se volcó de manera irregular por orden sagrada de la naturaleza, que él no podía desobedecer.

Durante la guerra la insurrección armada de las fuerzas reaccionarias terminó con la vida de aquel poeta feliz.

Pocas semanas después de su muerte, Rafael Rapín, protagonista de aquel extraño idilio, pagó también su tributo a la muerte.

Cayó en el fondo de Teruel. Estaba a cargo de una batería. La metralla del enemigo dio justo en su puesto de combate.

No quedó nada del apuesto muchachón. Sus huesos y su sangre quedaron esparcidos en fragmentos minúsculos,

en manchas casi invisibles, sobre la tierra española, que se tragaba cada día millares de otros muertos anónimos.

Mi libro sobre España

Pasó el tiempo. La guerra comenzaba a perderse. Los poetas acompañaron al pueblo español en su lucha. Federico ya había sido asesinado en Granada. Miguel Hernández, de pastor de cabras se había transformado en verbo militante. Con uniforme de soldado recitaba sus versos en primera línea de fuego. Manuel Altolaguirre seguía con sus imprentas. Instaló una en pleno frente del este, cerca de Gerona, en un viejo monasterio. Allí se imprimió de manera singular mi libro *España en el corazón*. Creo que pocos libros, en la historia extraña de tantos libros, han tenido tan curiosa gestación y destino.

Los soldados del frente aprendieron a parar los tipos de imprenta. Pero entonces faltó el papel. Encontraron un viejo molino, y allí decidieron fabricarlo. Extraña mezcla la que se elaboró, entre las bombas que caían, en medio de la batalla. De todo le echaban al molino, desde una bandera del enemigo hasta la túnica ensangrentada de un soldado moro. A pesar de los insólitos materiales, y de la total inexperiencia de los fabricantes, el papel quedó muy hermoso. Los pocos ejemplares que de ese libro se conservan, asombran por la tipografía y por los pliegos de misteriosa manufactura. Años después vi un ejemplar de esta edición en Washington, en la Biblioteca del Congreso, colocado en una vitrina como uno de los libros más raros de nuestro tiempo.

Apenas impreso y encuadernado mi libro, se precipitó la derrota de la República. Cientos de miles de hombres fugitivos repletaron las carreteras que salían de España. Era el éxodo de los españoles, el acontecimiento más doloroso en la historia de España.

Con esas filas que marchaban al destierro iban los sobrevivientes del ejército del este, entre ellos Manuel Altolaguirre y los soldados que hicieron el papel e imprimieron *España en el corazón*. Mi libro era el orgullo de esos hombres que habían trabajado mi poesía en un desafío a la muerte. Supe que muchos habían preferido acarrear sacos con los ejemplares impresos antes que sus propios alimentos y ropas. Con los sacos al hombro emprendieron la larga marcha hacia Francia.

La inmensa columna que caminaba rumbo al destierro fue bombardeada cientos de veces. Cayeron muchos soldados y se desparramaron los libros en la carretera. Otros continuaron la inacabable huida. Más allá de la frontera trataron brutalmente a los españoles que llegaban al exilio. En una hoguera fueron inmolados los últimos ejemplares de aquel libro ardiente que nació y murió en plena batalla.

Miguel Hernández buscó refugio en la Embajada de Chile, que durante la guerra había prestado asilo a la enorme cantidad de cuatro mil franquistas. El embajador en ese entonces, Carlos Morla Lynch, le negó el asilo al gran poeta, aun cuando se decía su amigo. Pocos días después lo detuvieron, lo encarcelaron. Murió de tuberculosis en su calabozo, tres años más tarde. El ruiseñor no soportó el cautiverio.

Mi función consular había terminado. Por mi participación en la defensa de la República española, el gobierno de Chile decidió alejarme de mi cargo.

La guerra y París

Llegamos a París. Tomamos un departamento con Rafael Alberti y María Teresa León, su mujer, en el Quai de L'Horloge, un barrio quieto y maravilloso. Frente a nosotros veía el Pont Neuf, la estatua de Henri IV y los pescadores que colgaban de todas las orillas del Sena. Detrás de nosotros quedaba la plaza Dauphine, nervaliana, con olor a follaje y restaurante. Allí vivía el escritor francés Alejo Carpentier, uno de los hombres más neutrales que he conocido. No se atrevía a opinar sobre nada, ni siquiera sobre los nazis que ya se le echaban encima a París como lobos hambrientos.

Desde mi balcón, a la derecha, inclinándose hacia afuera, se alcanzaban a divisar los negros torreones de la Conciergerie. Su gran reloj dorado era para mí el límite final del barrio.

Yo tuve por suerte en Francia, y por muchos años, como mis mejores amigos a los dos mejores hombres de su literatura, Paul Éluard y Aragon. Eran y son curiosos clásicos de desenfado, de una autenticidad vital que los sitúa en lo más sonoro del bosque de Francia. A la vez son inconmovibles y naturales participantes de la moral histórica. Pocos seres tan diferentes entre sí como estos dos. Disfruté el placer poético de perder muchas veces el tiempo con Paul Éluard. Si los poetas contestaran de verdad a las encuestas largarían el secreto: no hay nada tan hermoso como perder el tiempo. Cada uno tiene su estilo para ese antiguo afán. Con Paul no me daba cuenta del día ni de la noche que pasaba y nunca supe si tenía importancia o no lo que conversábamos. Aragon es una máquina electrónica de la inteligencia, del conocimiento, de la virulencia, de la velocidad elocuente. De la casa de Éluard siempre salí sonriendo sin saber de qué. De algunas horas con Aragon salgo agotado porque este diablo de hombre me ha obligado a pensar. Los dos han sido irresistibles y leales amigos míos y tal vez lo que más me gusta en ellos es su antagónica grandeza.

Nancy Cunard

Decidimos con Nancy Cunard hacer una publicación de poesía que yo titulé *Los poetas del mundo defienden al pueblo español.*

Nancy tenía una pequeña imprenta en su casa de campo, en la provincia francesa. No me acuerdo del nombre de la localidad, pero estaba lejos de París. Cuando llegamos a su casa era de noche, con luna. La nieve y la luna temblaban como una cortina alrededor de la finca. Yo, entusiasmado, salí de paseo. De regreso los copos de nieve se arremolinaron sobre mi cabeza con helada obstinación. Perdí completamente mi camino y anduve media hora a tientas en la blancura de la noche.

Nancy tenía experiencia de imprenta. Cuando había sido la amiga de Aragon publicó la traducción del *Hunting of the snark* hecha por Aragon y por ella. En verdad, este poema de Lewis Carroll es intraducible y creo que solo en Góngora hallaríamos un trabajo semejante de mosaico loco.

Yo me puse por primera vez a parar tipos y creo que no ha habido nunca un cajista peor. Como las letras *p* las imprimía al revés, quedaban convertidas en *d* por mi torpeza tipográfica. Un verso en que aparecía dos veces la palabra *párpados* resultó convertido en dos veces *dardapos.* Por varios años Nancy me castigó llamándome de esa manera. «My dear Dardapo...», solía comenzar sus cartas desde Londres. Pero la publicación salió muy decorosa y alcanzamos a imprimir seis o siete entregas. Aparte de poetas militantes, como González Tuñón o Alberti, o algunos franceses, publicamos apasionados poemas de W. H. Auden, Spender, etcétera.

Estos caballeros ingleses no sabrán nunca lo que sufrieron mis dedos perezosos componiendo sus versos.

De cuando en cuando llegaban de Inglaterra poetas *dandys*, amigos de Nancy, con flor blanca en el ojal, que también escribían poemas antifranquistas.

No ha habido en la historia intelectual una esencia tan fértil para los poetas como la guerra española. La sangre española ejerció un magnetismo que hizo temblar la poesía de una gran época.

No sé si la publicación tuvo éxito o no, porque por ese tiempo terminó mal la guerra de España y empezó mal otra nueva guerra mundial. Esta última, a pesar de su magnitud, a pesar de su crueldad inconmensurable, a pesar de su heroísmo derramado, no alcanzó nunca a embargar como la española el corazón colectivo de la poesía.

Poco después tendría que regresar de Europa a mi país. Nancy también viajaría pronto a Chile, acompañada por un torero que en Santiago dejó los toros y a Nancy Cunard para instalar una venta de salchichas y otros embutidos. Pero mi queridísima amiga, aquella *snob* de la más alta calidad, era invencible. En Chile tomó como amante a un poeta vagabundo y desaliñado, chileno de origen vasco, no desprovisto de talento, pero sí de dientes. Además, el nuevo predilecto de Nancy era borrachísimo y propinaba a la aristocrática inglesa frecuentes palizas nocturnas que la obligaban a aparecer en sociedad con grandes gafas oscuras.

En verdad, fue ella uno de los personajes quijotescos, crónicos, valientes y patéticos, más curiosos que yo he conocido. Heredera única de la Cunard Line, hija de lady Cunard, Nancy escandalizó a Londres allá por el año 1930, escapándose con un negro, musicante de una de las primeras *jazz band* importadas por el hotel Savoy.

Cuando lady Cunard encontró el lecho vacío de su hija y una carta de ella en que le comunicaba, orgullosamente, su negro destino, la noble señora se dirigió a su abogado y procedió a desheredarla. Así pues, la que yo conocí, errante por el mundo, fue una preferida de la grandeza británica. A la tertulia de la madre asistía Georges Moore (de quien se susurraba que era el verdadero padre de Nancy), sir Thomas Beecham, el joven Aldous Huxley, y el que después fue duque de Windsor, entonces príncipe de Gales.

Nancy Cunard devolvió el golpe. En el diciembre del año en que fue excomulgada por su madre, toda la aristocracia inglesa recibió como regalo navideño un folleto de tapas rojas titulado *Negro man and white lady ship*. No he visto nada más corrosivo. Alcanza a veces la malignidad de Swift.

Sus argumentos en defensa de los negros fueron como garrotazos en la cabeza de lady Cunard y de la sociedad inglesa. Recuerdo que les decía, y cito de memoria, porque sus palabras eran más elocuentes:

«Si usted, blanca señora, o más bien los suyos, hubieran sido secuestrados, golpeados y encadenados por una tribu más poderosa y luego transportados lejos de Inglaterra para ser vendidos como esclavos, mostrados como ejemplos irrisorios de la fealdad humana, obligados a trabajar a latigazos y mal alimentados, ¿qué habría subsistido de su raza? Los negros sufrieron estas y muchas más violencias y crueldades. Después de siglos de sufrimiento, ellos, sin embargo, son los mejores y más elegantes atletas, y han creado una nueva música más universal que ninguna. ¿Podrían ustedes, blancos como lo es usted, haber salido victoriosos de tanta iniquidad? ¿Entonces, quiénes valen más?»

Y así por treinta páginas.

Nancy no pudo volver a residir en Inglaterra y desde ese momento abrazó la causa de la raza negra perseguida. Durante la invasión de Etiopía se fue a Addis Abeba. Luego llegó a los Estados Unidos para solidarizarse con los muchachos negros de Scottsboro acusados de infamias que no cometieron. Los jóvenes negros fueron condenados por la justicia racista norteamericana y Nancy Cunard fue expulsada por la Policía democrática norteamericana.

En 1969 mi amiga Nancy Cunard moriría en París. En una crisis de su agonía bajó casi desnuda por el ascensor del hotel. Allí se desplomó y se cerraron para siempre sus bellos ojos celestes.

Pesaba treinta y cinco kilos cuando murió. Solo era un esqueleto. Su cuerpo se había consumido en una larga batalla contra la injusticia en el mundo. No recibió más recompensa que una vida cada vez más solitaria y una muerte desamparada.

Un congreso en Madrid

La guerra de España iba de mal en peor, pero el espíritu de resistencia del pueblo español había contagiado al mundo entero. Ya combatían en España las brigadas de voluntarios internacionales. Yo los vi llegar a Madrid, todavía en 1936, ya uniformados. Era un gran grupo de gentes de diferentes edades, pelos y colores.

Ahora estábamos en París en 1937 y lo principal era preparar un congreso de escritores antifascistas de todas partes del mundo. Un congreso que se celebraría en Madrid. Fue allí donde comencé a conocer a Aragon. Lo que me sorprendió inicialmente en él fue su capacidad increíble de trabajo y organización. Dictaba todas las cartas, las corregía, las recordaba. No se le escapaba el más mínimo detalle. Cumplía largas horas seguidas de trabajo en nuestra pequeña oficina. Y luego, como es sabido, escribía y escribe extensos libros en prosa y su poesía es la más bella del idioma de Francia. Lo vi corregir pruebas de traducciones que había hecho de rusos e ingleses, y lo vi rehacerlas en el mismo papel de imprenta. Se trata, en verdad, de un hombre portentoso y yo comencé a darme cuenta de ello desde ese entonces.

Me había quedado sin el consulado y, en consecuencia, sin un centavo. Entré a trabajar, por cuatrocientos francos antiguos al mes, en una asociación de defensa de la cultura que dirigía Aragon. Delia del Carril, mi mujer de entonces y de tantos años, tuvo siempre fama de rica estanciera, pero lo cierto es que era más pobre que yo. Vivíamos en un hotelucho sospechoso en el que todo el primer piso se reservaba para las parejas ocasionales que entraban y salían. Comimos poco y mal durante algunos meses. Pero el congreso de escritores antifascistas era una realidad. De todas partes llegaban valiosas respuestas. Una de Yeats, poeta nacional de Irlanda. Otra de Selma Lagerlöf, la gran escritora sueca. Los dos eran demasiado ancianos para viajar a una ciudad asediada y bombardeada como Madrid, pero ambos se adherían a la defensa de la República española.

Supe que en el Quai d'Orsay existía un informe sobre mi persona que decía más o menos lo siguiente: «Neruda y su mujer, Delia del Carril, hacen frecuentes viajes a España, llevando y trayendo instrucciones soviéticas. Las instrucciones las reciben del escritor ruso Ilya Ehrenburg, con el que también Neruda hace viajes clandestinos a España. Neruda, para establecer un contacto más privado con Ehrenburg, ha alquilado y se ha ido a vivir a un departamento situado en el mismo edificio que habita el escritor soviético».

Era una sarta de disparates. Jean Richard Bloch me dio una carta para un amigo suyo que era jefe importante en el Ministerio de Relaciones. Le expliqué al funcionario cómo se pretendía expulsarme de Francia sobre la base de garrafales suposiciones. Le dije que ardientemente deseaba conocer a Ehrenburg, pero que, por desgracia, hasta ese día no me había correspondido tal honor. El gran funcionario me miró con pena y me hizo la promesa de que harían una investigación verdadera. Pero nunca la hicieron y las absurdas acusaciones quedaban en pie.

Decidí entonces presentarme a Ehrenburg. Sabía que concurría diariamente a La Coupole, donde almorzaba a la rusa, es decir, al atardecer.

—Soy el poeta Pablo Neruda, de Chile —le dije—. Según la Policía somos íntimos amigos. Afirman que yo vivo en el mismo edificio que usted. Como me van a echar por culpa suya de Francia, deseo por lo menos conocerlo de cerca y estrechar su mano.

No creo que Ehrenburg manifestara signos de sorpresa ante ningún fenómeno que ocurriera en el mundo. Sin embargo, vi salir de sus cejas hirsutas, por debajo de sus mechones coléricos y canosos, una mirada bastante parecida a la estupefacción.

—Yo también deseaba conocerlo a usted, Neruda —me dijo—. Me gusta su poesía. Por lo pronto, cómase esta *choucrote* a la alsaciana.

Desde ese instante nos hicimos grandes amigos. Me parece que aquel mismo día comenzó a traducir mi libro *España en el corazón*. Debo reconocer que, sin proponérselo, la Policía francesa me procuró una de las más gratas amistades de mi vida, y me proporcionó también el más eminente de mis traductores a la lengua rusa.

Siempre me he considerado una persona de poca importancia, sobre todo para los asuntos prácticos y para las altas misiones. Por eso me quedé con la boca abierta cuando me llegó una orden bancaria. Procedía del gobierno español. Era una gran suma de dinero que cubría los gastos generales del congreso, incluyendo los viajes de delegados desde otros continentes. Docenas de escritores comenzaban a llegar a París.

Me desconcerté. Qué podía hacer yo con el dinero? Opté por endosar los fondos a la organización que preparaba el congreso.

—Yo ni siquiera he visto el dinero que, por lo demás, sería incapaz de manejar —le dije a Rafael Alberti que en ese momento pasaba por París.

—Eres un gran tonto —me respondió Rafael—. Pierdes tu puesto de cónsul en aras de España, y andas con los zapatos rotos. Y no eres capaz de asignarte a ti mismo unos cuantos miles de francos por tu trabajo y para tus gastos elementales.

Me miré los zapatos y comprobé que efectivamente estaban rotos. Alberti me regaló un par de zapatos nuevos.

Dentro de algunas horas partiríamos hacia Madrid, con todos los delegados. Tanto Delia como Amparo González Tuñón, y yo mismo, nos vimos abrumados por el papeleo de los escritores que llegaban de todas partes. Las visas francesas de salida nos llenaban de problemas. Prácticamente nos apoderamos de la oficina policial de París donde se extendían esos requisitos que se llamaban cómicamente *recipisson*. A veces nosotros mismos aplicábamos en los pasaportes ese supremo instrumento francés denominado *tampon*.

Entre noruegos, italianos, argentinos, llegó de México el poeta Octavio Paz, después de mil aventuras de viaje. En cierto modo me sentía orgulloso de haberlo traído. Había publicado un solo libro que yo había recibido hacía dos meses y que me pareció contener un germen verdadero. Entonces nadie lo conocía.

Con cara sombría llegó a verme mi viejo amigo César Vallejo. Estaba enojado porque no se le había dado pasaje a su mujer, insoportable para todos los demás. Rápidamente obtuve pasaje para ella. Se lo entregamos a Vallejo y él se fue tan sombrío como había llegado. Algo le pasaba y ese algo tardé algunos meses en descubrirlo.

La madre del cordero era lo siguiente: mi compatriota Vicente Huidobro había llegado a París para asistir al congreso. Huidobro y yo estábamos enemistados; no nos saludábamos. En cambio él era muy amigo de Vallejo y aprovechó esos días en París para llenarle la cabeza a mi ingenuo compañero de invenciones en contra mía. Todo se aclaró después en una conversación dramática que tuve con Vallejo.

Nunca había salido de París un tren tan lleno de escritores como aquel. Por los pasillos nos reconocíamos o nos desconocíamos. Algunos se fueron a dormir; otros fumaban interminablemente. Para muchos España era el enigma y la revelación de aquella época de la historia.

Vallejo y Huidobro estaban en alguna parte del tren. André Malraux se detuvo un momento a conversar conmigo, con sus tics faciales y su gabardina sobre los hombros. Esta vez viajaba solo. Antes siempre lo vi con el aviador Corton-Moglinière, que fue el ejecutivo central de sus aventuras por los cielos de España: ciudades perdidas y descubiertas, o aporte primordial de aviones para la República.

Recuerdo que el tren se detuvo por largo tiempo en la frontera. Parece que a Huidobro se le había perdido una maleta. Como todo el mundo estaba ocupado o preocupado por la tardanza, nadie se hallaba en condiciones de hacerle caso. En mala hora llegó el poeta chileno, en la persecución de su valija, al andén donde estaba Malraux, jefe de la expedición. Este, nervioso por naturaleza, y con aquel cúmulo de problemas a cuestas, había llegado al límite. Tal vez no conocía a Huidobro ni de nombre ni de vista. Cuando se le acercó a reclamarle la desaparición de su maleta, Malraux perdió el pequeño resto de paciencia que le quedaba. Oí que le gritaba: «¿Hasta cuándo molesta usted a todo el mundo? ¡Váyase! *Je vous emmerde!*».

Presencié por azar este incidente que humillaba la vanidad del poeta chileno. Me hubiera gustado estar a mil kilómetros de allí en aquel instante. Pero la vida es antojadiza. Yo era la única persona a quien Huidobro detestaba en aquel tren. Y me tocaba a mí, chileno como él por añadidura, y no a cualquier otro de los cien escritores que viajaban, ser el exclusivo testigo de aquel suceso.

Cuando prosiguió el viaje, ya entrada la noche y rodando por tierras españolas, pensé en Huidobro, en su maleta y en el mal rato que había pasado. Le dije entonces a unos jóvenes escritores de una república centroamericana que se acercaron a mi cabina:

—Vayan a ver también a Huidobro, que debe estar solo y deprimido.

Volvieron veinte minutos después, con caras festivas. Huidobro les había dicho: «No me hablen de la maleta perdida; eso no tiene importancia. Lo grave es que mientras las universidades de Chicago, de Berlín, de Copenhague, de Praga, me han otorgado títulos honoríficos, la pequeña universidad del pequeño país de ustedes es la única que persiste en ignorarme. Ni siquiera me han invitado a dictar una conferencia sobre el creacionismo».

Decididamente, mi compatriota y gran poeta no tenía remedio.

Por fin llegamos a Madrid. Mientras los visitantes recibían bienvenida y alojamiento, yo quise ver de nuevo mi casa que había dejado intacta hacía cerca de un año. Mis libros y mis cosas, todo había quedado en ella. Era un departamento en el edificio llamado «Casa de las Flores», a la entrada de la ciudad universitaria. Hasta sus límites llegaban las fuerzas avanzadas de Franco. Tanto que el bloque de departamentos había cambiado varias veces de mano.

Miguel Hernández, vestido de miliciano y con su fusil, consiguió una vagoneta destinada a acarrear mis libros y los enseres de mi casa que más me interesaban.

Subimos al quinto piso y abrimos con cierta emoción la puerta del departamento. La metralla había derribado ventanas y trozos de pared. Los libros se habían derrumbado de las estanterías. Era imposible orientarse entre los escombros. De todas maneras, busqué algunas cosas atropelladamente. Lo curioso era que las prendas más superfluas e inaprovechables habían desaparecido; se las habían llevado los soldados invasores o defensores. Mientras las ollas, la máquina de coser, los platos, se mostraban regados en desorden, pero sobrevivían, de mi frac consular, de mis máscaras de Polinesia, de mis cuchillos orientales, no quedaba ni rastro.

—La guerra es tan caprichosa como los sueños —le dije.

Miguel encontró por ahí, entre los papeles caídos, algunos originales de mis trabajos. Aquel desorden era una puerta final que se cerraba en mi vida. Le dije a Miguel:

—No quiero llevarme nada.

—¿Nada? ¿Ni siquiera un libro?

—Ni siquiera un libro —le respondí. Y regresamos con el furgón vacío.

Las máscaras y la guerra

... Mi casa quedó entre los dos sectores... De un lado avanzaban moros e italianos... De acá avanzaban, retrocedían o se paraban los defensores de Madrid... Por las paredes había entrado la artillería... Las ventanas se partieron en pedacitos... Restos de plomo encontré en el suelo, entre

mis libros... Pero mis máscaras se habían ido... Mis máscaras recogidas en Siam, en Bali, en Sumatra, en el archipiélago malayo, en Bandoeng... Doradas, cenicientas, de color tomate, con cejas plateadas, azules, infernales, ensimismadas, mis máscaras eran el único recuerdo de aquel primer Oriente al que llegué solitario y que me recibió con su olor a té, a estiércol, a opio, a sudor, a jazmines intensos, a frangipán, a fruta podrida en las calles... Aquellas máscaras, recuerdo de las purísimas danzas, de los bailes frente al templo... Gotas de madera coloreadas por los mitos, restos de aquella floral mitología que trazaba en el aire sueños, costumbres, demonios, misterios irreconciliables con mi naturaleza americana... Y entonces... Tal vez los milicianos se habían asomado a las ventanas de mi casa con las máscaras puestas, y habían asustado así a los moros, entre disparo y disparo... Muchas de ellas quedaron en astillas y sangrientas, allí mismo... Otras rodaron desde mi quinto piso, arrancadas por un disparo... Frente a ellas se habían establecido las avanzadas de Franco... Frente a ellas ululaba la horda analfabeta de los mercenarios... Desde mi casa treinta máscaras de dioses del Asia se alzaban en el último baile, el baile de la muerte... Era un momento de tregua... Las posiciones habían cambiado... Me senté mirando los despojos, las manchas de sangre en la estera... Y a través de las nuevas ventanas, a través de los huecos de la metralla... Miré hacia lejos, más allá de la ciudad universitaria, hacia las planicies, hacia los castillos antiguos... Me pareció vacía España... Me pareció que mis últimos invitados ya se habían ido para siempre... Con máscaras o sin máscaras, entre los disparos y las canciones de guerra, la loca alegría, la increíble defensa, la muerte o la vida, aquello había terminado para mí... Era el último silencio después de la fiesta... Después de la última fiesta... De alguna manera, con las máscaras que se fueron, con las máscaras que cayeron, con aquellos soldados que nunca invité, se había ido para mí España...

6
Salí a buscar caídos

Elegí un camino

Aunque el carnet militante lo recibí mucho más tarde en Chile, cuando ingresé oficialmente al partido, creo haberme definido ante mí mismo como un comunista durante la guerra de España. Muchas cosas contribuyeron a mi profunda convicción.

Mi contradictorio compañero, el poeta nietzscheano León Felipe, era un hombre encantador. Entre sus atractivos el mejor era un anárquico sentido de indisciplina y de burlona rebeldía. En plena Guerra Civil se adaptó fácilmente a la llamativa propaganda de la FAI (Federación Anarquista Ibérica). Concurría frecuentemente a los frentes anarquistas, donde exponía sus pensamientos y leía sus poemas iconoclastas. Estos reflejaban una ideología vagamente ácrata, anticlerical, con invocaciones y blasfemias. Sus palabras cautivaban a los grupos anarcos que se multiplicaban pintorescamente en Madrid mientras la población acudía al frente de batalla, cada vez más cercano. Los anarquistas habían pintado tranvías y autobuses, la mitad roja y la mitad amarilla. Con sus largas melenas y barbas, collares y pulseras de balas, protagonizaban el carnaval agónico de España. Vi a varios de ellos calzando zapatos emblemáticos, la mitad de cuero rojo y la otra de cuero negro, cuya confección debía haber costado muchísimo trabajo a los zapateros. Y no se crea que eran una farándula inofensiva. Cada uno llevaba cuchillos, pistolones descomunales, rifles y carabinas. Por lo general se situaban a las puertas principales de los edificios, en grupos que fumaban y escupían, haciendo ostentación de su armamento. Su principal preocupación era cobrar las rentas a los aterrorizados inquilinos. O bien hacerlos renunciar voluntariamente a sus alhajas, anillos y relojes.

Volvía León Felipe de una de sus conferencias anarquizantes, ya entrada la noche, cuando nos encontramos en el café de la esquina de mi casa. El poeta llevaba una capa española que iba muy bien con su barba nazarena. Al salir rozó, con los elegantes pliegos de su atuendo romántico, a uno de sus quisquillosos correligionarios. No sé si la apostura de antiguo hidalgo de León Felipe molestó a aquel «héroe» de la retaguardia, pero lo cierto es que fuimos detenidos a los pocos pasos por un grupo de anarquistas, encabezados por el ofendido del café. Querían examinar nuestros papeles y, tras darles un vistazo, se llevaron al poeta leonés entre dos hombres armados.

Mientras lo conducían hacia el fusiladero próximo a mi casa, cuyos estampidos nocturnos muchas veces no me dejaban dormir, vi pasar a dos milicianos armados que volvían del frente. Les expliqué quién era León Felipe, cuál era el agravio en que había incurrido y gracias a ellos pude obtener la liberación de mi amigo.

Esta atmósfera de turbación ideológica y de destrucción gratuita me dio mucho que pensar. Supe las hazañas de un anarquista austríaco, viejo y miope, de largas melenas rubias, que se había especializado en dar «paseos». Había formado una brigada que bautizó «Amanecer» porque actuaba a la salida del sol.

—¿No ha sentido usted alguna vez dolor de cabeza? —le preguntaba a la víctima.

—Sí, claro, alguna vez.

—Pues yo le voy a dar un buen analgésico —le decía el anarquista austríaco, encañonándole la frente con su revólver y disparándole un balazo.

Mientras esas bandas pululaban por la noche ciega de Madrid, los comunistas eran la única fuerza organizada que creaba un ejército para enfrentarlo a los italianos, a los alemanes, a los moros y a los falangistas. Y eran, al mismo tiempo, la fuerza moral que mantenía la resistencia y la lucha antifascista.

Sencillamente: había que elegir un camino. Eso fue lo que yo hice en aquellos días y nunca he tenido que arrepentirme de una decisión tomada entre las tinieblas y la esperanza de aquella época trágica.

Rafael Alberti

La poesía es siempre un acto de paz. El poeta nace de la paz como el pan nace de la harina.

Los incendiarios, los guerreros, los lobos buscan al poeta para quemarlo, para matarlo, para morderlo. Un espadachín dejó a Pushkin herido de muerte entre los árboles de un parque sombrío. Los caballos de pólvora galoparon enloquecidos sobre el cuerpo sin vida de Petőfi. Luchando contra la guerra, murió Byron en Grecia. Los fascistas españoles iniciaron la guerra en España asesinando a su mejor poeta.

Rafael Alberti es algo así como un sobreviviente. Había mil muertes dispuestas para él. Una también en Granada. Otra muerte lo esperaba en Badajoz. En Sevilla llena de sol o en su pequeña patria, Cádiz y Puerto de Santa María, allí lo buscaban para acuchillarlo, para ahorcarlo, para matar en él una vez más la poesía.

Pero la poesía no ha muerto, tiene las siete vidas del gato. La molestan, la arrastran por la calle, la escupen y la befan, la limitan para ahogarla, la destierran, la encarcelan, le dan cuatro tiros y sale de todos estos episodios con la cara lavada y una sonrisa de arroz.

Yo conocí a Rafael Alberti en las calles de Madrid con camisa azul y corbata colorada. Lo conocí militante del pueblo cuando no había muchos poetas que ejercieran ese difícil destino. Aún no habían sonado las campanas para España, pero ya él sabía lo que podía venir. Él es un hombre del sur, nació junto al mar sonoro y a las bodegas de vino amarillo como topacio. Así se hizo su corazón con el fuego de las uvas y el rumor de la ola. Fue siempre un poeta, aunque en sus primeros años no lo supo. Después lo supieron todos los españoles, más tarde todo el mundo.

Para los que tenemos la dicha de hablar y conocer la lengua de Castilla, Rafael Alberti significa el esplendor de la poesía en la lengua española. No solo es un poeta innato, sino un sabio de la forma. Su poesía tiene, como una rosa roja milagrosamente florecida en invierno, un copo de la nieve de Góngora, una raíz de Jorge Manrique, un pétalo de Garcilaso, un aroma enlutado de Gustavo Adolfo Bécquer. Es decir, que en su copa cristalina se confunden los cantos esenciales de España.

Esta rosa roja iluminó el camino de los que en España pretendieron atajar el fascismo. Conoce el mundo esta heroica y trágica historia. Alberti no solo escribió sonetos épicos, no solo los leyó en los cuarteles y en el frente, sino que inventó la guerrilla poética, la guerra poética contra la guerra. Inventó las canciones que criaron alas bajo el estampido de la artillería, canciones que después van volando sobre toda la tierra.

Este poeta de purísima estirpe enseñó la utilidad pública de la poesía en un momento crítico del mundo. En eso se parece a Maiakovski. Esta utilidad pública de la poesía se basa en la fuerza, en la ternura, en la alegría y en la esencia verdadera. Sin esta calidad la poesía suena pero no canta. Alberti canta siempre.

El regalo de Niebla

Poco antes de la guerra, en Madrid, le regalé un perro o una perra, nunca lo he sabido bien, a Rafael Alberti.

Esto es lo único que he dado a alguien que a mí me ha dado tantas cosas.

Hablaré primero de mi don y luego de sus dones.

Yo salí una noche de la Casa de las Flores hacia la casa de Rafael, situada más allá, en una terraza poderosa que daba sobre la calle del Marqués de Urquijo y sobre las frondas de un parque muy arbolado y sonoro. A la entrada de esta casa, que había pertenecido a un general feroz, exterminador de mambises, había una concha gigantesca del género *Tridacna*, la más grande que he visto, traída tal vez de Filipinas.

Me gustaba hacer el recorrido a pie, de estas seis o siete cuadras que nos separaban, y luego subir a la regocijante casa de Rafael. Antes dejaba siempre algún recuerdo que molestara la memoria del coronel colonial y esto lo hacía casi siempre en la gigantesca concha que los antiguos destinaban al agua bendita. Después de subir la escalera de caracol en la semioscuridad y en el silencio, se entraba de lleno a la luz que significaba Rafael, rodeado por la brillante y rubia castellana María Teresa, que contribuía poderosamente a dar más luz al ancho recinto. Rafael, como yo, está de fiesta todas las noches porque trabaja muchísimo todos los días.

Allí llegué yo con el perro o perra. Ni el sexo o la raza ni el idioma en que ladraba se le podía conocer, de tan desgreñado, tan enmarañado, encejado y embarbado que era aquel montón de niebla que me había seguido desde mi casa.

Porque era invierno plenario la niebla, extraña a Madrid, se había depositado en las calles con una consistencia española, seriamente compacta. De tal modo que el estilo de esa niebla me dejaba apenas andar y casi no me dejaba ver. Pero oír sí me dejaba y yo noté en el camino que algo me seguía. Algo, un espectro seguramente, un cuervo, un nunca más. Severamente solo, semiperdido en la niebla, era yo un caminante de la absoluta soledad de aquella hora, y no pasaba nadie y no se oía nada sino el extraño tacatás detrás mío como de pisadas de fantasma. Cuando me detenía se detenía también aquel solícito sonido. Y apenas marchaba de nuevo, algo, aquello, recomenzaba a andar conmigo. Y todo esto con tanta niebla que me desazonaba. Solo al llegar a la puerta grande de Alberti salió de la niebla y subió conmigo por la escalera un suavísimo perro. Perro de los arrabales, mitad niebla y mitad sueño, nos miraba desde su entrecruzado matorral de pelos plateados, todo él color de calle y con cierto aspecto de oveja que se hubiera extraviado en la ciudad conservando, se le veía en los ojos, la pureza silvestre.

Cuando entré con el perro, Rafael lo bautizó de inmediato *Niebla* porque se le veía impregnado aún con la sustancia misteriosa. Allí se sentó en medio de la sala, entregado al amor de los poetas, aquel extraño perro que pareció desde entonces natural y necesario, en medio de las arbitrarias esculturas abstractas, de piedra y fierro de Alberto Sánchez, que llenaban la casa de los Alberti León.

Niebla, con ese nombre y su selvática pelliza, fue el memorable perro de Rafael y mucho lo acompañó, ayudándole a andar por las calles y hasta a escribir sus poemas, porque un perro así, surgido de la noche, sirve para todo. Solo se separaron con la guerra que nos quitó tantas cosas, y a Rafael lo dejó sin su España y sin su perro llamado *Niebla*.

Tal vez será eso todo cuanto yo le di en mi vida a Rafael Alberti, poeta de Puerto Santa María marinera, poeta del Madrid heroico, poeta del exilio fecundo.

Cuanto Rafael me diera en tan largos años y lo que yo le debo, eso es harina de otro costal. Lo he dicho alguna vez, en más de un verso.

Será esto todo? Es mucho. Sin embargo podría haberle debido mucho más. Eso es lo que yo hubiera querido.

Ahora que antes de mí, pero muy cerca, porque nuestras edades se muerden los talones, cumple sesenta años, debe saberse que en aquella emigración en que yo los traje a él y a su amada Leona a las tierras de América, los destiné a mi patria, pero se me quedaron enredados en el fulgor de Buenos Aires.

Todos estos largos años me hubieran hecho el gran deudor de Rafael y de ella. Tienen ellos el don de la vida y de acercarnos como nadie a la felicidad.

Rafael es radiante. Yo le hubiera debido todos estos años de intimidad en la alegría que él sabe desatar. Yo soy un tipo territorial, impregnado por la luz negra de mis comarcas natales, el sur antártico, la lluvia de los grandes bosques, los volcanes que hicieron la fría diadema de mi patria. Rafael es para mí una ventana hacia la miel, hacia el espacio abierto de su origen florido.

Yo no me divierto con nadie como con Rafael Alberti. Tal vez Federico García Lorca, nuestro común hermano, me hizo reír tanto como Rafael. Reír con pura risa, con esa risa que es tan necesaria como el pan y las frutas. Ellos dos, tan diferentes, nunca vivieron separados de mi corazón. Hasta que uno de ellos fue asesinado por los enemigos del otro.

Pero ahora se trata del que vive, de Rafael Alberti, que sigue resplandeciente, alegre y combatiente. Porque su persona perfecta, así como el grave combate de su vida, siguen y seguirán unidos a la ejemplar transparencia de su poesía inmortal.

Nazistas en Chile

Regresé otra vez en tercera clase a mi país. Aunque en América Latina no tuvimos el caso de que eminentes escritores como Céline, Drieu La Rochelle o Ezra Pound se convirtieran en traidores al servicio del fascismo, no por eso dejó de existir una fuerte corriente impregnada, natural o financieramente, por la corriente hitleriana. Por todas partes se formaban pequeños grupos que levantaban el brazo haciendo el saludo fascista, disfrazados de guardias de asalto. Pero no se trataba solo de pequeños grupos. Las viejas oligarquías feudales del continente simpatizaban (y simpatizan) con cualquier tipo de anticomunismo, venga este de Alemania o de la ultraizquierda criolla. Además, no se olvide que grandes grupos de descendientes de alemanes pueblan mayoritariamente determinadas regiones de Chile, Brasil y México. Esos sectores fueron fácilmente cautivados por la meteórica ascensión de Hitler y por la fábula de un milenio de grandeza germana.

Por aquellos días de victorias estruendosas de Hitler, tuve que cruzar más de una vez alguna calle de un villorrio o de una ciudad del sur de Chile bajo verdaderos bosques de banderas con la cruz gamada. En una ocasión, en un pequeño poblado sureño, me vi forzado a usar el único teléfono de la localidad y a hacer una involuntaria reverencia al Führer. El propietario alemán del establecimiento se había ingeniado para colocar un aparato en forma tal que uno quedaba adherido con el brazo en alto a un retrato de Hitler.

Fui director de la revista *Aurora de Chile*. Toda la artillería literaria (no teníamos otra) se disparaba contra los nazis que se iban tragando país tras país. El embajador hitleriano en Chile regaló libros de la llamada cultura neoalemana a la Biblioteca Nacional. Respondimos pidiendo a todos nuestros lectores que nos mandaran los verdaderos libros alemanes de la verdadera Alemania, prohibidos por Hitler. Fue una gran experiencia. Recibí amenazas de muerte. Y llegaron muchos paquetes correctamente empacados con libros que contenían inmundicias. Recibimos también colecciones enteras del *Stürmer*, periódico pornográfico, sadista y antisemita, dirigido por Julius Streicher, justicieramente ahorcado años después en Núremberg. Pero, poco a poco, con timidez, comenzaron a llegar las ediciones en idioma alemán de Heinrich Heine, de Thomas Mann, de Anna Seghers, de Einstein, de

Arnold Zweig. Cuando tuvimos cerca de quinientos volúmenes fuimos a dejarlos a la Biblioteca Nacional.

Oh sorpresa! La Biblioteca Nacional nos había cerrado las puertas con candado.

Organizamos entonces un desfile y penetramos al salón de honor de la universidad con los retratos del pastor Niemöller y de Karl von Ossietzky. No sé con qué motivo se celebraba allí en ese instante un acto presidido por don Miguel Cruchaga Tocornal, ministro de Relaciones. Colocamos con cuidado los libros y los retratos en el estrado de la presidencia. Se ganó la batalla. Los libros fueron aceptados.

Isla Negra

Pensé entregarme a mi trabajo literario con más devoción y fuerza. El contacto de España me había fortificado y madurado. Las horas amargas de mi poesía debían terminar. El subjetivismo melancólico de mis *Veinte poemas de amor* o el patetismo doloroso de *Residencia en la tierra* tocaban a su fin. Me pareció encontrar una veta enterrada, no bajo las rocas subterráneas, sino bajo las hojas de los libros.

Puede la poesía servir a nuestros semejantes? Puede acompañar las luchas de los hombres? Ya había caminado bastante por el terreno de lo irracional y de lo negativo. Debía detenerme y buscar el camino del humanismo, desterrado de la literatura contemporánea, pero enraizado profundamente a las aspiraciones del ser humano.

Comencé a trabajar en mi *Canto general*.

Para esto necesitaba un sitio de trabajo. Encontré una casa de piedra frente al océano, en un lugar desconocido para todo el mundo, llamado Isla Negra. El propietario, un viejo socialista español, capitán de navío, don Eladio Sobrino, la estaba construyendo para su familia, pero quiso vendérmela. Cómo comprarla? Ofrecí el proyecto de mi libro *Canto general*, pero fue rechazado por la editorial Ercilla, que por entonces publicaba mis obras. Con ayuda de otros editores, que pagaron directamente al propietario, pude por fin comprar en el año 1939 mi casa de trabajo en Isla Negra.

La idea de un poema central que agrupara las incidencias históricas, las condiciones geográficas, la vida y las luchas de nuestros pueblos, se me presentaba como una tarea urgente. La costa salvaje de Isla Negra, con el tumultuoso movimiento oceánico, me permitía entregarme con pasión a la empresa de mi nuevo canto.

Tráigame españoles

Pero la vida me sacó de inmediato de allí.

Las noticias aterradoras de la emigración española llegaban a Chile. Más de quinientos mil hombres y mujeres, combatientes y civiles, habían cruzado la frontera francesa. En Francia, el gobierno de Léon Blum, presionado por las fuerzas reaccionarias, los acumuló en campos de concentración, los repartió en fortalezas y prisiones, los mantuvo amontonados en las regiones africanas, junto al Sahara.

El gobierno de Chile había cambiado. Los mismos avatares del pueblo español habían robustecido las fuerzas populares chilenas y ahora teníamos un gobierno progresista.

Ese gobierno del Frente Popular de Chile decidió enviarme a Francia, a cumplir la más noble misión que he ejercido en mi vida: la de sacar españoles de sus prisiones y enviarlos a mi patria. Así podría mi poesía desparramarse como una luz radiante, venida desde América, entre esos montones de hombres cargados como nadie de sufrimiento y heroísmo. Así mi poesía llegaría a confundirse con la ayuda material de América que, al recibir a los españoles, pagaba una deuda inmemorial.

Casi inválido, recién operado, enyesado en una pierna —tales eran mis condiciones físicas en aquel momento—, salí de mi retiro y me presenté al presidente de la República. Don Pedro Aguirre Cerda me recibió con afecto.

—Sí, tráigame millares de españoles. Tenemos trabajo para todos. Tráigame pescadores; tráigame vascos, castellanos, extremeños.

Y a los pocos días, aún enyesado, salí para Francia a buscar españoles para Chile.

Tenía un cargo concreto. Era cónsul encargado de la inmigración española; así decía el nombramiento. Me presenté luciendo mis títulos a la Embajada de Chile en París.

Gobierno y situación política no eran los mismos en mi patria, pero la embajada en París no había cambiado. La posibilidad de enviar españoles a Chile enfurecía a los engomados diplomáticos. Me instalaron en un despacho cerca de la cocina, me hostilizaron en todas las formas hasta negarme el papel de escribir. Ya comenzaba a llegar a las puertas del edificio de la embajada la ola de los indeseables: combatientes heridos, juristas y escritores, profesionales que habían perdido sus clínicas, obreros de todas las especialidades.

Como se abrían paso contra viento y marea hasta mi despacho, y como mi oficina estaba en el cuarto piso, idearon algo diabólico: suspendieron el funcionamiento del ascensor. Muchos de los españoles eran heridos de guerra y sobrevivientes del campo africano de concentración, y me desgarraba el corazón verlos subir penosamente hasta mi cuarto piso, mientras los feroces funcionarios se solazaban con mis dificultades.

Un personaje diabólico

Para complicar mi vida, el gobierno del Frente Popular de Chile me anunció la llegada de un encargado de negocios. Me alegré muchísimo, puesto que un nuevo jefe en la embajada podría eliminar las obstrucciones que el antiguo personal diplomático me había prodigado en relación a la emigración española. Descendió de la *gare* Saint-Lazare un mozalbete enjuto con anteojos sin marco (*pince nez*) que le daban un aire de viejo ratoncillo papelero. Tendría unos veinticuatro o veinticinco años. Con voz feminoide muy aguda, entrecortada por la emoción, me dijo que reconocía en mí a su jefe y que su viaje obedecía solamente a colaborar como ayudante mío en la gran tarea de mandar a Chile a los «gloriosos derrotados de la guerra». Aunque mi satisfacción de adquirir un nuevo colaborador se mantuvo, el personaje no se acomodaba en mi espíritu. A pesar de las adulaciones y exageraciones que me prodigaba, me pareció adivinar algo falso en su persona. Supe después que con el triunfo del Frente Popular en Chile había cambiado violentamente de Caballero de Colón, organización jesuítica, a miembro de las Juventudes Comunistas. Estas, en pleno período de reclutamiento, quedaron encantadas con sus méritos intelectuales. Arellano Marín escribía comedias y artículos, era un erudito conferenciante y parecía saberlo todo.

Se acercaba la guerra mundial. París esperaba cada noche los bombardeos alemanes y había instrucciones en cada casa para guarecerse de los ataques aéreos. Yo me iba cada noche a Villiers-sur-Seine, a una casita frente al río que dejaba cada mañana para retornar con pesadumbre a la embajada.

El recién llegado Arellano Marín había adquirido, en pocos días, la importancia que yo nunca alcancé. Yo le había presentado a Negrín, a Álvarez del Vayo, y a algunos dirigentes de los partidos españoles. Una semana después, el nuevo funcionario casi se tuteaba con todos ellos. Entraban y salían de su oficina dirigentes españoles que yo no conocía. Sus largas conversaciones eran un secreto para mí. De cuando en cuando me llamaba para mostrarme un brillante o una esmeralda que había comprado para su madre, o para hacerme confidencias sobre una coquetísima rubia que le hacía gastar más de lo debido en los cabarets parisienses. De Aragon, y especialmente de Elsa, a quienes habíamos refugiado en el local de la embajada para protegerlos de la represión anticomunista, Arellano Marín se hizo amigo inmediato, llenándolos de atenciones y pequeños regalos. La psicología del personaje debe haber interesado a Elsa Triolet, puesto que habla de él en una o dos de sus novelas.

A todo esto fui descubriendo que su voracidad por el lujo y el dinero iban creciendo, aun ante mi vista que no ha sido nunca muy despabilada. Cambiaba de marcas de automóviles con facilidad, alquilaba casas fastuosas. Y aquella rubia coqueta parecía atormentarlo más cada día con sus exigencias.

Tuve que trasladarme a Bruselas para solucionar un problema dramático de los emigrados. Cuando salía del modestísimo hotel en que me alojé me encontré a boca de jarro con mi flamante colaborador, el elegante Arellano Marín. Me acogió con grandes vociferaciones amistosas y me invitó a comer aquel mismo día.

Nos reunimos en su hotel, el más caro de Bruselas. Había hecho colocar orquídeas en nuestra mesa. Pidió naturalmente caviar y champaña. Durante la comida yo guardé un preocupado silencio mientras oía los suculentos planes de mi anfitrión, sus próximos viajes de recreo, sus adquisiciones de joyas. Me parecía escuchar a un nuevo rico con ciertos síntomas de demencia, pero la agudeza de su mirada, la seguridad de sus afirmaciones, todo eso me producía una especie de mareo. Decidí cortar por lo sano y hablarle francamente de mis preocupaciones. Le pedí que tomáramos el café en su habitación porque tenía algo que decirle.

Al pie de la gran escalera, cuando subíamos a conversar, se le acercaron dos hombres que yo no conocía. Él les dijo en español que lo esperaran, que bajaría dentro de unos pocos minutos.

Apenas llegado a su cuarto, dejé a un lado el café. El diálogo fue tirante:

—Me parece —le dije— que vas por mal camino. Te estás convirtiendo en un frenético del dinero. Puede ser que seas demasiado joven para entenderlo. Pero nuestras obligaciones políticas son muy serias. El destino de miles de emigrados está en nuestras manos y con esto no se juega. Yo no quiero saber nada de tus asuntos, pero te quiero hacer una advertencia. Hay mucha gente que después de una vida desdichada dice: «Nadie me dio un consejo; nadie me lo advirtió». Contigo no puede pasar lo mismo. Esta ha sido mi advertencia. Y ahora me voy.

Lo miré al despedirme. Las lágrimas le corrían desde los ojos hasta la boca. Tuve un impulso de arrepentimiento. No habría ido demasiado lejos? Me acerqué y le toqué el hombro.

—No llores!

—Lloro de rabia —me respondió.

Me alejé sin una palabra más. Regresé a París y nunca más lo volví a ver. Al verme bajar la escalera, los dos desconocidos que esperaban subieron rápidamente a su habitación.

El desenlace de esta historia tuvo lugar bastante tiempo después, en México, donde yo era cónsul de Chile para entonces. Un día fui invitado a almorzar por un grupo de refugiados españoles y dos de ellos me reconocieron.

—De dónde me conocen? —les pregunté.

—Nosotros somos aquellos dos de Bruselas que subieron para hablar con su compatriota Arellano Marín cuando usted bajó de su habitación.

—Y qué pasó entonces? Siempre he tenido la curiosidad de saberlo —les dije.

Me contaron un episodio extraordinario. Lo habían encontrado bañado en lágrimas, conmovido por una crisis nerviosa. Y les dijo entre sollozos: «Acabo de sufrir la más grande impresión de mi vida. Neruda ha salido de aquí a denunciarlos a ustedes ante la Gestapo como comunistas españoles peligrosos. No pude convencerlo de que esperara algunas horas. Tienen los minutos contados para escapar. Déjenme sus valijas, que yo se las guardaré y se las haré llegar más tarde».

—Qué cretino! —les dije—. Menos mal que de todas maneras lograron salvarse ustedes de los alemanes.

—Pero las valijas contenían noventa mil dólares de los sindicatos obreros españoles y no las volvimos ni las volveremos a ver.

Todavía más tarde supe que el diabólico personaje había hecho una larga y placentera *tournée* por el Cercano Oriente, disfrutando de sus amores parisienses. Por cierto que la coqueta rubia, tan exigente, resultó ser un blondo estudiante de la Sorbona.

Tiempo después se publicaba en Chile su renuncia al Partido Comunista. «Profundas divergencias ideológicas me obligan a tomar esta decisión», eso decía en su carta a los periódicos.

Un general y un poeta

Cada hombre que llegaba de la derrota y del cautiverio era una novela con capítulos, llantos, risas, soledades, idilios. Algunas de estas historias me sobrecogían.

Conocí a un general de aviación, alto y ascético, hombre de academia militar y de toda clase de títulos. Allí andaba por las calles de París, sombra quijotesca de la tierra española, anciano y vertical como un chopo de Castilla.

Cuando el ejército franquista dividió la zona republicana en dos, ese general Herrera debía patrullar en la oscuridad absoluta, inspeccionar las defensas, dar órdenes a un lado y otro. Con su avión enteramente a oscuras, en las noches más tenebrosas, sobrevolaba el campo enemigo. De cuando en cuando un disparo franquista pasaba rozando su aparato. Pero, en la oscuridad, el general se aburría. Entonces aprendió el método Braille. Cuando dominó la escritura de los ciegos, viajaba en sus peligrosas misiones leyendo con los dedos, mientras abajo ardía el fuego y el dolor de la Guerra Civil. Me contó el general que había alcanzado a leerse *El conde de Montecristo* y que al iniciar *Los tres mosqueteros* fue interrumpida su lectura nocturna de ciego por la derrota y luego el exilio.

Otra historia que recuerdo con gran emoción es la del poeta andaluz Pedro Garfias. Fue a parar en el destierro al castillo de un *lord*, en Escocia. El castillo estaba siempre solo y Garfias, andaluz inquieto, iba cada día a la taberna del condado y silenciosamente, pues no hablaba el inglés, sino apenas un español gitano que yo mismo no le entendía, bebía melancólicamente su solitaria cerveza. Este parroquiano mudo llamó la atención del tabernero. Una noche, cuando ya todos los bebedores se habían marchado, el tabernero le rogó que se quedara y continuaron ellos bebiendo en silencio, junto al fuego de la chimenea que chisporroteaba y hablaba por los dos.

Se hizo un rito esta invitación. Cada noche Garfias era acogido por el tabernero, solitario como él, sin mujer y sin familia. Poco a poco sus lenguas se desataron. Garfias le contaba toda la guerra de España, con interjecciones, con juramentos, con imprecaciones muy andaluzas. El tabernero lo escuchaba en religioso silencio, sin entender naturalmente una sola palabra.

A su vez, el escocés comenzó a contar sus desventuras, probablemente la historia de su mujer que lo abandonó, probablemente las hazañas de sus hijos cuyos retratos de uniforme militar adornaban la chimenea. Digo probablemente porque, durante los largos meses que duraron estas extrañas conversaciones, Garfias tampoco entendió una palabra.

Sin embargo, la amistad de los dos hombres solitarios que hablaban apasionadamente cada uno de sus asuntos y en su idioma, inaccesible para el otro, se fue acrecentando y el verse cada noche y hablarse hasta el amanecer se convirtió en una necesidad para ambos.

Cuando Garfias debió partir para México se despidieron bebiendo y hablando, abrazándose y llorando. La emoción que los unía tan profundamente era la separación de sus soledades.

—Pedro —le dije muchas veces al poeta—, qué crees tú que te contaba?

—Nunca entendí una palabra, Pablo, pero cuando lo escuchaba tuve siempre la sensación, la certeza de comprenderlo. Y cuando yo hablaba, estaba seguro de que él también me comprendía a mí.

El *Winnipeg*

Los funcionarios de la embajada me entregaron una mañana, al llegar, un largo telegrama. Sonreían. Era extraño que me sonrieran, puesto que ya ni siquiera me saludaban. Debía contener ese mensaje algo que los regocijaba.

Era un telegrama de Chile. Lo firmaba nada menos que el presidente, don Pedro Aguirre Cerda, el mismo de quien recibí las instrucciones contundentes para el embarque de los españoles desterrados.

Leí con estupor que don Pedro, nuestro buen presidente, había sabido esa mañana, con sorpresa, que yo preparaba la entrada de los emigrados españoles a Chile. Me pedía que de inmediato desmintiera tan insólita noticia.

Para mí lo insólito era el telegrama del presidente. El trabajo de organizar, examinar, seleccionar la inmigración, había sido una tarea dura y solitaria. Por fortuna, el gobierno de España en exilio había comprendido la importancia de mi misión. Pero, cada día, surgían nuevos e inesperados obstáculos. Mientras tanto, desde los campos de concentración, que amontonaban en Francia y en África a millares de refugiados, salían o se preparaban para salir hacia Chile centenares de ellos.

El gobierno republicano en exilio había logrado adquirir un barco: el *Winnipeg*. Este había sido transformado para aumentar su capacidad de pasaje y esperaba atracado al muelle de Trompeloup, puertecito vecino a Burdeos.

Qué hacer? Aquel trabajo intenso y dramático, al borde mismo de la Segunda Guerra Mundial, era para mí como la culminación de mi existencia. Mi mano tendida hacia los combatientes perseguidos significaba para ellos la salvación y les mostraba la esencia de mi patria acogedora y luchadora. Todos esos sueños se venían abajo con el telegrama del presidente.

Decidí consultar el caso con Negrín. Había tenido la suerte de hacer amistad con el presidente Juan Negrín, con el ministro Álvarez del Vayo y con algunos otros de los últimos gobernantes republicanos. Negrín era el más interesante. La alta política española me pareció siempre un tanto parroquial o provinciana, desprovista de horizontes. Negrín era universal, o por lo menos europeo, había hecho sus estudios en Leipzig, tenía estatura universitaria. Mantenía en París, con toda dignidad, esa sombra inmaterial que son los gobiernos en el exilio.

Conversamos. Le relaté la situación, el extraño telegrama presidencial que de hecho me dejaba como un impostor, como un charlatán que ofrecía a un pueblo de desterrados un asilo inexistente. Las soluciones posibles eran tres. La primera, abominable, era sencillamente anunciar que había sido cancelada la emigración de españoles para Chile. La segunda, dramática, era denunciar públicamente mi inconformidad, dar por terminada mi misión y dispararme un balazo en la sien. La tercera, desafiante, era llenar el buque de emigrados, embarcarme con ellos, y lanzarme sin autorización hacia Valparaíso, a ver lo que ocurriría.

Negrín se echó hacia atrás en el sillón, fumando su gran habano. Luego sonrió melancólicamente y me respondió:

—¿No podría usted usar el teléfono?

Por aquellos días las comunicaciones telefónicas entre Europa y América eran insoportablemente difíciles, con horas de espera. Entre ruidos ensordecedores y bruscas interrupciones, logré oír la voz remota del ministro de Relaciones. A través de una conversación entrecortada, con frases que debían repetirse veinte veces, sin saber si nos entendíamos o no, dando gritos fenomenales o escuchando como respuesta trompetazos oceánicos del teléfono, creí hacer comprender al ministro Ortega que yo no acataba la contraorden del presidente. Creí también entenderle que me pedía esperar hasta el día siguiente.

Pasé, como era lógico, una noche intranquila en mi pequeño hotel de París. A la tarde siguiente supe que el ministro de Relaciones había presentado aquella mañana su renuncia. No aceptaba él tampoco mi desautorización. El gabinete tembló, y nuestro buen presidente, pasajeramente confundido por las presiones, había recobrado su autoridad. Entonces recibí un nuevo telegrama indicándome que prosiguiera la inmigración.

Los embarcamos finalmente en el *Winnipeg*. En el mismo sitio de embarque se juntaron maridos y mujeres, padres e hijos, que habían sido separados por largo tiempo y que venían de uno y otro confín de Europa o de África. A cada tren que llegaba se precipitaba la multitud de los que esperaban. Entre carreras, lágrimas y gritos, reconocían a los seres amados que sacaban la cabeza en racimos humanos por las ventanillas. Todos fueron entrando al barco. Eran pescadores, campesinos, obreros, intelectuales, una muestra de la fuerza, del heroísmo y del trabajo. Mi poesía en su lucha había logrado encontrarles patria. Y me sentí orgulloso.

Compré un periódico. Iba yo andando por una calle de Varenes-sur-Seine. Pasaba junto al castillo viejo cuyas ruinas enrojecidas por las enredaderas dejaban subir hacia lo alto torrecillas de pizarra.

Aquel viejo castillo en que Ronsard y los poetas de la Pléiade se reunieron antaño, tenía para mí un prestigio de piedra y mármol, de verso endecasílabo escrito en viejas letras de oro. Abrí el periódico. Aquel día estallaba la Segunda Guerra Mundial. Así lo decía en grandes caracteres de sucia tinta negra, el diario que cayó en mis manos en aquella vieja aldea perdida.

Todo el mundo la esperaba. Hitler se había ido tragando territorios y los estadistas ingleses y franceses corrían con sus paraguas a ofrecerle más ciudades, reinos y seres.

Una terrible humareda de confusión llenaba las conciencias. Desde mi ventana, en París, miraba directamente hacia los Inválidos y veía salir los primeros contingentes, los muchachitos que nunca supieron vestirse de soldados y que partían para entrar en el gran hocico de la muerte.

Era triste su partida, y nada lo disimulaba. Era como una guerra perdida de antemano, algo indefinible. Las fuerzas chauvinistas recorrían las calles en persecución de intelectuales progresistas. El enemigo no estaba para ellos en los discípulos de Hitler, en los Laval, sino en la flor del pensamiento francés. Recogimos en la embajada, que había cambiado mucho, al gran poeta Louis Aragon. Pasó cuatro días escribiendo de día y de noche, mientras las hordas lo buscaban para aniquilarlo. Allí, en la Embajada de Chile, terminó su novela *Los viajeros de la Imperial*. Al quinto día, vestido de uniforme, se dirigió al frente. Era su segunda guerra contra los alemanes.

Me acostumbré en aquellos días crepusculares a esa incertidumbre europea que no sufre revoluciones continuas ni terremotos, pero mantiene el veneno mortal de la guerra saturando el aire y el pan. Por temor a los bombardeos, la gran metrópoli se apagaba de noche y esa oscuridad de siete millones de seres juntos, esas tinieblas espesas en las que había que andar en plena ciudad luz, se me quedaron pegadas en la memoria.

Al final de esta época, como si todo este largo viaje hubiera sido inútil, vuelvo a quedarme solo en los territorios recién descubiertos. Como en la crisis de nacimiento, como en el comienzo alarmante y alarmado del terror metafísico de donde brota el manantial de mis primeros versos, como en un nuevo crepúsculo que mi propia creación ha provocado, entro en una agonía y en la segunda soledad. Hacia dónde ir? Hacia dónde regresar, conducir, callar o palpitar? Miro hacia todos los puntos de la claridad y de la oscuridad y no encuentro sino el propio vacío que mis manos elaboraron con cuidado fatal.

Pero lo más próximo, lo más fundamental, lo más extenso, lo más incalculable no aparecía sino hasta este momento en mi camino. Había pensado en todos los mundos, pero no en el hombre. Había explorado con crueldad y agonía el corazón del hombre; sin pensar en los hombres; había visto ciudades, pero ciudades vacías; había visto fábricas de trágica presencia pero no había visto el sufrimiento debajo de los techos, sobre las calles, en todas las estaciones, en las ciudades y en el campo.

A las primeras balas que atravesaron las guitarras de España, cuando en vez de sonidos salieron de ellas borbotones de sangre, mi poesía se detiene como un fantasma en medio de las calles de la angustia humana y comienza a subir por ella una corriente de raíces y de sangre. Desde entonces mi camino se junta con el camino de todos. Y de pronto veo que desde el sur de la soledad he ido hacia el norte que es el pueblo, el pueblo al cual mi humilde poesía quisiera servir de espada y de pañuelo, para secar el sudor de sus grandes dolores y para darle un arma en la lucha del pan.

Entonces el espacio se hace grande, profundo y permanente. Estamos ya de pie sobre la tierra. Queremos entrar en la posesión infinita de cuanto existe. No buscamos el misterio, somos el misterio. Mi poesía comienza a ser parte material de un ambiente infinitamente espacial, de un ambiente a la vez submarino y subterráneo, a entrar por galerías de vegetación extraordinaria, a conversar a pleno día con fantasmas solares, a explorar la cavidad del mineral escondido en el secreto de la tierra, a determinar las relaciones olvidadas del otoño y del hombre. La atmósfera se oscurece y la aclaran a veces relámpagos recargados de fosforescencia y de terror; una nueva construcción lejos de las palabras más evidentes, más gastadas, aparece en la superficie del aire; un nuevo continente se levanta de la más secreta materia de mi poesía. En poblar estas tierras, en clasificar este reino, en tocar todas sus orillas misteriosas, en apaciguar su espuma, en recorrer su zoología y su geográfica longitud, he pasado años oscuros, solitarios y remotos.

7
México florido y espinudo

Mi gobierno me mandaba a México. Lleno de esa pesadumbre mortal producida por tantos dolores y desorden, llegué en el año 1940 a respirar en la meseta de Anáhuac lo que Alfonso Reyes ponderaba como la región más transparente del aire.

México, con su nopal y su serpiente; México florido y espinudo, seco y huracanado, violento de dibujo y de color, violento de erupción y creación, me cubrió con su sortilegio y su luz sorpresiva.

Lo recorrí por años enteros de mercado a mercado. Porque México está en los mercados. No está en las guturales canciones de las películas, ni en la falsa charrería de bigote y pistola. México es una tierra de pañolones color carmín y turquesa fosforescente. México es una tierra de vasijas y cántaros y de frutas partidas bajo un enjambre de insectos. México es un campo infinito de magüeyes de tinte azul acero y corona de espinas amarillas.

Todo esto lo dan los mercados más hermosos del mundo. La fruta y la lana, el barro y los telares, muestran el poderío asombroso de los dedos mexicanos, fecundos y eternos.

Vagué por México, corrí por todas sus costas, sus altas costas acantiladas, incendiadas por un perpetuo relámpago fosfórico. Desde Topolobambo en Sinaloa, bajé por esos nombres hemisféricos, ásperos nombres que los dioses dejaron de herencia a México cuando en su territorio entraron a mandar los hombres, menos crueles que los dioses. Anduve por todas esas sílabas de misterio y esplendor, por esos sonidos aurorales. Sonora y Yucatán; Anáhuac, que se levanta como un brasero frío donde llegan todos los confusos aromas desde Nayarit hasta Michoacán, desde donde se percibe el humo de la pequeña isla de Janitzio, y el olor de maíz maguey que sube por Jalisco, y el azufre del nuevo volcán de Paricutín juntándose a la humedad fragante de los pescados del lago de Pátzcuaro. México, el último de los países mágicos; mágico de antigüedad y de historia, mágico de música y de geografía. Haciendo mi camino de vagabundo por esas piedras azotadas por la sangre perenne, entrecruzadas por un ancho hilo de sangre y de musgo, me sentí inmenso y antiguo, digno de andar entre tantas creaciones inmemoriales. Valles abruptos atajados por inmensas paredes de roca; de cuando en cuando colinas elevadas recortadas al ras como por un cuchillo; inmensas selvas tropicales, fervientes de madera y de serpientes, de pájaros y de leyendas. En aquel vasto territorio habitado hasta sus últimos confines por la lucha del hombre en el tiempo, en sus grandes espacios encontré que éramos, Chile y México, los países antípodas de América. Nunca me ha conmovido la convencional frase diplomática que hace que el embajador del Japón encuentre en los cerezos de Chile, como el inglés en nuestra niebla de la costa, como el argentino o el alemán en nuestra nieve circundante, encuentren que somos parecidos, muy parecidos a todos los países. Me complace la diversidad terrenal, la fruta terrestre diferenciada en todas las latitudes. No resto nada a México, el país amado, poniéndolo en lo más lejano a nuestro país oceánico y cereal, sino que elevo sus diferencias, para que nuestra América ostente todas sus capas, sus alturas y sus profundidades. Y no hay en América, ni tal vez en el planeta, país de mayor profundidad humana que México y sus hombres. A través de sus aciertos luminosos, como a través de sus errores gigantescos, se ve la misma cadena de grandiosa generosidad, de vitalidad profunda, de inagotable historia, de germinación inacabable.

Por los pueblos pescadores, donde la red se hace tan diáfana que parece una gran mariposa que volviera a las aguas para adquirir las escamas de plata que le faltan; por sus centros mineros en que, apenas salido, el metal se convierte de duro lingote en geometría esplendorosa; por las rutas de donde surgen los conventos católicos espesos y espinosos como cactus colosales; por los mercados donde la legumbre es presentada como una flor y donde la riqueza de colores y sabores llega al paroxismo; nos desviamos un día hasta que, atravesando México, llegamos a Yucatán, cuna sumergida de la más vieja raza del mundo, el idolátrico Mayab. Allí la tierra está sacudida por la historia y la simiente. Junto a la fibra del henequén crecen aún las ruinas llenas de inteligencia y de sacrificios.

Cuando se cruzan los últimos caminos llegamos al inmenso territorio donde aquellos antiguos mexicanos dejaron su bordada historia escondida entre la selva. Allí encontramos una nueva especie de agua, la más misteriosa de todas las aguas terrestres. No es el mar, ni es el arroyo, ni el río, ni nada de las aguas conocidas. En Yucatán no hay agua sino bajo la tierra, y esta se resquebraja de pronto, produciendo unos pozos enormes y salvajes, cuyas laderas llenas de vegetación tropical dejan ver en el fondo un agua profundísima verde y cenital. Los mayas encontraron estas aberturas terrestres llamadas cenotes y las divinizaron con sus extraños ritos. Como en todas las religiones, en un principio consagraron la necesidad y la fecundidad, y en aquella tierra la aridez fue vencida por esas aguas escondidas, para las cuales la tierra se desgajaba.

Entonces, sobre los cenotes sagrados, por miles de años las religiones primitivas e invasoras aumentaron el misterio del agua misteriosa. En las orillas del cenote, cientos de vírgenes condecoradas por la flora y por el oro, después de ceremonias nupciales, fueron cargadas de alhajas y precipitadas desde la altura a las aguas corrientes e insondables. Desde la profundidad subían hasta la superficie las flores y las coronas de las vírgenes, pero ellas quedaban en el fango del suelo remoto, sujetas por sus cadenas de oro.

Las joyas han sido rescatadas en una mínima parte después de miles de años y están bajo las vitrinas de los museos de México y Norteamérica. Pero yo, al entrar en esas soledades, no busqué el oro sino el grito de las doncellas ahogadas. Me parecía oír en los extraños graznidos de los pájaros la ronca agonía de las vírgenes; y en el veloz vuelo con que cruzaban la tenebrosa magnitud del agua inmemorial, adivinaba las manos amarillas de las jóvenes muertas.

Sobre la estatua que alargaba su mano de piedra clara sobre el agua y el aire eternos, vi una vez posarse una paloma. No sé qué águila la perseguiría. Nada tenía que ver en aquel recinto en que las únicas aves, el atajacaminos de voz tartamuda, el quetzal de plumaje fabuloso, el colibrí de turquesa y las aves de rapiña, conquistaban la selva para su carnicería y su esplendor. La paloma se posó en la mano de la estatua, blanca como una gota de nieve sobre las piedras tropicales. La miré porque venía de otro mundo, de un mundo medido y armónico, de una columna pitagórica o de un número mediterráneo. Se detuvo en el margen de las tinieblas, acató mi silencio cuando yo mismo ya pertenecía a ese mundo original, americano, sangriento y antiguo, y voló frente a mis ojos hasta perderse en el cielo.

Los pintores mexicanos

La vida intelectual de México estaba dominada por la pintura.

Estos pintores de México cubrían la ciudad con historia y geografía, con incursiones civiles, con polémicas ferruginosas. En cierta cima excelsa estaba situado José Clemente Orozco, titán manco y esmirriado, especie de Goya de su fantasmagórica patria. Muchas veces conversé con él. Su persona parecía carecer de la violencia que tuvo su obra. Tenía una suavidad de alfarero que ha perdido la mano en el torno y que con la mano restante se siente obligado a continuar creando universos. Sus soldados y soldaderas, sus campesinos fusilados por mayorales, sus sarcófagos con terribles crucificados, son lo más inmortal de nuestra pintura americana y quedarán como la revelación de nuestra crueldad.

Diego Rivera había ya trabajado tanto por esos años y se había peleado tanto con todos, que ya el pintor gigantón pertenecía a la fábula. Al mirarlo, me parecía extraño no descubrirle colas con escamas, o patas con pezuña.

Siempre fue invencionero Diego Rivera. Antes de la Primera Guerra Mundial había publicado Ilya Ehrenburg, en París, un libro sobre sus hazañas y mixtificaciones: *Vida y andanzas de Julio Jurenito.*

Treinta años después, Diego Rivera seguía siendo gran maestro de la pintura y de la fabulación. Aconsejaba comer carne humana como dieta higiénica y de grandes *gourmets.* Daba recetas para cocinar gente de todas las edades. Otras veces se empeñaba en teorizar sobre el amor lesbiano sosteniendo que esta relación era la única normal, según lo probaban los vestigios históricos más remotos encontrados en excavaciones que él mismo había dirigido.

A veces me conversaba por horas moviendo sus capotudos ojos indios y me daba a conocer su origen judío. Otras veces, olvidando la conversación anterior, me juraba que él era el padre del general Rommel, pero que esta confidencia debía quedar muy en secreto porque su revelación podría tener serias consecuencias internacionales.

Su tono de persuasión extraordinario y su calmosa manera de dar los detalles más ínfimos e inesperados de sus mentiras, hacían de él un charlatán maravilloso, cuyo encanto nadie que lo conoció puede olvidar jamás.

David Alfaro Siqueiros estaba entonces en la cárcel. Alguien lo había embarcado en una incursión armada a la casa de Trotski. Lo conocí en la prisión, pero, en verdad, también fuera de ella, porque salíamos con el comandante Pérez Rulfo, jefe de la cárcel, y nos íbamos a tomar unas copas por allí, en donde no se nos viera demasiado. Ya tarde, en la noche, volvíamos y yo despedía con un abrazo a David, que quedaba detrás de sus rejas.

En uno de esos regresos de Siqueiros de la calle a la cárcel, conocí a su hermano, una extrañísima persona llamada Jesús Siqueiros. La palabra *solapado*, pero en el buen sentido, es la que se aproxima a describirlo. Se deslizaba por las paredes sin hacer ruido ni movimiento alguno. De repente lo advertías detrás de ti o a tu lado. Hablaba muy pocas veces y, cuando lo hacía, era apenas un murmullo. Lo que no era obstáculo para que en un pequeño maletín que llevaba consigo, también silenciosamente, transportara cuarenta o cincuenta pistolas. Una vez me tocó abrir, distraídamente, el maletín, y descubrí con estupor aquel arsenal de cachas negras, nacaradas y plateadas.

Todo para nada, porque Jesús Siqueiros era tan pacífico como lo era turbulento su hermano David. Tenía también Jesús dotes de gran artista o actor, una especie de mimo. Sin mover el cuerpo ni las manos, sin emitir un solo sonido, dejando actuar solo su rostro que cambiaba de líneas a voluntad, expresaba a lo vivo, como máscaras sucesivas, el terror, la angustia, la alegría, la ternura. Aquel pálido rostro de fantasma lo acompañaba por entre su laberinto vital de donde emergía, de cuando en cuando, cargado de pistolas que nunca utilizó.

Estos volcánicos pintores mantenían a raya la atención pública. A veces sostenían tremendas polémicas. En una de ellas, agotados los argumentos, Diego Rivera y Siqueiros sacaron grandes pistolas y dispararon casi al mismo tiempo, pero contra las alas de los ángeles de yeso del techo del teatro. Cuando las pesadas plumas de yeso comenzaron a caer sobre las cabezas de los espectadores, estos fueron abandonando el teatro y aquella discusión terminó con un fuerte olor a pólvora y una sala vacía.

Rufino Tamayo no vivía por entonces en México. Desde Nueva York se difundieron sus pinturas, complejas y ardientes, tan representativas de México, como las frutas o los tejidos de los mercados.

No hay paralelo entre la pintura de Diego Rivera y la de David Alfaro Siqueiros. Diego es un clásico lineal; con esa línea infinitamente ondulante, especie de caligrafía histórica, fue atando la historia de México y dándole relieve a hechos, costumbres y tragedias. Siqueiros es la explosión de un temperamento volcánico que combina asombrosa técnica y largas investigaciones.

Entre salidas clandestinas de la cárcel y conversaciones sobre cuanto existe, tramamos Siqueiros y yo su liberación definitiva. Provisto de una visa que yo mismo estampé en su pasaporte, se dirigió a Chile con su mujer, Angélica Arenales.

México había construido una escuela en la ciudad de Chillán, que había sido destruida por los terremotos, y en esa «Escuela México» Siqueiros pintó uno de sus murales extraordinarios. El gobierno de Chile me pagó este servicio a la cultura nacional suspendiéndome de mis funciones de cónsul por dos meses.

Napoleón Ubico

Decidí visitar Guatemala. Hacia allá me encaminé en automóvil. Pasamos por el istmo de Tehuantepec, región dorada de México, con mujeres vestidas como mariposas y un olor a miel y azúcar en el aire. Luego entramos en la gran selva de Chiapas. De noche deteníamos el vehículo asustados por los ruidos, por la telegrafía de la selva. Millares de cigarras emitían un ruido violento, planetario, que parecía increíble. El misterioso México extendía su sombra verde sobre antiguas construcciones, sobre remotas pinturas, joyas y monumentos, cabezas colosales, animales de piedra.

Todo esto yacía en la selva, en la millonaria existencia de lo inaudito mexicano. Pasada la frontera, en lo alto de la América Central, el estrecho camino de Guatemala me deslumbró con sus lianas y follajes gigantescos; y luego con sus plácidos lagos en la altura, como ojos olvidados por dioses extravagantes; y por último con pinares y anchos ríos primordiales en que asomaban como seres humanos, fuera del agua, rebaños de sirénidos y lamantinos.

Pasé una semana conviviendo con Miguel Ángel Asturias, que aún no se había revelado con sus novelas victoriosas. Comprendimos que habíamos nacido hermanos y casi ningún día nos separamos. En la noche planeábamos visitas inesperadas a lejanos parajes de sierras envueltas por la niebla o a puertos tropicales de la United Fruit.

Los guatemaltecos no tenían derecho a hablar y ninguno de ellos conversaba de política delante de otro. Las paredes oían y delataban. En algunas ocasiones deteníamos el carro en lo alto de una meseta y allí, bien seguros de que no había nadie detrás de un árbol, tratábamos ávidamente de la situación.

El caudillo se llamaba Ubico y gobernaba desde hacía muchísimos años. Era un hombre corpulento, de mirada fría, consecuentemente cruel. Él dictaba la ley y nada se movía en Guatemala sin que él expresamente lo dispusiera. Conocí a uno de sus secretarios, ahora amigo mío, revolucionario. Por haberle discutido algo, un pequeño detalle, lo hizo amarrar allí mismo, a una columna del despacho presidencial, y lo azotó sin piedad.

Los poetas jóvenes me pidieron un recital de mi poesía. Enviaron un telegrama a Ubico solicitando el permiso. Todos mis amigos y jóvenes estudiantes llenaban el local. Leí con gusto mis poemas porque me parecía que entreabrían la ventana de aquella prisión tan vasta. El jefe de Policía se sentó conspicuamente en primera fila. Luego supe que cuatro ametralladoras se habían emplazado hacia mí y hacia el público y que estas funcionarían cuando el jefe de Policía abandonara ostensiblemente su butaca e interrumpiera el recital.

Pero no pasó nada, pues el tipo se quedó hasta el fin oyendo mis versos.

Luego quisieron presentarme al dictador, hombre inflamado por locura napoleónica. Se dejaba un mechón sobre la frente, retratándose con frecuencia en la pose de Bonaparte. Me dijeron que era peligroso rechazar tal sugerencia, pero yo preferí no darle la mano y regresé rápidamente a México.

Antología de pistolas

El México de aquel tiempo era más pistolista que pistolero. Había un culto al revólver, un fetichismo de la «cuarenta y cinco». Los pistolones salían a relucir constantemente. Los candidatos a parlamentarios y los periódicos iniciaban campañas de «despistolización», pero luego comprendían que era más fácil extraerle un diente a un mexicano que su queridísima arma de fuego.

Una vez me festejaron los poetas con un paseo en una barca florida. En el lago de Xochimilco se juntaron quince o veinte bardos que me hicieron navegar entre las aguas y las flores, por los canales y vericuetos de aquel estero destinado a paseos florales desde el tiempo de los aztecas. La embarcación va decorada con flores por todos lados, rebosante de figuras y colores espléndidos. Las manos de los mexicanos, como las de los chinos, son incapaces de crear nada feo, ya en piedra, en plata, en barro o en claveles.

Lo cierto es que uno de aquellos poetas se empeñó durante la travesía, después de numerosos tequilas y para rendirme deferente homenaje, en que yo disparara al cielo con su bella pistola que en la empuñadura ostentaba signos de plata y oro. En seguida el colega más cercano extrajo rápidamente la suya de una cartuchera y, llevado por el entusiasmo, dio un manotazo a la del primer oferente y me invitó a que yo hiciera los disparos con el arma de su propiedad. Al alboroto acudieron los demás rapsodas, cada uno desenfundó con decisión su pistola, y todos las enarbolaron alrededor de mi cabeza para que yo eligiera la suya y no la de los otros. Aquel palio movedizo de pistolas que se me cruzaban frente a la nariz o me pasaban bajo los sobacos, se tornaba cada vez más amenazante, hasta que se me ocurrió tomar un gran sombrero típico y recogerlas todas en su seno, tras pedírselas al batallón de poetas en nombre de la poesía y de la paz. Todos obedecieron y de ese modo logré confiscarles las armas por varios días, guardándoselas en mi casa. Pienso que he sido el único poeta en cuyo honor se ha compuesto una antología de pistolas.

Por qué Neruda

La sal del mundo se había reunido en México. Escritores exilados de todos los países habían acampado bajo la libertad mexicana, en tanto la guerra se prolongaba en Europa, con victoria tras victoria de las fuerzas de Hitler que ya habían ocupado Francia e Italia. Allí estaban Anna Seghers y el hoy desaparecido humorista checo Egon Erwin Kish, entre otros. Este Kish dejó algunos libros fascinantes y yo admiraba mucho su gran ingenio, su infantil entremetimiento y sus conocimientos de prestidigitación. Apenas entraba a mi casa se sacaba un huevo de una oreja, o se iba tragando por cuotas hasta siete monedas que bastante falta le hacían al pobre gran escritor desterrado. Ya nos habíamos conocido en España y como él manifestaba la insistente curiosidad de saber por qué motivo me llamaba yo Neruda sin haber nacido con ese apellido, yo le decía en broma:

—Gran Kish, tú fuiste el descubridor del misterio del coronel Redl —famoso caso de espionaje acaecido en Austria en 1914—, pero nunca aclararás el misterio de mi nombre Neruda.

Y así fue. Moriría en Praga, en medio de todos los honores que alcanzó a darle su patria liberada, pero nunca lograría investigar aquel intruso profesional por qué Neruda se llamaba Neruda.

La respuesta era demasiado simple y tan falta de maravilla que me la callaba cuidadosamente. Cuando yo tenía catorce años de edad, mi padre perseguía denodadamente mi actividad literaria. No estaba de acuerdo con tener un hijo poeta. Para encubrir la publicación de mis primeros versos me busqué un apellido que lo despistara totalmente. Encontré en una revista ese nombre checo, sin saber siquiera que se trataba de un gran escritor, venerado por todo un pueblo, autor de muy hermosas baladas y romances y con monumento erigido en el barrio Malá Strana de Praga. Apenas llegado a Checoslovaquia, muchos años después, puse una flor a los pies de su estatua barbuda.

La víspera de Pearl Harbor

Llegaban a mi casa los españoles Wenceslao Roces, de Salamanca, y Constancia de la Mora, republicana, pariente del duque de Maura, cuyo libro *In place of splendor* fue un *best seller* en Norteamérica, y León Felipe, Juan Rejano, Moreno Villa, Herrera Petere, poetas, y Miguel Prieto y Rodríguez Luna, pintores, todos españoles. Los italianos Vittorio Vidale, famoso por haber sido el comandante Carlos del 5.° Regimiento, y Mario Montagnana, desterrados italianos, llenos de recuerdos, de asombrosas historias y de cultura siempre en movimiento. Por ahí andaban también Jacques Soustelle y Gilbert Medioni. Estos eran los jefes gaullistas, representantes de Francia Libre. Además pululaban los exilados voluntarios o forzosos de Centroamérica, guatemaltecos, salvadoreños, hondureños. Todo esto llenaba a México de un interés multinacional y a veces mi casa, vieja quinta del barrio de San Ángel, latía como si allí estuviera el corazón del mundo.

Con este Soustelle, que entonces era socialista de izquierda y que años más tarde daría tanto que hacer al presidente De Gaulle como jefe político de los golpistas de Argelia, me sucedió algo que debo relatar:

Había avanzado el año de 1941. Los nazis sitiaban a Leningrado y se adentraban en territorio soviético. Los zorros militaristas japoneses comprometidos en el eje Berlín-Roma-Tokio, corrían el peligro de que Alemania ganara la guerra y se quedaran ellos sin su parte en el botín. Diversos rumores circulaban por el mundo. Se señalaba la hora cero en que el inmenso poder japonés se desataría en Extremo Oriente. Mientras tanto, una misión de paz japonesa hacía zalemas en Washington al gobierno norteamericano. No cabía duda de que los japoneses atacarían de pronto y por sorpresa, ya que la «guerra relámpago» era la moda sangrienta de la época.

Debo contar, para que mi historia se comprenda, que una vieja línea nipona de vapores unía al Japón con Chile. Yo viajé más de una vez en esos barcos y los conocía muy bien. Se detenían en nuestros puertos y sus capitanes se dedicaban a comprar hierro viejo y a tomar fotografías. Tocaban todo el litoral chileno, peruano y ecuatoriano, y seguían hasta el puerto mexicano de Manzanillo, desde donde enfilaban la proa hacia Yokohama atravesando el Pacífico.

Pues bien, un día, siendo yo aún cónsul general de Chile en México, recibí la visita de siete japoneses que pedían apresuradamente una visa para Chile. Venían del litoral norteamericano, de San Francisco, de Los Ángeles, y de otros puertos. Sus rostros denotaban cierta inquietud.

Estaban bien vestidos y documentados, tenían traza de ingenieros o industriales ejecutivos.

Les pregunté, naturalmente, por qué querían partir a Chile en el primer avión, ya que venían recién llegando. Me respondieron que deseaban tomar un barco japonés en el puerto chileno de Tocopilla, puerto salitrero del norte de Chile. Les respondí que para tal cosa no necesitaban viajar a Chile, en el otro extremo del continente, puesto que esos mismos barcos japoneses tocaban en el puerto mexicano de Manzanillo, a donde podían dirigirse a pie si querían y llegarían a tiempo.

Se miraron y sonrieron confusos. Hablaron entre sí, en su idioma. Se consultaron con el secretario de la embajada japonesa, que los acompañaba.

Este resolvió ser franco conmigo y me dijo:

—Mire, colega, sucede que este barco ha cambiado su itinerario y no tocará más en Manzanillo. Es, pues, en el puerto chileno donde lo deben tomar estos distinguidos especialistas.

Rápidamente pasó por mi cabeza la visión confusa de hallarme ante algo muy importante. Les pedí sus pasaportes, sus fotografías, sus datos de trabajo en los Estados Unidos, etcétera, y en seguida les dije que volvieran al día siguiente.

No estuvieron de acuerdo. La visación la necesitaban de inmediato y pagarían cualquier precio por ella.

Como lo que yo procuraba era ganar tiempo, les manifesté que no estaba en mis atribuciones otorgar visas en forma instantánea y que hablaríamos al día siguiente.

Me quedé solo.

Poco a poco se fue recomponiendo en mi cabeza el enigma. Por qué la escapatoria precipitada desde Norteamérica y la extrema urgencia de la visación? Y el barco japonés por primera vez en treinta años desviaba su ruta? Qué quería decir esto?

En mi cabeza se hizo la luz. Se trataba de un grupo importante y bien informado, con toda seguridad del espionaje japonés, que escapaba de Estados Unidos, ante la inminencia de algo grave por suceder. Y esto no podía ser otra cosa que la participación de Japón en la guerra. Los japoneses de mi historia estaban en el secreto.

La conclusión a que llegué me produjo un nerviosismo extremo. Qué podía hacer?

De los representantes de las naciones aliadas en México no conocía ni a ingleses ni a norteamericanos. Solo estaba en relación directa con aquellos que habían sido acreditados oficialmente como delegados del general De Gaulle y con acceso al gobierno mexicano.

Me comuniqué con ellos rápidamente. Les expliqué la situación. Teníamos en la mano los nombres y los datos de estos japoneses. Si los franceses se decidían a intervenir, quedarían atrapados. Argumenté entusiasmado y luego impaciente ante la impasibilidad de los representantes gaullistas.

—Jóvenes diplomáticos —les dije—. Llénense de gloria y descubran el secreto de estos agentes nipones. Por mi parte, no les daré la visa. Pero ustedes deben tomar una resolución inmediata.

Este tira y afloja duró dos días más. Soustelle no se interesó en el asunto. No quisieron hacer nada. Y yo, simple cónsul chileno, no podía ir más allá. Ante mi negativa a concederles la visa, los japoneses se proveyeron rápidamente de pasaportes diplomáticos, acudieron a la Embajada de Chile, y llegaron a tiempo para embarcarse en Tocopilla.

Una semana después el mundo despertaba con el anuncio del bombardeo de Pearl Harbor.

Yo, el malacólogo

Se publicó en un diario de Chile, hace años, que cuando mi buen amigo el célebre profesor Julian Huxley llegó a Santiago, en el aeropuerto, preguntó por mí:

—¿El poeta Neruda? —le respondieron los periodistas.

—No. No conozco a ningún poeta Neruda. Quiero hablar con el malacólogo Neruda.

Esta palabra griega, malacólogo, significa especialista en moluscos.

Me dio gran placer esta historieta destinada a molestarme, y que no podía ser verdadera porque nos conocíamos con Huxley desde hacía años y, por cierto, que es un tipo chispeante y mucho más vivo y auténtico que su famoso hermano Aldous.

En México me fui por las playas, me sumergí en las aguas transparentes y cálidas, y recogí maravillosas conchas marinas. Luego en Cuba y en otros sitios, así como por intercambio y compra, regalo y robo (no hay coleccionista honrado), mi tesoro marino se fue acrecentando hasta llenar habitaciones y habitaciones de mi casa.

Tuve las especies más raras de los mares de China y Filipinas, del Japón y del Báltico; caracoles antárticos y polymitas cubanas; o caracoles pintores vestidos de rojo y azafrán, azul y morado, como bailarinas del Caribe. A decir verdad, una de las pocas especies que me faltaron fue un caracol de tierra del Mato Grosso brasileño, que vi una vez y no pude comprar, ni viajar a la selva para recogerlo. Era totalmente verde, con una belleza de esmeralda joven.

Exageré este caracolismo hasta visitar mares remotos. Mis amigos también comenzaron a buscar conchas marinas, a encaracolarse.

En cuanto a los que me pertenecían, cuando ya pasaron de quince mil, empezaron a ocupar todas las estanterías y a caerse de las mesas y de las sillas. Los libros de caracología o malacología, como se les llame, llenaron mi biblioteca. Un día lo agarré todo y en inmensos cajones los llevé a la Universidad de Chile, haciendo así mi primera donación al *alma mater.* Ya era una colección famosa. Como buena institución sudamericana, mi universidad los recibió con loores y discursos y los sepultó en un sótano. Nunca más se han visto.

ARAUCANÍA

Mientras estuve lejos, destacado en las islas del lejano archipiélago, susurraba el mar y el silencioso mundo estaba lleno de cosas que hablaban a mi soledad. Pero las guerras frías y calientes mancharon el servicio consular y fueron haciendo de cada cónsul un autómata sin personalidad, que nada puede decidir y cuya labor se aproxima sospechosamente a la de la policía.

El ministerio me imponía que averiguara los orígenes raciales de las gentes, africanos, asiáticos o israelitas. Ninguno de estos grupos humanos podía entrar en mi patria.

La tontería alcanzaba a grados tan extremos que yo mismo fui víctima de ella cuando fundé, sin ninguna plata del fisco chileno, una revista primorosa. La titulé *Araucanía* y puse en la portada el retrato de una bella araucana, riéndose con todos sus dientes. Esto bastó para que el Ministerio de Relaciones de entonces me llamara severamente la atención por lo que estimaba un desacato. Y eso que el presidente de la República era don Pedro Aguirre Cerda, en cuyo simpático y noble rostro se veían todos los elementos de nuestro mestizaje.

Ya se sabe que los araucanos fueron aniquilados y, por fin, olvidados o vencidos, y la historia la escriben o los vencedores o los que disfrutaron de la victoria. Pero pocas razas hay sobre la tierra más dignas que la raza araucana. Alguna vez veremos universidades araucanas, libros impresos en araucano, y nos daremos cuenta de todo lo que hemos perdido en diafanidad, en pureza y en energía volcánica.

Las absurdas pretensiones «racistas» de algunas naciones sudamericanas, productos ellas mismas de múltiples cruzamientos y mestizajes, es una tara de tipo colonial. Quieren montar un tinglado donde unos cuantos *snobs*, escrupulosamente blancos, o blancuzcos, se presenten en sociedad, gesticulando ante los arios puros o los turistas sofisticados. Por suerte todo eso va quedando atrás y la ONU se está llenando de representantes negros y mongólicos, es decir, el follaje de las razas humanas está mostrando, con la savia de la inteligencia que asciende, todos los colores de sus hojas.

Terminé por fatigarme y un día cualquiera renuncié para siempre a mi puesto de cónsul general.

Magia y misterio

Además me di cuenta de que el mundo mexicano, reprimido, violento y nacionalista, envuelto por su cortesía precolombina, continuaría tal como era sin mi presencia ni mi testimonio.

Cuando decidí regresar a mi país comprendía menos la vida mexicana que cuando llegué a México.

Las artes y las letras se producían en círculos rivales, pero ay de aquel que desde afuera tomara partido en pro o en contra de alguno o de algún grupo: unos y otros le caían encima.

Cuando ya me preparé a partir me hicieron objeto de una manifestación monstruosa: una comida de cerca de tres mil personas, sin contar a centenares que no encontraron sitio. Varios presidentes de la República enviaron su adhesión. No obstante, México es la piedra de toque de las Américas y no por azar se talló allí el calendario solar de la América antigua, el círculo central de la irradiación, de la sabiduría y del misterio.

Todo podía pasar, todo pasaba. El único diario de la oposición era subvencionado por el gobierno. Era la democracia más dictatorial que pueda concebirse.

Recuerdo un acontecimiento trágico que me conmovió terriblemente. Una huelga se prolongaba en una fábrica sin que se vislumbrara solución. Las mujeres de los huelguistas se reunieron y acordaron visitar al presidente de la República, para contarle tal vez sus privaciones y sus angustias. Por supuesto que no llevaban armas. Por el camino adquirieron algunas flores para obsequiárselas al mandatario o a su señora. Las mujeres iban penetrando al palacio cuando un guardia las detuvo. No podían continuar. El señor presidente no las recibiría. Debían dirigirse al ministerio correspondiente. Además, era preciso que desalojaran el sitio. Era una orden terminante.

Las mujeres alegaron su causa. No ocasionarían la menor molestia. Querían solamente entregar esas flores al presidente y pedirle que solucionara la huelga pronto. Les faltaba alimentación para sus hijos; no podían seguir así. El oficial de la guardia se negó a llevar ningún recado. Las mujeres, por su parte, no se retiraron.

Entonces se oyó una descarga cerrada que provenía de la guardia del palacio. Seis o siete mujeres quedaron muertas en el lugar, y muchas otras, heridas.

Al día siguiente se efectuaron los apresurados funerales. Pensaba yo que un inmenso cortejo acompañaría a aquellas urnas de las mujeres asesinadas. No obstante, escasas personas se reunieron. Eso sí, habló el gran líder sindical. Este era conocido como un eminente revolucionario. Su discurso en el cementerio fue estilísticamente irreprochable. Lo leí completo al día siguiente en los periódicos. No contenía una sola línea de protesta, no había una palabra de ira, ni ningún requerimiento para que se juzgara a los responsables de un hecho tan atroz. Dos semanas más tarde ya nadie hablaba de la masacre. Y nunca he visto escrito que alguien la recordara después.

El presidente era un emperador azteca, mil veces más intocable que la familia real de Inglaterra. Ningún periódico, ni en broma ni en serio, podía criticar al excelso funcionario sin recibir de inmediato un golpe mortífero.

Lo pintoresco envuelve de tal manera los dramas mexicanos que uno vive pasmado ante la alegoría; una alegoría que se aleja más y más de la palpitación intrínseca, del esqueleto sangriento. Los filósofos se han tornado preciosistas, lanzados a disquisiciones existenciales que junto al volcán parecen ridículas. La acción civil es entrecortada y difícil. El sometimiento adopta diversas corrientes que se estratifican alrededor del trono.

Pero todo lo mágico surge y resurge siempre en México. Desde un volcán que le comenzó a nacer a un campesino en su pobre huerto, mientras sembraba frijoles. Hasta la desenfrenada búsqueda del esqueleto de Cortés, que según se dice descansa en México con su yelmo de oro cubriendo secularmente el cráneo del conquistador. Y la no menos intensa persecución de los restos del emperador azteca Cuauhtémoc, perdidos desde hace cuatro siglos, y que de pronto aparecen aquí o allá, custodiados por indios secretos, para volverse a sumergir sin tregua en la noche inexplicable.

México vive en mi vida como una pequeña águila equivocada que circula en mis venas. Solo la muerte le doblegará las alas sobre mi corazón de soldado dormido.

8

La patria en tinieblas

Machu Picchu

El Ministerio se apresuró a aceptar el fin voluntario de mi carrera.

Mi suicidio diplomático me proporcionó la más grande alegría: la de poder regresar a Chile. Pienso que el hombre debe vivir en su patria y creo que el desarraigo de los seres humanos es una frustración que de alguna manera u otra entorpece la claridad del alma. Yo no puedo vivir sino en mi propia tierra; no puedo vivir sin poner los pies, las manos y el oído en ella, sin sentir la circulación de sus aguas y de sus sombras, sin sentir cómo mis raíces buscan en su légamo las sustancias maternas.

Pero antes de llegar a Chile hice otro descubrimiento que agregaría un nuevo estrato al desarrollo de mi poesía.

Me detuve en el Perú y subí hasta las ruinas de Machu Picchu. Ascendimos a caballo. Por entonces no había carretera. Desde lo alto vi las antiguas construcciones de piedra rodeadas por las altísimas cumbres de los Andes verdes. Desde la ciudadela carcomida y roída por el paso de los siglos se despeñaban torrentes. Masas de neblina blanca se levantaban desde el río Willkamayu. Me sentí infinitamente pequeño en el centro de aquel ombligo de piedra; ombligo de un mundo deshabitado, orgulloso y eminente, al que de algún modo yo pertenecía. Sentí que mis propias manos habían trabajado allí en alguna etapa lejana, cavando surcos, alisando peñascos.

Me sentí chileno, peruano, americano. Había encontrado en aquellas alturas difíciles, entre aquellas ruinas gloriosas y dispersas, una profesión de fe para la continuación de mi canto.

Allí nació mi poema «Alturas de Macchu Picchu».

La pampa salitrera

A fines de 1943 llegaba de nuevo a Santiago. Me instalé en mi propia casa, adquirida a largo plazo por el sistema de previsión. En este hogar de grandes árboles junté mis libros y comencé otra vez la difícil vida.

Busqué de nuevo la hermosura de mi patria, la fuerte belleza de la naturaleza, el encanto de las mujeres, el trabajo de mis compañeros, la inteligencia de mis compatriotas.

El país no había cambiado. Campos y aldeas dormidas, pobreza terrible de las regiones mineras y la gente elegante llenando su Country Club. Había que decidirse.

Mi decisión me causó persecuciones y minutos estelares.

Qué poeta podría arrepentirse?

Curzio Malaparte, que me entrevistó años después de lo que voy a relatar, lo dijo bien en su artículo: «No soy comunista, pero si fuera poeta chileno, lo sería, como Pablo Neruda lo es. Hay que tomar partido aquí, por los Cadillacs, o por la gente sin escuela y sin zapatos».

Esta gente sin escuela y sin zapatos me eligió senador de la República el 4 de marzo de 1945. Llevaré siempre con orgullo el hecho de que votaron por mí millares de chilenos de la región más dura de Chile, región de la gran minería, cobre y salitre.

Era difícil y áspero caminar por la pampa. Por medio siglo no llueve en esas regiones y el desierto ha dado fisonomía a los mineros. Son hombres de rostros quemados; toda su expresión de soledad y de abandono se deposita en los ojos de oscura intensidad. Subir del desierto hacia la cordillera, entrar en cada casa pobre, conocer las inhumanas faenas, y sentirse depositario de las esperanzas del hombre aislado y sumergido, no es una responsabilidad cualquiera. Sin embargo, mi poesía abrió el camino de comunicación y pude andar y circular y ser recibido como un hermano imperecedero, por mis compatriotas de vida dura.

No recuerdo si fue en París o en Praga que me sobrevino una pequeña duda sobre el enciclopedismo de mis amigos ahí presentes. Casi todos ellos eran escritores, estudiantes los menos.

—Estamos hablando mucho de Chile —les dije—, seguramente porque yo soy chileno. Pero, saben ustedes algo de mi lejanísimo país? Por ejemplo, en qué vehículos nos movilizamos? En elefante, en automóvil, en tren, en avión, en bicicleta, en camello, en trineo?

La contestación mayoritaria fue muy en serio: en elefante.

En Chile no hay elefantes ni camellos. Pero comprendo que resulte enigmático un país que nace en el helado Polo Sur y llega hasta los salares y desiertos donde no llueve hace un siglo. Esos desiertos tuve que recorrerlos durante años como senador electo por los habitantes de aquellas soledades, como representante de innumerables trabajadores del salitre y del cobre que nunca usaron cuello ni corbata.

Entrar en aquellas planicies, enfrentarse a aquellos arenales, es entrar en la luna. Esa especie de planeta vacío guarda la gran riqueza de mi país, pero es preciso sacar de la tierra seca y de los montes de piedra, el abono blanco y el mineral colorado. En pocos sitios del mundo la vida es tan dura y al par tan desprovista de todo halago para vivirla. Cuesta indecibles sacrificios transportar el agua, conservar una planta que dé la flor más humilde, criar un perro, un conejo, un cerdo.

Yo procedo del otro extremo de la república. Nací en tierras verdes, de grandes arboledas selváticas. Tuve una infancia de lluvia y nieve. El hecho solo de enfrentarme a aquel desierto lunar significaba un vuelco en mi existencia. Representar en el Parlamento a aquellos hombres, a su aislamiento, a sus tierras titánicas, era también una difícil empresa. La tierra desnuda, sin una sola hierba, sin una gota de agua, es un secreto inmenso y huraño. Bajo los bosques, junto a los ríos, todo le habla al ser humano. El desierto, en cambio, es incomunicativo. Yo no entendía su idioma, es decir, su silencio.

Durante muchos años las empresas salitreras instituyeron verdaderos dominios, señoríos o reinos en la pampa. Los ingleses, los alemanes, toda suerte de invasores cerraron los territorios de la producción y les dieron el nombre de oficinas. Allí impusieron una moneda propia; impidieron toda reunión; proscribieron los partidos y la prensa popular. No se podía entrar a los recintos sin autorización especial, que por cierto muy pocos lograban.

Estuve una tarde conversando con los obreros de una maestranza en las oficinas salitreras de María Elena. El suelo del enorme taller está siempre enfangado por el agua, el aceite y los ácidos. Los dirigentes sindicales que me acompañaban y yo pisábamos sobre un tablón que nos aislaba del barrizal.

—Estos tablones —me dijeron— nos costaron quince huelgas sucesivas, ocho años de peticiones y siete muertos.

Lo último se debió a que en una de esas huelgas la policía de la compañía se llevó a siete dirigentes. Los guardias iban a caballo, mientras los obreros amarrados a una cuerda los seguían a pie por los solitarios arenales. Con algunas descargas los asesinaron. Sus cuerpos quedaron tendidos bajo el sol y el frío del desierto, hasta que fueron encontrados y enterrados por sus compañeros.

Anteriormente las cosas fueron mucho peores. Por ejemplo, en el año de 1907, en Iquique, los huelguistas bajaron a la ciudad desde todas las oficinas salitreras, para plantear sus solicitudes directamente al gobierno. Miles de hombres extenuados por la travesía se juntaron a descansar en una plaza, frente a una escuela. Por la mañana irían a ver al gobernador, a exponerle sus peticiones. Pero nunca pudieron hacerlo. Al amanecer, las tropas dirigidas por un coronel rodearon la plaza. Sin hablar comenzaron a disparar, a matar. Más de seis mil hombres cayeron en aquella masacre.

En 1945 las cosas andaban mejor, pero a veces me parecía que retornaba el tiempo del exterminio. Una vez se me prohibió dirigirme a los obreros en el local del sindicato. Yo los llamé fuera del recinto y en pleno desierto comencé a explicarles la situación, las posibles salidas del conflicto. Éramos unos doscientos. De pronto escuché un ruido de motores y observé cómo se acercaba, hasta a cuatro o cinco metros de mis palabras, un tanque del Ejército. Se abrió la tapa y surgió de la abertura una ametralladora que apuntaba a mi cabeza. Junto al arma se irguió un oficial, muy relamido pero muy serio, que se dedicó a mirarme mientras yo continuaba mi discurso. Eso fue todo.

La confianza puesta en los comunistas por aquella multitud de obreros, muchos de ellos analfabetos, había nacido con Luis Emilio Recabarren, quien inició sus luchas en esa zona desértica. De simple agitador obrero, antiguo anarquista, Recabarren se convirtió en una presencia fantasmagórica y colosal. Llenó el país de sindicatos y federaciones. Llegó a publicar más de quince periódicos destinados exclusivamente a la defensa de las nuevas organizaciones que había creado. Todo sin un centavo. El dinero salía de la nueva conciencia que asumían los trabajadores.

Me tocó ver en ciertos sitios las prensas de Recabarren, que habían servido en forma tan heroica y seguían trabajando cuarenta años después. Algunas de esas máquinas fueron golpeadas por la policía hasta la destrucción, y luego habían sido cuidadosamente reparadas. Se les notaban las enormes cicatrices bajo las soldaduras amorosas que las hicieron andar de nuevo.

Me acostumbré en aquellas largas giras a alojarme en las pobrísimas casas, casuchas o cabañas de los hombres del desierto. Casi siempre me esperaba un grupo, con pequeñas banderas, a la entrada de las empresas. Luego me mostraban el sitio en que descansaría. Por mi aposento desfilaban durante todo el día mujeres y hombres con sus quejas laborales, con sus conflictos más o menos íntimos. A veces las quejas asumían un carácter que tal vez un extraño juzgaría humorístico, caprichoso, incluso grotesco. Por ejemplo, la falta de té podía ser para ellos motivo de una huelga de grandes consecuencias. Son concebibles urgencias tan londinenses en una región tan desolada? Pero lo cierto es que el pueblo chileno no puede vivir sin tomar té varias veces al día. Algunos de los obreros descalzos, que me preguntaban angustiados la razón de la escasez del exótico pero imprescindible brebaje, me argumentaban a guisa de disculpa:

—Es que si no tomamos, nos da un terrible dolor de cabeza.

Aquellos hombres encerrados en muros de silencio, sobre la tierra solitaria y bajo el solitario cielo, tuvieron siempre una curiosidad política vital. Querían saber qué pasaba, tanto en Yugoslavia como en China. Les preocupaban las dificultades y los cambios en los países socialistas, el resultado de las grandes huelgas italianas, los rumores de guerras, el despuntar de revoluciones en los sitios más lejanos.

En cientos de reuniones, muy lejos la una de la otra, escuchaba una petición constante: que les leyera mis poemas. Muchas veces me los pedían por sus títulos. Naturalmente que nunca supe si todos entendían o no entendían algunos o muchos versos míos. Era difícil determinarlo en aquella atmósfera de mutismo absoluto, de sagrado respeto con que me escuchaban. Pero, qué importancia tiene eso? Yo, que soy uno de los tontos más ilustrados, jamás he podido entender no pocos versos de Hölderlin y de Mallarmé. Y conste que los he leído con el mismo sagrado respeto.

La comida, cuando quería adquirir rasgos de fiesta, era una cazuela de gallina, *rara avis* en la pampa. La vianda que más acudía a los platos era algo para mí difícil de meterle el diente: el guisado de cuyes o conejillos de India. Las circunstancias hacían un plato favorito de este animalito nacido para morir en los laboratorios.

Las camas que me tocaron invariablemente, en las innumerables casas donde dormía, tenían dos características conventuales. Unas sábanas blancas como la nieve y tiesas a fuerza de almidón; capaces de sostenerse solas en pie. Y una dureza del lecho equiparable a la de la tierra del desierto; no conocían colchón sino unas tablas tan lisas como implacables.

Así y todo me dormía como un bendito. Sin ningún esfuerzo entraba a compartir el sueño con la innumerable legión de mis compañeros. El día era siempre seco e incandescente como una brasa, pero la noche del desierto extendía su frescura bajo una copa primorosamente estrellada.

Mi poesía y mi vida han transcurrido como un río americano, como un torrente de aguas de Chile, nacidas en la profundidad secreta de las montañas australes, dirigiendo sin cesar hacia una salida marina el movimiento de sus corrientes. Mi poesía no rechazó nada de lo que pudo traer en su caudal; aceptó la pasión, desarrolló el misterio, y se abrió paso entre los corazones del pueblo.

Me tocó padecer y luchar, amar y cantar; me tocaron en el reparto del mundo, el triunfo y la derrota, probé el gusto del pan y el de la sangre. Qué más quiere un poeta? Y todas las alternativas, desde el llanto hasta los besos, desde la soledad hasta el pueblo, perviven en mi poesía, actúan en ella, porque he vivido para mi poesía, y mi poesía ha sustentado mis luchas. Y si muchos premios he alcanzado, premios fugaces como mariposas de polen fugitivo, he alcanzado un premio mayor, un premio que muchos desdeñan pero que es en realidad para muchos inalcanzable. He llegado a través de una dura lección de estética y de búsqueda, a través de los laberintos de la palabra escrita, a ser poeta de mi pueblo. Mi premio es ese, no los libros y los poemas traducidos o los libros escritos para describir o disecar mis palabras. Mi premio es ese momento grave de mi vida cuando en el fondo del carbón de

Lota, a pleno sol en la calichera abrasada, desde el socavón del pique ha subido un hombre como si ascendiera desde el infierno, con la cara transformada por el trabajo terrible, con los ojos enrojecidos por el polvo y, alargándome la mano endurecida, esa mano que lleva el mapa de la pampa en sus durezas y en sus arrugas, me ha dicho, con ojos brillantes: «Te conocía desde hace mucho tiempo, hermano». Ese es el laurel de mi poesía, ese agujero en la pampa terrible, de donde sale un obrero a quien el viento y la noche y las estrellas de Chile le han dicho muchas veces: «No estás solo; hay un poeta que piensa en tus dolores».

Ingresé al Partido Comunista de Chile el 15 de julio de 1945.

González Videla

Hasta el Senado llegaban difícilmente las amarguras que yo y mis compañeros representábamos. Aquella cómoda sala parlamentaria estaba como acolchada para que no repercutiera en ella el vocerío de las multitudes descontentas. Mis colegas del bando contrario eran expertos académicos en el arte de las grandes alocuciones patrióticas y bajo todo ese tapiz de seda falsa que desplegaban, me sentía ahogado.

Pronto se renovó la esperanza, porque uno de los candidatos a la presidencia, González Videla, juró hacer justicia, y su elocuencia activa le atrajo gran simpatía. Yo fui nombrado jefe de propaganda de su campaña y llevé a todas partes del territorio la buena nueva.

Por arrolladora mayoría de votos el pueblo lo eligió presidente.

Pero los presidentes en nuestra América criolla sufren muchas veces una metamorfosis extraordinaria. En el caso que relato, rápidamente cambió de amigos el nuevo mandatario, entroncó su familia con la «aristocracia» y poco a poco se convirtió de demagogo en magnate.

La verdad es que González Videla no entra en el marco de los típicos dictadores sudamericanos. Hay en Melgarejo, de Bolivia, o en el general Gómez, de Venezuela, yacimientos telúricos reconocibles. Tienen el signo de cierta grandeza y parecen movidos por una fuerza desolada, no por eso menos implacable. Desde luego, ellos fueron caudillos que se enfrentaron a las batallas y a las balas.

González Videla fue, por el contrario, un producto de la cocinería política, un frívolo impenitente, un débil que aparentaba fortaleza.

En la fauna de nuestra América, los grandes dictadores han sido saurios gigantescos, sobrevivientes de un feudalismo colosal en tierras prehistóricas. El judas chileno fue solo un aprendiz de tirano y en la escala de los saurios no pasaría de ser un venenoso lagarto. Sin embargo, hizo lo suficiente para descalabrar a Chile. Por lo menos retrocedió al país en su historia. Los chilenos se miraban con vergüenza sin entender exactamente cómo había ido pasando todo aquello.

El hombre fue un equilibrista, un acróbata de asamblea. Logró situarse en un espectacular izquierdismo. En esta «comedia de mentiras» fue un redomado campeón. Esto nadie lo discute. En un país en que, por lo general, los políticos son o parecen ser demasiado serios, la gente agradeció la llegada de la frivolidad, pero cuando este bailarín de conga se salió de madre ya era demasiado tarde: los presidios estaban llenos de perseguidos políticos y hasta se abrieron campos de concentración como el de Pisagua. El estado policial se instaló, entonces, como una novedad nacional. No había otro camino que aguantarse y luchar en forma clandestina por el retorno a la decencia.

Muchos de los amigos de González Videla, gente que le acompañó hasta el fin en sus trajines electorales, fueron llevados a prisiones en la alta cordillera o en el desierto por disentir de su metamorfosis.

La verdad es que la envolvente clase alta, con su poderío económico, se había tragado una vez más al gobierno de nuestra nación, como tantas veces había ocurrido. Pero en esta oportunidad la digestión fue incómoda y Chile pasó por una enfermedad que oscilaba entre la estupefacción y la agonía.

El presidente de la República, elegido por nuestros votos, se convirtió, bajo la protección norteamericana, en un pequeño vampiro vil y encarnizado. Seguramente sus remordimientos no lo dejaban dormir, a pesar de que instaló, vecinas al Palacio de Gobierno, *garzonieres* y prostíbulos privados, con alfombras y espejos para sus deleites. El miserable tenía una mentalidad insignificante, pero retorcida. En la misma noche que comenzó su gran represión anticomunista invitó a cenar a dos o tres dirigentes obreros. Al terminar la comida bajó con ellos las escaleras del palacio y, enjugándose unas lágrimas, los abrazó diciéndoles: «Lloro porque he ordenado encarcelarlos. A la salida los van a detener. Yo no sé si nos veremos más».

Retrato de un arribista

Gabriela Mistral en Nápoles me reprochaba la elección de González Videla como presidente de la República de Chile. Con esa vocecita canturreada pero no menos implacable de la poetisa, me lo refregaba como si fuera un acto personal, como si yo y los comunistas hubiéramos tenido la culpa. La culpa de qué? La culpa de no ser adivinos?

Pero Gabriela, por qué no lo dijo entonces? Siempre llegan estos consejos tardíos que sirven como palos a un burro muerto. Por muy políticos que seamos los comunistas no tenemos el don de la adivinación.

Como me escuchaba con esos ojos grandotes y serenos en que todo caía como esas piedras que uno a veces lanza al agua, y que el agua se traga sin salir de su inmovilidad, le tracé a Gabriela parte de los acontecimientos. En el ambiente tímido y tibio de la socialdemocracia chilena, el único que parecía valiente y aguerrido era González Videla. Fue elegido presidente de los antifranquistas, de los antiperonistas, de los judíos que querían una nación hebrea, de cuanta asociación agitara las consignas de la lucha popular de ese momento. Ningún otro hombre de las filas de su partido mostraba interés alguno por las causas del pueblo, por la reforma agraria, por las reivindicaciones obreras, por la lucha contra el imperio norteamericano. Está claro que una vez llegado a la Presidencia metió frenos a los antifranquistas, a los líderes obreros, traicionó rápidamente a los sionistas cuya presidencia ejercía, clausuró los periódicos sindicales, disolvió a los huelguistas mineros a sangre y fuego. Pero esto fue la culminación de un proceso más lento. Ahora han salido a la luz, publicados por el departamento de Estado, los informes del embajador norteamericano de aquella época, Claude Bowers.

Este hombre cándido estaba al tanto de todo lo que iba a hacer González Videla, y con mucha anterioridad. Sabía lo que supo de antemano, y así lo informa, lo que el traidor traicionaría, lo que el vendedor vendería, lo que el renegado recibiría.

Yo trabajaba en París cuando lo conocí. Mi trabajo era congregar y llevar a Chile a los españoles republicanos derrotados. A la covacha que me destinaron en la Embajada de Chile llegó un día el nuevo embajador; era este mismísimo que sería presidente. Yo no lo conocía.

Era un hombre bajito, vestido con ostentosa vulgaridad. Cubría su pensamiento mostrando dos corridas de grandes dientes recién comprados.

Se presentó mostrándome un ideal apropiado para mis sentimientos, me dijo que quería entrar a La Sorbona, que quería estudiar, que sabía muy poco de todo, que su educación había sido apresurada e incompleta. Se iba a mostrar como ese caso raro de embajador estudiante.

—Magnífico —le respondí.

Nunca se matriculó en La Sorbona, sino en las recepciones.

«El cuerpo repartido»

Mis discursos se tornaron violentos y la sala del Senado estaba siempre llena para escucharme. Pronto se pidió y se obtuvo mi desafuero y se ordenó a la policía mi detención.

Pero los poetas tenemos, entre nuestras sustancias originales, la de ser hechos en gran parte de fuego y humo.

El humo estaba dedicado a escribir. La relación histórica de cuanto me pasaba se acercó dramáticamente a los antiguos temas americanos. En aquel año de peligro y de escondite terminé mi libro más importante, el *Canto general.*

Cambiaba de casa casi diariamente. En todas partes se abría una puerta para resguardarme. Siempre era gente desconocida que de alguna manera había expresado su deseo de cobijarme por varios días. Me pedían como asilado aunque fuera por unas horas o unas semanas. Pasé por campos, puertos, ciudades, campamentos, como también por casas de campesinos, de ingenieros, de abogados, de marineros, de médicos, de mineros.

Hay un viejo tema de la poesía folklórica que se repite en todos nuestros países. Se trata de «el cuerpo repartido». El cantor popular supone que tiene sus pies en una parte, sus riñones en otra, y describe todo su organismo que ha dejado esparcido por campos y ciudades. Así me sentí yo en aquellos días.

Entre los sitios conmovedores que me albergaron, recuerdo una casa de dos habitaciones, perdida entre los cerros pobres de Valparaíso.

Yo estaba circunscrito a un pedazo de habitación y a un rinconcito de ventana desde donde observaba la vida del puerto. Desde aquella ínfima atalaya mi mirada abarcaba un fragmento de la calle. Por las noches veía circular gente apresurada. Era un arrabal pobre y aquella pequeña calle, a cien metros bajo mi ventana, acaparaba toda la iluminación del barrio. Tienduchas y boliches la llenaban.

Atrapado en mi rincón, mi curiosidad era infinita. A veces no lograba resolver los problemas. Por ejemplo, por qué la gente que pasaba, tanto los indiferentes como los apremiados, se detenía siempre en un mismo sitio? Qué mercaderías mágicas se exhibían en esa vitrina? Familias enteras se paraban ahí largamente con sus niños en los hombros. Yo no alcanzaba a ver las caras de arrobamiento que sin duda ponían al mirar la mágica vitrina, pero me las suponía.

Seis meses después supe que aquel era el escaparate de una sencilla tienda de calzado. El zapato es lo que más interesa al hombre, deduje. Me juré estudiar ese asunto, investigarlo y expresarlo. Nunca he tenido tiempo para cumplir ese propósito o promesa formulada en tan extrañas circunstancias. Sin embargo, no hay pocos zapatos en mi poesía. Ellos circulan taconeando en muchas de mis estrofas, sin que yo me haya propuesto ser un poeta zapateril.

De pronto llegaban a la casa visitas que prolongaban sus conversaciones, sin imaginarse que a corta distancia, separado por un tabique hecho con cartones y periódicos viejos, estaba un poeta perseguido por no sé cuántos profesionales de la cacería humana.

El sábado en la tarde, y también el domingo en la mañana, llegaba el novio de una de las muchachas de la casa. Este era de los que no debían saber nada. Era un joven trabajador, disponía del corazón de la chica, pero, ay!, aún no le daban confianza. Desde la claraboya de mi ventana lo veía yo bajarse de su bicicleta, en la que repartía huevos por todo el extenso barrio popular. Poco después lo oía entrar canturreando a la casa. Era un enemigo de mi tranquilidad. Digo enemigo porque se empeñaba en quedarse arrullando a la muchacha a pocos centímetros de mi cabeza. Ella lo invitaba a practicar el amor platónico en algún parque o en el cine, pero él se resistía heroicamente. Y yo maldecía entre dientes la obstinación hogareña de aquel inocente repartidor de huevos.

El resto de las personas de la casa estaba en el secreto: la mamá viuda, las dos muchachas encantadoras y los dos hijos marineros. Estos descargaban plátanos en la bahía y a veces andaban furiosos porque ningún barco los contrataba. Por ellos me enteré del desguace de una vieja embarcación. Dirigiendo yo desde mi rincón secreto las operaciones, desprendieron ellos la bella estatua de la proa del navío y la dejaron escondida en una bodega del puerto. Solo vine a conocerla varios años después, pasados ya mi evasión y mi destierro. La hermosa mujer de madera, con rostro griego como todos los mascarones de los antiguos veleros, me mira ahora con su melancólica belleza, mientras escribo estas memorias junto al mar.

El plan era que yo me embarcara clandestinamente en la cabina de uno de los muchachos y desembarcara al llegar a Guayaquil, surgiendo de en medio de los plátanos. El marinero me explicaba que yo debería aparecer inesperadamente en la cubierta, al fondear el barco en el puerto ecuatoriano, vestido de pasajero elegante, fumándome un cigarro puro que nunca he podido fumar. Se decidió en la familia, ya que era inminente la partida, que se me confeccionara el traje apropiado —elegante y tropical—, para lo cual se me tomaron oportunamente las medidas.

En un dos por tres estuvo listo mi traje. Nunca me he divertido tanto como al recibirlo. La idea de la moda que las mujeres de la casa tenían estaba influida por una famosa película de aquel tiempo: *Lo que el viento se llevó*. Los muchachos, por su parte, consideraban como arquetipo de la elegancia el que habían recogido en los *dancings* de Harlem y en los bares y bailongos del Caribe. El vestón, cruzado y acinturado, me llegaba hasta las rodillas. Los pantalones me apretaban los tobillos.

Guardé tan pintoresco atuendo, elaborado por tan bondadosas personas, y nunca tuve oportunidad de usarlo. Nunca salí de mi escondite en un barco, ni desembarqué jamás entre los plátanos de Guayaquil, vestido como un falso Clark Gable. Escogí, por el contrario, el camino del frío. Partí hacia el extremo sur de Chile, que es el extremo sur de América, y me dispuse a atravesar la cordillera.

Un camino en la selva

El secretario general de mi partido había sido hasta entonces Ricardo Fonseca. Era un hombre muy firme y sonriente, sureño como yo, de los climas fríos de Carahue. Fonseca había cuidado mi vida ilegal, mis escondites, mis incursiones clandestinas, la edición de mis panfletos, pero, sobre todo, había cuidado celosamente el secreto de mis domicilios. El único que verdaderamente sabía, durante un año y medio de mis escondites, dónde iba a comer y dormir cada noche, era mi joven y resplandeciente jefe y secretario general, Ricardo Fonseca. Pero su salud fue minándose en aquella llama verde que se asomaba a sus ojos, su sonrisa fue extinguiéndose y un día se nos fue para siempre el buen camarada.

En plena ilegalidad fue elegido nuevo dirigente máximo un hombre recio, cargador de sacos en Valparaíso. Se llamó Galo González. Era un hombre complejo, con una figura engañadora y una firmeza mortal. Debo decir que en nuestro partido no hubo jamás culto de la personalidad, no obstante haber sido una vieja organización que pasó por todas las debilidades ideológicas. Pero siempre se sobrepuso esa conciencia chilena, de pueblo que lo ha hecho todo con sus manos. Hemos tenido muy pocos caudillos en la vida de Chile y esto se reflejó también en nuestro partido.

Sin embargo, esa política piramidal de la época staliniana produjo también en Chile, amparada por la ilegalidad, una atmósfera algo enrarecida.

Galo González no podía comunicarse con la multitud del partido. La persecución arreciaba. Teníamos miles de presos y un campo de concentración especial funcionaba en la desértica costa de Pisagua.

Galo González hacía una vida ilegal llena de actividad revolucionaria, pero la incomunicación de la directiva con el cuerpo general del partido se fue acentuando. Fue un gran hombre, una especie de sabio popular y un luchador valiente.

A él llegaron los planes de mi nueva fuga y esta vez se practicaron con exactitud. Se trataba de trasladarme a mil kilómetros de distancia de la capital y cruzar la cordillera a caballo. Los camaradas argentinos me esperarían en alguna parte.

Salimos cuando caía la tarde protegidos por un automóvil providencial. Mi amigo, el doctor Raúl Bulnes, era entonces médico de la Policía montada. Él me condujo en su invulnerable automóvil hasta las afueras de Santiago, en donde me tomó a su cargo la organización del partido. En otro automóvil, equipado especialmente para el largo viaje, me esperaba un viejo compañero del partido, el chofer Escobar.

Seguimos día y noche por los caminos. Durante el día, para reforzar las barbas y las gafas que me enmascaraban, yo me arrebujaba en mantas encubridoras, especialmente al cruzar pueblos y ciudades, o al detenernos en las estaciones bencineras.

Pasé por Temuco a mediodía. No me detuve en ningún sitio, nadie me reconoció. Por simple azar, mi viejo Temuco era mi ruta de salida. Atravesamos el puente y el pueblito de Padre Las Casas. Hicimos alto ya lejos de la ciudad, a comer algo sentados en una piedra. Por el declive pasaba un estero bajo, y sus aguas sonaban. Era mi infancia que me despedía. Yo crecí en esta ciudad, mi poesía nació entre el cerro y el río, tomó la voz de la lluvia, se impregnó de los bosques tal como la madera. Y ahora, en el camino hacia la libertad, acampaba un instante al lado de Temuco y oía la voz del agua que me enseñó a cantar.

Seguimos viaje. Solo una vez tuvimos un minuto de zozobra. Parado en medio de la carretera, un decidido oficial de Carabineros daba la voz de alto a nuestro coche. Yo me quedé mudo, pero resultó infundado el sobresalto. El oficial pedía que lo lleváramos a cien kilómetros más lejos. Se sentó junto al chofer, mi camarada Escobar, y conversó amablemente con él. Yo me hice el dormido para no hablar. Mi voz de poeta la conocían hasta las piedras de Chile.

Sin mayores peripecias llegamos al punto de destino. Era una hacienda maderera, aparentemente despoblada. El agua la tocaba por todas partes. Primero se atravesaba el vasto lago Ranco y se desembarcaba entre matorrales y árboles gigantes. Desde allí se seguía a caballo un trecho, hasta embarcarse esta vez en las aguas del lago Maihue. La casa patronal apenas se divisaba, disimulada bajo las inmensas cerrerías, los follajes gigantes, el zumbido profundo de la naturaleza. Se oye decir que Chile es el último rincón del mundo. Aquel sitio forrado por la selva virgen, cercado por la nieve y por las aguas lacustres, era en verdad uno de los últimos sitios habitables del planeta.

La casa donde me destinaron un dormitorio era provisoria, como todo en la comarca. Una estufa de latón y fierro, cargada de leña salvaje, como recién cortada, ardía noche y día. La tremenda lluvia del sur golpeaba sin tregua las ventanas, como si pugnara por entrar a la casa. La lluvia dominaba la selva sombría, los lagos, los volcanes, la noche, y se rebelaba furiosa porque aquella guarida de seres humanos tenía otro estatuto, y no aceptaba su victoria.

Yo conocía muy poco al amigo que me esperaba, Jorge Bellet. Antiguo piloto de aviación, mezcla de hombre práctico y explorador, calzado de botas y vestido de gruesas chaquetillas cortas, tenía aire de mando innato, un plante militar que en cierto modo cuadraba bien con el ambiente, aunque allí los regimientos alineados eran solamente los árboles colosales del bosque natural.

La dueña de casa era una mujer frágil y plañidera, asediada por la neurosis. Consideraba como un insulto a su persona la pesada soledad de aquella región, la lluvia eterna, el frío. Lloriqueaba gran parte del día, pero todo marchaba puntualmente y se comían alimentos definitivos, venidos de la selva y del agua.

Bellet dirigía la empresa maderera. Esta se reducía a elaborar durmientes de ferrocarril, destinados a su utilización en Suecia o Dinamarca. Todo el día chirriaban con un lamento agudo las sierras que cortaban los grandes troncos. Primero se oía el golpe profundo, subterráneo, del árbol que caía. Cada cinco o diez minutos se estremecía la tierra como un oscuro tambor, cuando la golpeaba el derrumbe de los raulíes, de los alerces, de los mañíos, obras colosales de la naturaleza, árboles plantados allí por el viento hace mil años. Luego se elevaba la queja de la sierra que trozaba el cuerpo de los gigantes. El sonido de la sierra, metálico, estridente y elevado como un violín salvaje, después del tambor oscuro de la tierra que recibía a sus dioses, todo esto formaba una atmósfera de intensidad mitológica, un círculo de misterio y de cósmico terror. La selva se moría. Yo oía sobrecogido sus lamentaciones como si hubiera llegado para escuchar las más antiguas voces que nunca más resonarían.

El gran patrón, el dueño de la selva, era un santiaguino a quien yo no conocía. Se anunciaba y se temía su visita para más entrado el verano. Se llamaba Pepe Rodríguez. Me informaron que era un capitalista moderno, dueño de telares y otras fábricas, hombre industrioso, ágil y electrizante. Por lo demás, era un reaccionario de cepa, miembro propiamente del partido más derechista de Chile. Como yo estaba de tránsito en su reino sin que él lo supiera, esos aspectos suyos resultaban positivos para mi episodio. Nadie podría venir a buscarme allí. Las autoridades civiles y policiales actuaban siempre como vasallos del gran hombre de cuya hospitalidad yo estaba gozando y con el que parecía imposible que me topara alguna vez.

Era inminente mi partida. Estaban por comenzar las nevadas en la cordillera, y no se juega con los Andes. El camino era estudiado diariamente por mis amigos. Decir caminos es un decir. En realidad era una exploración a través de huellas que el humus y la nieve habían borrado hace tiempo. La espera se hacía angustiosa para mí. Por lo demás, mis compañeros del lado argentino andarían ya buscándome.

Cuando todo parecía listo, Jorge Bellet, capitán general de las maderas, me advirtió que pasaba algo nuevo. Me lo dijo cariacontecido. El gran patrón anunciaba su visita. Llegaría en dos días más.

Quedé desconcertado. Los preparativos no estaban todavía a punto. Lo más peligroso para mi situación, después de aquel largo trabajo, era que el propietario supiera que yo me albergaba en sus propias tierras. Se sabía que era un íntimo amigo de mi perseguidor González Videla. Y se sabía que González Videla había puesto precio a mi cabeza. Qué hacer?

Bellet fue desde el primer momento partidario de hablar frente a frente con Rodríguez, el propietario.

—Lo conozco muy bien —me dijo—. Es muy hombre y jamás te delatará.

Estuve en desacuerdo. Las instrucciones del partido eran de absoluto secreto y Bellet pretendía violar esas instrucciones. Así se lo dije. Discutimos acaloradamente. Y en el transcurso de la discusión política decidimos que me fuera a vivir a la casa de un cacique mapuche, una cabaña enclavada al pie mismo de la selva.

Me trasladé a la cabaña y allí mi situación se hizo muy precaria. Tanto que, finalmente, después de muchas objeciones, acepté encontrarme con Pepe Rodríguez, el propietario de la empresa, de las sierras y de los bosques. Fijamos un punto neutral, que no fuera su casa ni la cabaña del cacique. A la caída de la tarde vi avanzar un *jeep*. De él bajó, junto con mi amigo Bellet, un hombre maduro y juvenil, de pelo canoso y rostro resuelto. Sus primeras palabras fueron para decirme que desde ese instante él asumía la responsabilidad de custodiarme. En tales condiciones nadie se atrevería a atentar contra mi seguridad.

Hablamos sin gran cordialidad, pero el hombre me fue ganando. Lo invité, porque hacía mucho frío, a la casa del cacique. Allí continuó nuestra conversación. Por orden suya aparecieron una botella de champaña, otra de whisky, y hielo.

Al cuarto vaso de whisky discutíamos a grandes voces.

El hombre era absolutista de convicciones. Decía cosas interesantes y estaba enterado de todo, pero su ribete de insolencia me ponía iracundo. Ambos pegábamos grandes palmadas sobre la mesa del cacique, hasta que concluimos en sana paz aquella botella.

Nuestra amistad siguió por mucho tiempo. Entre sus cualidades se contaba una franqueza irreductible de hombre acostumbrado a tener la sartén por el mango. Pero también sabía leer mi poesía en forma extraordinaria, con una entonación tan inteligente y varonil que mis propios versos me parecían nacer de nuevo.

Volvió Rodríguez a la capital, a sus empresas. Tuvo un último gesto. Llamó a sus subordinados junto a mí, y con su característica voz de mando les dijo:

—Si el señor Legarreta, de aquí a una semana, tiene impedimentos para salir a la Argentina por el paso de los contrabandistas, ustedes abrirán otro camino que llegue hasta la frontera. Pararán todos los trabajos de la madera y se pondrán todos a abrir ese camino. Estas son mis órdenes.

Legarreta era mi nombre en ese momento.

Pepe Rodríguez, aquel hombre dominante y feudal, murió dos años después, empobrecido y perseguido. Lo culparon de un cuantioso contrabando. Pasó muchos meses en la cárcel. Debe haber sido un sufrimiento indecible para una naturaleza tan arrogante.

Nunca he sabido a ciencia cierta si era culpable o inocente del delito que le imputaron. Supe sí que nuestra oligarquía, antaño desvelada por una invitación del espléndido Rodríguez, lo abandonó apenas lo vio procesado y desmoronado.

En lo que a mí respecta, sigo a su lado, sin que se pueda borrar de mi memoria. Pepe Rodríguez fue para mí un pequeño emperador que ordenó abrir sesenta kilómetros de camino en la selva virgen para que un poeta alcanzara su libertad.

La montaña andina

La montaña andina tiene pasos desconocidos, utilizados antiguamente por contrabandistas, tan hostiles y difíciles que los guardias rurales no se preocupan ya de custodiarlos. Ríos y precipicios se encargan de atajar al caminante.

Mi compañero Jorge Bellet era el jefe de la expedición. A nuestra escolta de cinco hombres, buenos jinetes y baquianos, se agregó mi viejo amigo Víctor Bianchi, que había llegado a esos parajes como agrimensor en unos litigios de tierras. No me reconoció. Yo llevaba la barba crecida tras año y medio de vida oculta. Apenas supo mi proyecto de cruzar la selva, nos ofreció sus inestimables servicios de avezado explorador. Antes ya había ascendido el Aconcagua en una trágica expedición de la que fue casi el único sobreviviente.

Marchábamos en fila, amparados por la solemnidad del alba. Hacía muchos años, desde mi infancia, que no montaba a caballo, pero aquí íbamos al paso. La selva andina austral está poblada por grandes árboles apartados el uno del otro. Son gigantescos alerces y maitenes, luego tepas y coníferas. Los raulíes asombran por su espesor. Me detuve a medir uno. Era del diámetro de un caballo. Por arriba no se ve el cielo. Por abajo las hojas han caído durante siglos formando un capa de humus donde se hunden los cascos de las cabalgaduras. En una marcha silenciosa cruzábamos aquella gran catedral de la salvaje naturaleza.

Como nuestro camino era oculto y vedado, aceptábamos los signos más débiles de la orientación. No había huellas, no existían senderos y con mis cuatro compañeros a caballo buscábamos en ondulante cabalgata —eliminando los obstáculos de poderosos árboles, imposibles ríos, roqueríos inmensos, desoladas nieves, adivinando más bien— el derrotero de mi propia libertad. Los que me acompañaban conocían la orientación, la posibilidad entre los grandes follajes, pero para saberse más seguros marcaban de un machetazo aquí y allá las cortezas de los grandes árboles dejando huellas que los guiarían en el regreso, cuando me dejaran solo con mi destino.

Cada uno avanzaba embargado en aquella soledad sin márgenes, en aquel silencio verde y blanco: los árboles, las grandes enredaderas, el humus depositado por centenares de años, los troncos semiderribados que de pronto eran una barrera más en nuestra marcha. Todo era a la vez una naturaleza deslumbradora y secreta y a la vez una creciente amenaza de frío, nieve, persecución. Todo se mezclaba: la soledad, el peligro, el silencio y la urgencia de mi misión.

A veces seguíamos una huella delgadísima, dejada quizá por contrabandistas o delincuentes comunes fugitivos, e ignorábamos si muchos de ellos habían perecido, sorprendidos de repente por las glaciales manos del invierno, por las tormentas tremendas de nieve que, cuando en los Andes se descargan, envuelven al viajero, lo hunden bajo siete pisos de blancura.

A cada lado de la huella contemplé, en aquella salvaje desolación, algo como una construcción humana. Eran trozos de ramas acumulados que habían soportado muchos inviernos, vegetal ofrenda de centenares de viajeros, altos túmulos de madera para recordar a los caídos, para hacer pensar en los que no pudieron seguir y quedaron allí para siempre debajo de las nieves. También mis compañeros cortaron con sus machetes las ramas que nos tocaban las cabezas y que descendían sobre nosotros desde la altura de las coníferas inmensas, desde los robles cuyo último follaje palpitaba antes de las tempestades del invierno. Y también yo fui dejando en cada túmulo un recuerdo, una tarjeta de madera, una rama cortada del bosque para adornar las tumbas de uno y otro de los viajeros desconocidos.

Teníamos que cruzar un río. Esas pequeñas vertientes nacidas en las cumbres de los Andes se precipitan, descargan su fuerza vertiginosa y atropelladora, se tornan en cascadas, rompen tierras y rocas con la energía y la velocidad que trajeron de las alturas insignes: pero esta vez encontramos un remanso, un gran espejo de agua, un vado. Los caballos entraron, perdieron pie y nadaron hacia la otra ribera. Pronto mi caballo fue sobrepasado casi totalmente por las aguas, yo comencé a mecerme sin sostén, mis pies se afanaban al garete mientras la bestia pugnaba por mantener la cabeza al aire libre. Así cruzamos. Y apenas llegados a la otra orilla, los baquianos, los campesinos que me acompañaban me preguntaron con cierta sonrisa:

—¿Tuvo mucho miedo?

—Mucho. Creí que había llegado mi última hora —dije.

—Íbamos detrás de usted con el lazo en la mano —me respondieron.

—Ahí mismo —agregó uno de ellos— cayó mi padre y lo arrastró la corriente. No iba a pasar lo mismo con usted.

Seguimos hasta entrar en un túnel natural que tal vez abrió en las rocas imponentes un caudaloso río perdido, o un estremecimiento del planeta que dispuso en las alturas aquella obra, aquel canal rupestre de piedra socavada, de granito, en el cual penetramos. A los pocos pasos las cabalgaduras resbalaban, trataban de afincarse en los desniveles de piedra, se doblegaban sus patas, estallaban chispas en las herraduras: más de una vez me vi arrojado del caballo y tendido sobre las rocas. Mi cabalgadura sangraba de narices y patas, pero proseguimos empecinados el vasto, el espléndido, el difícil camino.

Algo nos esperaba en medio de aquella selva salvaje. Súbitamente, como singular visión, llegamos a una pequeña y esmerada pradera acurrucada en el regazo de las montañas: agua clara, prado verde, flores silvestres, rumor de ríos y el cielo azul arriba, generosa luz ininterrumpida por ningún follaje.

Allí nos detuvimos como dentro de un círculo mágico, como huéspedes de un recinto sagrado: y mayor condición de sagrada tuvo aun la ceremonia en la que participé. Los vaqueros bajaron de sus cabalgaduras. En el centro del recinto estaba colocada, como en un rito, una calavera de buey. Mis compañeros se acercaron silenciosamente, uno por uno, para dejar unas monedas y algunos alimentos en los agujeros de hueso. Me uní a ellos en aquella ofrenda destinada a toscos Ulises extraviados, a fugitivos de todas las raleas que encontarían pan y auxilio en las órbitas del toro muerto.

Pero no se detuvo en este punto la inolvidable ceremonia. Mis rústicos amigos se despojaron de sus sombreros e iniciaron una extraña danza, saltando sobre un solo pie alrededor de la calavera abandonada, repasando la huella circular dejada por tantos bailes de otros que por allí cruzaron antes. Comprendí, entonces, de una manera imprecisa, al lado de mis impenetrables compañeros, que existía una comunicación de desconocido a desconocido, que había una solicitud, una petición y una respuesta aun en las más lejanas y apartadas soledades de este mundo.

Más lejos, ya a punto de cruzar las fronteras que me alejarían por muchos años de mi patria, llegamos de noche a las últimas gargantas de las montañas. Vimos de pronto una luz encendida que era indicio cierto de habitación humana y, al acercarnos, hallamos unas desvencijadas construcciones, unos destartalados galpones al parecer vacíos. Entramos a uno de ellos y vimos, al claror de la lumbre, grandes troncos encendidos en el centro de la habitación, cuerpos de árboles gigantes que allí ardían de día y de noche y que dejaban escapar por las hendiduras del techo un humo que vagaba en medio de las tinieblas como un profundo velo azul. Vimos montones de quesos acumulados por quienes los cuajaron a aquellas alturas. Cerca del fuego, agrupados como sacos, yacían algunos hombres. Distinguimos en el silencio las cuerdas de una guitarra y las palabras de una canción que, naciendo de las brasas y de la oscuridad, nos traía la primera voz humana que habíamos topado en el camino. Era una canción de amor y de distancia, un lamento de amor y de nostalgia dirigido hacia la primavera lejana, hacia las ciudades de donde veníamos, hacia la infinita extensión de la vida. Ellos ignoraban quiénes éramos, ellos nada sabían del fugitivo, ellos no conocían mi poesía ni mi nombre. O lo conocían, nos conocían? El hecho real fue que junto a aquel fuego cantamos y comimos, y luego caminamos dentro de la oscuridad hacia unos cuartos elementales. A través de ellos pasaba una corriente termal, agua volcánica donde nos sumergimos, calor que se desprendía de las cordilleras y nos acogió en su seno.

Chapoteamos gozosos, lavándonos, limpiándonos el peso de la inmensa cabalgata. Nos sentimos frescos, renacidos, bautizados, cuando al amanecer emprendimos los últimos kilómetros de jornada que me separarían de aquel eclipse de mi patria. Nos alejamos cantando sobre nuestras cabalgaduras, plenos de un aire nuevo, de un aliento que nos empujaba al gran camino del mundo que me estaba esperando. Cuando quisimos dar (lo recuerdo vivamente) a los montañeses algunas monedas de recompensa por las canciones, por los alimentos, por las aguas termales, por el techo y los lechos, vale decir, por el inesperado amparo que nos salió al encuentro, ellos rechazaron nuestro ofrecimiento sin un ademán. Nos habían servido y nada más. Y en ese «nada más», en ese silencioso nada más, había muchas cosas subentendidas, tal vez el reconocimiento, tal vez los mismos sueños.

San Martín de los Andes

Una choza abandonada nos indicó la frontera. Ya era libre. Escribí en la pared de la cabaña: «Hasta luego, patria mía. Me voy pero te llevo conmigo».

En San Martín de los Andes debía aguardarnos un amigo chileno. Ese pueblito cordillerano argentino es tan pequeño que me habían dicho como único indicio:

—Ándate al mejor hotel que allí llegará a buscarte Pedrito Ramírez.

Pero así son las cosas humanas. En San Martín de los Andes no había un mejor hotel: había dos. Cuál elegir? Nos decidimos por el más caro, ubicado en un barrio de las afueras, desestimando el primero que habíamos visto frente a la hermosa plaza de la ciudad.

Sucedió que el hotel que escogimos era tan de primer orden que no nos quisieron aceptar. Observaron con hostilidad los efectos de varios días de viaje a caballo, nuestros sacos al hombro, nuestras caras barbudas y polvorientas. A cualquiera le daba miedo recibirnos.

Mucho más al director de un hotel que hospedaba nobles ingleses procedentes de Escocia y venidos a pescar salmón en Argentina. Nosotros no teníamos nada de lores. El director nos dio el *vade retro*, alegando con teatrales ademanes y gestos que la última habitación disponible había sido comprometida hacía diez minutos. En eso se asomó a la puerta un elegante caballero de inconfundible tipo militar, acompañado por una rubia cinematográfica, y gritó con voz tonante:

—¡Alto! A los chilenos no se les echa de ninguna parte. ¡Aquí se quedan!

Y nos quedamos. Nuestro protector se parecía tanto a Perón, y su dama a Evita, que pensamos todos, son ellos!, pero luego, ya lavados y vestidos, sentados a la mesa y degustando una botella de dudosa champaña, supimos que el hombre era comandante de la guarnición local y ella, una actriz de Buenos Aires que venía a visitarle.

Pasábamos por madereros chilenos dispuestos a hacer buenos negocios. El comandante me llamaba «el Hombre Montaña». Víctor Bianchi, que hasta allí me acompañaba por amistad y por amor a la aventura, descubrió una guitarra y con sus pícaras canciones chilenas embelesaba a argentinos y argentinas. Pero pasaron tres días con sus noches y Pedrito Ramírez no llegaba a buscarme. Yo no las tenía todas conmigo. Ya no nos quedaba camisa limpia, ni dinero para comprar nuevas. Un buen negociante de madera, decía Víctor Bianchi, por lo menos debe tener camisas.

Mientras tanto, el comandante nos ofreció un almuerzo en su regimiento. Su amistad con nosotros se hizo más estrecha y nos confesó que, a pesar de su parecido físico con Perón, él era antiperonista. Pasábamos largas horas discutiendo quién tenía peor presidente, si Chile o Argentina.

De improviso entró una mañana Pedrito Ramírez en mi habitación.

—Desgraciado! —le grité—. Por qué has tardado tanto?

Había sucedido lo inevitable. Él esperaba tranquilamente mi llegada en el otro hotel, en el de la plaza.

Diez minutos después estábamos rodando por la infinita pampa. Y seguimos rodando día y noche. De vez en cuando los argentinos detenían el auto para cebar un mate y luego continuábamos atravesando aquella inacabable monotonía.

En París y con pasaporte

Naturalmente que mi mayor preocupación en Buenos Aires fue hacerme de una nueva identidad. Los papeles falsos que me sirvieron para cruzar la frontera argentina no serían igualmente utilizables si pretendía hacer un viaje trasatlántico y desplazarme por Europa. Cómo obtener otros? Mientras tanto, la Policía argentina, alertada por el gobierno de Chile, me buscaba afanosamente.

En tales aprietos recordé algo que dormía en mi memoria. El novelista Miguel Ángel Asturias, mi viejo amigo centroamericano, se hallaba probablemente en Buenos Aires, desempeñando un cargo diplomático de su país, Guatemala. Teníamos un vago parecido fisonómico. De mutuo acuerdo nos habíamos clasificado como «chompipes», palabra indígena con que se designa a los pavos en Guatemala y parte de México. Largos de nariz, opulentos de cara y cuerpo, nos unía un común parecido con el suculento gallináceo.

Me vino a ver a mi escondite.

—Compañero chompipe —le dije—. Préstame tu pasaporte. Concédeme el placer de llegar a Europa transformado en Miguel Ángel Asturias.

Tengo que decir que Asturias ha sido siempre un liberal, bastante alejado de la política militante. Sin embargo, no dudó un instante. A los pocos días, entre «señor Asturias por acá» y «señor Asturias por allá», crucé el ancho río que separa la Argentina del Uruguay, entré a Montevideo, atravesé aeropuertos y vigilancias policiales y llegué finalmente a París disfrazado de gran novelista guatemalteco.

Pero en Francia mi identidad volvía a ser un problema. Mi flamante pasaporte no resistiría el implacable examen crítico de la *sûreté*. Forzosamente tenía que dejar de ser Miguel Ángel Asturias y reconvertirme en Pablo Neruda. Pero, cómo hacerlo si Pablo Neruda no había llegado nunca a Francia. Quien había llegado era Miguel Ángel Asturias.

Mis consejeros me obligaron a albergarme en el Hotel George V.

—Allí, entre los poderosos del mundo, nadie te irá a pedir los papeles —me dijeron.

Y me alojé allí por algunos días, sin preocuparme mucho de mis ropas cordilleranas que desentonaban en aquel mundo rico y elegante. Entonces, surgió Picasso, tan grande de genio como de bondad. Estaba feliz como un niño porque recientemente había pronunciado el primer discurso de su vida. El discurso había versado sobre mi poesía, sobre mi persecución, sobre mi ausencia. Ahora, con ternura fraternal, el genial minotauro de la pintura moderna se preocupaba de mi situación en sus detalles más ínfimos. Hablaba con las autoridades; telefoneaba a medio mundo. No sé cuántos cuadros portentosos dejó de pintar por culpa mía. Yo sentía en el alma hacerle perder su tiempo sagrado.

En esos días se celebraba en París un congreso de la paz. Aparecí en sus salones en el último momento, solo para leer uno de mis poemas. Todos los delegados me aplaudían y me abrazaban. Muchos me creían muerto. Dudaban que pudiera haber burlado la ensañada persecución de la Policía chilena.

Al día siguiente llegó a mi hotel el señor Alderete, veterano periodista de la France-Presse. Me dijo:

—Al darse a conocer por la prensa que usted se encuentra en París, el gobierno de Chile ha declarado que la noticia es falsa; que es un doble suyo el que aquí se presenta; que Pablo Neruda se halla en Chile y se le sigue la pista de cerca; que su detención es solo cuestión de horas. ¿Qué se puede responder?

Recordé que en una discusión sobre si Shakespeare había escrito o no sus obras, discusión alambicada y absurda, Mark Twain había terciado para opinar: «En verdad no fue William Shakespeare quien escribió esas obras, sino otro inglés que nació el mismo día y a la misma hora que él, y murió también en la misma fecha, y que para extremar las coincidencias se llamaba también William Shakespeare».

—Responda —dije al periodista— que yo no soy Pablo Neruda, sino otro chileno que escribe poesía, lucha por la libertad, y se llama también Pablo Neruda.

El arreglo de mis papeles no fue tan sencillo. Aragon y Paul Éluard me ayudaban. Mientras tanto, tenía que vivir en una situación semiclandestina.

Entre las casas que me cobijaron estuvo la de Mme. Françoise Giroux. Nunca olvidaré a esta dama tan original e inteligente. Su apartamento quedaba en el Palais Royal, vecino al de Colette. Había adoptado un niño vietnamita. El Ejército francés se encargó en una época de la tarea que después asumirían los norteamericanos: la de matar gente inocente en las lejanas tierras de Vietnam. Entonces ella adoptó el niño.

Recuerdo que en esa casa había un Picasso de los más hermosos que he visto. Era un cuadro de grandes dimensiones, anterior a la época cubista. Representaba dos cortinajes de felpa roja que caían, entrecerrándose como una ventana, sobre una mesa. La mesa aparecía cruzada de lado a lado por un largo pan de Francia. El cuadro me pareció reverencial. El pan enorme sobre la mesa era como la imagen central de los iconos antiguos, o como el *San Mauricio* del Greco que está en El Escorial. Yo le puse un título personal al cuadro: *La Ascensión del Santo Pan*.

En uno de esos días vino el propio Picasso a visitarme en mi escondite. Lo llevé junto a su cuadro, pintado hacía tantos años. Lo había olvidado por completo. Se dedicó a examinarlo con mucha seriedad, sumergido en esa atención extraordinaria y algo melancólica que pocas veces se le advertía. Estuvo más de diez minutos en silencio, acercándose y alejándose de su obra olvidada.

—Cada vez me gusta más —le dije cuando concluyó su meditación—. Voy a proponerle al museo de mi país que lo compre. La señora Giroux está dispuesta a vendérnoslo.

Picasso volvió de nuevo la cabeza hacia el cuadro, clavó la mirada en el pan magnífico, y respondió por único comentario:

—No está mal.

Encontré para alquilar una casa que me pareció extravagante. Estaba en la calle Pierre Mill, en el segundo *arrondissement*, es decir, donde el diablo perdió el poncho. Era un barrio obrero y de clase media pobretona. Había que viajar por horas en metro para llegar hasta allá. Lo que me gustó de esa casa fue que parecía una jaula. Tenía tres pisos, corredores y habitaciones chicas. Era una indescriptible pajarera.

El piso bajo, que era el más amplio y tenía una estufa de aserrín, lo destiné a biblioteca y a salón de fiestas eventuales. En los pisos de arriba se instalaron amigos míos, casi todos venidos de Chile. Allí se alojaron los pintores José Venturelli, Nemesio Antúnez y otros que no recuerdo.

Recibí por aquellos días la visita de tres grandes de la literatura soviética: el poeta Nikolai Tijonov, el dramaturgo Aleksandr Korneichuk (que era a la vez gobernador de Ucrania) y el novelista Konstantin Simonov. Nunca los había visto antes. Me abrazaron como si fuéramos hermanos que se encontraban después de una larga ausencia. Y me dieron cada uno, además del abrazo, un sonoro beso, de esos besos eslavos entre hombres que significan gran amistad y respeto, y a los cuales me costó trabajo acostumbrarme. Años más tarde, cuando comprendí el carácter de esos fraternales besos masculinos, tuve ocasión de comenzar una de mis historias con estas palabras:

—El primer hombre que me besó fue un cónsul checoslovaco...

El gobierno de Chile no me quería. No me quería dentro de Chile, ni fuera tampoco. Por todas partes donde yo pasaba me precedían notas y telefonazos que invitaban a otros gobiernos a hostilizarme.

Un día vino a verme Jules Supervielle. Ya para esa fecha yo tenía pasaporte chileno, a mi nombre y al día. El viejo y noble poeta uruguayo salía muy poco a la calle por entonces. Me emocionó y me sorprendió su visita.

—Te traigo un recado importante. Mi yerno Bertaux quiere verte. No sé de qué se trata.

Bertaux era el jefe de la Policía. Llegamos a su gabinete. El viejo poeta y yo nos sentamos junto al funcionario, frente a su mesa. Nunca he visto una mesa con más teléfonos. Cuántos serían? Creo que no menos de veinte. Su rostro inteligente y astuto me miraba desde aquel bosque telefónico. Yo pensaba que en aquel recinto tan encumbrado estaban todos los hilos de la vida subterránea parisiense. Recordé a Fantomas y al comisario Maigret.

El jefe policial había leído mis libros y tenía un conocimiento inesperado de mi poesía.

—He recibido una petición del embajador de Chile para retirarle su pasaporte. El embajador aduce que usted usa pasaporte diplomático, lo que sería ilegal. ¿Es real esa información?

—Mi pasaporte no es diplomático —le respondí—. Es un simple pasaporte oficial. Soy senador en mi país y, como tal, tengo derecho a la posesión de este documento. Por lo demás, aquí lo tiene usted y puede examinarlo, aunque no retirármelo porque es de mi propiedad privada.

—¿Está al día? ¿Quién se lo prorrogó? —me preguntó el señor Bertaux tomando mi pasaporte.

—Está al día, por supuesto —le dije—. En cuanto a quién me lo prorrogó, no puedo decírselo. A ese funcionario lo destituiría el gobierno de Chile.

El jefe de Policía examinó con detenimiento mis papeles. Luego utilizó uno de sus innumerables teléfonos y ordenó que lo comunicaran con el embajador de Chile.

La conversación telefónica se entabló en mi presencia.

—No, señor embajador, no puedo hacerlo. Su pasaporte es legal. Ignoro quién se lo prorrogó. Le repito que sería incorrecto quitarle sus papeles. No puedo, señor embajador. Lo siento mucho.

Se traslucía la insistencia del embajador, y también era evidente una ligera irritación por parte de Bertaux. Por fin este dejó el teléfono y me dijo:

—Parece ser un gran enemigo suyo. Pero puede usted permanecer en Francia cuanto tiempo desee.

Salí con Supervielle. El viejo poeta no se explicaba lo que ocurría. Por mi parte, sentía una sensación de triunfo mezclada con otra de repulsión. Aquel embajador que me hostigaba, aquel cómplice de mi perseguidor de Chile, era el mismo Joaquín Fernández que presumía de amistad hacia mí, que no perdía ocasión en adularme, que esa misma mañana me había enviado un recadito afectuoso con el embajador de Guatemala.

Raíces

Ehrenburg, que leía y traducía mis versos, me regañaba: demasiada «raíz», demasiadas «raíces» en tus versos. Por qué tantas?

Es verdad. Las tierras de la frontera metieron sus raíces en mi poesía y nunca han podido salir de ella. Mi vida es una larga peregrinación que siempre da vueltas, que siempre retorna al bosque austral, a la selva perdida.

Allí los grandes árboles fueron tumbados a veces por setecientos años de vida poderosa o desraizados por la turbulencia o quemados por la nieve o destruidos por el incendio. He sentido caer en la profundidad del bosque los árboles titánicos: el roble que se desploma con un sonido de catástrofe sorda, como si golpeara con una mano colosal a las puertas de la tierra pidiendo sepultura.

Pero las raíces quedan al descubierto, entregadas al tiempo enemigo, a la humedad, a los líquenes, a la aniquilación sucesiva.

Nada más hermoso que esas grandes manos abiertas, heridas y quemadas, que atravesándose en un sendero del bosque nos dicen el secreto del árbol enterrado, el enigma que sustentaba el follaje, los músculos profundos de la dominación vegetal. Trágicas e hirsutas, nos muestran una nueva belleza: son esculturas de la profundidad: obras maestras y secretas de la naturaleza.

Una vez, andando con Rafael Alberti entre cascadas, matorrales y bosques, cerca de Osorno, él me hacía observar que cada ramaje se diferenciaba del otro, que las hojas parecían competir en la infinita variedad del estilo.

—Parecen escogidas por un paisajista botánico para un parque estupendo —me decía.

Años después y en Roma recordaba Rafael aquel paseo y la opulencia natural de nuestros bosques.

Así era. Así no es. Pienso con melancolía en mis andanzas de niño y de joven entre Boroa y Carahue, o hacia Toltén en las cerrerías de la costa. Cuántos descubrimientos! La apostura del canelo y su fragancia después de la lluvia, los líquenes cuya barba de invierno cuelga de los rostros innumerables del bosque!

Yo empujaba las hojas caídas, tratando de encontrar el relámpago de algunos coleópteros: los cárabos dorados, que se habían vestido de tornasol para danzar un minúsculo ballet bajo las raíces.

O más tarde, cuando crucé a caballo la cordillera hacia el lado argentino, bajo la bóveda verde de los árboles gigantes, surgió un obstáculo: la raíz de uno de ellos, más alta que nuestras cabalgaduras, cerrándonos el paso. Trabajo de fuerza y de hacha hicieron posible la travesía. Aquellas raíces eran como catedrales volcadas: la magnitud descubierta que nos imponía su grandeza.

9
Principio y fin de un destierro

En la Unión Soviética

En 1949, recién salido del destierro, fui invitado por primera vez a la Unión Soviética, con motivo de las conmemoraciones del centenario de Pushkin. Llegué junto con el crepúsculo a mi cita con la perla fría del Báltico, la antigua, nueva, noble y heroica Leningrado. La ciudad de Pedro el Grande y de Lenin el Grande tiene «ángel», como París. Un ángel gris: avenidas color de acero, palacios de piedra plomiza y mar de acero verde. Los museos más maravillosos del mundo, los tesoros de los zares, sus cuadros, sus uniformes, sus joyas deslumbrantes, sus vestidos de ceremonia, sus armas, sus vajillas, todo estaba ante mi vista. Y los nuevos recuerdos inmortales: el crucero *Aurora* cuyos cañones, unidos al pensamiento de Lenin, derribaron los muros del pasado y abrieron las puertas de la historia.

Acudí a una cita con un poeta muerto hace cien años, Aleksandr Pushkin, autor de tantas imperecederas leyendas y novelas. Aquel príncipe de poetas populares ocupa el corazón de la grande Unión Soviética. En celebración de su centenario, los rusos habían reconstruido pieza por pieza el palacio de los zares. Cada muro había sido levantado tal como antes existiera, resurgiendo de los escombros pulverizados a que los había reducido la artillería nazi. Fueron utilizados los viejos planos del palacio, los documentos de la época, para construir de nuevo los luminosos vitrales, las bordadas cornisas, los capiteles floridos. Para edificar un museo en honor a un maravilloso poeta de otro tiempo.

Lo primero que me impresionó en la URSS fue su sentimiento de extensión, su recogimiento espacial, el movimiento de los abedules en las praderas, los inmensos bosques milagrosamente puros, los grandes ríos, los caballos ondulando sobre los trigales.

Amé a primera vista la tierra soviética y comprendí que de ella salía no solo una lección moral para todos los rincones de la existencia humana, una equiparación de las posibilidades y un avance creciente en el hacer y el repartir, sino que también interpreté que desde aquel continente estepario, con tanta pureza natural, iba a producirse un gran vuelo. La humanidad entera sabe que allí se está elaborando la gigantesca verdad y hay en el mundo una intensidad atónita esperando lo que va a suceder. Algunos esperan con terror, otros simplemente esperan, otros creen presentir lo que vendrá.

Me encontraba en medio de un bosque en que millares de campesinos, con trajes antiguos de fiesta, escuchaban los poemas de Pushkin. Todo aquello palpitaba: hombres, hojas, extensiones en que el trigo nuevo comenzaba a vivir. La naturaleza parecía formar una unidad victoriosa con el hombre. De aquellos poemas de Pushkin en el bosque de Michaislowski tenía que surgir alguna vez el hombre que volaría hacia otros planetas.

Mientras los campesinos presenciaban el homenaje se descargó una intensa lluvia. Un rayo cayó muy cerca de nosotros, calcinando a un hombre y al árbol que lo cobijaba. Todo me pareció dentro del cuadro torrencial de la naturaleza. Además, aquella poesía acompañada de la lluvia estaba ya en mis libros, tenía que ver conmigo.

El país soviético cambia constantemente. Se construyen inmensas ciudades y canales; hasta la geografía va cambiando. Pero en mi primera visita quedaron bien fijas en mí las afinidades que me ligaban a ellos; como también cuanto de ellos me parecía más inasible o más distante de mi espíritu.

En Moscú los escritores viven siempre en ebullición, en continua discusión. Me enteré allí, mucho antes de que lo descubrieran los escandalizantes occidentales, de que Pasternak era el primer poeta soviético, junto con Maiakovski. Maiakovski fue el poeta público, con voz de trueno y catadura de bronce, corazón magnánimo que trastornó el lenguaje y se encaró con los más difíciles problemas de la poesía política. Pasternak fue un gran poeta crepuscular, de la intimidad metafísica, y políticamente un honesto reaccionario que en la transformación de su patria no vio más lejos que un sacristán luminoso. De todas maneras, los poemas de Pasternak me fueron muchas veces recitados de memoria por los más severos críticos de su estatismo político.

La existencia de un dogmatismo soviético en las artes durante largos períodos no puede ser negada, pero también debe decirse que este dogmatismo fue siempre tomado como un defecto y combatido cara a cara. El culto a la personalidad produjo, con los ensayos críticos de Zhdanov, brillante dogmatista, un endurecimiento grave en el desarrollo de la cultura soviética. Pero había mucha respuesta en todas partes y ya se sabe que la vida es más fuerte y más porfiada que los preceptos. La revolución es la vida y los preceptos buscan su propio ataúd.

Ehrenburg tiene ya muchos años de edad y sigue siendo un gran agitador de lo más verdadero y viviente de la cultura soviética. Muchas veces visité a mi ya buen amigo en su departamento de la calle Gorki, constelado por los cuadros y litografías de Picasso, o en su *dacha* cerca de Moscú. Ehrenburg siente pasión por las plantas y está casi siempre en su jardín extrayendo malezas y conclusiones de cuanto crece a su alrededor.

Más tarde tuve gran amistad con el poeta Kirsanov, que tradujo admirablemente al ruso mi poesía. Kirsanov es, como todos los soviéticos, un ardiente patriota. Su poesía tiene fulminantes destellos y una sonoridad que le otorga la bella lengua rusa lanzada al aire por su pluma en explosiones y cascadas.

Continuamente visitaba, en Moscú o en el campo, a otro gran poeta: el turco Nazim Hikmet, legendario escritor encarcelado durante dieciocho años por los extraños gobiernos de su país.

A Nazim, acusado de querer sublevar la Marina turca, lo condenaron a todas las penas del infierno. El juicio tuvo lugar en un barco de guerra. Me contaban cómo lo hicieron andar hasta la extenuación por el puente del barco, y luego lo metieron en el sitio de las letrinas, donde los excrementos se levantaban medio metro sobre el piso. Mi hermano, el poeta, se sintió desfallecer. La pestilencia lo hacía tambalear. Entonces pensó: los verdugos me están observando desde algún punto, quieren verme caer, quieren contemplarme desdichado. Con altivez sus fuerzas resurgieron. Comenzó a cantar, primero en voz baja, luego en voz más alta, con toda su garganta al final. Cantó todas las canciones, todos los versos de amor que recordaba, sus propios poemas, las romanzas de los campesinos, los himnos de lucha de su pueblo. Cantó todo lo que sabía. Así triunfó de la inmundicia y del martirio. Cuando me contaba estas cosas yo le dije: «Hermano mío, cantaste por todos nosotros. Ya no necesitamos dudar, pensar en lo que haremos. Ya todos sabemos cuándo debemos empezar a cantar».

Me contaba también los dolores de su pueblo. Los campesinos son brutalmente perseguidos por los señores feudales de Turquía. Nazim los veía llegar a la prisión, los veía cambiar por tabaco el pedazo de pan que les daban como única ración. Comenzaban a mirar el pasto del patio distraídamente. Luego con atención, casi con gula. Un buen día se llevaban unas briznas de hierba a la boca. Más tarde la arrancaban en manojos que devoraban apresuradamente. Por último comían el pasto a cuatro pies, como los caballos.

Ferviente antidogmático, Nazim ha vivido largos años desterrado en la URSS. Su amor por esa tierra que lo acogió está volcado en esta frase suya: «Yo creo en el futuro de la poesía. Creo porque vivo en el país donde la poesía constituye la exigencia más indispensable del alma». En esas palabras vibran muchos secretos que de lejos no se alcanzan a ver. El hombre soviético, con las puertas abiertas a todas las bibliotecas, a todas las aulas, a todos los teatros, está en el centro de la preocupación de los escritores. No hay que olvidarlo al discutir sobre el destino de la acción literaria. Por una parte, las nuevas formas, la necesaria renovación de cuanto existe, debe traspasar y romper los moldes literarios. Por otra parte, cómo no acompañar los pasos de una profunda y espaciosa revolución? Cómo alejar de los temas centrales las victorias, conflictos, humanos problemas, fecundidad, movimiento, germinación de un inmenso pueblo que se enfrenta a un cambio total de régimen político, económico, social? Cómo no solidarizarse con ese pueblo atacado por feroces invasiones, cercado por implacables colonialistas, oscurantistas de todos los climas y pelajes? Podrían la literatura o las artes tomar una actitud de aérea independencia junto a acontecimientos tan esenciales?

El cielo es blanco. A las cuatro de la tarde ya es negro. Desde esa hora la noche ha cerrado la ciudad.

Moscú es una ciudad de invierno. Es una bella ciudad de invierno. Sobre los techos infinitamente repetidos se ha instalado la nieve. Brillan los pavimentos invariablemente limpios. El aire es un cristal duro y transparente. Un color suave de acero, las plumillas de la nieve que se arremolinan, el ir y venir de miles de transeúntes como si no sintieran el frío, todo nos lleva a soñar que Moscú es un gran palacio de invierno con extraordinarias decoraciones fantasmales y vivientes.

Hacen treinta grados bajo cero en este Moscú que como estrella de fuego y nieve, como encendido corazón, está situado en mitad del pecho de la tierra.

Miro por la ventana. Hay guardia de soldados en las calles. Qué pasa? Hasta la nieve se ha detenido al caer. Entierran al gran Vishinski. Las calles se abren solemnemente para que pase el cortejo. Se hace un hondo silencio, un reposo en el corazón del invierno, para el gran combatiente. El fuego de Vishinski se reintegra a los cimientos de la patria soviética.

Los soldados que presentaron armas al paso del cortejo permanecen aún en formación. De cuando en cuando alguno de ellos hace un pequeño baile, levantando las manos enguantadas y zapateando un instante con sus altas botas. Por lo demás, parecen inmutables.

Me contaba un amigo español que durante la Gran Guerra, en los días de más intenso frío y justo después de un bombardeo, podía verse a los moscovitas comiendo helados en la calle. «Entonces supe que ganarían la guerra —me decía mi amigo—, cuando los vi comer helados con tanta tranquilidad en medio de una guerra espantosa y un frío bajo cero.»

Los árboles de los parques, blancos de nieve, se han escarchado. Nada puede compararse a estos pétalos cristalizados de los parques en el invierno de Moscú. El sol los pone traslúcidos, les arranca llamas blancas sin que se derrita una gota de su floral estructura. Es un universo arborescente que deja entrever, a través de su primavera de nieve, las antiguas torres del Kremlin, las esbeltas flechas milenarias, las cúpulas doradas de San Basilio.

Pasadas las afueras de Moscú, rumbo a otra ciudad, veo unas anchas rutas blancas. Son los ríos helados. En el cauce de esos ríos inmóviles surge de cuando en cuando, como una mosca en un mantel deslumbrante, la silueta de un pescador ensimismado. El pescador se detiene en la vasta sabana helada, escoge un punto, y perfora el hielo hasta dejar visible la corriente sepultada. En ese mismo momento no puede pescar porque los peces han huido asustados por el ruido de los hierros que abrían el agujero. Entonces el pescador esparce algunos alimentos como cebo para atraer a los fugitivos. Echa su anzuelo y espera. Espera por horas y horas en aquel frío de los diablos.

El trabajo de los escritores, digo yo, tiene mucho de común con el de aquellos pescadores árticos. El escritor tiene que buscar el río y, si lo encuentra helado, necesita perforar el hielo. Debe derrochar paciencia, soportar la temperatura y la crítica adversa, desafiar el ridículo, buscar la corriente profunda, lanzar el anzuelo justo, y después de tantos y tantos trabajos, sacar un pescadito pequeñito. Pero debe volver a pescar, contra el frío, contra el hielo, contra el agua, contra el crítico, hasta recoger cada vez una pesca mayor.

Fui invitado a un congreso de escritores. Allí estaban sentados en la presidencia los grandes pescadores, los grandes escritores de la Unión Soviética. Fadeiev con su sonrisa blanca y su pelo plateado; Fedin con su cara de pescador inglés, delgado y agudo; Ehrenburg con sus mechones turbulentos y su traje que, aunque lo esté estrenando, da la impresión de que ha dormido vestido; también estaba Nicolái Tíjonov.

Estaban también representados en la presidencia, con sus rostros mongólicos y sus libros recién impresos, los portavoces de las literaturas de las más lejanas repúblicas soviéticas, pueblos que antes yo no conocía ni de nombre, países nómadas que no tenían alfabeto.

A Pushkin

Querido amigo:

Ciento cincuenta años después de tu nacimiento me invitaron los escritores a celebrarte. Así conocí por vez primera la Unión Soviética. No sé por qué me pareció que eras tú el que invitabas, el que nos invitaba y desde entonces siento que tengo algo que ver con tu atormentada vida, que soy tu amigo. Fue tan bella aquella celebración en los mismos parajes y paisajes de tu existencia y de tu poesía. La primavera estaba llena de Pushkin. Tu obra creciente y cristalina

corría como un río a nuestro lado. En los árboles florecían tus versos.

Hay maestros de lo que llamamos literatura, que la sobrepasan transformando el idioma no solo de los libros sino en la vida diaria, alterando la combinación de las palabras, dándoles nueva velocidad y aire libre. Un poeta nacional abre las ventanas y deja entrar el silencio y el sonido de la tierra, el movimiento apasionado de la historia, los truenos del mar y el canto de los pájaros. Esa fue la grandeza de tu herencia.

Ahora bien, yo quiero atestiguar en este congreso solemne que esta herencia fue defendida y transmitida por cincuenta años de literatura soviética. Estos escritores fueron profundamente nacionales y, al mismo tiempo, extraordinariamente generosos hacia las culturas extranjeras. Estos escritores que la revolución dio a tu patria crearon con el pueblo soviético, los edificios, el papel, las imprentas hasta que el libro fue amado y respetado, fue el centro de la nueva sociedad. Esto se hizo difícilmente, en una época de transformaciones y luchas nunca vistas antes sobre la tierra. Los escritores soviéticos fueron héroes no solo de su pueblo sino de la esperanza humana.

Y cuando la guerra terrible llegó hasta los pies de las estatuas, cuando los invasores querían destruir estos pueblos y esta cultura, los escritores de la Unión Soviética lucharon y cayeron, lucharon y vencieron, dieron su sangre y sus palabras, su amor y su cólera para defender tu herencia de cristal y el alto humanismo de la Revolución de Octubre.

Los libros se han fortalecido, invadieron ciudades, campos, aldeas, poblaron bibliotecas, calles, casas, hospitales, fábricas, llegaron a regiones remotas y oscuras, ha trabajado el hombre soviético en todas las regiones con un libro en la mano. Y llegará a la luna con un libro.

Tu herencia luminosa fue defendida y multiplicada. Te lo dice un poeta de tierras remotas, de la América austral. Si estuvieras aquí, entre nosotros, ahora yo te habría dicho: «Compañero Pushkin, puedes estar contento».

La India revisitada

En el año de 1950 tuve que viajar a la India en forma inesperada. En París me mandó llamar Joliot Curie para encargarme una misión. Se trataba de viajar a Nueva Delhi, ponerse en contacto con gente de diversas opiniones políticas, calibrar en el sitio mismo las posibilidades de fortificar el movimiento indio por la paz.

Joliot Curie era el presidente mundial de los Partidarios de la Paz. Hablamos extensamente. Le inquietaba que la opinión pacifista no pesara debidamente en la India, no obstante que la India siempre tuvo reputación de ser el país pacífico por excelencia. El propio primer ministro, el Pandit Nehru, tenía fama de ser un adalid de la paz, una causa tan antigua y profunda para aquella nación.

Joliot Curie me dio dos cartas: una para un investigador científico de Bombay y otra para entregársela en sus manos al primer ministro. Me pareció curioso que se me hubiera designado precisamente a mí para un viaje tan largo y una tarea al parecer tan fácil. Tal vez contaba mi amor nunca extinguido por aquel país donde pasé algunos años de mi juventud. O bien el hecho de que había recibido yo en ese mismo año el Premio de la Paz, por mi poema «Que despierte el leñador», distinción que también le fue otorgada entonces a Pablo Picasso y a Nazim Hikmet.

Tomé el avión para Bombay. Treinta años después volvía a la India. Ahora no era una colonia que luchaba por su emancipación sino una república soberana: el sueño de Gandhi, a cuyos congresos iniciales asistí en el año 1928. Ya no quedaría vivo tal vez ninguno de mis amigos de entonces, revolucionarios estudiantiles que me confiaron fraternalmente sus historias de lucha.

Apenas bajé del avión me dirigí a la aduana. De ahí me trasladaría a un hotel cualquiera, entregaría la carta al físico Raman y continuaría mi viaje a Nueva Delhi. No contaba con el recibimiento que se me hizo. Mis valijas no terminaban nunca de salir del recinto. Una bandada de los que yo creía vistas aduaneros examinaba con lupa mi equipaje. Yo había visto muchas inspecciones, pero ninguna como esta. No era crecido mi equipaje: apenas una valija mediana con mi ropa y una pequeña bolsa de cuero con mis útiles de toilette. Mis pantalones, mis calzoncillos, mis zapatos, eran levantados en el aire y fiscalizados con cinco pares de ojos. Los bolsillos y las costuras eran explorados meticulosamente. Para no ensuciar mi ropa, había envuelto en Roma mis zapatos en una hoja de periódico arrugada que encontré en la pieza de mi hotel. Creo que de *L'Osservatore Romano*. Extendieron esa hoja sobre una mesa, la miraron al trasluz, la doblaron cuidadosamente cual si fuera un documento secreto, y finalmente la dejaron a un lado junto con otros de mis papeles. También mis zapatos fueron estudiados por dentro y por fuera, como ejemplares únicos de fabulosos fósiles.

Dos horas duró este increíble escudriñamiento. De mis papeles (pasaporte, libreta de direcciones, la carta que debía entregar al jefe de gobierno y la hoja de *L'Osservatore Romano*) hicieron un prolijo atado que ceremoniosamente sellaron con lacre ante mi vista. Fue entonces cuando me dijeron que podía seguir al hotel.

Haciendo un esfuerzo chileno para no perder la paciencia les advertí que en ningún hotel me recibirían desprovisto de papeles de identidad y que el objeto de mi viaje a la India era entregar al primer ministro la carta que no podría entregarle porque ellos me la habían secuestrado.

—Hablaremos al hotel para que lo reciban. En cuanto a los papeles, se los devolveremos oportunamente.

Este es el país cuya lucha por la independencia formó parte de mi destino juvenil, pensé. Cerré mi valija y al mismo tiempo cerré la boca. Por dentro, mi pensamiento formulaba una sola palabra: Mierda!

En el hotel me encontré con el profesor Baera, a quien conté mis percances. Era un hindú de buen humor. No dio demasiada importancia a los hechos. Era tolerante con su país, que consideraba todavía en formación. En cambio yo percibía algo malvado en aquel desorden, algo que no esperaba como acogida de una nueva nación independiente.

El amigo de Joliot Curie, para quien traía la carta de presentación, era el director de los estudios físico-nucleares de la India. Me invitó a visitar sus instalaciones. Y añadió que estábamos convidados a almorzar ese mismo día con la hermana del primer ministro. Tal era mi suerte y tal ha seguido siéndola toda la vida: con una mano me dan un palo en las costillas y con la otra me ofrecen un ramo de flores para desagraviarme.

El Instituto de Investigaciones Nucleares era uno de esos recintos limpios, claros, radiantes, en los cuales hombres y mujeres vestidos de blanco, transparentes, circulan como el agua que corre, atravesando corredores, sorteando instrumentales, pizarrones y cubetas. Aunque entendí muy poco de las explicaciones científicas, aquella visita me sirvió como un baño lustral que me lavaba de las manchas ocasionadas por las vejaciones de la policía. Recuerdo vagamente que vi, entre otras cosas, una especie de fuente de mercurio. Nada más sorprendente que este metal que muestra su energía como una vida animal. Siempre me ha cautivado su movilidad; su capacidad de transformación líquida, esférica, mágica.

He olvidado el nombre de la hermana de Nehru con la que almorzamos aquel día. Frente a ella concluyó mi mal humor. Era una mujer de gran belleza, maquillada y aderezada como una actriz exótica. Su sari relampagueaba de colores. El oro y las perlas realzaban su opulencia. A mí me gustó muchísimo. Era ciertamente un contraste ver a aquella mujer finísima comer con la mano, meter los largos dedos enjoyados en el arroz y la salsa de curry. Le dije que iría a Nueva Delhi, a ver a su hermano y a los amigos de la paz mundial. Me contestó que, en su opinión, toda la población de la India debería formar parte de ese movimiento.

Por la tarde me entregaron en el hotel el paquete con mis papeles. Aquellos farsantes de la policía habían roto los sellos lacrados que ellos mismos habían puesto al empaquetar los documentos en mi presencia. Seguramente habían fotografiado hasta mis cuentas de lavandería. Supe con el tiempo que fueron visitadas e interrogadas por la policía todas las personas cuyas direcciones aparecían en mi libreta. Entre ellas la viuda de Ricardo Güiraldes, para ese entonces cuñada mía. Esta señora era una mujer teosófica y superficial, sin otra pasión que las filosofías asiáticas, que vivía en una remota aldea de la India. La molestaron bastante por el hecho de aparecer su nombre en mi carnet de direcciones.

En Nueva Delhi vi a seis o siete personalidades de la capital india, el mismo día de mi llegada, sentado en un jardín, bajo una sombrilla que me protegía del fuego celeste. Eran escritores, filósofos, sacerdotes hindúes o budistas, de esa gente de la India tan adorablemente simple, tan desprovista de toda arrogancia. Opinaron unánimemente que los partidarios de la paz formaban un movimiento identificado con el espíritu de su viejo país, con su mantenida tradición de bondad y entendimiento. Añadieron sabiamente que juzgaban necesario que se corrigieran los defectos sectarios o hegemónicos: ni los comunistas, ni los budistas, ni los burgueses, nadie debía arrogarse el movimiento. La contribución de todas las tendencias era el aspecto principal, el nudo de la cuestión. Estuve de acuerdo con ellos.

El embajador de Chile, un viejo amigo mío, escritor y médico, el doctor Juan Marín, vino a verme durante la comida. Después de muchos circunloquios me expresó que había tenido una entrevista con el jefe de la Policía. Con la característica serenidad que adoptan las autoridades para dirigirse a los diplomáticos, el jefe de los esbirros hindúes le comunicó que mis actividades le inquietaban al gobierno de la India y que ojalá abandonara pronto el país. Respondí al embajador que mis actividades no habían sido otras que entrevistarme, en el jardín del hotel, con seis o siete personas eminentes cuyo pensamiento suponía yo del conocimiento de todos. En cuanto a mí, le dije, tan pronto como entregue el mensaje de Joliot Curie para el primer ministro, no me interesará continuar en un país que, a pesar de mi comprobado sentimiento de adhesión a su causa, me trata tan descortésmente, sin ninguna justificación.

Mi embajador, aunque había sido uno de los fundadores del Partido Socialista en Chile, era un apaciguado, posiblemente por los años y por los privilegios diplomáticos. No manifestó ninguna indignación ante la estúpida actitud del gobierno hindú. Yo no le pedí ninguna solidaridad y nos despedimos amablemente, él seguramente aliviado de la pesada carga que le significaba mi visita, y yo desilusionado para siempre de su sensibilidad y de su amistad.

Nehru me había citado para la mañana siguiente en su gabinete. Se levantó y me tendió la mano sin ninguna sonrisa de bienvenida. Su casa ha sido tan fotografiada que no vale la pena describirla. Unos ojos oscuros y fríos me miraron sin ninguna emoción. Treinta años antes me lo habían presentado, a él y a su padre, en una caudalosa reunión independentista. Se lo recordé, sin que por eso se alteraran sus facciones. A cuanto yo le decía respondía con monosílabos, observándome con la invariable mirada fría.

Le alargué la carta de su amigo Joliot Curie. Me dijo que sentía por el sabio francés un gran respeto y la leyó reposadamente. En la carta le hablaba de mí y le pedía ayuda para mi misión. Terminó de leerla, la introdujo de nuevo en su sobre y me miró sin decirme nada.

Pensé repentinamente que mi presencia le causaba alguna irresistible aversión. También me cruzó por la mente que aquel hombre de color bilioso, debía pasar por un mal momento físico, político o sentimental. Había cierta altivez en su conducta, algo tieso, como de persona acostumbrada a mandar, pero sin la fuerza del caudillo. Recordé que su padre, el Pandit Motilal Zemindar, hacendado de antigua raza de señores, fue el gran tesorero de Gandhi y contribuyó, no solo por su sabiduría política, sino por su gran fortuna al partido congresista. Pensé que tal vez el hombre que tenía silencioso frente a mí había vuelto sutilmente a ser un Zemindar y me contemplaba con la misma indiferencia y menosprecio que hubiera tenido para con uno cualquiera de sus campesinos descalzos.

—Qué debo decirle al profesor Joliot Curie a mi regreso a París?

—Contestaré su carta —me dijo a secas.

Guardé silencio algunos minutos que estimé larguísimos. Me parecía que Nehru no tenía ningunas ganas de decirme nada, pero no demostraba tampoco la menor impaciencia, como si yo pudiera quedarme allí sentado sin ningún objeto, apabullado por la sensación de hacerle perder el tiempo a un hombre tan importante.

Consideré imprescindible decirle algunas palabras sobre mi misión. La Guerra Fría amenazaba con hacerse incandescente de un momento a otro. Un nuevo abismo podía tragarse a la humanidad. Le hablé del terrible peligro de las armas nucleares. Y de la importancia de agrupar a la mayoría de los que quieren evitar la guerra.

Como si no me hubiera escuchado, continuó en su ensimismamiento. Al cabo de algunos minutos dijo:

—Sucede que los de uno y otro bando se golpean mutuamente con los argumentos de la paz.

—Para mí —respondí— todos los que hablen de paz o quieran contribuir a ella pueden pertenecer al mismo bando, al mismo movimiento. No queremos excluir a nadie sino a los partidarios de la revancha y de la guerra.

El silencio continuó. Comprendí que la conversación había terminado. Me levanté y le alargué la mano para despedirme. Me la estrechó en silencio. Cuando ya me dirigía hacia la puerta, me preguntó con cierta amabilidad:

—¿Qué puedo hacer por usted? ¿No se le ofrece nada?

Soy bastante tardío en reacciones y estoy, desgraciadamente, desprovisto de malignidad. Sin embargo, por una vez en la vida aproveché el lance:

—Ah, claro! Se me olvidaba. A pesar de que he vivido anteriormente en la India, nunca tuve oportunidad de visitar el Taj Mahal, tan próximo a Nueva Delhi. Esta sería la ocasión de conocer el admirable monumento, si la policía no me hubiera notificado que no puedo salir de la ciudad y que debo regresar a Europa cuanto antes. Regreso mañana.

Contento de haberle asestado el dardo, lo saludé ligeramente y abandoné su despacho.

En la recepción del hotel me esperaba el gerente.

—Tengo un mensaje para usted. Acaban de telefonearme del gobierno para informar que usted puede visitar cuando le plazca el Taj Mahal.

—Prepare mi cuenta —le contesté—. Siento no hacer esa visita. Me voy ahora mismo al aeropuerto, a tomar el primer avión que me lleve a París.

Cinco años después me correspondería sesionar en Moscú con el comité de premios que cada año otorga el Premio Lenin de la Paz, jurado internacional del cual formo parte. Cuando llegó el momento de presentar y votar las candidaturas correspondientes a ese año, el delegado representante de la India lanzó el nombre del primer ministro Nehru.

Yo insinué una sonrisa que ninguno de los otros jurados entendió y voté afirmativamente. Con aquel premio internacional, Nehru quedó consagrado como uno de los campeones de la paz del mundo.

Mi primera visita a China

Dos veces visité China después de la revolución. La primera fue en 1951, año en que me tocó compartir la misión de llevar el Premio Lenin de la Paz a la señora Sung Sin Ling, viuda de Sun Yat Sen.

Recibía ella esa medalla de oro a proposición de Kuo Mo Jo, vicepresidente de China y escritor. Kuo Mo Jo era, además, vicepresidente del comité de premios, junto con Aragon. A ese mismo jurado pertenecíamos Anna Seghers, el cineasta Alexandrov, algunos más que no recuerdo, Ehrenburg y yo. Existía una secreta alianza entre Aragon, Ehrenburg y yo, por medio de la cual logramos que se le otorgara el premio en otros años a Picasso, a Bertolt Brecht y a Rafael Alberti. No había sido fácil, por cierto.

Salimos hacia China por el tren transiberiano. Meterme dentro de ese tren legendario era como entrar en un barco que navegara por tierra en el infinito y misterioso espacio. Todo era amarillo a mi alrededor, por leguas y leguas, a cada lado de las ventanillas. Promediaba el otoño siberiano y no se veían sino plateados abedules de pétalos amarillos. A continuación, la pradera inabarcable, tundra o taigá. De cuando en cuando, estaciones que correspondían a las nuevas ciudades. Bajábamos con Ehrenburg para desentumecernos. En las estaciones los campesinos esperaban el tren con envoltorios y maletas, hacinados en las salas de espera.

Apenas nos alcanzaba el tiempo para dar algunos pasos por esos pueblos. Todos eran iguales y todos tenían una estatua de Stalin, de cemento. A veces estaba pintada de plata, otras veces era dorada. De las docenas que vimos, matemáticamente iguales, no sé cuáles eran más feas, si las plateadas o las áureas. De vuelta al tren, y por una semana, Ehrenburg me entretenía con su conversación escéptica y chispeante. Aunque profundamente patriótico y soviético, Ehrenburg me comentaba en forma sonriente y desdeñosa muchos de los aspectos de la vida de aquella época.

Ehrenburg había llegado hasta Berlín con el Ejército Rojo. Fue, sin duda, el más brillante de los corresponsales de guerra entre cuantos han existido. Los soldados rojos querían mucho a este hombre excéntrico y huraño. Me había mostrado poco antes en Moscú dos regalos que esos soldados le habían hecho, tras desentrañarlos de las ruinas alemanas. Era un rifle construido por armeros belgas para Napoleón Bonaparte, y dos tomos minúsculos de las obras de Ronsard, impresos en Francia en 1650. Los pequeños volúmenes estaban chamuscados y manchados de lluvia o sangre.

Ehrenburg cedió a los museos franceses el bello rifle de Napoleón. «¿Para qué lo quiero?», me decía, acariciando el labrado cañón y la bruñida culata. En cuanto a los libritos de Ronsard, los guardó celosamente para sí.

Ehrenburg era un francesista apasionado. En el tren me recitó uno de sus poemas clandestinos. Era una corta poesía en que cantaba a Francia como si hablara a la mujer amada.

Digo que el poema era clandestino porque era la época en Rusia de las acusaciones de cosmopolitismo. Los periódicos traían con frecuencia denuncias oscurantistas. Todo el arte moderno les parecía cosmopolita. Tal o cual escritor o pintor caía y se borraba su nombre de pronto bajo esa acusación. Así es que el poema francesista de Ehrenburg debió guardar su ternura como una flor secreta.

Muchas de las cosas que Ehrenburg me daba a conocer, desaparecían luego irreparablemente en la sombría noche de Stalin, desapariciones que yo atribuía más bien a su carácter protestatario y contradictor.

Con sus mechones desordenados, sus profundas arrugas, sus dientes nicotinizados, sus fríos ojos grises y su triste sonrisa, Ehrenburg era para mí el antiguo escéptico, el gran desengañado. Yo recién abría los ojos a la gran revolución y no había cabida en mí para siniestros detalles. Apenas sí disentía del mal gusto general de la época, de aquellas estatuas embadurnadas de oro y plata. El tiempo iba a probar que no era yo quien tenía la razón, pero creo que ni siquiera Ehrenburg alcanzó a comprender en su extensión la inmensidad de la tragedia. La magnitud de ella nos sería revelada a todos por el XX Congreso.

Me parecía que el tren avanzaba muy lentamente por la inmensidad amarilla, día tras día, abedul tras abedul. Así íbamos acercándonos a través de Siberia, a los montes Urales.

Almorzábamos un día en el coche comedor cuando me llamó la atención una mesa ocupada por un soldado. Estaba borrachísimo. Era un joven rubicundo y sonriente. A cada momento pedía huevos crudos al camarero, los quebraba y con gran alborozo los dejaba caer en el plato. De inmediato pedía otro par de huevos. Cada vez se sentía más feliz, a juzgar por su sonrisa extasiada y sus ojos azules de niño. Debía ya llevar mucho tiempo en eso, porque las yemas y las claras comenzaban peligrosamente a resbalar del plato y a caer en el piso del vagón.

—*¡Tovarich!* —llamaba con entusiasmo el soldado al camarero y le pedía nuevos huevos para aumentar su tesoro.

Yo observaba con entusiasmo esta escena de un surrealismo tan inocente, y tan inesperado en aquel marco de oceánica soledad siberiana.

Hasta que el camarero alarmado llamó a un miliciano. El policía fuertemente armado miró desde su gran altura con severidad al soldado.

Este no le prestó ninguna atención y siguió en su tarea de romper y romper huevos.

Supuse que la autoridad iba a sacar violentamente de su ensueño al despilfarrador. Pero me quedé asombrado. El hercúleo policía se sentó junto a él, le pasó con ternura la mano por la cabeza rubia y comenzó a hablarle a media voz, sonriéndole y convenciéndole. Hasta que de pronto lo levantó con suavidad de su asiento y lo condujo del brazo, como un hermano mayor, hasta la salida del vagón, hacia la estación, hacia las calles del pueblo.

Pensé con amargura en lo que le sucedería a un pobre indiecito borracho que se pusiera a romper huevos en un tren ecuatoriano.

Durante aquellos días transiberianos se oía por la mañana y por la tarde cómo Ehrenburg golpeaba con energía las teclas de su máquina de escribir. Allí terminó *La nueva ola*, su última novela antes de *El deshielo*. Por mi parte, escribía solo a ratos algunos de *Los versos del Capitán*, poemas de amor para Matilde que publicaría más tarde en Nápoles en forma anónima.

Dejamos el tren en Irkutz. Antes de tomar el avión hacia Mongolia, nos fuimos a pasear por el lago, el famoso lago Baikal, en los confines de Siberia, que significó durante el zarismo la puerta de la libertad. Hacia ese lago iban los pensamientos y los sueños de los exilados y de los prisioneros. Era el único camino posible para la evasión. «¡Baikal! ¡Baikal!», repiten aún ahora las roncas voces rusas, cantando las antiguas baladas.

El Instituto de Investigación Lacustre nos invitó a almorzar. Los sabios nos revelaron sus secretos científicos. Nunca se ha podido precisar la profundidad de aquel lago, hijo y ojo de los montes Urales. A dos mil metros de hondura se recogen peces extraños, peces ciegos, sacados de su abismo nocturno. De inmediato se me despertó el apetito y logré que los investigadores me trajeran a la mesa un par de aquellos extraños pescados. Soy una de las pocas personas en el mundo que han comido peces abisales, regados con buen vodka siberiano.

De allí volamos a Mongolia. Guardo un recuerdo brumoso de aquella tierra lunaria donde los habitantes viven aún en tiendas nómadas, mientras crean sus primeras imprentas, sus primeras universidades. Alrededor de Ulan Bator se abre una aridez redonda, infinita, parecida al desierto de Atacama en mi patria, interrumpida solo por grupos de camellos que hacen más arcaica la soledad. Por cierto que probé en tazas de plata, pasmosamente labradas, el whisky de los mongoles. Cada pueblo hace su alcohol de lo que puede. Este era de leche de camello fermentada. Todavía me corren escalofríos cuando recuerdo su sabor. Pero, qué maravilla es haber estado en Ulan Bator! Más para mí, que vivo en los bellos nombres. Vivo en ellos como en mansiones de sueño que me estuvieran destinadas. Así he vivido, gozando de cada sílaba, en el nombre de Singapur, en el de Samarkanda. Deseo que cuando me muera me entierren en un nombre, en un sonoro nombre bien escogido, para que sus sílabas canten sobre mis huesos, cerca del mar.

El pueblo chino es uno de los más sonrientes del mundo. A través del implacable colonialismo, de revoluciones, de hambrunas, de masacres, sonríe como ningún otro pueblo sabe sonreír. La sonrisa de los niños chinos es la más bella cosecha de arroz que desgrana la gran muchedumbre.

Pero hay dos clases de sonrisas chinas. Hay una natural que ilumina los rostros color de trigo. Es la de los campesinos y la del vasto pueblo. La otra es una sonrisa de quita y pon, postiza, que se pega y despega bajo la nariz. Es la sonrisa de los funcionarios.

Nos costó distinguir entre ambas sonrisas cuando con Ehrenburg llegamos por primera vez al aeropuerto de Pekín. Las verdaderas y mejores nos acompañaron por muchos días. Eran las de nuestros compañeros escritores chinos, novelistas y poetas que nos acogieron con noble hospitalidad. Así conocimos a Tieng Ling, novelista, Premio Stalin, presidente de la Unión de Escritores, a Mao Dun, a Emi Siao, y al encantador Ai Ching, viejo comunista y príncipe de los poetas chinos. Ellos hablaban francés o inglés. A todos los sepultó la Revolución Cultural, años después. Pero en aquel entonces, a nuestra llegada, eran las personalidades esenciales de la literatura.

Al día siguiente, después de la ceremonia de entrega del Premio Lenin, llamado entonces Premio Stalin, comimos en la embajada soviética. Allí estaban, además de la laureada, Chu En Lai, el viejo mariscal Chu Teh, y unos pocos más. El embajador era un héroe de Stalingrado, típico militar soviético, que cantaba y brindaba repetidamente. A mí me tocó sentarme junto a Sung Sin Ling, muy digna y todavía bella. Era la figura femenina más respetada de la época.

Cada uno de nosotros tenía a su disposición una pequeña botella de cristal llena de vodka. Los *gambé* estallaban con profusión. Este brindis chino obliga a apurar la copa al seco, sin dejar una gota. El viejo mariscal Chu Teh, frente a mí, se llenaba su copita con frecuencia y con su gran sonrisa campesina me incitaba a cada momento a un nuevo brindis. Al final de la comida aproveché un momento de distracción del antiguo estratega para probar un trago de su botella de vodka. Mis sospechas se confirmaron al comprobar que el mariscal había tomado agua pura durante la comida, mientras yo me echaba al coleto grandes cantidades de fuego líquido.

A la hora del café mi vecina de mesa Sung Sin Ling, la viuda de Sun Yat Sen, la portentosa mujer que vinimos a condecorar, sacó un cigarrillo de su pitillera. Luego, con exquisita sonrisa, me ofreció otro a mí. «No, yo no fumo, muchas gracias», le dije. Y al elogiarle su estuche de cigarrillos, me respondió: «Lo conservo porque es un recuerdo muy importante en mi vida». Era un objeto deslumbrante, de oro macizo, tachonado de brillantes y rubíes. Después de mirarlo concienzudamente, y añadir nuevas alabanzas, se lo devolví a su propietaria.

Olvidó muy pronto la restitución, pues, al levantarnos de la mesa se dirigió a mí con cierta intensidad y me dijo:

—Mi pitillera, *¿please?*

Yo no tenía duda de habérsela devuelto pero, de todas maneras, la busqué sobre la mesa, luego debajo, sin encontrarla. La sonrisa de la viuda de Sun Yat Sen se había desvanecido y solo dos ojos negros me perforaban como dos rayos implacables. El objeto sagrado no se hallaba por parte alguna y yo comenzaba a sentirme absurdamente responsable de su pérdida. Aquellos rayos negros me estaban convenciendo de que yo era un ladrón de joyas cinceladas.

Por suerte, en el último minuto de agonía, divisé la pitillera que reaparecía en sus manos. La había encontrado en su bolso, simplemente, naturalmente. Ella recobró su sonrisa, pero yo no volví a sonreír durante varios años. Pienso ahora que tal vez la Revolución Cultural la dejó definitivamente sin su bellísima pitillera de oro.

En aquella estación del año los chinos vestían de azul, un traje de mecánico que cubría por igual a hombres y mujeres, dándoles un aspecto unánime y celeste. Nada de harapos. Aunque tampoco automóviles. Una multitud densa lo llenaba todo, fluía de todas partes.

Era el segundo año de la Revolución. Seguramente habría escasez y dificultades en diversos sitios, pero no se veían al recorrer la ciudad de Pekín. Lo que nos preocupaba especialmente, a Ehrenburg y a mí, eran pequeños detalles, pequeños tics del sistema. Cuando quisimos comprar un par de calcetines, un pañuelo, aquello se convirtió en un problema de Estado. Los compañeros chinos discutieron entre sí. Luego de nerviosas deliberaciones, partimos del hotel en caravana. A la cabeza iba nuestro coche, luego el de los guardias, el de los policías, el de los intérpretes. La manada de coches arrancó velozmente y se abrió camino por entre la siempre apiñada multitud. Pasábamos como un alud por el estrecho canal que nos dejaba libre la gente. Llegados al almacén, bajaron de prisa los amigos chinos, expulsaron con rapidez a toda la clientela de la tienda, detuvieron el tráfico, formaron una barrera con sus cuerpos, un pasadizo humano que atravesamos cabizbajos Ehrenburg y yo, para salir igualmente cabizbajos quince minutos después, con un paquetito en la mano y la más ferviente resolución de no comprar nunca más un par de calcetines.

A Ehrenburg estas cosas lo ponían furioso. Así ocurrió en el caso del restaurante que voy a contar. En el hotel nos servían la pésima comida inglesa que dejaron como herencia en China los sistemas coloniales. Yo, que soy gran admirador de la cocina china, le dije a mi joven intérprete que ardía en deseos de disfrutar del afamado arte culinario pekinés. Me respondió que lo consultaría.

Ignoro si realmente lo consultó, pero lo cierto fue que seguimos mascando el desabrido rosbif del hotel. Le volví a hablar del asunto. Se quedó pensativo y me dijo:

—Los compañeros se han reunido varias veces para examinar la situación. El problema está a punto de resolverse.

Al día siguiente se nos acercó un miembro importante del comité de acogida. Después de colocarse correctamente en el rostro su sonrisa, nos preguntó si efectivamente queríamos comer comida china. Ehrenburg le dijo rotundamente que sí. Yo agregué que conocía desde mis años mozos la comida cantonesa y que ansiaba paladear la celebérrima sazón de Pekín.

—El asunto es difícil —dijo el compañero chino, preocupado.

Silencio, meneo de cabeza, y luego resumió:

—Casi imposible.

Ehrenburg sonrió, con su sonrisa amarga de escéptico contumaz. Yo, en cambio, me enfurecí.

—Compañero —le dije—. Haga el favor de arreglarme mis papeles de regreso a París. Si no puedo comer comida china en China, la comeré en el Barrio Latino, donde no es ningún problema.

Mi violento alegato tuvo éxito. Cuatro horas más tarde, precedidos de nuestra profusa comitiva, llegamos a un famoso restaurante donde desde hace quinientos años se prepara el pato a la laca. Un plato exquisito, memorable.

El restaurante, abierto día y noche, distaba apenas trescientos metros de nuestro hotel.

Los versos del Capitán

De rumbo en rumbo, en estas andanzas de desterrado, llegué a un país que no conocía entonces y que aprendí a amar intensamente: Italia. En ese país todo me pareció fabuloso. Especialmente la simplicidad italiana: el aceite, el pan y el vino de la naturalidad. Hasta aquella policía... Aquella policía que nunca me maltrató, pero que me persiguió incansablemente. Era una policía que encontré en todas partes, hasta en el sueño y en la sopa.

Me invitaron los escritores a leer mis versos. Los leí de buena fe por todas partes, en universidades, en anfiteatros, a los portuarios de Génova, en Florencia, en el Palacio de la Lana, en Turín, en Venecia.

Leía con infinito placer ante salas desbordantes. Alguien junto a mí repetía luego la estrofa en italiano supremo, y me gustaba oír mis versos con ese resplandor que les añadía la lengua magnífica. Pero a la policía no le gustaba tanto. En castellano, pase, pero la versión italiana tenía puntos y puntillos. Las alabanzas a la paz, palabra que ya estaba proscrita por los «occidentales», y más aún la dirección de mi poesía hacia las luchas populares, resultaban peligrosas.

Los municipios habían sido ganados en elecciones por los partidos populares y de ese modo me recibieron en los cabildos egregios como visitante de honor. Muchas veces me designaron ilustre de la ciudad. Soy ciudadano ilustre de Milán, Florencia y Génova. Antes o después de mi recital los consejeros me imponían su distinción. En el salón se reunían notables ciudadanos, aristócratas y obispos. Se tomaba una pequeña copa de champaña que yo agradecía en nombre de mi patria lejana. Entre abrazos y besamanos bajaba finalmente las escalinatas de los palacios municipales. En la calle me esperaba la policía, que no me dejaba a sol ni a sombra.

Lo de Venecia fue cinematográfico. Di mi acostumbrado recital en el aula. Fui otra vez nombrado ciudadano de honor. Pero la policía quería que me fuera de la ciudad donde nació y sufrió Desdémona. Los agentes se apostaron noche y día en las puertas del hotel.

Mi viejo amigo Vittorio Vidale, «el comandante Carlos», vino desde Trieste a oír mis versos. Me acompañó también en el infinito placer de recorrer los canales y ver pasar desde la góndola los cenicientos palacios. En cuanto a la policía, me asedió mucho más. Andaban directamente detrás de nosotros, a dos metros de distancia. Entonces decidí fugarme, tal como Casanova, de una Venecia que quería emparedarme. Salimos disparados en carrera, junto con Vittorio Vidale y el escritor costarricense Joaquín Gutiérrez, que se encontraba allí por azar. En pos nuestro se lanzaron los dos policías venecianos. Rápidamente logramos embarcarnos en la única góndola motorizada de Venecia, la del alcalde comunista. La góndola del poder municipal surcó velozmente las aguas del canal, en tanto el otro poder corría como un gamo en busca de otra barca. La que tomaron era una de las muchas románticas embarcaciones a remo, pintada de negro y con adornos de oro, que usan los enamorados en Venecia. Nos siguió a lo lejos y sin esperanza, como un pato puede perseguir a un delfín marino.

Toda aquella persecución se precipitó una mañana en Nápoles. La policía llegó al hotel, no muy temprano, ya que en Nápoles nadie trabaja temprano, ni la policía. Pretextaron un error de pasaporte y me rogaron que los acompañara a la prefectura. Allí me ofrecieron café «expreso» y me notificaron que debía abandonar el territorio italiano ese mismo día.

Mi amor por Italia no servía de nada.

—Se trata sin duda de una equivocación —les dije.

—Nada de eso. Lo estimamos mucho, pero tiene que irse del país.

Y luego, de una manera indirecta, en forma oblicua, me informaron que era la Embajada de Chile la que solicitaba mi expulsión.

El tren salía en la tarde. En la estación ya estaban mis amigos en misión de despedida. Besos. Flores. Gritos. Paolo Ricci. Los Alicatta. Tantos otros. *A rivederci*. Adiós. Adiós.

Durante mi viaje ferroviario, que lo era a Roma, los policías que me custodiaban derrocharon gentileza. Subían y acomodaban mis valijas. Me compraban *L'Unità* y el *Paese Sera*, de ningún modo la prensa de derecha. Me pedían autógrafos, algunos para ellos mismos y otros para sus familiares. Nunca he visto una policía más fina:

—Lo sentimos, *Eccellenza*. Somos pobres padres de familia. Tenemos que obedecer órdenes. Es odioso...

Ya en la estación de Roma, donde tenía que descender a cambiar de tren para continuar mi viaje a la frontera, divisé desde mi ventanilla una gran multitud. Oí gritos. Observé movimientos confusos y violentos. Grandes brazadas de flores caminaban hacia el tren levantadas sobre un río de cabezas.

—¡Pablo! ¡Pablo!

Al bajar los estribos del vagón, elegantemente custodiado, fui de inmediato el centro de una prodigiosa batalla. Escritores y escritoras, periodistas, diputados, tal vez cerca de mil personas, me arrebataron en unos cuantos segundos de las manos policiales. La policía avanzó a su vez y me rescató de los brazos de mis amigos. Distinguí en aquellos dramáticos momentos algunas caras famosas. Alberto Moravia y su mujer Elsa Morante, novelista como él. El famoso pintor Renato Guttuso. Otros poetas. Otros pintores. Carlo Levi, el célebre autor de *Cristo se detuvo en Eboli*, me alargaba un ramo de rosas. A todo esto las flores caían al suelo, volaban sombreros y paraguas, sonaban puñetazos como explosiones. La policía llevaba la peor parte y fui recuperado otra vez por mis amigos. En la refriega pude ver a la muy dulce Elsa Morante, que golpeaba con su sombrilla de seda la cabeza de un policía. De pronto pasaban los carritos que llevaban y traían equipajes y vi a uno de los changadores, un *facchino* corpulento, descargar un garrotazo sobre las espaldas de la fuerza pública. Eran adhesiones del pueblo romano. Tan intrincada se puso la contienda que los policías me dijeron en un aparte:

—Hábleles a sus amigos. Dígales que se calmen...

La multitud gritaba:

—¡Neruda se queda en Roma! ¡Neruda no se va de Italia! ¡Que se quede el poeta! ¡Que se quede el chileno! ¡Que se vaya el austríaco!

(El «austríaco» era De Gasperi, primer ministro de Italia.)

Al cabo de media hora de pugilato llegó una orden superior por medio de la cual se me concedía el permiso de permanecer en Italia. Mis amigos me abrazaron y me besaron y yo me alejé de aquella estación pisando con pena las flores desbaratadas por la batalla.

Amanecí al día siguiente en la casa de un senador, con fuero parlamentario, donde me había llevado el pintor Renato Guttuso, que todavía no se fiaba de la palabra gubernamental. Ahí me llegó un telegrama de la isla de Capri. Lo firmaba el ilustre historiador Erwin Cerio, a quien no conocía personalmente. Se manifestaba indignado ante lo que él consideraba un ultraje, un desacato a la tradición y a la cultura italianas. Concluía ofreciéndome una villa, en el propio Capri, para que yo la habitara.

Todo parecía un sueño. Y cuando llegué a Capri, en compañía de Matilde Urrutia, de Matilde, la sensación irreal de los sueños se hizo más grande.

Llegamos de noche y en invierno a la isla maravillosa. En la sombra se alzaba la costa, blanquecina y altísima, desconocida y callada. Qué pasaría? Qué nos pasaría? Un cochecito de caballos nos esperaba. Subió y subió el cochecito por las desiertas calles nocturnas. Casas blancas y mudas, callejones estrechos y verticales. Por fin se detuvo. El cochero depositó nuestras valijas en aquella casa, también blanca y al parecer vacía.

Al entrar vimos arder el fuego de la gran chimenea. A la luz de los candelabros encendidos había un hombre alto, de pelo, barba y traje blancos. Era don Erwin Cerio, propietario de medio Capri, historiador y naturalista. En la penumbra se alzaba como la imagen del taita Dios de los cuentos infantiles.

Tenía casi noventa años y era el hombre más ilustre de la isla.

—Disponga usted de esta casa. Aquí estará tranquilo.

Y se fue por muchos días, durante los cuales, por delicadeza, no nos visitaba, sino que mandaba pequeños mensajes con noticias o consejos, exquisitamente caligrafiados y con alguna hoja o flor de su jardín. Erwin Cerio representó para nosotros el ancho, generoso y perfumado corazón de Italia.

Después conocí sus trabajos, sus libros más verdaderos que los de Axel Munthe, aunque no tan famosos. El noble viejo Cerio repetía con picaresco humor:

—La obra maestra de Dios es la plaza de Capri.

Matilde y yo nos recluíamos en nuestro amor. Hacíamos largas caminatas por Anacapri. La pequeña isla dividida en mil pequeños huertos tiene un esplendor natural demasiado comentado pero tiránicamente verídico. Entre las rocas, donde más azotan el sol y el viento, por la tierra seca, estallan plantas y flores diminutas, crecidas exactamente en una gran composición de jardinería. Este Capri recóndito, al que uno entra solo después de largo peregrinaje y cuando ya la etiqueta de turista se le ha caído de la ropa, este Capri popular de rocas y minúsculas viñas, de gente modesta, trabajadora, esencial, tiene un encanto absorbente. Ya uno está consustanciado con las cosas y la gente; ya a uno lo conocen los cocheros y las pescadoras; ya uno forma parte del Capri oculto y pobre; y uno sabe dónde está el buen vino barato y dónde comprar las aceitunas que comen los de Capri.

Posiblemente detrás de las grandes murallas palaciegas ocurran todas las novelescas perversidades que se leen en los libros. Pero yo participé de una vida feliz en plena soledad o entre la gente más sencilla del mundo. Tiempo inolvidable! Trabajaba toda la mañana y por la tarde Matilde dactilografiaba mis poemas. Por primera vez vivíamos juntos en una misma casa. En aquel sitio de embriagadora belleza nuestro amor se acrecentó. No pudimos ya nunca más separarnos.

Terminé allí de escribir un libro de amor, apasionado y doloroso, que se publicó luego en Nápoles en forma anónima: *Los versos del Capitán*.

Y ahora voy a contarles la historia de ese libro, entre los míos uno de los más controvertidos. Fue por mucho tiempo un secreto, por mucho tiempo no llevó mi nombre en la tapa, como si yo renegara de él o el propio libro no supiera quién era su padre. Tal como hay hijos naturales, hijos del amor natural, *Los versos del Capitán* eran así, un libro natural.

Los poemas que contiene fueron escritos aquí y allá, a lo largo de mi destierro en Europa. Se publicaron anónimamente en Nápoles, en

1952. El amor a Matilde, la nostalgia de Chile, las pasiones civiles llenan las páginas de este libro que se mantuvo sin el nombre de su autor durante muchas ediciones.

Para su impresión primera, el pintor Paolo Ricci consiguió un papel admirable, y antiguos tipos de imprenta bodonianos, y grabados tomados de los vasos de Pompeya. Con fraternal fervor Paolo elaboró también la lista de los suscriptores. Pronto apareció el bello volumen en no más de cincuenta ejemplares. Celebramos largamente el acontecimiento, con mesa florida, *frutti di mare*, vino transparente como el agua, hijo único de las viñas de Capri. Y con la alegría de los amigos que amaron nuestro amor.

Algunos críticos suspicaces atribuyeron motivos políticos a la aparición de este libro sin firma. «El partido se ha opuesto, el partido no lo aprueba», dijeron. Pero no era verdad. Por suerte, mi partido no se opone a ninguna expresión de la belleza.

La única verdad es que no quise, durante mucho tiempo, que esos poemas hirieran a Delia, de quien me separaba. Delia del Carril, pasajera suavísima, hilo de acero y miel que ató mis manos en los años sonoros, fue para mí durante dieciocho años una ejemplar compañera. Este libro, de pasión brusca y ardiente, iba a llegar como una piedra lanzada sobre su tierna estructura. Fueron esas y no otras las razones profundas, personales, respetables, de mi anonimato.

Después el libro, aún sin nombre y apellido, se hizo hombre, hombre natural y valeroso. Se abrió paso en la vida y yo debí, por fin, reconocerlo. Ahora andan por los caminos, es decir, por librerías y bibliotecas, los «versos del capitán» firmados por el genuino capitán.

Fin del destierro

Mi destierro tocaba a su fin. Era el año de 1952. A través de Suiza llegamos a Cannes para tomar un barco italiano que nos llevaría a Montevideo. Esta vez no queríamos ver a nadie en Francia. Solamente le avisé nuestro paso a Alice Gascar, mi fidelísima traductora y amiga de mucho tiempo. En Cannes, sin embargo, nos esperaban imprevistos sucesos.

Encontré en la calle, cerca de la compañía de navegación, a Paul Éluard y a Dominique, su mujer. Habían sabido mi llegada y me esperaban para invitarme a almorzar. Estaría también Picasso. Luego nos topamos con el pintor chileno Nemesio Antúnez e Inés Figueroa, su mujer, quienes también asistirían al almuerzo.

Aquella sería la última vez que yo viera a Paul Éluard. Lo recuerdo bajo el sol de Cannes, con su traje azul que parecía un pijama. No olvidaré nunca su rostro tostado y sonrosado, sus ojos azulísimos, su sonrisa infinitamente juvenil, bajo la luz africana de las calles centelleantes de Cannes. Éluard había venido de Saint-Tropez para despedirme, se trajo a Picasso y arregló el almuerzo. La fiesta estaba armada.

Un estúpido incidente imprevisto me arruinó el día. Matilde no tenía visa uruguaya. Había que concurrir sin demora al consulado de ese país. La acompañé en un taxi y esperé en la puerta. Matilde sonrió optimista cuando el cónsul salió a recibirla. Parecía un buen muchacho. Tarareaba aires de *Madama Butterfly.* Vestía de manera muy poco consular: una camiseta y un short. Ella nunca pudo imaginarse que, en el curso de la conversación, el tipo se convertiría en un vulgar extorsionador. Con su aspecto de Pinkerton quiso cobrar horas extraordinarias y puso toda clase de obstáculos. Nos mantuvo de carreras toda la mañana. La *bouillabaise* del almuerzo me supo a hiel. Varias horas le costó a Matilde lograr su visa. Pinkerton le imponía más trámites a cada instante: que se fotografiara, que cambiara los dólares en francos, que pagara una comunicación telefónica con Burdeos. La tarifa aumentó hasta más de ciento veinte dólares por una visa de tránsito que debió ser gratuita. Llegué a pensar que Matilde perdería el barco, que yo tampoco me embarcaría. Por mucho tiempo consideré que aquel día había sido el más amargo de mi vida.

Oceanografía dispersa

Yo soy un amateur del mar. Desde hace años colecciono conocimientos que no me sirven de mucho porque navego sobre la tierra.

Ahora regreso a Chile, a mi país oceánico, y mi barco se acerca a las costas de África. Ya pasó las antiguas columnas de Hércules, hoy acorazadas, servidoras del penúltimo imperialismo.

Miro el mar con el mayor desinterés; el del oceanógrafo puro, que conoce la superficie y la profundidad; sin placer literario, sino con un saboreo conocedor, de paladar cetáceo.

A mí siempre me gustaron los relatos marinos y tengo una red en mi estantería. El libro que más consulto es alguno de William Beebe o una buena monografía descriptiva de las volutas marinas del mar antártico.

Es el plancton el que me interesa; esa agua nutricia, molecular y electrizada que tiñe los mares de un color de relámpago violeta. Así he llegado a saber que las ballenas se nutren casi exclusivamente de este innumerable crecimiento marino. Pequeñísimas plantas e infusorios irreales pueblan nuestro tembloroso continente. Las ballenas abren sus inmensas bocas mientras se desplazan, levantando la lengua hasta el paladar, de modo que estas aguas vivas y viscerales las van llenando y nutriendo. Así se alimenta la ballena glauca (*Bachianetas glaucas*) que pasa, rumbo al sur del Pacífico y hacia las islas calurosas, por frente a las ventanas de mi Isla Negra.

Por allí también transcurre la ruta migratoria del cachalote, o ballena dentada, la más chilena de las perseguidas. Los marineros chilenos ilustraron con ellas el mundo folklórico del mar. En sus dientes grabaron a cuchillo corazones y flechas, pequeños monumentos de amor, retratos infantiles de sus veleros o de sus novias. Pero nuestros balleneros, los más audaces del hemisferio marino, no cruzaron el estrecho ni el Cabo de Hornos, el Antártico y sus cóleras, simplemente para desgranar la dentadura del amenazador cachalote, sino para arrebatarle su tesoro de grasa y lo que es más aún, la bolsita de ámbar gris que solo este monstruo esconde en su montaña abdominal.

Ahora vengo de otra parte. He dejado atrás el último santuario azul del Mediterráneo, las grutas y los contornos marinos y submarinos de la isla de Capri, donde las sirenas salían a peinarse sobre las peñas sus cabellos azules, porque el movimiento del mar había teñido y empapado sus locas cabelleras.

En el acuario de Nápoles pude ver las moléculas eléctricas de los organismos primaverales y subir y bajar la medusa, hecha de vapor y plata, agitándose en su danza dulce y solemne, circundada por dentro por el único cinturón eléctrico llevado hasta ahora por ninguna otra dama de las profundidades submarinas.

Hace muchos años en Madrás, en la sombría India de mi juventud, visité un acuario maravilloso. Hasta ahora recuerdo los peces bruñidos, las murenas venenosas, los cardúmenes vestidos de incendio y arcoíris, y más aún, los pulpos extraordinariamente serios y medidos, metálicos como máquinas registradoras, con innumerables ojos, piernas, ventosas y conocimientos.

De aquel gran pulpo que conocimos todos por primera vez en *Los trabajadores del mar* de Víctor Hugo (también Víctor Hugo es un pulpo tentacular y poliformo de la poesía), de esa especie solo llegué a ver un fragmento de brazo en el Museo de Historia Natural de Copenhague. Este sí era el antiguo kraken, terror de los mares antiguos, que agarraba a un velero y lo arrollaba cubriéndolo y enredándolo. El fragmento que yo vi conservado en alcohol indicaba que su longitud pasaba de treinta metros.

Pero lo que yo perseguí con mayor constancia fue la huella, o más bien el cuerno del narval. Por ser tan desconocido para mis amigos el gigantesco unicornio marino de los mares del norte, llegué a sentirme exclusivo correo de los narvales, y a creerme narval yo mismo.

Existe el narval?

Es posible que un animal del mar extraordinariamente pacífico que lleva en la frente una lanza de marfil de cuatro o cinco metros, estriada en toda su longitud al estilo salomónico, terminada en aguja, pueda pasar inadvertido para millones de seres, incluso en su leyenda, incluso en su maravilloso nombre?

De su nombre puedo decir —narwhal o narval— que es el más hermoso de los nombres submarinos, nombre de copa marina que canta, nombre de espolón de cristal.

Y por qué entonces nadie sabe su nombre?

Por qué no existen los Narval, la bella casa Narval, y aun Narval Ramírez o Narvala Carvajal?

No existen. El unicornio marino continúa en su misterio, en sus corrientes de sombra transmarina, con su larga espada de marfil sumergida en el océano ignoto.

En la Edad Media la cacería de todos los unicornios fue un deporte místico y estético. El unicornio terrestre quedó para siempre, deslumbrante, en las tapicerías, rodeado de damas alabastrinas y copetonas, aureolado en su majestad por todas las aves que trinan o fulguran.

En cuanto al narval, los monarcas medioevales se enviaban como regalo magnífico algún fragmento de su cuerno fabuloso, y de este raspaban polvo que, diluido en licores, daba, oh, eterno sueño del hombre!, salud, juventud y potencia.

Vagando una vez en Dinamarca, entré en una antigua tienda de historia natural, esos negocios desconocidos en nuestra América que para mí tienen toda la fascinación de la tierra. Allí, arrinconados, descubrí tres o cuatro cuernos de narval. Los más grandes medían casi cinco metros. Por largo rato los blandí y acaricié.

El viejo propietario de la tienda me veía hacer lances ilusorios, con la lanza de marfil en mis manos, contra los invisibles molinos del mar. Después los dejé cada uno en su rincón. Solo pude comprarme uno pequeño, de narval recién nacido, de los que salen a explorar con su espolón inocente las frías aguas árticas.

Lo guardé en mi maleta, pero en mi pequeña pensión de Suiza, frente al lago Leman, necesité ver y tocar el mágico tesoro del unicornio marino que me pertenecía. Y lo saqué de mi maleta.

Ahora no lo encuentro.

Lo habré dejado olvidado en la pensión de Vésenaz, o habrá rodado a última hora bajo la cama? O verdaderamente habrá regresado en forma misteriosa y nocturna al círculo polar?

Miro las pequeñas olas de un nuevo día en el Atlántico. El barco deja a cada costado de su proa una desgarradura blanca, azul y sulfúrica de aguas, espumas y abismos agitados.

Son las puertas del océano que tiemblan.

Por sobre ella vuelan los diminutos peces voladores, de plata y transparencia.

Regreso del destierro.

Miro largamente las aguas. Sobre ellas navego hacia otras aguas: las olas atormentadas de mi patria.

El cielo de un largo día cubre todo el océano.

La noche llegará y con su sombra esconderá una vez más el gran palacio verde del misterio.

10
Navegación con regreso

Un cordero en mi casa

Tenía yo un pariente senador que, después de haber triunfado en unas nuevas elecciones, vino a pasar unos días en mi casa de Isla Negra. Así comienza la historia del cordero.

Sucede que sus más entusiastas electores acudieron a festejar al senador. En la primera tarde del festejo se asó un cordero a la manera del campo de Chile, con una gran fogata al aire libre y el cuerpo del animal ensartado en un asador de madera. A esto se le llama «asado al palo» y se celebra con mucho vino y quejumbrosas guitarras criollas.

Otro cordero quedó para la ceremonia del día siguiente. Mientras llegaba su destino, lo amarraron junto a mi ventana. Toda la noche gimió y lloró, baló y se quejó de su soledad. Partía el alma escuchar las modulaciones de aquel cordero. Al punto que decidí levantarme de madrugada y raptarlo.

Metido en un automóvil me lo llevé a ciento cincuenta kilómetros de allí, a mi casa de Santiago, donde no lo alcanzaran los cuchillos. En cuanto entró, se puso a ramonear vorazmente en lo más escogido de mi jardín. Le entusiasmaban los tulipanes y no respetó ninguno de ellos. Aunque por razones espinosas no se atrevió con los rosales, devoró en cambio los alelíes y los lirios con extraña fruición. No tuve más remedio que amarrarlo otra vez. Y de inmediato se puso a balar, tratando visiblemente de conmoverme como antes. Yo me sentí desesperado.

Ahora va a entrecruzarse la historia de Juanito con la historia del cordero. Resulta que por aquel tiempo se había producido una huelga de campesinos en el sur. Los latifundistas de la región, que pagaban a sus inquilinos no más de veinte centavos de dólar al día, terminaron a palos y carcelazos con aquella huelga.

Un joven campesino experimentó tanto miedo que se subió a un tren sobre la marcha. El muchacho se llamaba Juanito, era muy católico y no sabía nada de las cosas de este mundo. Cuando pasó el colector del tren, revisando los pasajes, él respondió que no lo tenía, que se dirigía a Santiago, y que creía que los trenes eran para que la gente se subiera a ellos y viajara cuando lo necesitara. Trataron de desembarcarlo, naturalmente. Pero los pasajeros de tercera clase —gente del pueblo, siempre generosa— hicieron una colecta y pagaron entre todos el boleto.

Anduvo Juanito por calles y plazas de la capital con un atado de ropa debajo del brazo. Como no conocía a nadie, no quería hablar con nadie. En el campo se decía que en Santiago había más ladrones que habitantes y él temía que le sustrajeran la camisa y las alpargatas que llevaba debajo del brazo envueltas en un periódico. Por el día vagaba por las calles más frecuentadas, donde las gentes siempre tenían prisa y apartaban con un empellón a este Gaspar Hauser caído de otra estrella. Por las noches buscaba también los barrios más concurridos, pero estos eran las avenidas de cabarets y de vida nocturna, y allí su presencia era más extraña aun, pálido pastor perdido entre los pecadores. Como no tenía un solo centavo, no podía comer, tanto así que un día se cayó al suelo, sin conocimiento.

Multitud de curiosos rodearon al hombre tendido en la calle. La puerta frente a la que cayó correspondía a un pequeño restaurante. Allí lo entraron y lo dejaron en el suelo. «Es el corazón», dijeron unos. «Es un síncope hepático», dijeron otros. Se acercó el dueño del restaurante, lo miró y dijo: «Es hambre». Apenas comió unos cuantos bocados aquel cadáver revivió. El patrón lo puso a lavar platos y le tomó gran afecto. Tenía razones para ello. Siempre sonriente, el joven campesino lavaba montañas de platos. Todo iba bien. Comía mucho más que en su campiña.

El maleficio de la ciudad se tejió de manera extraña para que se juntaran alguna vez en mi casa el pastor y el cordero.

Le entraron ganas al pastor de conocer la ciudad y enderezó sus pasos un poco más allá de las montañas de vajilla. Tomó con entusiasmo una calle, cruzó una plaza, y todo lo embelesaba. Pero, cuando quiso volver, ya no podía hacerlo. No había anotado la dirección porque no sabía escribir y buscó en vano la puerta hospitalaria que lo había recibido. Nunca más la encontró.

Un transeúnte le dijo, apiadado de su confusión, que debía dirigirse a mí, al poeta Pablo Neruda. No sé por qué le sugirieron esta idea. Probablemente porque en Chile se tiene por manía encargarme cuanta cosa peregrina le pasa por la cabeza a la gente, y a la vez echarme la culpa de todo cuanto ocurre. Son extrañas costumbres nacionales.

Lo cierto es que el muchacho llegó a mi casa un día y se encontró con el animal cautivo. Hecho ya cargo de aquel cordero innecesario, un paso más y hacerme cargo de este pastor no fue difícil. Le asigné la tarea de cuidar que el cordero *gourmet* no devorara exclusivamente mis flores, sino que también, de cuando en cuando, saciara su apetito con el pasto de mi jardín.

Se comprendieron al punto. En los primeros días él le puso por formalidad una cuerdecita al cuello, como una cinta, y con ella lo conducía de un sitio a otro. El cordero comía incesantemente, y el pastor individualista también, y ambos transitaban por toda la casa, inclusive por dentro de mis habitaciones. Era una compenetración perfecta, alcanzada por el hilo umbilical de la madre tierra, por el auténtico mandato del hombre. Así pasaron muchos meses. Tanto el pastor como el cordero redondearon sus formas carnales, especialmente el rumiante, que apenas podía seguir a su zagal de gordo que se puso. A veces entraba parsimoniosamente a mi habitación, me miraba con indiferencia, y salía dejándome un pequeño rosario de cuentas oscuras en el piso.

Todo concluyó cuando el campesino sintió la nostalgia de su campo y me dijo que se volvía a sus tierras lejanas. Era una determinación de última hora. Tenía que pagar una manda a la Virgen de su pueblo. No se podía llevar el cordero. Se despidieron con ternura. El pastor tomó el tren, esta vez con su pasaje en la mano. Fue patética aquella partida.

En mi jardín no dejó un cordero sino un problema grave, o más bien gordo. Qué hacer con el rumiante? Quién lo cuidaría ahora? Yo tenía excesivas preocupaciones políticas. Mi casa andaba desbarajustada después de las persecuciones que me trajo mi poesía combatiente. El cordero comenzó a balar de nuevo sus partituras quejumbrosas.

Cerré los ojos y le dije a mi hermana que se lo llevara. Ay! Esta vez sí estaba yo seguro de que no se libraría del asador.

De agosto de 1952 a abril de 1957

Los años transcurridos entre agosto de 1952 y abril de 1957 no figurarán detalladamente en mis memorias porque casi todo ese tiempo lo pasé en Chile y no me sucedieron cosas curiosas ni aventuras capaces de divertir a mis lectores. Sin embargo, es preciso enumerar algunos hechos importantes de ese lapso. Publiqué el libro *Las uvas y el viento*, que traía escrito. Trabajé intensamente en las *Odas elementales*, en las *Nuevas odas elementales* y en *el Tercer libro de las odas*. Organicé un congreso continental de la cultura, que se realizó en Santiago y al cual acudieron relevantes personalidades de toda América. También celebré en Santiago el cumplimiento de mis cincuenta años, con la presencia de escritores importantes de todo el mundo: desde China vinieron Ai Ching y Emi Siao; Ilya Ehrenburg voló desde la Unión Soviética; Dreda y Kutvalek desde Checoslovaquia; y entre los latinoamericanos estuvieron Miguel Ángel Asturias, Oliverio Girondo, Norah Lange, Elvio Romero, María Rosa Oliver, Raúl Larra y tantos otros. Doné a la Universidad de Chile mi biblioteca y otros bienes. Hice un viaje a la Unión Soviética, como jurado del Premio Lenin de la Paz, que yo mismo había obtenido en esa época, cuando aún se llamaba Premio Stalin. Me separé definitivamente de Delia del Carril. Construí mi casa La Chascona y me trasladé a vivir en ella con Matilde Urrutia. Fundé la revista *Gaceta de Chile* y la dirigí durante algunos números. Tomé parte en las campañas electorales y en otras actividades del Partido Comunista de Chile. La editorial Losada, de Buenos Aires, publicó mis *Obras completas* en papel biblia.

El joven poeta Barquero

Cuando viene a mi casa el poeta de veinte años Efraín Barquero me parece recordarme a mí mismo cuando hace treinta años llegué a la capital de mi país, con un libro de versos provincianos bajo el brazo. Recorrí las editoriales sin encontrar quien publicara mi primera poesía.

En el año 1922 sin embargo había en las imprentas editoras cierto romanticismo. Hoy nada de eso existe. No sé cómo van a imprimirse los versos de Barquero. Ahora el papel cuesta más, la inflación ha hecho astronómicos los costos de impresión, los editores no quieren nada con los jóvenes escritores, y apenas sí se atreven a imprimir los libros de los escritores consagrados.

Sin embargo los lectores aumentan en América Latina. Un desarrollo cultural evidente, una turbulencia nunca vista, llena de pensamientos, polémicas, cuadros, relatos y poesía las urbes americanas. Junto al camino de los pueblos que luchan por obtener de nuevo su independencia, frustrada por la traición y la codicia, se abren las puertas y entra el aire del mundo con los libros de la antigua y nueva sabiduría a todas partes.

Durante nuestro pasado colonial, los escritos de los enciclopedistas franceses pasaban encuadernados como libros religiosos y se leían secretamente. Hoy en grandes sectores de América, en Guatemala, en Chile, en Perú, en Colombia la inquisición moderna, de tipo norteamericano, busca, condena, quema y prohíbe libros y revistas. Sin embargo la verdad, la libertad y la cultura germinan poderosamente en la América de hoy y los frutos salen a la vista de todas las martirizadas naciones de América Latina.

Cuando, con el mayor esfuerzo publicó Barquero su primer libro yo dije en el prólogo algunas cosas claras sobre su porvenir poético: «La poesía de Efraín Barquero tiene cuerpo. Es un material rico, una reconstrucción según las leyes de la vida, con palabras, con frases que parecían inútiles y que a su reclamo vuelven a brillar como espadas, relucen como el vino, se transforman en piedra, elevan otra vez la dignidad del canto».

Por cuanto dije de él en su primer libro me preocupa la publicación de su nueva obra.

Han pasado tantos años de mi juventud y en vez de hacerse más claros los caminos de los jóvenes, estos encuentran mayores obstáculos.

No progresa la vida social en los países occidentales hacia la solución de tales problemas, y ellos se manifiestan en diversas y dolorosas formas. El talento del chileno Barquero parecería asegurar su destino. Sin embargo, allí lo tenéis en este año de 1956, delgado, pálido, apenas llegado de su río natal, de su provincia perfumada, perdido en la capital, entre sus dos millones de habitantes, con un nuevo ramo de poemas en sus manos.

Cuando lo veo pasar por las calles de Santiago, doradas por el temprano otoño, me parece verme a mí mismo, hace treinta años, caminando por las mismas calles frías.

Las duras manos de la lucha no apagaron la luz de mi poesía, la encendieron profundamente en mi sangre.

Pienso en Barquero y en tantos jóvenes poetas americanos: que sobreviva en ellos el don del canto y el sello de la luz, a pesar del desamparo.

Su lucha salvará de nuevo el honor y la poesía.

Preso en Buenos Aires

Al cabo del tiempo fui invitado a un congreso de la paz que se reunía en Colombo, en la isla de Ceilán donde viví hace tantos años. Estábamos en abril de 1957.

Encontrarse con la poesía secreta no parece peligroso, pero si se trata de la policía secreta argentina el encuentro toma otro carácter, no desprovisto de humor aunque imprevisible en sus consecuencias. Aquella noche, recién llegado de Chile, dispuesto a proseguir mi viaje hacia los más lejanos países, me acosté fatigado. Apenas empezaba a dormitar cuando irrumpieron en la casa varios policías. Todo lo registraron con lentitud; recogían libros y revistas; trajinaban los roperos; se metían con la ropa interior. Ya se habían llevado al amigo argentino que me hospedaba cuando me descubrieron en el fondo de la casa, que era donde quedaba mi habitación.

—¿Quién es este señor? —preguntaron.

—Me llamo Pablo Neruda —respondí.

—¿Está enfermo? —interrogaron a mi mujer.

—Sí, está enfermo y muy cansado del viaje. Llegamos hoy y tomaremos mañana un avión hacia Europa.

—Muy bien, muy bien —dijeron, y salieron de la pieza.

Volvieron una hora después, provistos de una ambulancia. Matilde protestaba, pero esto no alteró las cosas. Ellos tenían instrucciones. Debían llevarme cansado o fresco, sano o enfermo, vivo o muerto.

Llovía aquella noche. Gruesas gotas caían del cielo espeso de Buenos Aires. Yo me sentía confundido. Ya había caído Perón. El general Aramburu, en nombre de la democracia, había echado abajo la tiranía. Sin embargo, sin saber cómo ni cuándo, por qué ni dónde, si por esto o por lo otro, si por nada o si por todo, agotado y enfermo, yo iba preso. La camilla en que me bajaban entre cuatro policías se convertía en un serio problema al descender escaleras, entrar en ascensores, atravesar pasillos. Los cuatro palanquineros sufrían y resoplaban. Matilde, para acentuarles el sufrimiento, les había dicho con voz meliflua que yo pesaba 110 kilos. Y en verdad los representaba, con suéter y abrigo, tapado con frazadas hasta la cabeza. Lucía como una mole, como el volcán Osorno, sobre aquella camilla que me brindaba la democracia argentina. Yo pensaba, y eso me hacía sentir mejor de mis síntomas de flebitis, que no eran aquellos pobres diablos que me conducían los que sudaban y pujaban bajo mi peso sino que era el mismísimo general Aramburu quien cargaba mi camilla.

Fui recibido por la rutina carcelaria, la catalogación del prisionero y la requisa de sus objetos personales. No me dejaron retener la sabrosa novela policial que llevaba para no aburrirme. La verdad es que no tuve tiempo de aburrirme. Se abrían y se cerraban rejas. La camilla cruzaba patios y portales de hierro; se internaba más y más profundamente, entre ruidos y cerrojos. De pronto me encontré en medio de una multitud. Eran los otros presos de la noche, más de dos mil. Yo iba incomunicado; nadie podía acercárseme. Sin embargo, no faltó la mano que estrechó la mía bajo las mantas, ni el soldado que dejó a un lado el fusil y me tendió un papel para que le firmara un autógrafo.

Al cabo me depositaron arriba, en la celda más lejana, con una ventanita muy alta. Yo quería descansar, dormir, dormir, dormir. No lo logré porque ya había amanecido y los presos argentinos hacían un ruido ensordecedor, un vocerío estruendoso, como si estuvieran presenciando un partido entre River y Boca.

Algunas horas después ya había funcionado la solidaridad de escritores y amigos, en Argentina, en Chile, en varios países más. Me bajaron de la celda, me llevaron a la enfermería, me devolvieron las prendas, me pusieron en libertad. Ya estaba por abandonar la penitenciaría cuando se me acercó uno de los guardias uniformados y me puso en las manos una página de papel. Era un poema que me dedicaba, escrito en versos primitivos, llenos de desaliño e inocencia como un objeto popular. Creo que pocos poetas han logrado recibir un homenaje poético del ser humano que le pusieron para que lo custodiara.

Poesía y policía

Una vez en Isla Negra nos dijo la muchacha: «Señora, don Pablo, estoy encinta». Luego tuvo un niño. Nunca supimos quién era el padre. A ella no le importaba. Lo que sí le importaba era que Matilde y yo fuéramos padrinos de la criatura. Pero no se pudo. No pudimos. La iglesia más cercana está en El Tabo, un pueblecito sonriente donde le ponemos bencina a la camioneta. El cura se erizó como un puercoespín. «¿Un padrino comunista? Jamás. Neruda no entrará por esa puerta ni aunque lleve en sus brazos a tu niño.» La muchacha volvió a sus escobas en la casa, cabizbaja. No comprendía.

En otra ocasión vi sufrir a don Asterio. Es un viejo relojero. Ya tiene muchos años; es el mejor cronometrista de Valparaíso. Compone todos los cronómetros de la Armada. Su mujer se moría. Su vieja compañera. Cincuenta años de matrimonio. Pensé que debía escribir algo sobre él. Algo que lo consolara un poco en tan grande aflicción. Que pudiera leerlo a su esposa agonizante. Así lo pensé. No sé si tenía razón. Escribí el poema. Puse en él mi admiración y mi emoción por el artesano y su artesanía. Por aquella vida tan pura entre todos los tic-tacs de los viejos relojes. Sarita Vial lo llevó al periódico. Se llama *La Unión* este periódico. Lo dirigía un señor Pascal. El señor Pascal es sacerdote. No quiso publicarlo. No se publicaría el poema. Neruda, su autor, es un comunista excomulgado. Se murió la señora. La vieja compañera de don Asterio. El sacerdote no publicó el poema.

Yo quiero vivir en un mundo sin excomulgados. No excomulgaré a nadie. No le diría mañana a ese sacerdote: «No puede usted bautizar a nadie porque es anticomunista». No le diría al otro: «No publicaré su poema, su creación, porque usted es anticomunista». Quiero vivir en un mundo en que los seres sean solamente humanos, sin más títulos que ese, sin darse en la cabeza con una regla, con una palabra, con una etiqueta. Quiero que se pueda entrar a todas las iglesias, a todas las imprentas. Quiero que no esperen a nadie nunca más a la puerta de la alcaldía para detenerlo y expulsarlo. Quiero que todos entren y salgan del Palacio Municipal, sonrientes. No quiero que nadie escape en góndola, que nadie sea perseguido en motocicleta. Quiero que la gran mayoría, la única mayoría, todos, puedan hablar, leer, escuchar, florecer. No entendí nunca la lucha sino para que esta termine. No entendí nunca el rigor, sino para que este no exista. He tomado un camino porque creo que ese camino nos lleva a todos a esa amabilidad duradera. Lucho por esa bondad ubicua, extensa, inexhaustible. De tantos encuentros entre mi poesía y la policía, de todos estos episodios y de otros que no contaré por repetidos, y de otros que a mí no me pasaron, sino a muchos que ya no podrán contarlo, me queda sin embargo una fe absoluta en el destino humano, una convicción cada vez más consciente de que nos acercamos a una gran ternura. Escribo conociendo que sobre nuestras cabezas, sobre todas las cabezas, existe el peligro de la bomba, de la catástrofe nuclear que no dejaría nadie ni nada sobre la tierra. Pues bien, esto no altera mi esperanza. En este minuto crítico, en este parpadeo de agonía, sabemos que entrará la luz definitiva por los ojos entreabiertos. Nos entenderemos todos. Progresaremos juntos. Y esta esperanza es irrevocable.

Ceilán reencontrado

Una causa universal, la lucha contra la muerte atómica, me hacía volver de nuevo a Colombo. Atravesamos la Unión Soviética, rumbo a la India, en el TU-104, el maravilloso avión a chorro que se desplazaba especialmente para transportar nuestra vasta delegación. Solo nos detuvimos en Tashkent, cerca de Samarkanda. En dos jornadas el avión nos dejaría en el corazón de la India.

Volábamos a diez mil metros de altura. Para cruzar los montes Himalaya el gigantesco pájaro se elevó aún más arriba, cerca de los quince mil metros. Desde tan alto se divisa un paisaje casi inmóvil. Aparecen las primeras barreras, contrafuertes azules y blancos de las cordilleras himalayas. Por ahí andará el imponente hombre de las nieves en su soledad espantosa. Después, a la izquierda, se destaca la masa del monte Everest como un pequeño accidente más entre las diademas de nieve. El sol da plenamente sobre el paisaje extraño; su luz recorta los perfiles, las rocas dentadas, el dominante poderío del silencio nevado.

Evoco los Andes americanos que atravesé tantas veces. Aquí no predomina aquel desorden, aquella furia ciclópea, aquel desierto colérico de nuestras cordilleras. Estas montañas asiáticas me lucen más clásicas, más ordenadas. Sus cúpulas de nieve tallan monasterios o pagodas en el vasto infinito. La soledad es más ancha. Las sombras no se alzan como muros de piedra terrible, sino se extienden como misteriosos parques azules de un monasterio colosal.

Me digo que voy respirando el aire más alto del mundo y contemplando desde arriba las mayores alturas de la tierra. Es una sensación única en la que se mezclan la claridad y el orgullo, la velocidad y la nieve.

Volamos hacia Ceilán. Ahora hemos descendido a escasa altura, sobre las tierras calientes de la India. Hemos dejado la nave soviética en Nueva Delhi para tomar este avión hindú. Sus alas crujen y se sacuden entre nubarrones violentos. En medio del vaivén mis pensamientos están en la isla florida. A los veintidós años de edad viví en Ceilán una existencia solitaria y escribí allí mi poesía más amarga rodeado por la naturaleza del paraíso.

Regreso mucho tiempo después a esta impresionante reunión de paz, a la que se ha adherido el gobierno del país. Advierto la presencia de numerosos y a veces centenares de monjes budistas, agrupados, vestidos con sus túnicas color de azafrán, sumidos en la seriedad y la meditación que caracteriza a los discípulos de Buda. Al luchar contra la guerra, la destrucción y la muerte, estos sacerdotes afirman los antiguos sentimientos de paz y armonía que predicara el príncipe Siddhartha Gautama, llamado también Buda. Qué lejos —pienso— de asumir esta conducta está la Iglesia de nuestros países americanos, Iglesia de tipo español, oficial y beligerante. Qué reconfortante sería para los verdaderos cristianos ver que los sacerdotes católicos, desde sus púlpitos, combatieran el crimen más grave y más terrorífico: el de la muerte atómica, que asesina a millones de inocentes y deja para siempre sus máculas biológicas en la estirpe del hombre.

Me fui al tanteo por las callejuelas en busca de la casa en que viví, en el suburbio de Wellawatha. Me costó dar con ella. Los árboles habían crecido; el rostro de la calle había cambiado.

La vieja estancia donde escribí dolorosos versos iba a ser muy pronto demolida. Estaban carcomidas sus puertas, la humedad del trópico había dañado sus muros, pero me había esperado en pie para este último minuto de la despedida.

No encontré a ninguno de mis viejos amigos. Sin embargo, la isla volvió a llamar en mi corazón, con su cortante sonido, con su destello inmenso. El mar seguía cantando el mismo antiguo canto bajo las palmeras, contra los arrecifes. Volví a recorrer las rutas de la selva, volví a ver los elefantes de paso majestuoso cubriendo los senderos, volví a sentir la embriaguez de los perfumes exasperantes, el rumor del crecimiento y la vida de la selva. Llegué hasta la roca Sigiriya en donde un rey loco se construyó una fortaleza. Reverencié como ayer las inmensas estatuas de Buda a cuya sombra caminan los hombres como pequeños insectos.

Y me alejé de nuevo, seguro ahora de que esta vez sería para nunca más volver.

Segunda visita a China

Desde este Congreso de la Paz en Colombo volamos a través de la India con Jorge Amado y Zelia, su mujer. Los aviones hindúes viajaban siempre repletos de pasajeros enturbantados, llenos de colores y canastos. Parecía imposible meter tanta gente en un avión. Una multitud descendía en el primer aeropuerto y otra muchedumbre ingresaba en su lugar. Nosotros debíamos seguir hasta más allá de Madrás, hacia Calcuta. El avión se estremecía bajo las tempestades tropicales. Una noche diurna, más oscura que la nocturna, nos envolvía de repente, y nos abandonaba para dar sitio a un cielo deslumbrante. De nuevo el avión se tambaleaba; rayos y centellas aclaraban la oscuridad instantánea. Yo miraba cómo la cara de Jorge Amado pasaba del blanco al amarillo y del amarillo al verde. Mientras tanto él veía en mi cara la misma mutación de colores producida por el miedo que nos agarrotaba. Comenzó a llover dentro del avión. El agua se colaba por gruesas goteras que me recordaban a mi casa de Temuco, en invierno. Pero estas goteras no me hacían ninguna gracia a diez mil metros de altura. Lo gracioso, sí, fue un monje que venía detrás de nosotros. Abrió un paraguas y continuó leyendo, con serenidad oriental, sus textos de antigua sabiduría.

Llegamos sin accidentes a Rangoon, en Birmania. Se cumplían en esos días treinta años de mi residencia en la tierra, de mi residencia en Birmania, durante la cual, siendo estrictamente desconocido, escribí mis versos. Justamente en 1927, teniendo yo veintitrés años, desembarqué en este mismo Rangoon. Era un territorio delirante de color, impenetrable de idiomas, tórrido y fascinante. La colonia era explotada y agobiada por sus gobernantes ingleses, pero la ciudad era limpia y luminosa, las calles resplandecían de vida, las vitrinas ostentaban sus coloniales tentaciones.

Esta de ahora era una ciudad semivacía, con vitrinas desprovistas de todo, con la inmundicia acumulada en las calles. Es que la lucha de los pueblos por su independencia no es un camino fácil. Después del estallido de las almas, de las banderas de liberación, hay que abrirse paso por entre dificultades y tormentas. Hasta ahora yo no conozco la historia de Birmania independiente, tan enclaustrada como está junto al poderoso río Irrawadhy, y al pie de sus pagodas de oro, pero pude adivinar —más allá de la basura de las calles y de la tristeza ondulante— todos esos dramas que sacuden a las nuevas repúblicas. Es como si el pasado las continuara oprimiendo.

Ni sombra de Josie Bliss, mi perseguidora, mi heroína del «Tango del viudo». Nadie me supo dar idea de su vida o de su muerte. Ya ni siquiera existía el barrio donde vivimos juntos.

Volamos ahora desde Birmania cruzando las estribaciones montañosas que la separan de China. Es un paisaje austero, de idílica serenidad. Desde Mandalay el avión se elevó sobre los arrozales, sobre las barrocas pagodas, sobre millones de palmeras, sobre la guerra fratricida de los birmanos, y entró en la calma severa, lineal del paisaje chino.

En Kun Ming, la primera ciudad china tras la frontera, nos esperaba mi viejo amigo, el poeta Ai Ching. Su ancho rostro moreno, sus grandes ojos llenos de picardía y bondad, su inteligencia despierta, eran otra vez un adelanto de alegría para tan largo viaje.

Ai Ching, como Ho Chi Minh, eran poetas de la vieja cepa oriental, formados entre la dureza colonial del Oriente y una difícil existencia en París. Saliendo de las prisiones, estos poetas de voz dulce y natural se convirtieron fuera de su país en estudiantes pobres o mozos de restaurante. Mantuvieron su confianza en la Revolución. Suavísimos en poesía y férreos en política, retornaron a tiempo para cumplir sus destinos.

En Kun Ming los árboles de los parques habían sido tratados con cirugía estética. Todos tomaban formas extranaturales y a veces se distinguía una amputación cubierta con barro o una rama retorcida todavía vendada como un brazo herido. Nos llevaron a ver al jardinero, el genio maligno que reinaba sobre tan extraño jardín. Gruesos y viejos abetos no habían crecido más allá de treinta centímetros e incluso vimos naranjos enanos cubiertos de naranjas diminutas como dorados granos de arroz.

También fuimos a visitar un bosque de piedras bizarras. Cada roca se alargaba como monolítica aguja o se encrespaba como ola de un mar inmóvil. Supimos que este gusto por piedras de forma extraña venía desde siglos. Muchas grandes rocas de aspecto enigmático decoran las plazas de las viejas ciudades. Los gobernadores de antaño, cuando querían ofrendar su mejor regalo al emperador, le enviaban algunas de estas piedras colosales. Los presentes tardaban años en llegar a Pekín, empujados sus volúmenes durante miles de kilómetros por decenas de esclavos.

A mí, China no me parece enigmática. Por el contrario, aun dentro del formidable ímpetu revolucionario, la veo como un país ya construido milenariamente y siempre estatuyéndose, estratificándose. Inmensa pagoda, entran y salen de su antigua estructura los hombres y los mitos, los guerreros, los campesinos y los dioses. Nada espontáneo existe: ni la sonrisa. En vano busca uno por todas partes los pequeños y toscos objetos del arte popular, ese arte hecho con errores de perspectiva que tantas veces toca los límites del prodigio. Las muñecas chinas, las cerámicas, las piedras y las maderas labradas, reproducen modelos milenarios. Todo tiene el signo de una perfección repetida.

Mi mayor sorpresa la tuve cuando encontré en el mercado de una aldea unas pequeñas jaulas para cigarras hechas de delgado bambú. Eran maravillosas porque en su precisión arquitectónica superponían una habitación a otra, cada una con su cigarra cautiva, hasta formar castillos de casi un metro de altura. Me pareció, mirando los nudos que ataban los bambúes y el color verde tierno de los tallos, que surgía resurrecta la mano popular, la inocencia que puede hacer milagros. Al advertir mi admiración, los campesinos no quisieron venderme aquel castillo sonoro. Me lo regalaron. De ese modo el canto ritual de las cigarras me acompañó por semanas, muy adentro, por las tierras chinas. Solo en mi infancia recuerdo haber recibido regalos tan memorables y silvestres.

Iniciamos el viaje en un barco que lleva mil pasajeros, a lo largo del río Yangtsé. Son campesinos, obreros, pescadores, una multitud vital. Por varios días, en dirección a Nankín, recorremos el río anchuroso, lleno de embarcaciones y trabajos, cruzado y surcado por miles de vidas, de preocupaciones y de sueños. Este río es la calle central de China. Anchísimo y tranquilo, el Yangtsé se adelgaza a veces y a duras penas logra pasar el barco entre sus titánicas gargantas. A cada lado las altísimas paredes de piedra parecen tocarse en las alturas, en donde se divisa de cuando en cuando una nubecilla en el cielo, dibujada con la maestría de un pincel oriental, o surge una pequeña habitación humana entre las cicatrices de la piedra.

Pocos paisajes hay en la tierra de tan abrumadora belleza. Tal vez puedan comparársele los violentos desfiladeros del Cáucaso o nuestros solitarios y solemnes canales magallánicos.

En cinco años que he estado lejos de China observo una transformación visible que se va confirmando a medida que me interno de nuevo en el país.

Al principio me doy cuenta de una manera confusa. Qué noto, qué ha cambiado en las calles, en las gentes? Ah, echo de menos el color azul. Hace cinco años visité en esta misma estación del año las calles de China, siempre repletas, siempre palpitantes de vidas humanas. Pero entonces todos iban vestidos de azul proletario, una especie de sarga o mezclilla obrera. Hombres, mujeres y niños iban así. A mí me agradaba esta simplificación del traje, con sus diferentes gradaciones de azul. Era hermoso ver las innumerables manchas de azul cruzando calles y caminos.

Ahora esto ha cambiado. Qué ha pasado?

Simplemente que la industria textil de estos cinco años ha crecido hasta poder vestir con todos los colores, con todos los floreados, con todas las listas y puntitos, con todas las variaciones de la seda, a millones de chinas; y hasta permitir también a millones de chinos el uso de otros colores y de mejores telas.

Ahora las calles son el arcoíris delicado del refinado gusto de China, esta raza que no sabe hacer nada feo, este país donde la sandalia más primitiva parece una flor de paja.

Navegando por el río Yangtsé me di cuenta de la fidelidad de las viejas pinturas chinas. Allí, en lo alto de los desfiladeros, un pino retorcido como una pagoda minúscula me trajo a la mente de inmediato las viejas estampas imaginarias. Pocos sitios más irreales, más fantásticos y sorprendentes hay como estos desfiladeros del gran río que se elevan a alturas increíbles y que en cualquier fisura de la roca muestran la antigua huella humana del pueblo prodigioso: cinco o seis metros de verdura recién plantada o un templete de cinco techos para contemplar y meditar. Más allá nos parece ver, en la altura de los calvos roqueríos, las túnicas o el vapor de los antiguos mitos; son tan solo las nubes y algún vuelo de pájaros que ya fue muchas veces pintado por los más antiguos y sabios miniaturistas de la tierra. Una profunda poesía se desprende de esta naturaleza grandiosa; una poesía breve y desnuda como el vuelo de un ave o como el relámpago plateado del agua que fluye casi inmóvil entre los muros de piedra.

Pero lo definitivamente extraordinario en este paisaje es ver al hombre trabajando en pequeños rectángulos, en algún lunar verde entre las rocas. A inmensa altura, en el tope de los muros verticales, en donde haya un repliegue que guarde un poco de tierra vegetal, allí hay un hombre chino cultivándolo. La madre tierra china es ancha y dura. Ella ha disciplinado y dado forma al hombre, transformándolo en un instrumento de labor, incansable, sutil y tenaz. Esa combinación de vasta tierra, extraordinario trabajo humano y eliminación gradual de todas las injusticias, hará florecer la bella, extensa y profunda humanidad china.

Durante toda la travesía del Yangtsé, Jorge Amado me pareció nervioso y melancólico. Innumerables aspectos de la vida en el barco le molestaban a él y a Zelia, su compañera. Pero Zelia tiene un humor sereno que le permite pasar por el fuego sin quemarse.

Uno de los motivos era que nosotros veníamos a ser involuntariamente privilegiados en la navegación. Con nuestros camarotes especiales y nuestro comedor exclusivo nos sentíamos mal, en medio de centenares de chinos que se amontonaban por todas partes de la embarcación. El novelista brasileño me miraba con ojos sarcásticos y dejaba caer alguno de sus comentarios graciosos y crueles.

La verdad es que las revelaciones sobre la época staliniana habían quebrantado algún resorte en el fondo de Jorge Amado. Somos viejos amigos, hemos compartido años de destierro, siempre nos habíamos identificado en una convicción y en una esperanza comunes. Pero yo creo haber sido un sectario de menor cuantía; mi naturaleza misma y el temperamento de mi propio país me inclinaban a un entendimiento con los demás. Jorge, por el contrario, había sido siempre rígido. Su maestro, Luis Carlos Prestes, pasó cerca de quince años de su vida encarcelado. Son cosas que no se pueden olvidar, que endurecen el alma. Yo justificaba ante mí mismo, sin compartirlo, el sectarismo de Jorge.

El informe del XX Congreso fue una marejada que nos empujó, a todos los revolucionarios, hacia situaciones y conclusiones nuevas. Algunos sentimos nacer, de la angustia engendrada por aquellas duras revelaciones, el sentimiento de que nacíamos de nuevo. Renacíamos limpios de tinieblas y del terror, dispuestos a continuar el camino con la verdad en la mano.

Jorge, en cambio, parece haber comenzado allí, a bordo de aquella nave, entre los desfiladeros fabulosos del río Yangtsé, una etapa distinta de su vida. Desde entonces se quedó más tranquilo, fue mucho más sobrio en sus actitudes y en sus declaraciones. No creo que perdiera su fe revolucionaria, pero se reconcentró más en su obra y le quitó a esta el carácter político directo que penúltimamente la caracterizó. Como si se destapara el epicúreo que hay en él, se lanzó a escribir sus mejores libros, empezando por *Gabriela, clavo y canela*, obra maestra desbordante de sensualidad y alegría.

El poeta Ai Ching era el jefe de la delegación que nos guiaba. Cada noche comíamos Jorge Amado, Zelia, Matilde, Ai Ching y yo en una cámara separada. La mesa se cubría de legumbres doradas y verdes, pescados agridulces, patos y pollos guisados de rara manera, siempre deliciosa. Después de varios días aquella comida exótica se nos atragantaba por mucho que nos gustara. Hallamos una ocasión de liberarnos por una vez de tan sabrosos manjares, pero nuestra iniciativa tuvo un camino difícil. Se nos fue torciendo más y más como una rama de aquellos árboles torturados.

Sucedió que tocaba mi cumpleaños por esos días. Matilde y Zelia proyectaron festejarme con una comida occidental que variara nuestro régimen. Se trataba de un humildísimo agasajo: preparar un pollo, asado a nuestra manera y acompañado por una ensalada de tomates y cebollas a la chilena. Las mujeres hicieron gran misterio de esta sorpresa. Se dirigieron confidencialmente a nuestro buen hermano Ai Ching. El poeta les respondió, un poco inquieto, que debía reunirse con los otros de la comitiva para responder.

La resolución fue sorprendente. Todo el país pasaba por una ola de austeridad; Mao Tse Tung había renunciado a su festejo de cumpleaños. Cómo se podía festejar el mío frente a tan severos precedentes? Zelia y Matilde replicaron que se trataba de todo lo contrario: queríamos sustituir aquella mesa cubierta de manjares (en la cual había pollos, patos, pescados, que quedaban intactos) por un solo pollo, un modestísimo pollo, pero asado al horno de acuerdo con nuestro estilo. Una nueva reunión de Ai Ching con el invisible comité que dirigía la austeridad respondió al día siguiente que no existía horno en el navío en que viajábamos. Zelia y Matilde, que habían hablado ya con el cocinero, le dijeron a Ai Ching que estaban equivocados, que un magnífico horno se calentaba en espera de nuestro posible pollo. Ai Ching entrecerró los ojos y perdió su mirada en la corriente del Yangtsé.

Aquel 12 de julio, fecha de mi aniversario, tuvimos en la mesa nuestro pollo asado, premio dorado de aquel debate. Un par de tomates, con cebolla picada, relucían en una pequeña bandeja. Más allá se extendía la gran mesa, engalanada como todos los días con fuentes fulgurantes de rica comida china.

Yo había pasado en 1928 por Hong Kong y Shanghái. Aquella era una China férreamente colonizada; un paraíso de tahúres, de fumadores de opio, de prostíbulos, de asaltantes nocturnos, de falsas duquesas rusas, de piratas del mar y de la tierra. Frente a los grandes institutos bancarios de aquellas grandes ciudades, la presencia de ocho o nueve acorazados grises revelaba la inseguridad y el miedo, la extorsión colonial, la agonía de un mundo que comenzaba a oler a muerto. Las banderas de muchos países, autorizadas por cónsules indignos, flameaban sobre barcos corsarios de malhechores chinos y malayos. Los burdeles dependían de compañías internacionales. Yo he contado en otro sitio de estas memorias cómo me asaltaron una vez y me dejaron sin ropa y sin dinero, abandonado en una calle china.

Todos estos recuerdos regresaron a mi cabeza cuando llegué a la China de la Revolución. Este era un nuevo país, asombroso por su limpieza ética. Los defectos, los pequeños conflictos y las incomprensiones, mucho de lo que cuento, son circunstancias minúsculas. Mi impresión dominante ha sido la de contemplar un cambio victorioso en la tierra extensa de la más vieja cultura del mundo. Por todas partes se iniciaban incontables experimentaciones. La agricultura feudal iba a cambiar. La atmósfera moral era transparente como después del paso de un ciclón.

Lo que me ha distanciado del proceso chino no ha sido Mao Tse Tung, sino el maosetunismo. Es decir, el maoestalinismo, la repetición del culto a una deidad socialista. Quién puede negarle a Mao la personalidad política de gran organizador, de gran liberador de un pueblo? Cómo podría escapar yo al influjo de su aureola épica, de su simplicidad tan poética, tan melancólica y tan antigua?

Pero durante mi viaje vi cómo centenares de pobres campesinos que volvían de sus labores se prosternaban antes de dejar sus herramientas para saludar el retrato del modesto guerrillero de Yunnan, ahora transformado en dios. Yo vi cómo centenares de seres agitaban en sus manos un librito rojo, panacea universal para vencer en el ping-pong, curar la apendicitis y resolver los problemas políticos. La adulación fluye de cada boca y de cada día, de cada diario y de cada revista, de cada cuaderno y de cada libro, de cada almanaque y de cada teatro, de cada escultura y de cada pintura.

Yo había aportado mi dosis de culto a la personalidad, en el caso de Stalin. Pero en aquellos tiempos Stalin se nos aparecía como el vencedor avasallante de los ejércitos de Hitler, como el salvador del humanismo mundial. La degeneración de su personalidad fue un proceso misterioso, hasta ahora enigmático para muchos de nosotros.

Y ahora aquí, a plena luz, en el inmenso espacio terrestre y celeste de la nueva China, se implantaba de nuevo ante mi vista la sustitución de un hombre por un mito. Un mito destinado a monopolizar la conciencia revolucionaria, a recluir en un solo puño la creación de un mundo que será de todos. No me fue posible tragarme, por segunda vez, esa píldora amarga.

En Chongqing mis amigos chinos me llevaron al puente de la ciudad. Yo he amado los puentes toda mi vida. Mi padre, ferroviario, me inspiró gran respeto por ellos. Nunca los llamaba puentes. Hubiera sido profanarlos. Los llamaba obras de arte, calificativo que no le concedía a las pinturas, ni a las esculturas, ni por supuesto a mis poemas. Solo a los puentes. Mi padre me llevó muchas veces a contemplar el maravilloso viaducto del Malleco, en el sur de Chile. Hasta ahora había pensado que el puente más hermoso del mundo era aquel, tendido entre el verde austral de las montañas, alto y delgado y puro, como un violín de acero con sus cuerdas tensas, preparadas para que las toque el viento de Collipulli. El inmenso puente que cruza el río Yangtsé es otra cosa. Es la más grandiosa obra de la ingeniería china, realizada con la participación de los ingenieros soviéticos. Y es, además, el final de una lucha secular. La ciudad de Chongqing estaba dividida desde hace siglos por el río, una incomunicación que entrañaba atraso, lentitud y aislamiento.

El entusiasmo de los amigos chinos que me enseñan el puente es excesivo para el poder de mis piernas. Me hacen subir torres y bajar abismos, para mirar el agua que corre desde hace miles de años, cruzada hoy por esta ferretería de kilómetros. Por estos rieles pasarán los trenes; estas calzadas serán para los ciclistas; esta enorme avenida estará destinada a los peatones. Me siento agobiado por tanta grandeza.

Ai Ching nos lleva por la noche a comer en un viejo restaurante, albergue de la cocina más tradicional: lluvia de flores de cerezo, arcoíris con ensalada de bambú, huevos de cien años, labios de joven tiburona. Esta cocina china es imposible de describir en su complejidad, en su fabulosa variedad, en su invención extravagante, en su formalismo increíble. Ai Ching nos da algunas nociones. Las tres reglas supremas que deben regir una buena comida son: primero, el sabor; segundo, el olor; tercero, el color. Estos tres aspectos deben ser exigentemente respetados. El sabor debe ser exquisito. El olor debe ser delicioso. Y el color debe ser estimulante y armonioso. «En este restaurante donde comeremos —dijo Ai Ching— se unirá otro virtuosismo: el sonido.» A la gran fuente de porcelana rodeada de manjares se le agrega en el último momento una pequeña cascada de colas de camarones que caen en la plancha de metal calentada al rojo para producir una melodía de flauta, una frase musical que siempre se repite igual.

En Pekín fuimos recibidos por Tien Ling, quien presidía el comité de escritores designado para acogernos a Jorge Amado y a mí. También estaba nuestro viejo amigo, el poeta Emi Siao, con su mujer alemana y fotógrafa. Todo era agradable y sonriente. Paseamos en una embarcación, entre los lotos del inmenso lago artificial que fue construido para entretenimiento de la última emperatriz. Visitamos fábricas, casas editoriales, museos y pagodas. Comimos en el más exclusivo de los restaurantes del mundo (tan exclusivo que tiene una sola mesa), regentado por los descendientes de la casa imperial. Las dos parejas suramericanas nos juntábamos en la casa de los escritores chinos para beber, fumar y reír, como lo hubiéramos hecho en cualquier parte de nuestro continente.

Yo le pasaba el periódico de cada día a mi joven intérprete llamado Li. Le mostraba con el dedo las impenetrables columnas de caracteres chinos y le decía:

—Tradúzcame!

Él comenzaba a hacerlo en su español recién aprendido. Me leía editoriales agrícolas, proezas natatorias de Mao Tse Tung, disquisiciones maomarxistas, noticias militares que me aburrían apenas comenzaban.

—*Stop!* —le decía—. Léame mejor de esta otra columna.

Así fui sorprendido un día cuando encontré una llaga en el sitio donde puse el dedo. Allí se hablaba de un proceso político en el cual figuraban como acusados los amigos que yo veía cada día. Estos seguían formando parte de nuestro «comité de acogida». Aunque el proceso parecía venir de un tiempo atrás, ellos jamás nos habían dicho una palabra de que estaban siendo investigados, ni habían mencionado nunca que una amenaza se cernía sobre sus destinos.

La época había cambiado. Todas las flores se cerraban. Cuando estas flores se abrieron por orden de Mao Tse Tung, aparecieron innumerables papelitos —en fábricas y talleres, en universidades y oficinas, en granjas y caseríos— que denunciaban injusticias, extorsiones, acciones deshonestas de jefes y burócratas.

Así como anteriormente había cesado por orden suprema la guerra a las moscas y a los gorriones, cuando se reveló que su aniquilamiento traería inesperadas consecuencias, así también se terminó drásticamente el período en que se abrieron las corolas. Una nueva orden llegó desde arriba: descubrir a los derechistas. Y en seguida en cada organización, en cada lugar de trabajo, en cada hogar, los chinos comenzaron a confesar a sus prójimos, o a autoconfesarse de derechismo.

Mi amiga, la novelista Tieng Ling, fue acusada de haber tenido relaciones amorosas con un soldado de Chiang Kai Shek. Era una verdad que había sucedido antes del gran movimiento revolucionario. Por la Revolución ella rechazó a su amante, y desde Yenan, con un hijo recién nacido en los brazos, hizo toda la gran marcha de los años heroicos. Pero esto no le valió de nada. Fue destituida de su cargo de presidente de la Unión de Escritores y condenada a servir la comida como mesera del restaurante de la misma Unión de Escritores que había presidido tantos años. Pero hacía su trabajo de mesera con tanta altivez o dignidad que fue enviada luego a trabajar en la cocina de una remota comuna campesina. Esta es la última noticia que tuve de la gran escritora comunista, primera figura de la literatura china.

No sé lo que pasó con Emi Siao. En cuanto a Ai Ching, el poeta que nos acompañaba a todas partes, su destino fue muy triste. Primero se le mandó al desierto de Gobi. Luego se le autorizó a escribir, siempre que nunca más firmara sus escritos con su verdadero nombre, un nombre ya famoso dentro y fuera de China. Así se le condenó al suicidio literario.

Jorge Amado ya había partido hacia el Brasil. Yo me despediría un poco más tarde con un gusto amargo en la boca. Todavía lo siento.

Los monos de Sujumi

He regresado a la Unión Soviética y me invitan a un viaje hacia el sur. Cuando desciendo del avión, después de haber atravesado un inmenso territorio, he dejado atrás las grandes estepas, las usinas y las carreteras, las grandes ciudades y los pueblos soviéticos. He llegado a las imponentes montañas caucasianas pobladas de abetos y de animales selváticos. A mis pies el mar Negro se ha puesto un traje azul para recibirnos. Un violento perfume de naranjos en flor llega de todas partes.

Estamos en Sujumi, capital de Abjasia, pequeña república soviética. Esta es la Cólchida legendaria, la región del vellocino de oro que seis siglos antes de Cristo vino a robar Jasón, la patria griega de los dioscuros. Más tarde veré en el museo un enorme bajorrelieve de mármol helénico recién sacado de las aguas del mar Negro. A orillas de ese mar los dioses helénicos celebraron sus misterios. Hoy se ha cambiado el misterio por la vida sencilla y trabajadora del pueblo soviético. No es la misma gente de Leningrado. Esta tierra de sol, de trigo y de grandes viñas, tiene otro tono, un acento mediterráneo. Estos hombres andan de otra manera, estas mujeres tienen ojos y manos de Italia o de Grecia.

Vivo unos días en casa del novelista Simonov, y nos bañamos en las aguas tibias del mar Negro. Simonov me muestra en su huerta sus bellos árboles. Los reconozco y a cada nombre que me dice le respondo como campesino patriótico:

—De este hay en Chile. De este otro también hay en Chile. Y también de aquel otro.

Simonov me mira con cierta sonrisa zumbona. Yo le digo:

—Qué triste es para mí que tú tal vez nunca veas el parrón de mi casa en Santiago, ni los álamos dorados por el otoño chileno; no hay oro como ese. Si vieras los cerezos en flor en primavera y conocieras el aroma del boldo de Chile. Si vieras en el camino de Melipilla cómo los campesinos ponen las doradas mazorcas de maíz sobre los techos. Si metieras los pies en las aguas puras y frías de Isla Negra. Pero, mi querido Simonov, los países levantan barreras, juegan al enemigo, se disparan en guerras frías y los hombres nos quedamos aislados. Nos acercamos al cielo en veloces cohetes y no acercamos nuestras manos en la fraternidad humana.

—Tal vez cambiarán las cosas —me dice Simonov sonreído, y lanza una piedra blanca hacia los dioses sumergidos del mar Negro.

El orgullo de Sujumi es su gran colección de monos. Aprovechando el clima subtropical, un Instituto de Medicina Experimental ha criado allí todas las especies de monos del mundo. Entremos. En amplias jaulas veremos monos eléctricos y monos estáticos, inmensos y minúsculos, pelados y peludos, de caras reflexivas o de chispeantes ojos; también los hay taciturnos y despóticos.

Hay monos grises, hay monos blancos, hay micos de trasero tricolor; hay grandes monos austeros, y otros polígamos que no permiten que ninguna de sus hembras se alimente sin su consentimiento, permiso que le otorga solamente después que ellos han devorado con solemnidad su propia comida.

Los más avanzados estudios de biología se realizan en este instituto. En el organismo de los monos se estudia el sistema nervioso, la herencia, las delicadas investigaciones sobre el misterio y la prolongación de la vida.

Nos llama la atención una pequeña mona con dos críos. Uno de ellos la sigue constantemente y al otro lo lleva en brazos con humana ternura. El director nos cuenta que el pequeño mono que tanto mima no es su hijo sino un mono adoptivo. Acababa de dar a luz ella cuando murió otra mona recién parida. De inmediato esta madre mona adoptó al huerfanito. Desde entonces su pasión maternal, su dulzura de cada minuto, se proyectan sobre el hijo adoptivo, más aún que sobre el verdadero hijo. Los científicos pensaron que tan intensa vocación maternal la llevaría a adoptar otros hijos ajenos, pero ella los ha rechazado uno tras otro. Porque su actitud no obedecía simplemente a una fuerza vital sino a una conciencia de solidaridad maternal.

Armenia

Ahora volamos hacia una tierra trabajadora y legendaria. Estamos en Armenia. A lo lejos, hacia el sur, preside la historia de Armenia la cumbre nevada del monte Ararat. Es aquí donde el arca de Noé se detuvo, según la Biblia, para repoblar la tierra. Difícil tarea, porque Armenia es pedregosa y volcánica. Los armenios cultivaron esta tierra con indecible sacrificio y elevaron su cultura nacional a lo más alto del mundo antiguo. La sociedad socialista ha dado un desarrollo y un florecimiento extraordinario a esta noble nación martirizada. Por siglos los invasores turcos masacraron y esclavizaron a los armenios. Cada piedra de los páramos, cada losa de los monasterios tiene una gota de sangre armenia. La resurrección socialista de este país ha sido un milagro y el más grande desmentido a los que de mala fe hablan de imperialismo soviético. Visité en Armenia hilanderías que ocupan a cinco mil obreros, inmensas obras de irrigación y de energía, y otras industrias poderosas. Recorrí de una punta a otra las ciudades y las campiñas pastorales, y no vi sino armenios, hombres y mujeres armenios. Encontré un solo ruso, un solitario ingeniero de ojos azules, entre los miles de ojos negros de aquella población morena. Estaba aquel ruso dirigiendo una central hidroeléctrica en el lago Sevan. La superficie del lago, cuyas aguas se desalojan por un solo cauce del río, es demasiado grande. El agua preciosa se evapora sin que la sedienta Armenia alcance a recoger y utilizar sus dones. Para ganarle tiempo a la evaporación se ha ensanchado el río. Así se reducirá el nivel del lago y, al mismo tiempo, se crearán con las nuevas aguas del río ocho centrales hidroeléctricas, nuevas industrias, poderosas usinas de aluminio, luz eléctrica y regadío para todo el país. Nunca olvidaré mi visita a aquella planta hidroeléctrica asomada al lago que en sus aguas purísimas refleja el inolvidable azul del cielo de Armenia. Cuando me preguntaron los periodistas sobre mis impresiones de las antiguas iglesias y monasterios de Armenia, les respondí exagerando:

—La iglesia que más me gusta es la central hidroeléctrica, el templo junto al lago.

Muchas cosas vi en Armenia. Pienso que Erevan es una de las más bellas ciudades, construida de toba volcánica, armoniosa como una rosa rosada. Fue inolvidable la visita al centro astronómico de Byurakan, donde vi por primera vez la escritura de las estrellas. Se captaba la luz temblorosa de los astros; delicadísimos mecanismos iban escribiendo la palpitación de la estrella en el espacio, como una especie de electrocardiograma del cielo. En aquellos gráficos observé que cada estrella tiene un tipo de letra diferente, fascinadora y temblorosa, aunque incomprensible para mis ojos de poeta terrestre.

En el jardín biológico de Erevan, me fui derecho a la jaula del cóndor, pero mi compatriota no me reconoció. Allí estaba en un rincón de su jaula, calvo y con esos ojos escépticos de cóndor sin ilusiones, de gran pájaro añorante de nuestras cordilleras. Lo miré con tristeza porque yo sí volvería a mi patria y él se quedaría inacabablemente prisionero.

Mi aventura con el tapir fue diferente. El zoológico de Erevan es uno de los pocos que posee un tapir del Amazonas, ese animal extraordinario, con cuerpo de buey, cara nariguda y ojos chicos. Debo confesar que los tapires se parecen a mí. Esto no es un secreto.

El tapir de Erevan dormitaba en su corral, junto a la laguna. Al verme me dirigió una mirada de inteligencia; a lo mejor alguna vez nos habíamos encontrado en el Brasil. El director me preguntó si lo quería ver nadar y yo le respondí que solo por el placer de ver nadar un tapir viajaba por el mundo. Le abrieron una portezuela. Me dio una mirada de felicidad y se lanzó al agua, resoplando como un caballo marino, como un tritón peludo. Se elevaba sacando todo el cuerpo del agua; se zambullía produciendo un oleaje tempestuoso; se levantaba ebrio de alegría, bufaba y resoplaba, y luego proseguía con gran velocidad en sus acrobacias increíbles.

—Nunca lo habíamos visto tan contento —me dijo el director del zoológico.

Al mediodía, en el almuerzo que me ofrecía la Sociedad de Escritores, les conté en mi discurso de agradecimiento las proezas del tapir amazónico y les hablé de mi pasión por los animales. Nunca dejo de visitar un jardín zoológico.

En su discurso de respuesta, el presidente de los escritores armenios dijo:

—¿Qué necesidad tenía Neruda de ir a visitar nuestro jardín zoológico? Con venirse a la Sociedad de Escritores le bastaba para encontrar todas las especies. Aquí tenemos leones y tigres, zorros y focas, águilas y serpientes, camellos y papagayos.

El vino y la guerra

Me detuve en Moscú, en el camino de regreso. Esta ciudad es para mí, no solo la magnífica capital del socialismo, la sede de tantos sueños realizados, sino la residencia de algunos de mis amigos más queridos. Moscú es para mí una fiesta. Apenas llego salgo solo por las calles, contento de respirar, silbando cuecas. Miro las caras de los rusos, los ojos y las trenzas de las rusas, los helados que se venden en las esquinas, las flores populares de papel, las vitrinas, en busca de cosas nuevas, de las pequeñas cosas que hacen grande la vida.

Fui a visitar una vez más a Ehrenburg. El buen amigo me mostró primero una botella de aguardiente noruego, aquavit. La etiqueta era un gran velero pintado. En otro sitio estaba la fecha de partida y la de regreso del barco que llevó hasta Australia esta botella y la devolvió a su Escandinavia original.

Nos pusimos a hablar de vinos. Recordé aquella época de mi juventud en que nuestros vinos patrimoniales emprendían viaje al extranjero, por exigencia y excelencia. Fueron siempre demasiado caros para los que usábamos vestimentas ferroviarias y vivíamos en tormentosa bohemia.

En todos los países me preocuparon los derroteros del vino, desde que nacía de «los pies del pueblo» hasta que se engarrafaba en vidrio verde o cristal facético. Me gustó tomar en Galicia el vino de Ribeiro, que se bebe en taza y deja en la loza una espesa marca de sangre. Recuerdo en Hungría un vino grueso, llamado «sangre de toro», cuyas embestidas hacen trepidar los violines de la gitanería.

Mis tatarabuelos tuvieron viñas. Parral, el pueblo donde nací, es cuna de ásperos mostos. De mi padre y de mis tíos, don José Ángel, don Joel, don Oseas y don Amós, aprendí a diferenciar el vino pipeño del filtrado. Me costó trabajo acatar sus inclinaciones hacia el vino irrefinado que cae de la pipa, de corazón original e irreductible. Como en todas las cosas, me costó volver a lo primitivo, al vigor, tras haber practicado la superación del gusto, saboreado el *bouquet* formalista. Pasa igual con el arte: se amanece con la *Afrodita* de Praxíteles y se queda uno a vivir con las estatuas salvajes de Oceanía.

Fue en París donde probé un vino excelso en una casa excelsa. El vino era un Mouton-Rothschild de cuerpo impecable, de aroma inexpresable, de perfecto contacto. La casa era la de Aragon y Elsa Triolet.

—Acabo de recibir estas botellas y las abro para ti —me dijo Aragon.

Y me contó la historia.

Avanzaban los ejércitos alemanes dentro de tierra francesa. El soldado más inteligente de Francia, poeta y oficial, Louis Aragon, llegó hasta un puesto de avanzada. Mandaba un destacamento de enfermeros. Su orden era seguir más allá de ese puesto, hasta un edificio situado trescientos metros más lejos. El capitán de la posición francesa lo detuvo. Era el conde Alphonse de Rothschild, más joven que Aragon y de sangre tan apremiante como la suya.

—No puede pasar de aquí —le dijo—. Es inminente el fuego alemán.

—Mis instrucciones son llegar a ese edificio —replicó vivamente Aragon.

—Mis órdenes son que no siga y se quede aquí —repuso el capitán.

Conociendo a Aragon, como yo lo conozco, estoy seguro de que en la discusión salieron chispas como granadas, contestaciones como estoques. Pero ella no duró más de diez minutos. De pronto, ante los ojos abiertos de Rothschild y Aragon, una granada de un mortero alemán cayó sobre aquel edificio cercano convirtiéndolo instantáneamente en humo, escombros y pavesa.

Así se salvó el primer poeta de Francia, gracias a la obstinación de un Rothschild.

Desde entonces, en la misma fecha aniversaria del suceso, Aragon recibe unas cuantas *bonnes bouteilles* de Mouton-Rothschild, de las viñas del conde que fue su capitán en la última guerra.

Ahora estoy en Moscú, en la casa de Ilya Ehrenburg. Este gran guerrillero de la literatura, tan peligroso enemigo para el nazismo como una división de cuarenta mil hombres, era también un epicureísta refinado. Nunca supe si sabía más de Stendhal o de *foie gras*. Paladeaba los versos de Jorge Manrique con tanto deleite como degustaba un Pommery Greno. Su amor más viviente era Francia entera, el alma y el cuerpo de Francia sabrosa y fragante.

El caso es que, después de la guerra, se rumoreó en Moscú que se pondrían en venta ciertas misteriosas botellas de vino francés. El Ejército Rojo había conquistado, en su avance hacia Berlín, una fortaleza-cava, repleta de la insana propaganda de Goebbels y de los vinos que este había saqueado en las bodegas de la dulce Francia. Papeles y botellas fueron enviados a los cuarteles generales del ejército vencedor, el Ejército Rojo, que investigó los documentos y no halló qué hacer con las botellas.

Las botellas eran gloriosos vidrios que ostentaban en etiquetas especiales sus fechas de nacimiento. Todos procedían de origen ilustre y de celebérrima vendimia. Los Romané, los Beaune, los Chateau-neuf du Pape, se codeaban con los rubios Pouilly, los ambarescentes Vouvray, los aterciopelados Chambertin. La colección entera estaba respaldada por cifras cronológicas de las más supremas cosechas.

La mentalidad igualitaria del socialismo distribuyó en las botillerías estos trofeos sublimes de los lagares franceses, al mismo precio de los vinos rusos. Como medida taxativa se dispuso que cada comprador solo podía adquirir un reducido y determinado número de botellas. Grandes son los designios del socialismo, pero los poetas somos iguales en todas partes. Cada uno de mis compañeros de letras envió a parientes, vecinos, conocidos, a comprar a tan bajo precio botellas de tal alto linaje. Se agotaron en un día.

Una cantidad que no diré llegó a la casa de Ehrenburg, el irreductible enemigo del nazismo. Y por ese motivo me encuentro en su compañía, hablando de vinos y bebiéndonos parte de la cava de Goebbels, en honor de la poesía y de la victoria.

Los palacios reconquistados

Nunca me invitaron los magnates a las grandes mansiones, y la verdad es que tuve siempre poca curiosidad. En Chile el deporte nacional es el remate. Se ve mucha gente acudir en forma atropellada a las semanales subastas que caracterizan a mi país. Cada casona de estas tiene su sino. Llegado un momento se rematan al mejor postor las verjas que no me dejaron pasar, a mí ni al vulgo de que formo parte, y con las verjas cambian de dueño los sillones, los cristos sanguinolentos, los retratos de época, los platos, las cucharas, y las sábanas entre las cuales se procrearon tantas vidas ociosas. Al chileno le gusta entrar, tocar y ver. Pocos son los que finalmente compran. Luego el edificio se demuele y se rematan pedazos de la casa. Los compradores se llevan los ojos, es decir, las ventanas; los intestinos, es decir, las escaleras; los pisos son los pies; y finalmente se reparten hasta las palmeras.

En Europa, en cambio, las inmensas casas se conservan. Podemos ver a veces los retratos de sus duques y de sus duquesas que solo algún pintor afortunado vio en cueros para felicidad de los que ahora disfrutamos de esa pintura y de esas curvas. Podemos atisbar también los secretos, los crímenes inquisitivos, las pelucas, y esos archivos despampanantes que son las paredes tapizadas que absorbieron tantas conversaciones destinadas al palco electrónico del porvenir.

Fui invitado a Rumania y acudí a la cita. Los escritores me llevaron a descansar a su casa de campo colectiva, en medio de los bellos bosques transilvanos. La residencia de los escritores rumanos había sido antes el palacio de Carol, aquel tarambana cuyos amores extrarreales llegaron a ser comidilla mundial. El palacio, con sus muebles modernos y sus baños de mármol, estaba ahora al servicio del pensamiento y de la poesía de Rumania. Dormí muy bien en la cama de su majestad la reina y, al día siguiente, nos dimos a visitar otros castillos convertidos en museos y casas de reposo o vacaciones. Me acompañaban los poetas Jebeleanu,

Beniuc y Radu Boureanu. En la mañana verde, bajo la profundidad de los abetos de los antiguos parques reales, cantábamos descompasadamente, reíamos con estruendo, gritábamos versos en todos los idiomas. Los poetas rumanos, con su larga historia de padecimientos durante los regímenes monarco-fascistas, son los más valerosos y los más alegres del mundo. Aquel grupo de juglares, tan rumanos como los pájaros de sus tierras forestales, tan decididos en su patriotismo, tan firmes en su revolución, y tan embriagadoramente enamorados de la vida, fueron una revelación para mí. En pocos sitios he adquirido con tanta prontitud tantos hermanos.

Les referí a los poetas rumanos, para gran regocijo de ellos, mi visita anterior a otro palacio noble. Fue el palacio de Liria, en Madrid, en plena guerra. Mientras Franco marchaba con sus italianos, moros y cruces gamadas, dedicado a la santa tarea de matar españoles, los milicianos ocuparon aquel palacio que yo había visto tantas veces al pasar por la calle de Argüelles, en los años 1934 y 1935. Desde el autobús dirigía una mirada respetuosa, no por vasallaje hacia los nuevos duques de Alba que ya no podían someterme a mí, irredento americano y poeta semibárbaro, sino fascinado por esa majestad que tienen los callados y blancos sarcófagos.

Cuando vino la guerra, el duque se quedó en Inglaterra, porque su apellido es en realidad Berwick. Se quedó allí con sus cuadros mejores y con sus más ricos tesoros. Recordando esta fuga ducal les dije a los rumanos que en China, después de la liberación, el último descendiente de Confucio, que se enriqueció con un templo y con los huesos del difunto filósofo, se fue a Formosa también provisto de cuadros, mantelerías y vajillas. Y además con los huesos. Allí debe estar bien instalado, cobrando entrada por mostrar las reliquias.

Desde España, por aquellos días, salían hacia el resto del mundo tremebundas noticias: «HISTÓRICO PALACIO DEL DUQUE DE ALBA, SAQUEADO POR LOS ROJOS», «LÚBRICAS ESCENAS DE DESTRUCCIÓN», «SALVEMOS ESTA JOYA HISTÓRICA».

Me fui a ver el palacio ya que ahora me dejaban entrar. Los supuestos saqueadores estaban a la puerta con overol azul y fusil en la mano. Caían las primeras bombas sobre Madrid desde aviones del Ejército alemán. Pedí a los milicianos que me dejaran pasar. Examinaron minuciosamente mis documentos. Ya me creía listo para dar los primeros pasos en los opulentos salones cuando me lo impidieron con horror: no me había limpiado los zapatos en el gran felpudo de la entrada. En realidad los pisos relucían como espejos. Me limpié los zapatos y entré. Los rectángulos vacíos de las paredes significaban cuadros ausentes. Los milicianos lo sabían todo. Me contaron cómo el duque tenía esos cuadros desde hace años en su banco de Londres, depositados en una buena caja de seguridad. En el gran *hall* lo único importante eran los trofeos de caza, innumerables cabezas cornudas y trompas de diferentes bestezuelas. Lo más notorio era un inmenso oso blanco parado en dos patas en medio de la habitación, con sus dos brazos polares abiertos y una cara disecada que se reía con todos los dientes. Era el favorito de los milicianos que lo cepillaban cada mañana.

Naturalmente que me interesaron los dormitorios en que tantos Alba durmieron con pesadillas originadas por los espectros flamencos que en las noches llegaban a hacerles cosquillas en los pies. Los pies ya no estaban allí, pero sí la más grande colección de zapatos que nunca he visto. Este último duque nunca aumentó su pinacoteca, pero su zapatería era sorprendente e incalculable. Largas estanterías acristaladas que llegaban al techo guardaban millares de zapatos. Como en las bibliotecas, había escaleritas especiales, quizá para cogerlos delicadamente de los tacos. Miré con cuidado. Había centenares de pares de finísimas botas de montar, amarillas y negras. También había de esos botines con chalequillo de felpa y botones de nácar. Y cantidades de zapatones, zapatillas y polainas, todos ellos con sus hormas adentro, lo que les daba la apariencia de que tenían piernas y pies sólidos a su disposición. Si se les abría la vitrina, correrían todos a Londres detrás del duque! Podía darse uno un festín de botines, alineados a lo largo de tres o cuatro habitaciones. Un festín con la mirada y solo con la mirada, porque los milicianos, fusil al brazo, no permitían que ni siquiera una mosca tocara aquellos zapatos. «La cultura», decían. «La historia», decían. Yo pensaba en los pobres muchachos de alpargatas deteniendo al fascismo en las cumbres terribles de Somosierra, enterrados en la nieve y el barro.

Junto a la cama del duque había un cuadrito enmarcado en oro cuyas mayúsculas góticas me atrajeron. Caramba!, pensé, aquí debe estar impreso el árbol genealógico de los Alba. Me equivocaba. Era el «If » de Rudyard Kipling, esa poesía pedestre y santurrona, precursora del *Reader's Digest*, cuya altura intelectual no sobrepasaba a mi juicio la de los zapatos del duque de Alba. Con perdón del Imperio británico!

El baño de la duquesa será incitante, pensaba yo. Tantas cosas evocaba. Sobre todo aquella madona recostada del Museo del Prado, a quien Goya le colocó los pezones tan aparte el uno del otro, que uno piensa cómo el pintor revolucionario midió la distancia añadiendo un beso a cada beso hasta dejarle un collar invisible de seno a seno. Pero el equívoco continuaba. El oso, la botinería de zarzuela, el «If» y, por último, en vez de un baño de diosa encontré un recinto redondo, falsamente pompeyano, con una tina bajo el nivel del suelo, cisnecillos siúticos de alabastro, cursi-cómicos lampadarios, en fin, una sala de baño para odalisca de película norteamericana.

Ya me retiraba con sombrío desencanto cuando tuve mi recompensa. Los milicianos me invitaron a almorzar. Bajé con ellos a las cocinas. Cuarenta o cincuenta mozos y servidores, cocineros y jardineros del duque, seguían cocinando para sí mismos y para los milicianos que custodiaban la mansión. Me consideraban honrosa visita. Después de algunos cuchicheos, vueltas y revueltas, recibos que se firmaban, sacaron una polvorienta botella. Era un Lachrimae Christi de cien años, del cual apenas me dejaron beber unos cuantos sorbos. Era un vino ardiente, con una contextura de miel y fuego, al mismo tiempo severo e impalpable. No olvidaré tan fácilmente aquellas lágrimas del duque de Alba.

Una semana después los bombarderos alemanes dejaron caer cuatro bombas incendiarias sobre el palacio de Liria. Desde la terraza de mi casa vi volar los dos pájaros agoreros. Un resplandor colorado me hizo comprender en seguida que estaba presenciando los últimos minutos del palacio.

—Aquella misma tarde pasé por las ruinas humeantes —digo a los escritores rumanos para concluir mi relato—. Allí me enteré de un detalle conmovedor. Los nobles milicianos, bajo el fuego que caía del cielo, las explosiones que sacudían la tierra y la hoguera que crecía, solo atinaron a salvar el oso blanco. Casi murieron en la tentativa. Se derrumbaban las vigas, todo ardía, y el inmenso animal embalsamado se obstinaba en no pasar por las ventanas y las puertas. Lo vi de nuevo y por última vez, con los brazos blancos abiertos, muerto de risa, sobre el césped del jardín del palacio.

Tiempo de cosmonautas

Moscú de nuevo. El 7 de noviembre en la mañana presencié el desfile del pueblo, de sus deportistas, de la luminosa juventud soviética. Marchaban firmes y seguros sobre la Plaza Roja. Los contemplaban los agudos ojos de un hombre muerto hace ya muchos años, fundador de esta seguridad, de esta alegría y de esta fuerza: Vladimir Ilich Uliánov, inmortalmente conocido como Lenin.

Esta vez desfilaron pocas armas. Pero, por primera vez, se vieron los enormes proyectiles intercontinentales. Casi pudiera haber tocado con la mano aquellos inmensos cigarros puros, de apariencia bonachona, capaces de llevar la destrucción atómica a cualquier punto del planeta.

Aquel día condecoraban a los dos rusos que volvían del cielo. Yo me sentía muy cerca de sus alas. El oficio de poeta es, en gran parte, pajarear. Precisamente por las calles de Moscú, por las costas del mar Negro, entre los montañosos desfiladeros del Cáucaso soviético, me vino la tentación de escribir un libro sobre los pájaros de Chile. El poeta de Temuco estaba conscientemente dedicado a pajarear, a escribir sobre los pájaros de su tierra tan lejana, sobre chincoles y chercanas, tencas y diucas, cóndores y queltehues, en tanto dos pájaros humanos, dos cosmonautas soviéticos, se alzaban en el espacio y pasmaban de admiración al mundo entero. Todos contuvimos la respiración sintiendo sobre nuestras cabezas, mirando con nuestros ojos el doble vuelo cósmico.

Aquel día los condecoraban. Junto a ellos, completamente terrestres, estaban sus familiares, su origen, su raíz de pueblo. Los viejos llevaban inmensos bigotes campesinos; las viejas cubrían sus cabezas con el pañolón típico de las aldeas y campiñas. Los cosmonautas eran como nosotros, almas del campo, de la aldea, de la fábrica, de la oficina. En la Plaza Roja los recibió Nikita Jrushchov, en nombre de la nación soviética. Después los vimos en la sala San Jorge. Me presentaron a Guerman Titov, el astronauta número dos, un chico simpático, de grandes ojos luminosos. Le pregunté de sopetón:

—Dígame, comandante, cuando navegaba por el cosmos y miraba hacia nuestro planeta, se divisaba claramente Chile?

Era como decirle: «Usted comprende que lo importante de su viaje era ver a Chilito desde arriba».

No sonrió como lo esperaba, sino que reflexionó algunos instantes y luego me dijo:

—Recuerdo unas cordilleras amarillas por Sudamérica. Se notaba que eran muy altas. Tal vez sería Chile.

Claro que era Chile, camarada.

Justo a los cuarenta años cumplidos por la revolución socialista, dejé a Moscú, en el tren hacia Finlandia. Mientras atravesaba la ciudad, rumbo a la estación, grandes haces de cohetes luminosos, fosfóricos, azules, rojos, violetas, verdes, amarillos, naranjas, subían muy alto como descargas de alegría, como señales de comunicación y amistad que partían hacia todos los pueblos desde la noche victoriosa.

En Finlandia compré un diente de narval y seguimos viaje. En Gotemburgo tomamos el barco que nos devolvería a América. También América y mi patria marchan con la vida y con el tiempo. Resulta que cuando pasamos por Venezuela, en dirección a Valparaíso, el tirano Pérez Jiménez, bebé favorito del Departamento de Estado, bastardo de Trujillo y de Somoza, mandó tantos soldados como para una guerra con la misión de impedirnos descender del barco a mí y a mi compañera. Pero cuando llegué a Valparaíso, ya la libertad había expulsado al déspota venezolano, ya el majestuoso sátrapa había corrido a Miami como conejo sonámbulo. Rápido anda el mundo desde el vuelo del *Sputnik*. Quién me iba a decir que la primera persona que tocó la puerta de mi camarote en Valparaíso, para darnos la bienvenida, iba a ser el novelista Simonov, a quien dejé bañándose en el mar Negro?

11
La poesía es un oficio

El poder de la poesía

Ha sido privilegio de nuestra época —entre guerras, revoluciones y grandes movimientos sociales— desarrollar la fecundidad de la poesía hasta límites no sospechados. El hombre común ha debido confrontarla de manera hiriente o herida, bien en la soledad, bien en la masa montañosa de las reuniones públicas.

Nunca pensé, cuando escribí mis primeros solitarios libros, que al correr de los años me encontraría en plazas, calles, fábricas, aulas, teatros y jardines, diciendo mis versos. He recorrido prácticamente todos los rincones de Chile desparramando mi poesía entre la gente de mi pueblo.

Contaré lo que me pasó en la Vega Central, el mercado más grande y popular de Santiago de Chile. Allí llegan al amanecer los infinitos carros, carretones, carretas y camiones que traen las legumbres, las frutas, los comestibles, desde todas las chacras que rodean la capital devoradora. Los cargadores —un gremio numeroso, mal pagado y a menudo descalzo— pululan por los cafetines, asilos nocturnos y fonduchos de los barrios inmediatos a la Vega.

Alguien me vino a buscar un día en un automóvil y entré a él sin saber exactamente a dónde ni a qué iba. Llevaba en el bolsillo un ejemplar de mi libro *España en el corazón*. Dentro del auto me explicaron que estaba invitado a dar una conferencia en el Sindicato de Cargadores de la Vega.

Cuando entré a aquella sala destartalada sentí el frío del «Nocturno» de José Asunción Silva, no solo por lo avanzado del invierno, sino por el ambiente que me dejaba atónito. Sentados en cajones o en improvisados bancos de madera, unos cincuenta hombres me esperaban. Algunos llevaban a la cintura un saco amarrado a manera de delantal, otros se cubrían con viejas camisetas parchadas, y otros desafiaban el frío mes de julio chileno con el torso desnudo. Yo me senté detrás de una mesita que me separaba de aquel extraño público. Todos me miraban con los ojos carbónicos y estáticos del pueblo de mi país.

Me acordé del viejo Lafertte. A esos espectadores imperturbables, que no mueven un músculo de la cara y miran en forma sostenida, Lafertte los designaba con un nombre que a mí me hacía reír. Una vez en la pampa salitrera me decía: «Mira, allá en el fondo de la sala, apoyados en la columna, nos están mirando dos musulmanes. Solo les falta el albornoz para parecerse a los impávidos creyentes del desierto».

Qué hacer con este público? De qué podía hablarles? Qué cosas de mi vida lograrían interesarles? Sin acertar a decidir nada y ocultando las ganas de salir corriendo, tomé el libro que llevaba conmigo y les dije:

—Hace poco tiempo estuve en España. Allí había mucha lucha y muchos tiros. Oigan lo que escribí sobre aquello.

Debo explicar que mi libro *España en el corazón* nunca me ha parecido un libro de fácil comprensión. Tiene una aspiración a la claridad pero está empapado por el torbellino de aquellos grandes, múltiples dolores.

Lo cierto es que pensé leer unas pocas estrofas, agregar unas cuantas palabras, y despedirme. Pero las cosas no sucedieron así. Al leer poema tras poema, al sentir el silencio como de agua profunda en que caían mis palabras, al ver cómo aquellos ojos y cejas oscuras seguían intensamente mi poesía, comprendí que mi libro estaba llegando a su destino. Seguí leyendo y leyendo, conmovido yo mismo por el sonido de mi poesía, sacudido por la magnética relación entre mis versos y aquellas almas abandonadas.

La lectura duró más de una hora. Cuando me disponía a retirarme, uno de aquellos hombres se levantó. Era de los que llevaban el saco anudado alrededor de la cintura.

—Quiero agradecerle en nombre de todos —dijo en alta voz—. Quiero decirle, además, que nunca nada nos ha impresionado tanto.

Al terminar estas palabras estalló en un sollozo. Otros varios también lloraron. Salí a la calle entre miradas húmedas y rudos apretones de mano.

Puede un poeta ser el mismo después de haber pasado por estas pruebas de frío y fuego?

Cuando quiero recordar a Tina Modotti debo hacer un esfuerzo, como si tratara de recoger un puñado de niebla. Frágil, casi invisible. La conocí o no la conocí?

Era muy bella aún: un óvalo pálido enmarcado por dos alas negras de pelo recogido, unos grandes ojos de terciopelo que siguen mirando a través de los años. Diego Rivera dejó su figura en uno de sus murales, aureolada por coronaciones vegetales y lanzas de maíz.

Esta revolucionaria italiana, gran artista de la fotografía, llegó a la Unión Soviética hace tiempo con el propósito de retratar multitudes y monumentos. Pero allí, envuelta por el desbordante ritmo de la creación socialista, tiró su cámara al río Moscova y se juró a sí misma consagrar su vida a las más humildes tareas del Partido Comunista. Cumpliendo este juramento la conocí yo en México y la sentí morir aquella noche.

Esto sucedió en 1941. Su marido era Vittorio Vidale, el célebre comandante Carlos del Quinto Regimiento. Tina Modotti murió de un ataque al corazón en el taxi que la conducía a su casa. Ella sabía que su corazón andaba mal pero no lo decía para que no le escatimaran el trabajo revolucionario. Siempre estaba dispuesta a lo que nadie quiere hacer: barrer las oficinas, ir a pie hasta los lugares más apartados, pasarse las noches en vela escribiendo cartas o traduciendo artículos. En la guerra española fue enfermera para los heridos de la República.

Había tenido un episodio trágico en su vida, cuando era la compañera del gran dirigente juvenil cubano Julio Antonio Mella, exilado entonces en México. El tirano Gerardo Machado mandó desde La Habana a unos pistoleros para que mataran al líder revolucionario. Iban saliendo del cine una tarde, Tina del brazo de Mella, cuando este cayó bajo una ráfaga de metralleta. Rodaron juntos al suelo, ella salpicada por la sangre de su compañero muerto, mientras los asesinos huían altamente protegidos. Y para colmo, los mismos funcionarios policiales que protegieron a los criminales pretendieron culpar a Tina Modotti del asesinato.

Doce años más tarde se agotaron silenciosamente las fuerzas de Tina Modotti. La reacción mexicana intentó revivir la infamia cubriendo de escándalo su propia muerte, como antes la habían querido envolver a ella en la muerte de Mella. Mientras tanto, Carlos y yo velábamos el pequeño cadáver. Ver sufrir a un hombre tan recio y tan valiente no es un espectáculo agradable. Aquel león sangraba al recibir en la herida el veneno corrosivo de la infamia que quería manchar a Tina Modotti una vez más, ya muerta. El comandante Carlos rugía con los ojos enrojecidos; Tina era de cera en su pequeño ataúd de exilada; yo callaba impotente ante toda la congoja humana reunida en aquella habitación.

Los periódicos llenaban páginas enteras de inmundicias folletinescas. La llamaban «la mujer misteriosa de Moscú». Algunos agregaban: «Murió porque sabía demasiado». Impresionado por el furioso dolor de Carlos tomé una decisión. Escribí un poema desafiante contra los que ofendían a nuestra muerta. Lo mandé a todos los periódicos sin esperanza alguna de que lo publicaran. Oh, milagro! Al día siguiente, en vez de las nuevas y fabulosas revelaciones que prometían la víspera, apareció en todas las primeras páginas mi indignado y desgarrado poema.

El poema se titulaba «Tina Modotti ha muerto». Lo leí aquella mañana en el cementerio de México, donde dejamos su cuerpo y donde yace para siempre bajo una piedra de granito mexicano. Sobre esa piedra están grabadas mis estrofas.

Nunca más aquella prensa volvió a escribir una línea en contra de ella.

Fue en Lota, hace muchos años. Diez mil mineros habían acudido al mitin. La zona del carbón, siempre agitada en su secular pobreza, había llenado de mineros la plaza de Lota. Los oradores políticos hablaron largamente. Flotaba en el aire caliente del mediodía un olor a carbón y a sal marina. Muy cercano estaba el océano, bajo cuyas aguas se extienden por más de diez kilómetros los túneles sombríos en que aquellos hombres cavaban el carbón.

Ahora escuchaban a pleno sol. La tribuna era muy alta y desde ella divisaba yo aquel mar de sombreros negros y cascos de mineros. Me tocó hablar el último. Cuando se anunció mi nombre, y mi poema «Nuevo canto de amor a Stalingrado», pasó algo insólito, una ceremonia que nunca podré olvidar.

La inmensa muchedumbre, justo al escuchar mi nombre y el título del poema, se descubrió silenciosamente. Se descubrió porque después de aquel lenguaje categórico y político, iba a hablar mi poesía, la poesía. Yo vi, desde la elevada tribuna, aquel inmenso movimiento de sombreros: diez mil manos que bajaban al unísono, en una marejada indescriptible, en un golpe de mar silencioso, en una negra espuma de callada reverencia.

Entonces mi poema creció y cobró como nunca su acento de guerra y de liberación.

Esto otro me pasó en mis años mozos. Yo era aquel poeta estudiantil de capa oscura, flaco y desnutrido como un poeta de ese tiempo. Acababa de publicar *Crepusculario* y pesaba menos que una pluma negra.

Entré con mis amigos a un cabaret de mala muerte. Era la época de los tangos y de la matonería rufianesca. De repente se detuvo el baile y el tango se quebró como una copa estrellada contra la pared.

En el centro de la pista gesticulaban y se insultaban dos famosos hampones. Cuando uno avanzaba para agredir al otro, este retrocedía, y con él reculaba la multitud filarmónica que se parapetaba detrás de las mesas. Aquello parecía una danza de dos bestias primitivas en un claro de la selva primordial.

Sin pensarlo mucho me adelanté y los increpé desde mi flacucha debilidad:

—Miserables matones, torvos sujetos, despreciables palomillas, dejen tranquila a la gente que ha venido aquí a bailar y no a presenciar esta comedia!

Se miraron sorprendidos, como si no fuera cierto lo que escuchaban. El más bajo, que había sido pugilista antes de ser hampón, se dirigió a mí para asesinarme. Y lo hubiera logrado, de no ser por la aparición repentina de un puño certero que dio por tierra con el gorila. Era su contendor que, finalmente, se decidió a pegarle.

Cuando al campeón derrotado lo sacaban como a un saco, y de las mesas nos tendían botellas, y las bailarinas nos sonreían entusiasmadas, el gigantón que había dado el golpe de gracia quiso compartir justificadamente el regocijo de la victoria. Pero yo lo apostrofé catoniano:

—Retírate de aquí! Tú eres de la misma calaña!

Mis minutos de gloria terminaron un poco después. Tras cruzar un estrecho corredor divisamos una especie de montaña con cintura de pantera que cubría la salida. Era el otro pugilista del hampa, el vencedor golpeado por mis palabras, que nos interceptaba el paso en custodia de su venganza.

—Lo estaba esperando —me dijo.

Con un leve empujón me desvió hacia una puerta, mientras mis amigos corrían desconcertados. Quedé desamparado frente a mi verdugo. Miré rápidamente qué podía agarrar para defenderme. Nada. No había nada. Las pesadas cubiertas de mármol de las mesas, las sillas de hierro, imposibles de levantar. Ni un florero, ni una botella, ni un mísero bastón olvidado.

—Hablemos —dijo el hombre.

Comprendí la inutilidad de cualquier esfuerzo y pensé que quería examinarme antes de devorarme, como el tigre frente a un cervatillo. Entendí que toda mi defensa estaba en no delatar el miedo que sentía. Le devolví el empujón que me diera, pero no logré moverlo un milímetro. Era un muro de piedra.

De pronto echó la cabeza hacia atrás y sus ojos de fiera cambiaron de expresión.

—¿Es usted el poeta Pablo Neruda? —dijo.

—Sí soy.

Bajó la cabeza y continuó:

—¡Qué desgraciado soy! ¡Estoy frente al poeta que tanto admiro y es él quien me echa en cara lo miserable que soy!

Y siguió lamentándose con la cabeza tomada entre ambas manos:

—Soy un rufián y el otro que peleó conmigo es un traficante de cocaína. Somos lo más bajo de lo bajo. Pero en mi vida hay una cosa limpia. Es mi novia, el amor de mi novia. Véala, don Pablito. Mire su retrato. Alguna vez le diré que usted lo tuvo en sus manos. Eso la hará feliz.

Me alargó la fotografía de una muchacha sonriente.

—Ella me quiere por usted, don Pablito, por sus versos que hemos aprendido de memoria.

Y sin más ni más comenzó a recitar:

—Desde el fondo de ti y arrodillado, un niño triste como yo nos mira...

En ese momento se abrió la puerta de un empellón. Eran mis amigos que volvían con refuerzos armados. Vi las cabezas que se agolpaban atónitas en la puerta.

Salí lentamente. El hombre se quedó solo, sin cambiar de actitud, diciendo «por esa vida que arderá en sus venas tendrían que matar las manos mías», derrotado por la poesía.

El avión del piloto Powers, enviado en misión de espionaje sobre el territorio soviético, cayó desde increíble altura. Dos fantásticos proyectiles lo habían alcanzado, lo habían derribado desde sus nubes. Los periodistas corrieron al perdido sitio montañoso desde donde partieron los disparos.

Los artilleros eran dos muchachos solitarios. En aquel mundo inmenso de abetos, nieves y ríos, comían manzanas, jugaban ajedrez, tocaban acordeón, leían libros y vigilaban. Ellos habían apuntado hacia arriba en defensa del ancho cielo de la patria rusa.

Los acosaron a interrogaciones.

—¿Qué comen? ¿Quiénes son sus padres? ¿Les gusta el baile? ¿Qué libros leen?

Contestando esta última pregunta, uno de los jóvenes artilleros respondió que leían versos y que entre sus poetas favoritos estaban el clásico ruso Pushkin y el chileno Neruda.

Me sentí infinitamente contento cuando lo supe. Aquel proyectil que subió tan alto, e hizo caer el orgullo tan abajo, llevaba en alguna forma un átomo de mi ardiente poesía.

La persistente influencia de los árboles

La poesía debe ser orgánica en cada poeta, fluido de su sangre, pulso y palpitación de toda su persona. Es una materia de tal intimidad que no se presta al examen, y sin embargo debe afrontar tempestades.

Yo empecé a escribir muy joven. Tal vez no he hecho otra cosa buena o mala que escribir mis poemas. Tuve siempre una influencia persistente de los grandes árboles, de la salvaje naturaleza del sur de mi país, que es también el extremo sur del mundo. Es una comarca de gran soledad, apenas habitada y llueve gran parte del año.

Escribí una poesía melancólica, derivada de aquel ambiente oscuro y desierto.

En aquellos tiempos tuve muchos amigos lejanos. Muchos de ellos venían de Rusia. Eran personajes, incidencias, intensos dolores, fuertes alegrías, todo el contenido extraordinario de una gran literatura que poblaba las soledades de mi adolescencia con vidas desgarradoras. Nunca olvidaré esas noches de lectura afiebrada en que los sentimientos del príncipe Muichkine o las peripecias de Tomás Gordeiev se mezclaban en mi corazón con el estrépito de las olas de los archipiélagos australes.

He escrito muchos versos de amor, muchos versos sobre la muerte y sobre la vida, he dedicado gran parte de mi poesía a las intensas, extraordinarias luchas de los pueblos americanos. Cada sitio del inmenso espacio del continente está marcado con sangre, con agonías, con victorias y dolores. No hay geografía en América, ni hay poesía de América si no se toma en cuenta el martirizado corazón del hombre americano. Rapaces explotadores llegaron de todas partes, como pájaros de presa, a todos los rincones, y alguien tiene que contar y que cantar esta historia.

Sin embargo no creo que la poesía deba ser totalmente política. Los poetas deben tener los sentidos abiertos a todos los horizontes. Estos horizontes pueden ser desconocidos. Algunos de los más grandes poemas han sido una especie de diálogo con la oscuridad. Dos de ellos: las Coplas *de Jorge Manrique y la* Elegía *de Thomas Gray son toques de aldabón en las puertas cerradas de la Muerte. Esos golpes se siguen escuchando, y serán oídos mientras el hombre exista.*

En mis poemas he querido hablar de las cosas más sencillas, más corrientes, y más primordiales. He hecho poemas sobre la madera, el aire, la piedra, el reloj, el mar, los tomates, la ciruela, la cebolla. Son poemas de alegría desbordante, en ellos he querido volver a cantar todo lo cantado, para que todo vuelva a vivir. Así como creí un deber del poeta revivir la trágica historia de la sangre y la explotación en América india, creí deber del poeta lavar y limpiar las cosas usuales, poner un mantel nuevo para todas las vidas.

Es extraño, pero no he sido bastante comprendido por aquellos que más debían comprender. Un periódico dirigido por jóvenes en una de las capitales del mundo me pidió con insistencia unas poesías. Les envié una sobre el maíz y otra sobre las ciruelas. Son dos poemas sencillos, con la claridad y la alegría de esta parte de mi obra. No los publicaron. No les gustaron. Sin embargo me dieron como un regalo extraordinario la sensación de que estos jóvenes eran tal vez más viejos que yo.

La poesía

...Cuánta obra de arte... Ya no caben en el mundo... Hay que colgarlas fuera de las habitaciones... Cuánto libro... Cuánto librito... Quién es capaz de leerlos?... Si fueran comestibles... Si en una ola de gran apetito los hiciéramos ensalada, los picáramos, los aliñáramos... Ya no se puede más... Nos tienen hasta las coronillas... Se ahoga el mundo en la marea... Reverdy me decía... «Avisé al correo que no me los mandara. No podía abrirlos. No tenía sitio. Trepaban por los muros, temí una catástrofe, se desplomarían sobre mi cabeza»... Todos conocen a Eliot... Antes de ser pintor, de dirigir teatros, de escribir luminosas críticas, leía mis versos... Yo me sentía halagado... Nadie los comprendía mejor... Hasta que un día comenzó a leerme los suyos y yo, egoísticamente, corrí protestando: «No me los lea, no me los lea»... Me encerré en el baño, pero Eliot, a través de la puerta, me los leía... Me sentí muy triste... El poeta Fraser, de Escocia, estaba presente... Me increpó: «¿Por qué tratas así a Eliot?»... Le respondí: «No quiero perder mi lector. Lo he cultivado. Ha conocido hasta las arrugas de mi poesía... Tiene tanto talento... Puede hacer cuadros... Puede escribir ensayos... Pero quiero guardar este lector, conservarlo, regarlo como planta exótica... Tú me comprendes, Fraser»... Porque la verdad, si esto sigue, los poetas publicarán solo para otros poetas... Cada uno sacará su plaquette *y la meterá en el bolsillo del otro... su poema... y lo dejará en el plato del otro... Quevedo lo dejó un día bajo la servilleta de un rey... eso sí valía la pena... O a pleno sol, la poesía en una plaza... O que los libros se desgasten, se despedacen en los dedos de la humana multitud... Pero esta publicación de poeta a poeta no me tienta, no me provoca, no me incita sino a emboscarme en la naturaleza, frente a una roca y a una ola, lejos de las editoriales, del papel impreso... La poesía ha perdido su vínculo con el lejano lector... Tiene que recobrarlo... Tiene que caminar en la oscuridad y encontrarse con el corazón del hombre, con los ojos de la mujer, con los desconocidos de las calles, de los que a cierta hora crepuscular, o en plena noche estrellada, necesitan aunque sea no más que un solo verso... Esa visita a lo imprevisto vale todo lo andado, todo lo leído, todo lo aprendido... Hay que perderse entre los que no conocemos para que de pronto recojan lo nuestro de la calle, de la arena, de las hojas caídas mil años en el mismo*

bosque... y tomen tiernamente ese objeto que hicimos nosotros... Solo entonces seremos verdaderamente poetas... En ese objeto vivirá la poesía...

Viviendo con el idioma

Yo nací en 1904. En 1921 se publicó un folleto con uno de mis poemas. En el año 1923 fue editado mi primer libro, *Crepusculario*. Estoy escribiendo estos recuerdos en 1973. Han pasado ya cincuenta años desde aquel momento emocionante en que un poeta siente los primeros vagidos de la criatura impresa, viva, agitada y deseosa de llamar la atención como cualquier otro recién nacido.

No se puede vivir toda una vida con un idioma, moviéndolo longitudinalmente, explorándolo, hurgándole el pelo y la barriga, sin que esta intimidad forme parte del organismo. Así me sucedió con la lengua española. La lengua hablada tiene otras dimensiones; la lengua escrita adquiere una longitud imprevista. El uso del idioma como vestido o como la piel en el cuerpo; con sus mangas, sus parches, sus transpiraciones y sus manchas de sangre o sudor, revela al escritor. Esto es el estilo. Yo encontré mi época trastornada por las revoluciones de la cultura francesa. Siempre me atrajeron, pero de alguna manera no le iban a mi cuerpo como traje. Huidobro, poeta chileno, se hizo cargo de las modas francesas, que él adaptó a su manera de existir y expresarse, en forma admirable. A veces me pareció que superaba a sus modelos. Algo así pasó, en escala mayor, con la irrupción de Rubén Darío en la poesía hispánica. Pero Rubén Darío fue un gran elefante sonoro que rompió todos los cristales de una época del idioma español para que entrara en su ámbito el aire del mundo. Y entró.

Entre americanos y españoles el idioma nos separa algunas veces. Pero sobre todo es la ideología del idioma la que se parte en dos. La belleza congelada de Góngora no conviene a nuestras latitudes, y no hay poesía española, ni la más reciente, sin el resabio, sin la opulencia gongorina. Nuestra capa americana es de piedra polvorienta, de lava triturada, de arcilla con sangre. No sabemos tallar el cristal. Nuestros preciosistas suenan a hueco. Una sola gota de vino de *Martín Fierro* o de la miel turbia de Gabriela Mistral los deja en su sitio: muy paraditos en el salón como jarrones con flores de otra parte.

El idioma español se hizo dorado después de Cervantes, adquirió una elegancia cortesana, perdió la fuerza salvaje que traía de Gonzalo de Berceo, del Arcipreste, perdió la pasión genital que aún ardía en Quevedo. Igual pasó en Inglaterra, en Francia, en Italia. La desmesura de Chaucer, de Rabelais, fueron castradas; la petrarquización preciosista hizo brillar las esmeraldas, los diamantes, pero la fuente de la grandeza comenzó a extinguirse.

Este manantial anterior tenía que ver con el hombre entero, con su anchura, su abundancia y su desborde.

Por lo menos, ese fue mi problema, aunque yo no me lo planteara en tales términos. Si mi poesía tiene algún significado, es esa tendencia espacial, ilimitada, que no se satisface en una habitación. Mi frontera tenía que sobrepasarla yo mismo; no me la había trazado en el bastidor de una cultura distante. Yo tenía que ser yo mismo, esforzándome por extenderme como las propias tierras en donde me tocó nacer. Otro poeta de este mismo continente me ayudó en este camino. Me refiero a Walt Whitman, mi compañero de Manhattan.

Los críticos deben sufrir

Los cantos de Maldoror forman en el fondo un gran folletín. No se olvide que Isidore Ducasse tomó su seudónimo de una novela del folletinista Eugène Sue: *Lautréamont*, escrita en Chatenay en 1873. Pero Lautréamont, lo sabemos, fue mucho más lejos que Lautréamont. Fue mucho más abajo, quiso ser infernal. Y mucho más alto, un arcángel maldito. Maldoror, en la magnitud de la desdicha, celebra el «matrimonio del cielo y el infierno». La furia, los ditirambos y la agonía forman las arrolladoras olas de la retórica ducassiana. Maldoror: Maldolor.

Lautréamont proyectó una nueva etapa, renegó de su rostro sombrío y escribió el prólogo de una nueva poesía optimista que no alcanzó a crear. Al joven uruguayo se lo llevó la muerte de París. Pero este prometido cambio de su poesía, este movimiento hacia la bondad y la salud, que no alcanzó a cumplir, ha suscitado muchas críticas. Se le celebra en sus dolores y se le condena en su transición a la alegría. El poeta debe torturarse y sufrir, debe vivir desesperado, debe seguir escribiendo la canción desesperada. Esta ha sido la opinión de una capa social, de una clase. Esta fórmula lapidaria fue obedecida por muchos que se doblegaron al sufrimiento impuesto por leyes no escritas, pero no menos lapidarias. Estos decretos invisibles condenaban al poeta al tugurio, a los zapatos rotos, al hospital y a la morgue. Todo el mundo quedaba así contento: la fiesta seguía con muy pocas lágrimas.

Las cosas cambiaron porque el mundo cambió. Y los poetas, de pronto, encabezamos la rebelión de la alegría. El escritor desventurado, el escritor crucificado, forman parte del ritual de la felicidad en el crepúsculo del capitalismo. Hábilmente se encauzó la dirección del gusto a magnificar la desgracia como fermento de la gran creación. La mala conducta y el padecimiento fueron considerados recetas en la elaboración poética. Hölderlin, lunático y desdichado; Rimbaud, errante y amargo; Gérard de Nerval, ahorcándose en un farol de callejuela miserable, dieron al fin del siglo no solo el paroxismo de la belleza, sino el camino de los tormentos. El dogma fue que este camino de espinas debía ser la condición inherente de la producción espiritual.

Dylan Thomas ha sido el último en el martirologio dirigido.

Lo extraño es que estas ideas de la antigua y ríspida burguesía continúen vigentes en algunos espíritus. Espíritus que no toman el pulso del mundo en la nariz, que es donde se debe tomarlo porque la nariz del mundo olfatea el futuro.

Hay críticos cucurbitáceos cuyas guías y zarcillos buscan el último suspiro de la moda con terror de perderlo. Pero sus raíces siguen aún empapadas en el pasado.

Los poetas tenemos el derecho a ser felices, sobre la base de que estamos férreamente unidos a nuestros pueblos y a la lucha por su felicidad.

«Pablo es uno de los pocos hombres felices que he conocido», dice Ilya Ehrenburg en uno de sus escritos. Ese Pablo soy yo y Ehrenburg no se equivoca.

Por eso no me extraña que esclarecidos ensayistas semanales se preocupen de mi bienestar material, aunque el personalismo no debiera ser temática crítica. Comprendo que la probable felicidad ofende a muchos. Pero el caso es que yo soy feliz por dentro. Tengo una conciencia tranquila y una inteligencia intranquila.

A los críticos que parecen reprochar a los poetas un mejor nivel de vida, yo los invitaría a mostrarse orgullosos de que los libros de poesía se impriman, se vendan y cumplan su misión de preocupar a la crítica.

A celebrar que los derechos de autor se paguen y que algunos autores, por lo menos, puedan vivir de su santo trabajo. Este orgullo debe proclamarlo el crítico y no disparar pelos a la sopa.

Por eso, cuando leí hace poco los párrafos que me dedicó un crítico joven, brillante y eclesiástico, no por brillante me pareció menos equivocado.

Según él mi poesía se resentía de feliz. Me recetaba el dolor. De acuerdo con esta teoría una apendicitis produciría excelente prosa y una peritonitis posiblemente cantos sublimes.

Yo sigo trabajando con los materiales que tengo y que soy. Soy omnívoro de sentimientos, de seres, de libros, de acontecimientos y batallas. Me comería toda la tierra. Me bebería todo el mar.

Versos cortos y largos

Como poeta activo combatí mi propio ensimismamiento. Por eso el debate entre lo real y lo subjetivo se decidió dentro de mi propio ser. Sin pretensiones de aconsejar a nadie, pueden ayudar mis experiencias. Veamos a primera vista los resultados.

Es natural que mi poesía esté sometida al juicio tanto de la crítica elevada como expuesta a la pasión del libelo. Esto entra en el juego. Sobre esa parte de la discusión yo no tengo voz, pero tengo voto. Para la crítica de las esencias mi voto son mis libros, mi entera poesía. Para el libelo enemistoso tengo también el derecho de voto y este también está constituido por mi propia y constante creación.

Si suena a vanidoso lo que digo tendrían ustedes la razón. En mi caso se trata de la vanidad del artesano que ha ejercitado un oficio por largos años con amor indeleble.

Pero de una cosa estoy satisfecho y es que en alguna forma u otra he hecho respetar, por lo menos en mi patria, el oficio del poeta, la profesión de la poesía.

En los tiempos en que comencé a escribir, el poeta era de dos características. Unos eran poetas grandes señores que se hacían respetar por su dinero, que les ayudaba en su legítima o ilegítima importancia. La otra familia de poetas era la de los militantes errabundos de la poesía, gigantes de cantina, locos fascinadores, atormentados sonámbulos.

Queda también, para no olvidarme, la situación de aquellos escritores amarrados, como el galeote a su cadena, al banquillo de la administración pública. Sus sueños fueron casi siempre ahogados por montañas de papel timbrado y terribles temores a la autoridad y al ridículo.

Yo me lancé a la vida más desnudo que Adán, pero dispuesto a mantener la integridad de mi poesía. Esta actitud irreductible no solo valió para mí, sino para que dejaran de reírse los bobalicones. Pero después dichos bobalicones, si tuvieron corazón y conciencia, se rindieron como buenos seres humanos ante lo esencial que mis versos despertaban. Y si eran malignos fueron tomándome miedo.

Y así la Poesía, con mayúscula, fue respetada. No solo la poesía, sino los poetas fueron respetados. Toda la poesía y todos los poetas.

De este servicio a la ciudadanía estoy consciente y este galardón no me lo dejo arrebatar por nadie, porque me gusta cargarlo como una condecoración. Lo demás puede discutirse, pero esto que cuento es la rotunda historia.

Los obstinados enemigos del poeta esgrimirán muchas argumentaciones que ya no sirven. A mí me llamaron un muerto de hambre en mi mocedad. Ahora me hostilizan haciendo creer a la gente que soy un potentado, dueño de una fabulosa fortuna que si bien no tengo me gustaría tener, entre otras cosas, para molestarlos más.

Otros miden los renglones de mis versos probando que yo los divido en pequeños fragmentos o los alargo demasiado. No tiene ninguna importancia. Quién instituye los versos más cortos o más largos, más delgados o más anchos, más amarillos o más rojos? El poeta que los escribe es quien lo determina. Lo determina con su respiración y con su sangre, con su sabiduría y su ignorancia, porque todo ello entra en el pan de la poesía.

El poeta que no sea realista va muerto. Pero el poeta que sea solo realista va muerto también. El poeta que sea solo irracional será entendido solo por su persona y por su amada, y esto es bastante triste. El poeta que sea solo un racionalista, será entendido hasta por los asnos, y esto es también sumamente triste. Para tales ecuaciones no hay cifras en el tablero, no hay ingredientes decretados por Dios ni por el Diablo, sino que estos dos personajes importantísimos mantienen una lucha dentro de la poesía, y en esta batalla vence uno y vence otro, pero la poesía no puede quedar derrotada.

Es claro que el oficio de poeta está siendo un tanto abusado. Salen tantos poetas noveles e incipientes poetisas, que pronto pareceremos todos poetas, desapareciendo los lectores. A los lectores tendremos que ir a buscarlos en expediciones que atravesarán los arenales en camellos o circularán por el cielo en astrobuques.

La inclinación profunda del hombre es la poesía y de ella salió la liturgia, los salmos, y también el contenido de las religiones. El poeta se atrevió con los fenómenos de la naturaleza y en las primeras edades se tituló sacerdote para preservar su vocación. De ahí que, en la época moderna, el poeta, para defender su poesía, tome la investidura que le dan la calle y las masas. El poeta civil de hoy sigue siendo el del más antiguo sacerdocio. Antes pactó con las tinieblas y ahora debe interpretar la luz.

La originalidad

Yo no creo en la originalidad. Es un fetiche más, creado en nuestra época de vertiginoso derrumbe. Creo en la personalidad a través de cualquier lenguaje, de cualquier forma, de cualquier sentido de la creación artística. Pero la originalidad delirante es una invención moderna y una engañifa electoral. Hay quienes quieren hacerse elegir «primer poeta», de su país, de su lengua o del mundo. Entonces corren en busca de electores, insultan a los que creen con posibilidades de disputarles el cetro, y de ese modo la poesía se transforma en una mascarada.

Sin embargo, es esencial conservar la dirección interior, mantener el control del crecimiento que la naturaleza, la cultura y la vida social aportan para desarrollar las excelencias del poeta.

En los tiempos antiguos, los más nobles y rigurosos poetas, como Quevedo por ejemplo, escribieron poemas con esta advertencia: «Imitación de Horacio», «Imitación de Ovidio», «Imitación de Lucrecio».

Por mi parte, conservo mi tono propio que se fue robusteciendo por su propia naturaleza, como crecen todas las cosas vivas. Es indudable que las emociones forman parte principal de mis primeros libros, y: ay del poeta que no responde con su canto a los tiernos o furiosos llamados del corazón! Sin embargo, después de cuarenta años de experiencia, creo que la obra poética puede llegar a un dominio más sustancial de las emociones. Creo en la espontaneidad dirigida. Para esto se necesitan reservas que deben estar siempre a disposición del poeta, digamos en su bolsillo, para cualquier emergencia. En primer término, la reserva de observaciones formales, virtuales, de palabras, sonidos o figuras, esas que pasan cerca de uno como abejas. Hay que cazarlas de inmediato y guardarlas en la faltriquera. Yo soy muy perezoso en este sentido, pero sé que estoy dando un buen consejo. Maiakovski tenía una libretica y acudía incesantemente a ella. Existe también la reserva de emociones. Cómo se guardan estas? Teniendo conciencia de ellas cuando se producen. Luego, frente al papel, recordaremos esa conciencia nuestra, más vivamente que la emoción misma.

En buena parte de mi obra he querido probar que el poeta puede escribir sobre lo que se le indique, sobre aquello que sea necesario para una colectividad humana. Casi todas las grandes obras de la antigüedad fueron hechas sobre la base de estrictas peticiones. Las *Geórgicas* son la propaganda de los cultivos en el agro romano. Un poeta puede escribir para una universidad o un sindicato, para los gremios y los oficios. Nunca se perdió la libertad con eso. La inspiración mágica y la comunicación del poeta con Dios son invenciones interesadas. En los momentos de mayor trance creador, el producto puede ser parcialmente ajeno, influido por lecturas y presiones exteriores.

De pronto interrumpo estas consideraciones un tanto teóricas y me pongo a recordar la vida literaria de mis años mozos. Pintores y escritores se agitaban sordamente. Había un lirismo otoñal en la pintura y en la poesía. Cada uno trataba de ser más anárquico, más disolvente, más desordenado. La vida social chilena se conmovía profundamente. Alessandri pronunciaba discursos subversivos. En las pampas salitreras se organizaban los obreros que crearían el movimiento popular más importante del continente. Eran los sacrosantos días de lucha, los de Carlos Vicuña y Juan Gandulfo. Yo me sumé de inmediato a la ideología anarcosindicalista estudiantil. Mi libro favorito era el *Sascha Yegulev*, de Andréiev. Otros leían las novelas pornográficas de Arzivachev y le atribuían consecuencias ideológicas, exactamente como sucede hoy con la pornografía existencialista. Los intelectuales se refugiaban en las cantinas. El viejo vino hacía brillar la miseria que relucía como oro hasta la mañana siguiente. Juan Egaña, poeta extraordinariamente dotado, se quebrantaba hasta la tumba. Se contaba que, al heredar una fortuna, dejó todos los billetes sobre una mesa, en una casa abandonada.

Los contertulios que dormían de día, salían de noche a buscar vino en barriles. Sin embargo, ese rayo lunar de la poesía de Juan Egaña es un estremecimiento desconocido de nuestra *Selva lírica*. Este era el título romántico de la gran antología modernista de Molina Núñez y O. Segura Castro. Es un libro plenario, lleno de grandeza y de generosidad. Es la Suma Poética de una época confusa, signada por inmensos vacíos y por un esplendor purísimo. La personalidad que más me impresionó fue el dictador de la joven literatura. Ya nadie lo recuerda. Se llamaba Aliro Oyarzún. Era un demacrado baudelairiano, un decadente lleno de calidades, un Barba-Jacob de Chile, atormentado, cadavérico, hermoso y lunático. Hablaba con voz cavernosa desde su alta estatura. Él inventó esa manera jeroglífica de proponer los problemas estéticos, tan peculiar en cierta parte de nuestro mundo literario. Elevaba la voz; su frente parecía una cúpula amarilla del templo de la inteligencia. Decía por ejemplo: «lo circular del círculo», «lo dionisíaco de Dionysos», «lo oscuro de los oscuros». Pero Aliro Oyarzún no era ningún tonto. Resumía en sí lo paradisíaco y lo infernal de una cultura. Era un cosmopolita que por teorizar fue matando su esencia. Dicen que por ganar una apuesta escribió su único poema, y no comprendo por qué ese poema no figura en todas las antologías de la poesía chilena.

Botellas y mascarones

Ya se acerca la Navidad. Cada Navidad que pasa nos acerca al año 2000. Para esa alegría futura, para esa paz de mañana, para esa justicia universal, para esas campanas del año 2000 hemos luchado y cantado los poetas de este tiempo.

Allá por los años treinta, Sócrates Aguirre, aquel hombre sutil y excelente que fue mi jefe en el consulado de Buenos Aires, me pidió un 24 de diciembre que yo hiciera de san Nicolás o Viejo Pascuero en su casa. He hecho muchas cosas mal en mi vida, pero nada quedó tan mal hecho como ese Viejo Pascuero. Se me caían los algodones del bigote y me equivoqué muchísimo en la distribución de los juguetes. Y cómo disfrazar mi voz, que la naturaleza del sur de Chile me la convirtió en gangosa, nasal e inconfundible, desde mi más tierna edad? Recurrí a un truco: me dirigí a los niños en el idioma inglés, pero los niños me clavaban varios pares de ojos negros y azules y mostraban más desconfianza de la que conviene a una infancia bien educada.

Quién iba a decirme que entre aquellos niños estaba la que iba a ser una de mis predilectas amigas, escritora notable y autora de una de mis mejores biografías? Hablo de Margarita Aguirre.

En mi casa he reunido juguetes pequeños y grandes, sin los cuales no podría vivir. El niño que no juega no es niño, pero el hombre que no juega perdió para siempre al niño que vivía en él y que le hará mucha falta. He edificado mi casa también como un juguete y juego en ella de la mañana a la noche.

Son mis propios juguetes. Los he juntado a través de toda mi vida con el científico propósito de entretenerme solo. Los describiré para los niños pequeños y los de todas las edades.

Tengo un barco velero dentro de una botella. Para decir la verdad tengo más de uno. Es una verdadera flota. Tienen sus nombres escritos, sus palos, sus velas, sus proas y sus anclas. Algunos vienen de lejos, de otros mares, minúsculos. Uno de los más bellos me lo mandaron de España, en pago de derechos de autor de un libro de mis odas. En lo alto, en el palo mayor, está nuestra bandera con su solitaria y pequeña estrella. Pero, casi todos los otros, son hechos por el señor Carlos Hollander. El señor Hollander es un viejo marino y ha reproducido para mí muchos de aquellos barcos famosos y majestuosos que venían de Hamburgo, de Salem, o de la costa bretona a cargar salitre o a cazar ballenas por los mares del sur.

Cuando desciendo el largo camino de Chile para encontrar en Coronel al viejo marinero, entre el olor a carbón y lluvia de la ciudad sureña, entro en verdad en el más pequeño astillero del mundo. En la salita, en el comedor, en la cocina, en el jardín, se acumulan y se ordenan los elementos que se meterán en las claras botellas de las que el pisco se ha ido. Don Carlos toca con su silbato mágico proas y velas, trinquetes y gavias. Hasta el humo más pequeñito del puerto pasa por sus manos y se convierte en una creación, en un nuevo barco embotellado, fresco y radiante, dispuesto para el mar quimérico.

En mi colección descuellan, entre los otros barcos comprados en Amberes o Marsella, los que salieron de las modestas manos del navegante de Coronel. Porque no solo les dio la vida, sino que los ilustró con su sabiduría, pegándoles una etiqueta que cuenta el nombre y el número de las proezas del modelo, los viajes que sostuvo contra viento y marea, las mercaderías que distribuyó parpadeando por el Pacífico con sus velámenes que ya no veremos más.

Yo tengo embotellados barcos tan famosos como la poderosa *Potosí* y la magna *Prusia*, de Hamburgo, que naufragó en el Canal de la Mancha en 1910. El maestro Hollander me deleitó también haciendo para mí dos versiones de la María Celeste, que desde 1882 se convirtió en estrella, en misterio de los misterios.

No estoy dispuesto a revelar el secreto navegatorio que vive en su propia transparencia. Se trata de cómo entraron los minúsculos barcos en sus tiernas botellas. Yo, engañador profesional, con el objeto de mixtificar, describí minuciosamente en una oda el dilatado y mínimo trabajo de los misteriosos constructores y conté cómo entraban y salían de las botellas marineras. Pero el secreto continúa en pie.

Mis juguetes más grandes son los mascarones de proa. Como muchas cosas mías, estos mascarones han salido retratados en los diarios, en las revistas, y han sido discutidos con benevolencia o con rencor. Los que los juzgan con benevolencia se ríen comprensivamente y dicen:

—¡Qué tipo tan deschavetado! ¡Lo que le dio por coleccionar!

Los malignos ven las cosas de otro modo. Uno de ellos, amargado por mis colecciones y por la bandera azul con un pescado blanco que yo izo en mi casa de Isla Negra, dijo:

—Yo no pongo bandera propia. Yo no tengo mascarones.

Lloraba el pobre como un chico que envidia el trompo de los otros chicos. Mientras tanto, mis mascarones marinos sonreían halagados por la envidia que despertaban.

En verdad debiera decirse mascaronas de proa. Son figuras con busto, estatuas marinas, efigies del océano perdido. El hombre, al construir sus naves, quiso elevar sus proas con un sentido superior. Colocó antiguamente en los navíos figuras de aves, pájaros totémicos, animales míticos, tallados en madera. Luego, en el siglo XIX, los barcos balleneros esculpieron figuras de caracteres simbólicos: diosas semidesnudas o matronas republicanas de gorro frigio.

Yo tengo mascarones y mascaronas. La más pequeña y deliciosa, que muchas veces Salvador Allende me ha tratado de arrebatar, se llama María Celeste. Perteneció a un navío francés, de menor tamaño, y posiblemente no navegó sino en las aguas del Sena. Es de color oscuro, tallado en encina; con tantos años y viajes se volvió morena para siempre. Es una mujer pequeña que parece volar con las señales del viento talladas en sus bellas vestiduras del Segundo Imperio. Sobre los hoyuelos de sus mejillas, los ojos de loza miran el horizonte. Y aunque parezca extraño, estos ojos lloran durante el invierno, todos los años. Nadie puede explicárselo. La madera tostada tendrá tal vez alguna impregnación que recoge la humedad. Pero lo cierto es que esos ojos franceses lloran en invierno y que yo veo todos los años las preciosas lágrimas bajar por el pequeño rostro de María Celeste.

Quizá un sentimiento religioso se despierta en el ser humano frente a las imágenes, sean cristianas o paganas.

Religión y poesía

Uno de esos mascarones de proa, que representa una mujer colosal, de grandes senos redondos, descansaba de sus navegaciones en mi jardín, junto al mar.

Es el adorno más querido. Me trae los recuerdos de una época desaparecida: grandes veleros que surcaban los siete mares.

Hace algún tiempo encontré que las mujeres de los campesinos se arrodillaban y encendían velas a esta escultura robusta y pagana. Me costó mucho trabajo convencer a las mujeres de que no era una virgen ni una diosa. Que solo era una diosa para mí, diosa del mar y de la lejanía. Pero aunque el mascarón alto y solemne se parecía mucho a Gabriela Mistral, tuvimos que desilusionar a las creyentes para que no siguieran adorando con tanta inocencia a una imagen de mujer marina que había viajado por los mares más pecaminosos de nuestro pecaminoso planeta.

Desde entonces la saqué del jardín y ahora está más cerca de mí, junto a la chimenea.

Yo creo que en este episodio está el núcleo original de las religiones. Está el ídolo, los creyentes, y yo, si tuviera menos escrúpulos habría sido fácilmente sacerdote, taumaturgo, explotador del miedo, de la idolatría primitiva que de algún modo buscan los seres humanos atrasados y acongojados.

Después se levanta la Iglesia, se adorna el misterio con las bellas artes y luego viene el dogma que nadie puede discutir.

El negocio es claro.

Los sacerdotes desde hace siglos, y en diferentes ritos y lenguajes, venden un pedazo de cielo con todas las comodidades: agua, luz eléctrica, televisión suprema, satisfacción de la conciencia, etcétera. Lo curioso es que este predio, donde habita un ser terrible llamado Dios, nunca ha sido visto por nadie, sin embargo se sigue vendiendo y cada vez se alza el precio del metro cúbico de aire celeste o tierra divina.

Desde muy niño me rebelé contra este reino siempre invisible y contra los extraños procedimientos de los diferentes dioses.

A menudo en las Américas hay catástrofes naturales. Aquí la geología no ha terminado su trabajo. Los volcanes siguen echando fuego por sus inmensos hocicos, el mar se sale a menudo de sus límites y entra en una «marejada» a las tierras habitadas, destruyendo poblaciones, seres humanos y animales. Los terremotos sacuden nuestra tierra y ciudades enteras quedan exterminadas. Los ríos hacen lo posible para no ser dominados, y en mi país solo dos de ellos son navegables.

Grandes incendios devoran las montañas y reducen a cenizas la selva fragante.

En todas estas catástrofes solo los pobres, la gente olvidada, hombres, mujeres y niños desvalidos son las víctimas. Son las gentes para quienes Cristo predicaba. Sin embargo el Dios de los cristianos no tiene mucho que ver con ellos. Vive en otra parte. Vive en casas que no destruye un terremoto, ni aniquila el fuego, ni son derribadas por las inundaciones. Al parecer Dios vive en las casas de los ricos.

Desde niño no pude comprender estas cosas prácticas de la religión. Tampoco pude comprender los misterios teológicos. Tampoco entendí por qué Dios se ensañaba con sus propios y fervientes partidarios. Mi país fue conmovido por el incendio de un templo que ocurrió hace cien años en pleno centro de la capital. El calor apretó más las puertas que tampoco se abrieron cuando los fieles se atropellaron para abrirlas. Dios tampoco las abrió, aunque todo esto sucedió en plena misa. Allí perecieron más de mil católicos fervientes.

Estos incendios de templos se han repetido muchas veces en América entera. Por lo general son iglesias pequeñas construidas de madera. Nadie se salva, ni el cura que predica. Cómo comprender esto?

Tampoco tuvo sentido para mí esa constante obligación de creer «con la fe del carbonero», como decía Pascal. La Iglesia pone una espada de Damocles sobre tu cabeza. El infierno es el castigo de los que no creen. Pero, por qué? Lógicamente el entendimiento tendría un origen divino, según los sistemas religiosos, y no puede ser que alguien esté obligado a creer en lo que no comprende, y en todo caso tal acierto o tal fracaso no pueden ser objeto de premio o de castigo. Se ve claro que la inescrutabilidad de las intenciones divinas es un sistema de engaño y de desprecio hacia la razón humana.

En todo caso no es posible concebir que el continuo halago a las divinidades, la humillación deliberada, todo lo que constituye el sentido de las oraciones pueda tener influencia en las decisiones divinas. Tales cosas son inexplicables, y las oraciones se repiten en forma mecánica. Han llegado a ser fórmulas desprovistas de verdad. En su degeneración, algunos sistemas religiosos han sustituido estas oraciones ya desprovistas de sentido, por mecanismos que ni siquiera requieren pensamientos ni palabras: ruedecitas que giran o cuentas de rosario que resbalan suavemente entre los dedos.

En América antigua se produjo un hecho de incalculables consecuencias hace cinco siglos. En nombre de la religión católica los conquistadores españoles derribaron las milenarias estatuas de los dioses antiguos de América, que a su vez habían servido a las oligarquías indígenas y teocráticas para la explotación de los primitivos americanos. Los invasores, ayudados por los sacerdotes de la religión española, destruyeron los templos, quemaron bibliotecas que contenían tesoros, manuscritos de inmenso valor y derramaron cruelmente la sangre de las poblaciones invadidas.

A la conquista se le dio un sentido de guerra religiosa. Con la cruz y la espada completamente unidas, atacaron y destruyeron antiguos imperios, y tribus pastoriles, culturas extraordinarias. Solo un religioso, porque el humanismo llegó muchas veces a los conventos, el extraordinario padre Las Casas protestó contra la carnicería. Pero fue perseguido a su vez y vencido por la fuerza y la Iglesia.

La Iglesia, en su largo camino, tuvo sí un valor innegable: con el sacrificio del pueblo levantó templos que muchas veces son grandes obras de inmutable esplendor. Superó al poder político de nuestra época por el hecho de que llamó, para hacer las obras de pintura, no a los peores pintores y escultores sino a los más creadores y mejores. Aún hoy día el gran Henri Matisse, aunque de tendencias progresistas, ejecutó a pedido de la Iglesia francesa, la hermosa decoración de la capilla de Vence. Los antiguos iconos rusos son, según mi gusto personal, obras de las más interesantes que ha ejecutado la humanidad.

Pero esta es otra investigación, y otra relación de valores y posiblemente una forma sutil de atraer a un vasto número de humanos a las creencias diferentes. También se auxilió de la mejor música de las épocas antiguas.

En mi poema «El Barco» he querido dar un panorama de la humanidad, en el actual estado capitalista. Es un pequeño poema en que mi poesía protesta por el hecho de que la injusticia social parezca ser aceptada como cosa inamovible.

A este «Barco», a esta nave en que desigualdades y dolores se ven de manera manifiesta, ha ayudado mucho, para que no naufrague y se mantenga tal estado de cosas, la religión, las religiones.

No puedo discutir ni profundizar filosófica ni históricamente todo el proceso religioso.

Mi tarea de poeta es denunciar lo que contribuye al atraso y levantar las esperanzas, las posibilidades y la alegría de la sociedad humana.

Libros y caracoles

Un bibliófilo pobre tiene infinitas ocasiones de sufrir. Los libros no se le escapan de las manos, sino que se le pasan por el aire, a vuelo de pájaro, a vuelo de precios.

Sin embargo, entre muchas exploraciones salta la perla. Recuerdo la sorpresa del librero García Rico, en Madrid, en 1934, cuando le propuse comprarle una antigua edición de Góngora, que solo costaba cien pesetas, en mensualidades de veinte. Era muy poca plata, pero yo no la tenía. La pagué puntualmente a lo largo de aquel semestre. Era la edición de Foppens. Este editor flamenco del siglo xvii imprimió en incomparables y magníficos caracteres las obras de los maestros españoles del Siglo Dorado.

No me gusta leer a Quevedo sino en aquellas ediciones donde los sonetos se despliegan en línea de combate, como férreos navíos. Después me interné en la selva de las librerías, por los vericuetos suburbiales de las de segunda mano o por las naves catedralicias de las grandiosas librerías de Francia y de Inglaterra. Las manos me salían polvorientas, pero de cuando en cuando obtuve algún tesoro, o por lo menos la alegría de presumirlo.

Premios literarios contantes y sonantes me ayudaron a adquirir ciertos ejemplares de precios extravagantes. Mi biblioteca pasó a ser considerable. Los antiguos libros de poesía relampagueaban en ella y mi inclinación a la historia natural la llenó de grandiosos libros de botánica iluminados a todo color; y libros de pájaros, de insectos o de peces. Encontré milagrosos libros de viajes; *Quijotes* increíbles, impresos por Ibarra; infolios de Dante con la maravillosa tipografía bodoniana; hasta algún Molière hecho en poquísimos ejemplares, *ad usum delphini*, para el hijo del rey de Francia.

Pero, en realidad, lo mejor que coleccioné en mi vida fueron mis caracoles. Me dieron el placer de su prodigiosa estructura: la pureza lunar de una porcelana misteriosa agregada a la multiplicidad de las formas, táctiles, góticas, funcionales.

Miles de pequeñas puertas submarinas se abrieron a mi conocimiento desde aquel día en que don Carlos de la Torre, ilustre malacólogo de Cuba, me regaló los mejores ejemplares de su colección. Desde entonces y al azar de mis viajes recorrí los siete mares acechándolos y buscándolos.

Mas debo reconocer que fue el mar de París el que, entre ola y ola, me descubrió más caracoles. París había transmigrado todo el nácar de las oceanías a sus tiendas naturalistas, a sus «mercados de pulgas».

Más fácil que meter las manos en las rocas de Veracruz o Baja California fue encontrar bajo el sargazo de la urbe, entre lámparas rotas y zapatos viejos, la exquisita silueta de la *Oliva textil.* O sorprender la lanza de cuarzo que se alarga, como un verso del agua, en la *Rosellaria fusus.* Nadie me quitará el deslumbramiento de haber extraído del mar el *Espondylus roseo,* ostión tachonado de espinas de coral. Y más allá entreabrir el *Espondylus blanco,* de púas nevadas como estalagmitas de una gruta gongorina.

Algunos de estos trofeos pudieron ser históricos. Recuerdo que en el Museo de Pekín abrieron la caja más sagrada de los moluscos del mar de China para regalarme el segundo de los dos únicos ejemplares de la *Thatcheria mirabilis.* Y así pude atesorar esa increíble obra en la que el océano regaló a China el estilo de templos y pagodas que persistió en aquellas latitudes.

Tardé treinta años en reunir muchos libros. Mis anaqueles guardaban incunables y otros volúmenes que me conmovían; Quevedo, Cervantes, Góngora, en ediciones originales, así como Laforgue, Rimbaud, Lautréamont. Estas páginas me parecía que conservaban el tacto de los poetas amados. Tenía manuscritos de Rimbaud. Paul Éluard me regaló en París, para mi cumpleaños, las dos cartas de Isabelle Rimbaud para su madre, escritas en el hospital de Marsella donde al poeta errante le amputaron una pierna. Eran tesoros ambicionados por la Bibliothèque Nationale de París y por los voraces bibliófilos de Chicago.

Tanto corría yo por los mundos que creció desmedidamente mi biblioteca y rebasó las condiciones de una biblioteca privada. Un día cualquiera regalé la gran colección de caracoles que tardé veinte años en juntar y aquellos cinco mil volúmenes escogidos por mí con el más grande amor en todos los países. Se los regalé a la universidad de mi patria. Y fueron recibidos como dádiva relumbrante por las hermosas palabras de un rector.

Cualquier hombre cristalino pensará en el regocijo con que recibirían en Chile esa donación mía. Pero hay también hombres anticristalinos. Un crítico oficial escribió artículos furiosos. Protestaba con vehemencia contra mi gesto. Cuándo se podrá atajar al comunismo internacional?, proclamaba. Otro señor hizo en el Parlamento un discurso encendido contra la universidad por haber aceptado mis maravillosos cunables e incunables; amenazó con cortarle al Instituto Nacional los subsidios que recibe. Entre el articulista y el parlamentario lanzaron una ola de hielo sobre el pequeño mundo chileno. El rector de la universidad iba y venía por los pasillos del Congreso, desencajado.

Por cierto que han pasado veinte años de aquella fecha y nadie ha vuelto a ver ni mis libros ni mis caracoles. Parece como si hubieran retornado a las librerías y al océano.

Cristales rotos

Hace tres días volví a entrar, después de una larga ausencia, a mi casa de Valparaíso. Grandes grietas herían las paredes. Los cristales hechos añicos formaban un doloroso tapiz sobre el piso de las habitaciones. Los relojes, también desde el suelo, marcaban tercamente la hora del terremoto. Cuántas cosas bellas que ahora Matilde barría con una escoba; cuántos objetos raros que la sacudida de la tierra transformó en basura.

Debemos limpiar, ordenar y comenzar de nuevo. Cuesta encontrar el papel en medio del desbarajuste; y luego es difícil hallar los pensamientos.

Mis últimos trabajos fueron una traducción de *Romeo y Julieta* y un largo poema de amor en ritmos anticuados, poema que quedó inconcluso.

Vamos, poema de amor, levántate de entre los vidrios rotos, que ha llegado la hora de cantar.

Ayúdame, poema de amor, a restablecer la integridad, a cantar sobre el dolor.

Es verdad que el mundo no se limpia de guerra, no se lava de sangre, no se corrige del odio. Es verdad.

Pero es igualmente verdad que nos acercamos a una evidencia: los violentos se reflejan en el espejo del mundo y su rostro no es hermoso ni para ellos mismos.

Y sigo creyendo en la posibilidad del amor. Tengo la certidumbre del entendimiento entre los seres humanos, logrado sobre los dolores, sobre la sangre y sobre los cristales quebrados.

Matilde Urrutia, mi mujer

Mi mujer es provinciana como yo. Nació en una ciudad del sur, Chillán, famosa en lo feliz por su cerámica campesina y en la desdicha por sus terribles terremotos. Al hablar para ella le he dicho todo en mis *Cien sonetos de amor.*

Tal vez estos versos definen lo que ella significa para mí. La tierra y la vida nos reunieron.

Aunque esto no interesa a nadie, somos felices. Dividimos nuestro tiempo común en largas permanencias en la solitaria costa de Chile. No en verano, porque el litoral reseco por el sol se muestra entonces amarillo y desértico. Sí en invierno, cuando en extraña floración se viste con las lluvias y el frío, de verde y amarillo, de azul y de purpúreo. Algunas veces subimos del salvaje y solitario océano a la nerviosa ciudad de Santiago, en la que juntos padecemos con la complicada existencia de los demás.

Matilde canta con voz poderosa mis canciones.

Yo le dedico cuanto escribo y cuanto tengo. No es mucho, pero ella está contenta.

Ahora la diviso cómo entierra los zapatos minúsculos en el barro del jardín y luego también entierra sus minúsculas manos en la profundidad de la planta.

De la tierra, con pies y manos y ojos y voz, trajo para mí todas las raíces, todas las flores, todos los frutos fragantes de la dicha.

Un inventor de estrellas

Un hombre dormía en su habitación de un hotel en París. Como era un trasnochador decidido, no se sorprendan ustedes si les cuento que eran las doce del día y el hombre seguía durmiendo.

Tuvo que despertar. La pared de la izquierda cayó súbitamente demolida. Luego se derrumbó la del frente. No se trataba de un bombardeo. Por los socavones recién abiertos penetraban obreros bigotudos, picota en mano, que increpaban al durmiente:

—*¡Eh, lève-toi, bourgeois!* ¡Tómate una copa con nosotros!

Se destapó el champaña. Entró un alcalde, con banda tricolor al pecho. Sonó una fanfarria con los acordes de *La Marsellesa*. Qué causa originaba hechos tan extraños? Sucedía que justamente en el subsuelo del dormitorio de aquel soñador se había producido el punto de unión de dos tramos del ferrocarril subterráneo de París, para esa época en construcción.

Desde el momento en que aquel hombre me contó esta historia, decidí ser su amigo, o más bien su adepto, o su discípulo. Como le acontecían cosas tan extrañas, y yo no quería perderme de ninguna de ellas, lo seguí a través de varios países. Federico García Lorca adoptó una posición semejante a la mía, cautivado por la fantasía de aquel fenómeno.

Federico y yo estábamos sentados en la cervecería de Correos, junto a la Cibeles madrileña, cuando el durmiente de París irrumpió en la reunión. Aunque rozagante y mapamúndico de apariencia, llegó desencajado. Le había sucedido una vez más lo inenarrable. Estaba en su modestísimo escondrijo de Madrid y quiso poner en orden sus papeles musicales. Porque olvidé decir que nuestro protagonista era compositor mágico. Y qué pasó?

—Un coche se detuvo a la puerta de mi hotel. Oí como subían las escaleras, como entraban los pasos a la pieza vecina a la mía. Después el nuevo inquilino comenzó a roncar. Al principio era un susurro. Luego se estremeció el ambiente. Los armarios, las paredes se movían bajo el impulso rítmico del gran roncador.

Se trataba, sin duda, de un animal salvaje. Cuando los ronquidos se desataron en una inmensa catarata, nuestro amigo ya no tuvo ninguna duda: era el Jabalí Cornúpeto. En otros países su estruendo había estremecido basílicas, obstruido carreteras, enfurecido el mar. Qué iba a pasar con este peligro planetario, con este monstruo abominable que amenazaba la paz de Europa?

Cada día nos contaba nuevas peripecias espantosas del Jabalí Cornúpeto a Federico, a mí, a Rafael Alberti, al escultor Alberto, a Fulgencio Díaz Pastor, a Miguel Hernández. Todos nosotros lo recibíamos anhelantes y lo despedíamos con ansiedad.

Hasta que un día llegó con su antigua risa globular. Y nos dijo:

—El pavoroso problema ha sido resuelto. El Graaf Zeppelin alemán ha aceptado transportar al Jabalí Cornúpeto. Lo dejará caer en la selva brasileña. Los grandes árboles lo nutrirán. No hay peligro de que se beba el Amazonas de una sola sentada. Desde allí seguirá atronando la tierra con sus terribles ronquidos.

Federico lo oía estallando de risa, con los ojos cerrados por la emoción. Entonces nuestro amigo nos contaba la vez en que fue a poner un telegrama y el telegrafista lo convenció de que no enviara jamás telegramas, sino cartas, porque la gente se asustaba mucho cuando recibía esos despachos alados, y hasta había quienes se morían de infarto antes de abrirlos. Nos refería la vez en que asistió de curioso a una subasta de caballos «pura sangre» en Londres y levantó la mano para saludar a un amigo, por lo cual el martillero le adjudicó en diez mil libras una yegua que el Aga Khan había pujado hasta nueve mil quinientas.

—Tuve que llevarme la yegua para mi hotel y devolverla al día siguiente —concluía.

Ahora el fabulador no puede contar la historia del Jabalí Cornúpeto, ni ninguna otra. Se me murió aquí, en Chile. Este chileno orbital, músico de par en par, derrochador de inigualables historias, se llamó en vida Acario Cotapos. Me tocó hablar en el entierro de ese hombre inenterrable. Dije solamente: «Hoy entregamos a las sombras un ser resplandeciente que nos regalaba una estrella cada día».

ÉLUARD, EL MAGNÍFICO

Mi camarada Paul Éluard murió hace poco tiempo. Era tan entero, tan compacto, que me costó dolor y trabajo acostumbrarme a su desaparecimiento. Era un normando azul y rosa, de contextura recia y delicada. La guerra del 14, en la que fue gaseado dos veces, le dejó para siempre las manos temblorosas. Pero Éluard me dio en todo instante la idea del color celeste, de un agua profunda y tranquila, de una dulzura que conocía su fuerza. Por su poesía tan limpia, transparente como las gotas de una lluvia de primavera contra los cristales, habría parecido Paul Éluard un hombre apolítico, un poeta contra la política. No era así. Se sentía fuertemente ligado al pueblo de Francia, a sus razones y a sus luchas.

Era firme Paul Éluard. Una especie de torre francesa con esa lucidez apasionada que no es lo mismo que la estupidez apasionada, tan común.

Por primera vez, en México, adonde viajamos juntos, lo vi al borde de un oscuro abismo, él, que siempre dejó un sitio reposado a la tristeza, un sitio tan asiduo como a la sabiduría.

Estaba agobiado. Yo había convencido, yo había arrastrado a este francés central hasta esas tierras lejanas, y allí, el mismo día en que enterramos a José Clemente Orozco, caí yo enfermo con una peligrosa tromboflebitis que me mantuvo cuatro meses amarrado a mi cama. Paul Éluard se sintió solitario, oscuramente solitario, con el desamparo del explorador ciego. No conocía a nadie, no se le abrían las puertas. La viudez se le vino encima; se sentía allí solo y sin amor. Me decía: «Necesitamos ver la vida en compañía, participar en todos los fragmentos de la vida. Es irreal, es criminal mi soledad».

Llamé a mis amigos y lo obligamos a salir. A regañadientes lo llevaron a recorrer los caminos de México y en uno de esos recodos se encontró con el amor, con su último amor: Dominique.

Es muy difícil para mí escribir sobre Paul Éluard. Seguiré viéndolo vivo junto a mí, encendida en sus ojos la eléctrica profundidad azul que miraba tan ancho y desde tan lejos.

Salía del suelo francés en que laureles y raíces entretejen sus fragantes herencias. Su altura era hecha de agua y piedra, y a ella trepaban antiguas enredaderas portadoras de flor y fulgor, de nidos y cantos transparentes.

Transparencia, es esta la palabra. Su poesía era cristal de piedra, agua inmovilizada en su cantante corriente.

Poeta del amor cenital, hoguera pura de mediodía, en los días desastrosos de Francia puso en medio de su patria el corazón y de él salió fuego decisivo para las batallas.

Así llegó naturalmente a las filas del Partido Comunista. Para Éluard ser un comunista era confirmar con su poesía y su vida los valores de la humanidad y del humanismo.

No se crea que Éluard fue menos político que poeta. A menudo me asombró su clara videncia y su formidable razón dialéctica. Juntos examinamos muchas cosas, hombres y problemas de nuestro tiempo, y su lucidez me sirvió para siempre.

No se perdió en el irracionalismo surrealista porque no fue un imitador, sino un creador, y como tal descargó sobre el cadáver del surrealismo disparos de claridad e inteligencia.

Fue mi amigo de cada día y pierdo su ternura que era parte de mi pan. Nadie podrá darme ya lo que él se lleva porque su fraternidad activa era uno de los preciados lujos de mi vida.

Torre de Francia, hermano! Me inclino sobre tus ojos cerrados que continuarán dándome la luz y la grandeza, la simplicidad y la rectitud, la bondad y la sencillez que implantaste sobre la tierra.

Pierre Reverdy

Nunca llamaré mágica la poesía de Pierre Reverdy. Esta palabra, lugar común de una época, es como un sombrero de farsante de feria: ninguna paloma salvaje saldrá de su oquedad para levantar el vuelo.

Reverdy fue un poeta material, que «nombraba y tocaba» innumerables cosas de tierra y cielo. Nombraba la evidencia y el esplendor del mundo.

Su propia poesía era como una veta de cuarzo, subterránea y espléndida, inagotable. A veces relucía duramente, con fulgor de mineral negro, arrancado difícilmente a la tierra espesa. De pronto volaba en una chispa fosfórica, o se ocultaba en su corredor de mina, lejos de la claridad pero amarrado a su propia verdad. Tal vez esta verdad, esta identidad del cuerpo de su poesía con la naturaleza, esta tranquilidad reverdiana, esta autenticidad inalterable le fue anticipando el olvido. Poco a poco fue considerado por los otros como una evidencia, fenómeno natural, casa, río o calle conocida, que no cambiaría jamás de vestido ni lugar.

Ahora que se cambió de sitio, ahora que un gran silencio, mayor que su honorable y orgulloso silencio, se lo ha llevado, vemos que ya no está, que este fulgor insustituible se fue, se enterró en tierra y cielo.

Digo yo que su nombre, como ángel resurrecto, hará caer algún día las puertas injustas del olvido.

Sin trompetas, nimbado por el silencio sonoro de su grande y continua poesía, lo veremos en el juicio final, en el Juicio Esencial, deslumbrándonos con la simple eternidad de su obra.

Jerzy Borejsza

En Polonia ya no me espera Jerzy Borejsza. A este viejo emigrado el destino le reservó la restitución de su patria. Cuando entró como soldado, después de muchos años de ausencia, Varsovia era solo un montón de ruinas molidas. No había calles, ni árboles. A él nadie lo esperaba. Borejsza, fenómeno dinámico, trabajó con su pueblo. De su cabeza salieron planes colosales, y luego una inmensa iniciativa: la Casa de la Palabra Impresa. Construyeron los pisos uno a uno; llegaron las rotativas más grandes del mundo; y allí se imprimen ahora millares y millares de libros y revistas. Borejsza era un infatigable transmutador terrenal de las ilusiones a los hechos. En la vitalidad increíble de la nueva Polonia, sus planteamientos audaces se cumplieron como los castillos en los sueños.

Yo no lo conocía. Fui a conocerlo en el campo de vacaciones donde me esperaba, en el norte de Polonia, en la región de los lagos masurianos.

Cuando bajé del coche vi a un hombre desgarbado y sin afeitarse, vestido apenas con unos shorts de color indefinible. De inmediato me gritó con energía frenética, en un español aprendido en los libros: «Pablo, non habrás fatiga. Debes tomar reposo». En los hechos concretos no me dejó «tomar reposo» ninguno. Su conversación era vasta, multiforme, inesperada e interjectiva. Me contaba al mismo tiempo siete planes diferentes de edificaciones, mezclados con el análisis de libros que aportaban nuevas interpretaciones sobre los hechos históricos o la vida. «El verdadero héroe era Sancho Panza y no don Quijote, Pablo.» Para él Sancho era la voz del realismo popular, el centro verdadero de su mundo y su tiempo. «Cuando Sancho gobierna lo hace bien, porque gobierna el pueblo.»

Me sacaba temprano de la cama, siempre gritándome «debes tomar reposo», y me llevaba por las selvas de abetos y pinos a mostrarme un convento de una secta religiosa que emigró hace un siglo de Rusia y que conservaba todos sus ritos. Las monjas lo recibían como una bendición. Borejsza era todo tacto y respeto hacia aquellas religiosas.

Era tierno y activo. Aquellos años habían sido terribles. Una vez me mostró el revólver con que había sido ejecutado, después de un juicio sumario, un criminal de guerra.

Le habían encontrado la libreta donde aquel nazi había cuidadosamente anotado sus crímenes. Ancianos y niños ahorcados por su mano, violaciones de muchachitas. Lo sorprendieron en la misma aldea de sus depredaciones. Desfilaron los testigos. Le leyeron su libreta acusadora. El desafiante asesino contestó solo una frase: «Lo volvería a hacer si pudiera empezar de nuevo». Yo tuve aquella libreta en mis manos y aquel revólver que suprimió la vida de un cruel forajido.

En los lagos masurianos, multiplicados hasta el infinito, se pescan anguilas. A hora temprana partíamos a la pesca y luego las veíamos palpitantes y mojadas, como cinturones negros.

Me familiaricé con aquellas aguas, con sus pescadores y su paisaje. De la mañana a la noche mi amigo me hacía subir y bajar, correr y remar, conocer gentes y árboles. Todo al grito de: «Aquí debes tomar reposo. No hay sitio como este para reposar».

Cuando partí de los lagos masurianos, me regaló una anguila ahumada, la más larga que he visto.

Este extraño bastón me complicó la vida. Yo quería comérmela, porque soy gran partidario de las anguilas ahumadas y esta venía directamente de su lago natal, sin almacenes ni intermediarios, insospechable. Pero esos días no faltaba en mi hotel anguila en cada menú. Y yo no tenía ocasión de servirme mi anguila privada, ni de día ni de noche. Comenzó a ser una obsesión para mí.

En la noche la sacaba al balcón para que tomara el fresco. A veces, en medio de conversaciones interesantes, recordaba que ya era mediodía y que mi anguila seguía a la intemperie, a pleno sol. Entonces yo perdía todo interés en el tema, y corría a dejarla en un lugar fresco de mi habitación, dentro de un armario, por ejemplo.

Por fin encontré un amateur a quien le regalé, no sin remordimientos, la más larga, la más tierna y la mejor ahumada de las anguilas que han existido.

Ahora el gran Borejsza, quijote flaco y dinámico, admirador de Sancho como el otro quijote, sensible y sabio, constructor y soñador, reposa por primera vez. Reposa en las tinieblas que tanto amó. Junto a su descanso se sigue creando un mundo al que le dio su vital explosión, su infatigable fuego.

Somlyó György

Amo en Hungría el entrelazamiento de la vida y la poesía, de la historia y la poesía, del tiempo y del poeta. En otros sitios se discute este asunto con más o menos inocencia, con más o menos injusticia. En Hungría todo poeta está comprometido antes de nacer. Attila Joseph, Ady Endre, Gyula Illyés son productos naturales de un gran vaivén entre el deber y la música, entre la patria y la sombra, entre el amor y el dolor.

Somlyó György es un poeta a quien he visto crecer, con seguridad y poder, desde hace veinte años. Poeta de tono fino y ascendente como un violín, poeta preocupado de su vida y las otras, poeta húngaro hasta los huesos; húngaro en su generosa disposición de compartir la realidad y los sueños de un pueblo. Poeta del amor más decidido y de la acción más ardiente, guarda en su universalidad el sello singular de la gran poesía de su patria.

Un joven poeta maduro, digno de la atención de nuestra época. Una poesía quieta, transparente y embriagadora como el vino de las arenas de oro.

Quasimodo

La tierra de Italia guarda las voces de sus antiguos poetas en sus purísimas entrañas. Al pisar el suelo de las campiñas, al cruzar los parques donde el agua centellea, al atravesar las arenas de su pequeño océano azul, me pareció ir pisando diamantinas sustancias, cristalería secreta, todo el fulgor que guardaron los siglos. Italia dio forma, sonido, gracia y arrebato a la poesía de Europa; la sacó de su primera forma informe, de su tosquedad vestida con sayal y armadura. La luz de Italia transformó las harapientas vestiduras de los juglares y la ferretería de las canciones de gesta en un río caudaloso de cincelados diamantes.

Para nuestros ojos de poetas recién llegados a la cultura, venidos de países donde las antologías comienzan con los poetas del año 1880, era un asombro ver en las antologías italianas la fecha de 1230 y tantos, o 1310, o 1450, y entre estas fechas los tercetos deslumbrantes, el apasionado atavío, la profundidad y la pedrería de los Alighieri, Cavalcanti, Petrarca, Poliziano.

Estos nombres y estos hombres prestaron luz florentina a nuestro dulce y poderoso Garcilaso de la Vega, al benigno Boscán; iluminaron a Góngora y tiñeron con su dardo de sombra la melancolía de Quevedo; moldearon los sonetos de William Shakespeare de Inglaterra y encendieron las esencias de Francia haciendo florecer las rosas de Ronsard y Du Bellay.

Así pues, nacer en las tierras de Italia es difícil empresa para un poeta, empresa estrellada que entraña asumir un firmamento de resplandecientes herencias.

Conozco desde hace años a Salvatore Quasimodo, y puedo decir que su poesía representa una conciencia que a nosotros nos parecería fantasmagórica por su pesado y ardiente cargamento. Quasimodo es un europeo que dispone a ciencia cierta del conocimiento, del equilibrio y de todas las armas de la inteligencia. Sin embargo, su posición de italiano central, de protagonista actual de un intermitente pero inagotable clasicismo, no lo ha convertido en un guerrero preso dentro de su fortaleza. Quasimodo es un hombre universal por excelencia, que no divide el mundo belicosamente en Occidente y Oriente, sino que considera como absoluto deber contemporáneo borrar las fronteras de la cultura y establecer como dones indivisibles la poesía, la verdad, la libertad, la paz y la alegría.

En Quasimodo se unen los colores y los sonidos de un mundo melancólicamente sereno. Su tristeza no signifca la derrotada inseguridad de Leopardi, sino el recogimiento germinal de la tierra en la tarde; esa unción que adquiere la tarde cuando los perfumes, las voces, los colores y las campanas protegen el trabajo de las más profundas semillas. Amo el lenguaje recogido de este gran poeta, su clasicismo y su romanticismo y sobre todo admiro en él su propia impregnación en la continuidad de la belleza, así como su poder de transformarlo todo en un lenguaje de verdadera y conmovedora poesía.

Por encima del mar y de la distancia levanto una fragante corona hecha con hojas de la Araucanía y la dejo volando en el aire para que se la lleve el viento y la vida y la dejen sobre la frente de Salvatore Quasimodo. No es la corona apolínea de laurel que tantas veces vimos en los retratos de Francesco Petrarca. Es una corona de nuestros bosques inexplorados, de hojas que no tienen nombre todavía, empapadas por el rocío de auroras australes.

Vallejo sobrevive

Otro hombre fue Vallejo. Nunca olvidaré su gran cabeza amarilla, parecida a las que se ven en las antiguas ventanas del Perú. Vallejo era serio y puro. Se murió en París. Se murió del aire sucio de París, del río sucio de donde han sacado tantos muertos. Vallejo se murió de hambre y de asfixia. Si lo hubiéramos traído a su Perú, si lo hubiéramos hecho respirar aire y tierra peruana, tal vez estaría viviente y cantando. He escrito en distintas épocas dos poemas sobre mi amigo entrañable, sobre mi buen camarada. En ellos creo que está descrita la biografía de nuestra amistad descentralizada. El primero, «Oda a César Vallejo», aparece en el primer tomo de *Odas elementales*.

En los últimos tiempos, en esta pequeña guerra de la literatura, guerra mantenida por pequeños soldados de dientes feroces, han estado lanzando a Vallejo, a la sombra de César Vallejo, a la ausencia de César Vallejo, a la poesía de César Vallejo, contra mí y mi poesía. Esto puede pasar en todas partes. Se trata de herir a los que trabajaron mucho. Decir: «Este no es bueno; Vallejo sí que era bueno». Si Neruda estuviese muerto lo lanzarían contra Vallejo vivo.

El segundo poema, cuyo título es una sola letra (la letra V), aparece en *Estravagario*.

Para buscar lo indefinible, la guía o el hilo que une el hombre a la obra, hablo de aquellos que tuvieron algo o mucho que ver conmigo. Vivimos en parte la vida juntos y ahora yo los sobrevivo. No tengo otro medio de indagar lo que se ha dado en llamar el misterio poético y que yo llamaría la claridad poética. Tiene que haber alguna relación entre las manos y la obra, entre los ojos, las vísceras, la sangre del hombre y su trabajo. Pero yo no tengo teoría. No ando con un dogma debajo del brazo para dejárselo caer en la cabeza a nadie. Como casi todos los seres, todo lo veo claro el lunes, todo lo veo oscuro el martes y pienso que este año es claro-oscuro. Los próximos años serán de color azul.

León Felipe

¿Eres feliz?, preguntaba León Felipe a cualquiera y a todo el mundo, rascándose, al mismo tiempo, su mesiánica barbita.

Para mí no son superhombres los inhumanos, sino los superhumanos: en ellos reside la gradación de la grandeza. Y León Felipe fue superhumano, extrahumano, hecho de

la argamasa de la humanidad entera. Daba gusto oírlo, sentirlo, verlo.

Además, yo lo leía a él, a León Felipe, más que leer sus propios poemas me leía yo muchas veces a este hombre tan considerable y ameno.

Estaba hecho de muchas páginas. Era un infolio joven y amarillo en que todos los versículos, los aprendizajes, las referencias, la sabiduría y la ternura, estaban perceptiblemente escritos en su gesto.

Noble poeta! Querido buen hombre!

Ay, cuánto lo hemos perdido! Cuánto lo seguiremos perdiendo!

Yo me conformo porque él fue para mí un gran ejemplo de valor meditativo. Enseñó muchas veces a perder. Y cuando ya su ausencia se va haciendo transparente, me conformo con su benigna y desesperada enseñanza.

Pocos hombres como él. Pocos poetas como el gallego errante León Felipe Camino.

Gabriela Mistral

Ya he dicho anteriormente que a Gabriela Mistral la conocí en mi pueblo, en Temuco. De este pueblo ella se separó para siempre. Gabriela estaba en la mitad de su trabajosa y trabajada vida y era exteriormente monástica, algo así como madre superiora de un plantel rectilíneo.

Por aquellos días escribió los poemas del Hijo, hechos en limpia prosa, labrada y constelada, porque su prosa fue muchas veces su más penetrante poesía. Como en estos poemas del Hijo describe la gravidez, el parto y el crecimiento, algo confuso se susurró en Temuco, algo impreciso, algo inocentemente torpe, tal vez un comentario burdo que hería su condición de soltera, hecho por esa gente ferroviaria y maderera que yo tanto conozco, gente bravía y tempestuosa que llaman pan al pan y vino al vino.

Gabriela se sintió ofendida y murió ofendida.

Años después, en la primera edición de su gran libro, puso una larga nota inútil contra lo que se había dicho y susurrado sobre su persona en aquellas montañas del fin del mundo.

En la ocasión de su memorable victoria, con el Premio Nobel cernido a su cabeza, debía pasar en el viaje por la estación de Temuco. Los colegios la aguardaban cada día. Las niñas escolares llegaban salpicadas por la lluvia y palpitantes de copihues. El copihue es la flor austral, la corola bella y salvaje de la Araucanía. Inútil espera. Gabriela Mistral se las arregló para pasar por allí de noche, se buscó un complicado tren nocturno para no recibir los copihues de Temuco.

Y bien, esto habla mal de Gabriela? Esto quiere decir simplemente que las heridas duraban en las entrepieles de su alma y no se restañaban fácilmente. Esto revela en la autora de tanta grandiosa poesía que en su alma batallaron, como en cualquier alma del hombre, el amor y el rencor.

Para mí tuvo siempre una sonrisa abierta de buena camarada, una sonrisa de harina en su cara de pan moreno.

Pero, cuáles fueron las mejores sustancias en el horno de sus trabajos? Cuál fue el ingrediente secreto de su siempre dolorosa poesía?

Yo no voy a averiguarlo y con seguridad no lograría saberlo y, si lo supiera, no voy a decirlo.

En este mes de septiembre florecen los yuyos; el campo es una alfombra temblorosa y amarilla. Aquí en la costa golpea, desde hace cuatro días, con magnífica furia el viento sur. La noche está llena de su movimiento sonoro. El océano es a un tiempo abierto cristal verde y titánica blancura.

Llegas, Gabriela, amada hija de estos yuyos, de estas piedras, de este viento gigante. Todos te recibimos con alegría. Nadie olvidará tus cantos a los espinos, a las nieves de Chile. Eres chilena. Perteneces al pueblo. Nadie olvidará tus estrofas a los pies descalzos de nuestros niños. Nadie ha olvidado tu «palabra maldita». Eres una conmovedora partidaria de la paz. Por esas, y por otras razones, te amamos.

Llegas, Gabriela, a los yuyos y a los espinos de Chile.

Bien vale que te dé la bienvenida verdadera, florida y áspera, en conformidad a tu grandeza y a nuestra amistad inquebrantable. Las puertas de piedra y primavera de septiembre se abren para ti. Nada más grato a mi corazón que ver tu ancha sonrisa entrar en la sagrada tierra que el pueblo de Chile hace florecer y cantar.

Me corresponde compartir contigo la esencia y la verdad que, por gracia de nuestra voz y nuestros actos, será respetada. Que tu corazón maravilloso descanse, viva, luche, cante y cree en la oceánica y andina soledad de la patria. Beso tu noble frente y reverencio tu extensa poesía.

Vicente Huidobro

El gran poeta Vicente Huidobro, que adoptó siempre un aire travieso hacia todas las cosas, me persiguió con sus múltiples jugarretas, enviando infantiles anónimos en contra mía y acusándome continuamente de plagio. Huidobro es el representante de una larga línea de egocéntricos impenitentes. Esta forma de defenderse en la contradictoria vida de la época, que no concedía ningún papel al escritor, fue una característica de los años inmediatamente anteriores a la Primera Guerra Mundial. La posición egodesafiante repercutió en América como eco de los desplantes de D'Annunzio en Europa. Este escritor italiano, gran despilfarrador y violador de los cánones pequeño-burgueses, dejó en América una estela volcánica de mesianismo. El más aparatoso y revolucionario de sus seguidores fue Vargas Vila.

Me es difícil hablar mal de Huidobro, que me honró durante toda su vida con una espectacular guerra de tinta. Él se confirió a sí mismo el título de «Dios de la Poesía» y no encontraba justo que yo, mucho más joven que él, formara parte de su Olimpo. Nunca supe bien de qué se trataba ese Olimpo. La gente de Huidobro creacionaba, surrealizaba, devoraba el último papel de París. Yo era infinitamente inferior, irreductiblemente provinciano, territorial, semisilvestre.

Huidobro no se conformaba con ser un poeta extraordinariamente dotado, como en efecto lo era. Quería también ser «Superman». Había algo infantilmente bello en sus travesuras. Si hubiera vivido hasta estos días, ya se habría ofrecido como voluntario insustituible para el primer viaje a la luna. Me lo imagino probándole a los sabios que su cráneo era el único sobre la tierra genuinamente dotado, por su forma y flexibilidad, para adaptarse a los cohetes cósmicos.

Algunas anécdotas lo definen. Por ejemplo, cuando volvió a Chile después de la última guerra, ya viejo y cercano a su fin, le mostraba a todo el mundo un teléfono oxidado y decía:

—Yo personalmente se lo arrebaté a Hitler. Era el teléfono favorito del Führer.

Una vez le mostraron una mala escultura académica y dijo:

—¡Qué horror! Es todavía peor que las de Miguel Ángel.

También vale la pena contar una aventura estupenda que protagonizó en París, en 1919. Huidobro publicó un folleto titulado *Finis Britannia*, en el cual pronosticaba el derrumbamiento inmediato del Imperio británico. Como nadie se enteró de su profecía, el poeta optó por desaparecer. La prensa se ocupó del caso: «Diplomático chileno misteriosamente secuestrado». Algunos días después apareció tendido a la puerta de su casa.

—*Boy scouts* ingleses me tenían secuestrado —declaró a la policía—. Me mantuvieron amarrado a una columna, en un subterráneo. Me obligaron a gritar un millar de veces: «¡Viva el Imperio británico!».

Luego se volvió a desmayar. Pero la policía examinó un paquetito que llevaba bajo el brazo. Era un pijama nuevo, comprado tres días antes en una buena tienda de París por el propio Huidobro. Todo se descubrió. Pero Huidobro perdió un amigo. El pintor Juan Gris, que había creído a pie juntillas en el secuestro y sufrido horrores por el atropello imperialista al poeta chileno, no le perdonó jamás aquella mentira.

Huidobro es un poeta de cristal. Su obra brilla por todas partes y tiene una alegría fascinadora. En toda su poesía hay un resplandor europeo que él cristaliza y desgrana con un juego pleno de gracia e inteligencia.

Lo que más me sorprende en su obra releída es su diafanidad. Este poeta literario, que siguió todas las modas de una época enmarañada y que se propuso desoír la solemnidad de la naturaleza, deja fluir a través de su poesía un constante canto de agua, un rumor de aire y hojas y una grave humanidad que se apodera por completo de sus penúltimos y últimos poemas.

Desde los encantadores artificios de su poesía francesada hasta las poderosas fuerzas de sus versos fundamentales, hay en Huidobro una lucha entre el juego y el fuego, entre la evasión y la inmolación. Esta lucha constituye un espectáculo; se realiza a plena luz y casi a plena conciencia, con una claridad deslumbradora.

No hay duda que hemos vivido alejados de su obra por un prejuicio de sobriedad. Coincidimos en que el peor enemigo de Vicente Huidobro fue Vicente Huidobro. La muerte apagó su existencia contradictoria e irreductiblemente juguetona. La muerte corrió un velo sobre su vida mortal, pero levantó otro velo que dejó para siempre al descubierto su deslumbrante calidad. Yo he propuesto un monumento para él, junto a Rubén Darío. Pero nuestros gobiernos son parcos en erigir estatuas a los creadores, como son pródigos en monumentos sin sentido.

No podríamos pensar en Huidobro como un protagonista político a pesar de sus veloces incursiones en el predio revolucionario. Tuvo hacia las ideas inconsecuencias de niño mimado. Mas todo eso quedó atrás, en la polvareda, y seríamos inconsecuentes nosotros mismos si nos pusiéramos a clavarle alfileres a riesgo de menoscabar sus alas. Diremos, más bien, que sus poemas a la Revolución de Octubre y a la muerte de Lenin son contribución fundamental de Huidobro al despertar humano.

Huidobro murió en el año 1948, en Cartagena, cerca de Isla Negra, no sin antes haber escrito algunos de los más desgarradores y serios poemas que me ha tocado leer en mi vida. Poco antes de morir visitó mi casa de Isla Negra, acompañando a Gonzalo Losada, mi buen amigo y editor. Huidobro y yo hablamos como poetas, como chilenos y como amigos.

Enemigos literarios

Supongo que los conflictos de mayor o menor cuantía entre los escritores han existido y seguirán existiendo en todas las regiones del mundo.

En la literatura del continente americano abundan los grandes suicidas. En Rusia revolucionaria, Maiakovski fue acorralado hasta el disparo por los envidiosos.

Los pequeños rencores se exacerban en América Latina. La envidia llega a veces a ser una profesión. Se dice que ese sentimiento lo heredamos de la raída España colonial. La verdad es que en Quevedo, en Lope y en Góngora encontramos con frecuencia las heridas que mutuamente se causaron. Pese a su fabuloso esplendor intelectual, el Siglo de Oro fue una época desdichada, con el hambre rondando alrededor de los palacios.

En los últimos años la novela tomó una nueva dimensión en nuestros países. Los nombres de García Márquez, Juan Rulfo, Vargas Llosa, Sabato, Cortázar, Carlos Fuentes, el chileno Donoso, se oyen y se leen en todas partes. A algunos de ellos los bautizaron con el nombre de *boom*. Es corriente también oír decir que ellos forman un grupo de autobombo.

Yo los he conocido a casi todos y los hallo notablemente sanos y generosos. Comprendo —cada día con mayor claridad— que algunos hayan tenido que emigrar de sus países en busca de un mayor sosiego para el trabajo, lejos de la inquina política y la pululante envidia. Las razones de sus exilios voluntarios son irrefutables: sus libros han sido más y más esenciales en la verdad y en el sueño de nuestras Américas.

Dudaba de hablar de mis experiencias personales en ese extremo de la envidia. No deseaba aparecer como egocéntrico, como excesivamente preocupado de mí mismo. Pero me han tocado en suerte tan persistentes y pintorescos envidiosos que vale la pena emprender el relato.

Es posible que alguna vez me irritaran esas sombras persecutorias. Sin embargo, la verdad es que cumplían involuntariamente un extraño deber propagandístico, tal como si formaran una empresa especializada en hacer sonar mi nombre.

El literario antagónico

La muerte trágica de uno de esos sombríos contrincantes ha dejado una especie de hueco en mi vida. Tantos años mantuvo su beligerancia hacia cuanto yo hacía que al no tenerla extraño su carencia.

Cuarenta años de persecución literaria es algo fenomenal. Con cierta fruición me pongo a resucitar esta solitaria batalla que fue la de un hombre contra su propia sombra, ya que yo nunca tomé parte en ella.

Veinticinco revistas fueron publicadas por un director invariable (que era él siempre), destinadas a destruirme literalmente, a atribuirme toda clase de crímenes, traiciones, agotamiento poético, vicios públicos y secretos, plagio, sensacionales aberraciones del sexo. También aparecían panfletos que eran distribuidos con asiduidad, y reportajes no desprovistos de humor, y finalmente un volumen entero titulado *Neruda y yo*, libro obeso, enrollado de insultos e imprecaciones.

> Aunque este «yo» del *Neruda y yo* sea desconocido —y tal vez siga siéndolo— para muchos que leerán este libro,

vale la pena que yo me detenga a recordar pormenores que muestran al personaje que me persiguió por años. Su trágico final —se suicidó ya anciano— me hizo vacilar mucho antes de escribir estos recuerdos. Pero hay un imperativo de época y de localidad. Una gran cordillera de Odio atraviesa los países de habla española, dañando a través de trabajosa envidia las tareas del escritor. Pocos escapan a la ferocidad de esta cordillera.

La única manera de terminar con ella es describir y mostrar sus accidentes.

Mi contrincante era un poeta chileno de más edad que yo, acérrimo y absolutista y más gesticulatorio que intrínseco. Esta clase de escritores dotados de ferocidad egocéntrica pululan en las Américas: tienen diversas formas de asperezas y de autosuficiencia, pero su ascendencia danunziana es trágicamente verdadera. Solo que aquí, en nuestras pobres latitudes, nosotros, poetas casi harapientos y hambrientos, creíamos por lo menos en el terciopelo operático del narciso D'Annunzio. Sus remedos sudamericanos tenían un triste contubernio con la sordidez de una época en que las falsas aristocracias criollas vivían atrincheradas en sus haciendas. Los poetas merodeábamos en las madrugadas inmisericordes, entre el vómito de los borrachos.

En esos ambientes miserables la literatura mostraba extrañamente figuras matoniles y hazañas de la sobrevivencia picaresca. Un gran nihilismo, un falso cinismo nietzscheano, autorizaba a muchos de los nuestros a encubrirse con máscaras delincuenciales. Muchos torcieron su vida hacia la propia destrucción o hacia el delito.

Mi precoz antagonista surgió de esta manera, primero tratando de seducirme para embarcarme en las reglas de su juego. Tal cosa era inconcebible para mi provincianismo pequeño burgués. No me atrevía y no me gustaba vivir del expediente. El hombre, mayor que yo, era un técnico en sacarle el jugo a las coyunturas. Vivía en un mundo de continua estafa en que lo más seguro era que se estafaba a sí mismo implantándose una personalidad amenazante que le servía de profesión y de protección.

Ya es hora de que nombremos al personaje. Se llamaba Perico de Palothes. Era un hombre fuerte y peludo y trataba de impresionar tanto con su literatura como con su catadura.

En cierta ocasión y cuando yo tenía solo dieciocho o diecinueve años de edad me propuso que publicáramos una revista literaria compuesta de solo dos secciones: una en que él, en diversos tonos, prosas y metros, declararía que yo era un poderoso poeta genial, y la otra sección la llenaría yo atribuyéndole a él la genialidad absoluta. Todo quedaba así arreglado.

Aunque yo era demasiado joven esto me pareció excesivo.

Me costó disuadirlo. Era él un gran publicador de revistas y en verdad es asombroso cómo arañaba fondos destinados a su perpetuidad panfletaria.

Tanto para sus libros y revistas, como para sus necesidades domésticas, de Palothes usaba del chantaje en forma sistemática. En las aisladas provincias invernales se había trazado un plan preciso de acción. La sacrificada gente que ejerce en el país las profesiones liberales vive separada de la cultura que se transforma en privilegio y mitología metropolitana. Nuestro personaje se había fabricado una larga lista de médicos, abogados, dentistas, agrónomos, profesores, ingenieros, jefes de servicios públicos. Premunido de sus voluminosas publicaciones, revistas, obras completas, panfletos épicos y líricos, los ofrecía en forma severa, presentándose como un «mensajero de la cultura universal» que se dignaba poner su atención y cobrar algunos miserables escudos al pobre hombre a quien visitaba y que por arte de su verba grandilocuente se iba empequeñeciendo hasta el tamaño de una mosca. Por lo general salía con los escudos en el bolsillo y dejaba a la mosca entregada a la cultura universal.

Otras veces esgrimía un cuadro recién pintado por alguien de su familia, y aunque ostentara la pintura fresca, lo atribuía a algún maestro pretérito, mundial o nacional.

Algunas veces, consumado el hecho, me decía al salir: «Le saqué cincuenta pesos a este chancho. Quieres quedarte con diez?».

Yo protestaba tímidamente y horrorizado por dentro.

Cuando pasaba las vacaciones en casa de mis padres allá por el año 1925, llegó Perico de Palothes a visitarme. Traía una martingala para sacarle plata a los hacendados del sur. Esta vez venía acompañado por Rubén Azócar, uno de mis compañeros de vida juvenil, novelista y poeta, de inmensas cejas, cara de máscara india, pequeña estatura y corazón interminable. De Palothes lo había convencido de que lo acompañara.

Era un espectáculo. El energúmeno de Palothes con pantalón de montar y botas de policía, envuelto en una magnífica hopalanda de procedencia exótica. Junto a él mi esmirriado compañero defendiéndose contra el frío nocturno con una chaqueta de *tweed* a cuadros que constituía su gran posesión en este mundo.

De Palothes se presentaba como un técnico de publicidad agrícola y proponía a los selváticos agricultores sureños realizar lujosas monografías de sus haciendas, con fotografías de sus propietarios y de sus vacas.

Entraba y salía de los fundos acompañado por mi pobre amigo. Entre halagos y oblicuas amenazas de publicaciones contrarias a los hacendados, nuestro hombre salía con algunos cheques. En general estos propietarios terribles, pero realistas, le alargaban algunos billetes para librarse de él.

La característica suprema de Perico de Palothes, filósofo nietzscheano y grafómano irredimible, era su matonismo intelectual y físico. Ejerció de perdonavidas en la vida literaria de Chile. A través de la historia, siempre el matón ha tenido una pequeña corte de cobardes que lo celebran y este fue el caso de nuestro héroe durante muchos años. Pero la vida suele desinflar en forma implacable a estos seres circunstanciales.

Recuerdo que, precisamente, durante aquella visita agrícola del impostor sucedió en mi presencia algo humillante, una especie de descalabro. Él mismo nos había convidado a

Rubén Azócar y a mí a tomar unas botellas de vino con el producto de algunas de esas monografías agrícolas que los agricultores no verían jamás. A la tercera botella, de Palothes asumió por entero su papel de Fierabrás. Insultaba a grito pelado a enemigos imaginarios o auténticos, sin ahorrarnos a mí ni a Azócar algunos de sus epítetos. Su lenguaje soez era poco imaginativo, con interminables alusiones estercolarias. Cuando me quise retirar de la mesa, se levantó para impedírmelo. Me aseguraba que ambos éramos los pedestales de la vida intelectual en este planeta y que él había observado cierta reticencia mía hacia su genio. Lloraba a lágrima viva.

Como al tratar de abrazarme, cayó de bruces arrastrando algunos vasos y botellas, se acercó el barman, que era el dueño de casa. Al revés de Rubén y yo, que éramos unos jovenzuelos subalimentados, el cantinero era un hombre sonriente y robusto, y extrajo sin dificultad a Perico de Palothes de debajo de una mesa. Luego de ponerlo en pie nos propuso: «Parece que el señor se ha pasado en el trago. Con esta noche fría y con este barro en las calles podría accidentarse. Yo no tengo habitaciones de alquiler, pero sin que me paguen nada puedo darle una cama para que se tranquilice y duerma la mona». Mientras tanto sostenía con firmeza a nuestro energúmeno para que no se desplomara de nuevo. De Palothes escuchó el ofrecimiento y tuvo la mala idea de responder: «Si me ofreces cama con mujer, me quedo».

Dirigiéndose a nosotros, el macizo cantinero comentó: «Este señor me confunde. No soy un cabrón y creo ser un caballero. Por eso le voy a dar una lección».

Entonces, tomando a nuestro Fierabrás por la solapa le endilgó una fenomenal bofetada en la boca. Luego, lo volvió del otro lado, como si hubiera sido un maniquí de vitrina, y avanzando con él hacia la puerta lo colocó estratégicamente propinándole un puntapié final en el trasero. Nuestro titán rodó en la noche lluviosa y quedó tendido en el barro.

El hotelillo en que estaban alojados de Palothes y Rubén era vecino a mi casa y avanzamos hacia allá en la oscurísima noche, mientras el aporreado personaje, sin digerir aún los golpes del cantinero, caminaba vociferando contra nosotros.

Logramos desenredarlo de su cólera y me despedí de de Palothes y de mi pobre amigo, su ayudante, a las puertas del hotel.

Al día siguiente, el conductor Reyes, mi padre, que siempre hizo gala de puntualidad, a punto de sentarse a la mesa del almuerzo, me miró severamente y me dijo: «Las doce y media y tus amigos no han llegado».

Salí precipitadamente a buscar a Perico de Palothes y a Rubén Azócar. Por muy desagradable que hubiera sido la noche anterior, mi extrema juventud no me hacía aún cortar los vínculos con aquel abusivo visitante.

Al entrar a su habitación, se me reveló una insólita situación. El poeta Rubén Azócar estaba solo, en mangas de camisa, y sentado en su cama. Mi buen compañero fue siempre un ser emotivo, sujeto a grandes rachas de alegría y abismos depresivos. Esta vez, con la cabeza a dos manos, parecía una antigua estatua azteca de la desolación.

—Qué te pasa? —le dije—. Te estaba esperando para almorzar. Mi padre ya está sentado a la mesa.

—Se fue —me respondió, sin levantar la cabeza.

—De Palothes? —le dije—. Pero tanto mejor. Por fin te ha dejado tranquilo. Vámonos a comer.

—No puedo, me contestó.

—Por qué no puedes? Vamos pronto.

—Es que se llevó mi chaqueta —me dijo—, casi llorando.

Lo llevé casi a empujones. En mi casa le puse sobre los hombros mi capa de poeta, y así pudo almorzar, con una vestimenta superficialmente honorable, en la mesa de mi padre, riguroso observante de los buenos modales.

Decidí entonces liberarme de esta pesada amistad. Pero las cosas no son tan sencillas.

El espantoso individuo me perseguía con su admiración que quería ver retribuida con un sentimiento literario recíproco. Su producción literaria me parecía un aspaviento sin fin, una falsificación mesiánica del poeta, dotada de una repetida retórica grandilocuente. Por otra parte, yo tomaba un camino verticalmente diferente, el de mi libro *Tentativa del hombre infinito.*

Comencé a recibir unas encendidas cartas de amor, muy literarias a pesar de sus numerosas faltas de ortografía. Sin embargo me entusiasmaban unos «vesos», así, con ve corta, que no sé por qué me parecían mejores que los besos normales, con b larga. Estos «vesos» debían tener un sabor de ostras, así me parecía.

Así me parecieron hasta que llegó un día descubriendo mi nuevo domicilio el mismísimo Fierabrás. Esta vez, mirándome con severidad, como si yo hubiera cometido un crimen abominable, se dirigió a mí como un inquisidor:

—Recibes ciertas cartas de amor, no me lo niegues.

—Sí, algunas, de cuando en cuando, le respondí con la vanidad de la adolescencia.

—Me refiero a una mujer muy buenamoza que te escribe. Aquí está su retrato.

Miré la foto de una muchacha nada extraordinaria. Me costó trabajo relacionarla con aquellos ardientes besos sin ortografía.

—Bueno —le dije— y qué hay?

—Me gustaría que te casaras con ella —contestó.

El tono de su voz implicaba una especie de súplica. También tenía ciertos matices de protección, como si me anunciara que yo entraba en la Orden de la Jarretière. Pero también había cierta amenaza para que yo pasara a ser parte de la familia, de su clan, tan agresivo en general como él mismo.

Decidí cambiarme una vez más de domicilio. Y esta vez no me encontró fácilmente, puesto que me fui a vivir a la India.

Tan insana, e igualmente persistente, ha sido la folletinesca persecución literario-política desatada contra mi persona y mi obra por cierto ambiguo uruguayo de apellido gallego, algo así como Ribero. El tipo publica desde hace varios años, en español y en francés, panfletos en que me descuartiza. Lo sensacional es que sus proezas antinerúdicas no solo desbordan el papel de imprenta que él mismo costea, sino que también se ha financiado costosos viajes encaminados a mi implacable destrucción.

Este curioso personaje emprendió camino hasta la sede universitaria de Oxford, cuando se anunció que allí se me otorgaría el título de doctor *honoris causa.* Hasta allá llegó el poetiso uruguayo con sus fantásticas incriminaciones, dispuesto a mi descuartizamiento literario. Los Dones me comentaron festivamente las acusaciones en mi contra, todavía vestido yo con la toga escarlata, después de haber recibido la honorífica distinción, mientras bebíamos el oporto ritual.

Más inconcebible y más aventurado aun fue el viaje a Estocolmo de este mismo uruguayo, en el año de 1963. Se rumoreaba que yo obtendría en aquella ocasión el Premio Nobel. Pues bien, el tipo visitó a los académicos, dio entrevistas de prensa, habló por radio para asegurar que yo era uno de los asesinos de Trotski. Con esa maniobra pretendía inhabilitarme para recibir el premio.

Al correr del tiempo se comprobó que el hombre anduvo siempre con mala suerte y que, tanto en Oxford como en Estocolmo, perdió tristemente su dinero y su forcejeo.

Que si le pegan, cante

En estos últimos tiempos se han multiplicado los ataques contra mis ideas y contra mi poesía. En Chile y fuera de Chile han salido algunos profesionales antinerudistas. En cuanto se refiere a mi poesía no hay discusión posible. No porque mi poesía sea más grande ni más alta ni más espesa ni más clara ni más buena ni más mala que otras poesías. No, no es por eso. Mi poesía tiene que defenderse sola. Salió de las maderas mojadas de Temuco a cantar como la lluvia en los techos de Cautín. Que se defienda sola con su canto. Que si le pegan con un garrote, cante. Que si la escupen en los ojos, cante. Que si la arrastran del pelo por una calle sucia, cante, y que los vecinos salgan a los balcones a escuchar lo que canta, mi canto de lluvias y luchas, de pueblos y plantas, de ensaladas y cebollas, de cólera y amor. Nunca se verá que yo salga a la calle o al periódico a defender mi poesía. No voy a darle adjetivos ni puñetes a nadie porque me crea mal poeta, pésimo poeta, intolerable poeta. No podemos pelear por lo que somos sino por lo que creemos. Nadie puede moralmente pelearse por su nariz o por sus pies, por sus dientes o su pelo. El poeta inherente no puede pelearse por su poesía. El carpintero no se pelea por sus cerchas, no sale a los periódicos a proclamar la supremacía de su envigado ni el grandioso estilo de la silla de totora que construye.

No es por modestia que no se me ve polemizando sobre mi poesía. Es porque soy poeta.

Pero el carpintero y el poeta, todo hombre común, y todos somos hombres y mujeres comunes, tienen el deber de luchar por aquello en lo que creen.

Y en esto hace mucho tiempo acepté la batalla.

Crítica y autocrítica

No se puede negar que he tenido algunos buenos críticos. No me refiero a las adhesiones de banquetes literarios, ni hablo tampoco de los denuestos que involuntariamente suscité.

Me refiero a otras gentes. Entre los libros sobre mi poesía, fuera de los escritos por jóvenes fervorosos, debo nombrar en el mejor sitio el del soviético Lev Ospovat. Este joven llegó a dominar la lengua española y vio mi poesía con algo más que examen de sentido y sonido: le dio una perspectiva venidera aplicándole la luz boreal de su mundo.

Emir Rodríguez Monegal, crítico de primer orden, publicó un libro sobre mi obra poética y lo tituló *El viajero inmóvil*. Se observa a simple vista que no es tonto este doctor. Se dio cuenta en el acto de que me gusta viajar sin moverme de mi casa, sin salir de mi país, sin apartarme de mí mismo. (En un ejemplar que tengo de ese maravilloso libro de literatura policial titulado *La piedra lunar*, hay un grabado que me gusta mucho. Representa a un viejo caballero inglés, envuelto en su hopalanda o mac-farlán o levitón o lo que sea, sentado frente a la chimenea, con un libro en la mano, la pipa en la otra y dos perros soñolientos a sus pies. Así me gustaría quedarme siempre, frente al fuego, junto al mar, entre dos perros, leyendo los libros que harto trabajo me costó reunir, fumando mis pipas.)

El libro de Amado Alonso —*Poesía y estilo de Pablo Neruda*— es válido para muchos. Interesa su apasionado hurgar en la sombra, buscando los niveles entre las palabras y la escurridiza realidad. Además, el estudio de Alonso revela la primera preocupación seria en nuestro idioma por la obra de un poeta contemporáneo. Y eso me honra más de la cuenta.

Para estudiar y expresar un análisis de mi poesía muchos críticos han recurrido a mí, entre ellos el mismo Amado Alonso, quien me acorralaba con sus preguntas, y me llevaba contra la pared de la claridad donde yo muchas veces no podía seguirlo por aquel entonces.

Algunos me creen un poeta surrealista, otros un realista y otros no me creen poeta. Todos ellos tienen un poco de razón y otro poco de sinrazón.

Residencia en la tierra está escrita, o por lo menos comenzada, antes del apogeo surrealista, como también *Tentativa del hombre infinito*, pero en esto de las fechas no hay que confiar. El aire del mundo transporta las moléculas de la poesía, ligera como el polen o dura como el plomo, y esas semillas caen en los surcos o sobre las cabezas, le dan a las cosas aire de primavera o de batalla, producen por igual flores y proyectiles.

En cuanto al realismo debo decir, porque no me conviene hacerlo, que detesto el realismo cuando se trata de la poesía. Es más, la poesía no tiene por qué ser sobrerrealista o subrealista, pero puede ser antirrealista. Esto último con toda la razón, con toda la sinrazón, es decir, con toda la poesía.

Me place el libro, la densa materia del trabajo poético, el bosque de la literatura, me place todo, hasta los lomos de los libros, pero no las etiquetas de las escuelas. Quiero libros sin escuelas y sin clasificar, como la vida.

El «héroe positivo» me gusta en Walt Whitman y en Maiakovski, es decir, en quienes lo encontraron sin receta y lo incorporaron, no sin sufrimiento, a la intimidad de nuestra vida corporal, haciéndole compartir el pan y el sueño con nosotros.

La sociedad socialista tiene que terminar con la mitología de una época apresurada, en la cual valían más los letreros que las mercancías, en la cual las esencias fueron dejadas de lado. Pero la necesidad más imperiosa para los escritores es escribir buenos libros. Del mismo modo que me gusta el «héroe positivo» encontrado en las turbulentas trincheras de las guerras civiles por el norteamericano Whitman o por el soviético Maiakovski, cabe también en mi corazón el héroe enlutado de Lautréamont, el caballero suspirante de Laforgue, el soldado negativo de Charles Baudelaire. Cuidado con separar estas mitades de la manzana de la creación, porque tal vez nos cortaríamos el corazón y dejaríamos de ser. Cuidado! Al poeta debemos exigirle sitio en la calle y en el combate, así como en la luz y en la sombra.

Tal vez los deberes del poeta fueron siempre los mismos en la historia. El honor de la poesía fue salir a la calle, fue tomar parte en este y en el otro combate. No se asustó el poeta cuando le dijeron insurgente. La poesía es una insurrección. No se ofendió el poeta porque lo llamaron subversivo. La vida sobrepasa las estructuras y hay nuevos códigos para el alma. De todas partes salta la semilla; todas las ideas son exóticas; esperamos cada día cambios inmensos; vivimos con entusiasmo la mutación del orden humano: la primavera es insurreccional.

Yo he dado cuanto tenía. He lanzado mi poesía a la arena, y a menudo me he desangrado con ella, sufriendo las agonías y exaltando las glorias que me ha tocado presenciar y vivir. Por una cosa o por otra fui incomprendido, y esto no está mal del todo.

Un crítico ecuatoriano ha dicho que en mi libro *Las uvas y el viento* no hay más que seis páginas de verdadera poesía. Resulta que el ecuatoriano leyó sin amor mi libro por ser este un libro político, así como otros críticos superpolíticos detestaron *Residencia en la tierra* por considerarla interna y tenebrosa. El propio Juan Marinello, tan eminente, la condenó en otro tiempo en nombre de los principios. Opino que ambos cometen un error, oriundo de las mismas fuentes.

Yo también he hablado alguna vez en contra de *Residencia en la tierra*. Pero lo he hecho pensando, no en la poesía, sino en el clima duramente pesimista que ese libro mío respira. No puedo olvidar que hace pocos años un muchacho de Santiago se suicidó al pie de un árbol, y dejó abierto mi libro en aquel poema titulado «Significa sombras».

Creo que tanto *Residencia en la tierra*, libro sombrío y esencial dentro de mi obra, como *Las uvas y el viento*, libro de grandes espacios y mucha luz, tienen derecho a existir en alguna parte. Y no me contradigo al decir esto.

La verdad es que tengo cierta predilección por *Las uvas y el viento*, tal vez por ser mi libro más incomprendido; o porque a través de sus páginas yo me eché a andar por el mundo. Tiene polvo de caminos y agua de ríos; tiene seres, continuidades y ultramar de otros sitios que yo no conocía y que me fueron revelados de tanto andar. Es uno de los libros que más quiero, repito.

De todos mis libros, *Estravagario* no es el que canta más, sino el que salta mejor. Sus versos saltarines pasan por alto la distinción, el respeto, la protección mutua, los establecimientos y las obligaciones, para auspiciar el reverente desacato. Por su irreverencia es mi libro más íntimo. Por su alcance logra trascendencia dentro de mi poesía. A mi modo de gustar, es un libro morrocotudo, con ese sabor de sal que tiene la verdad.

En las *Odas elementales* me propuse un basamento originario, nacedor. Quise redescribir muchas cosas ya cantadas, dichas y redichas. Mi punto de partida deliberado debía ser el del niño que emprende, chupándose el lápiz, una composición obligatoria sobre el sol, el pizarrón, el reloj o la familia humana. Ningún tema podía quedar fuera de mi órbita; todos debía tocarlos yo andando o volando, sometiendo mi expresión a la máxima transparencia y virginidad.

Porque comparé unas piedras con unos patitos, un crítico uruguayo se escandalizó. Él había decretado que los patitos no son material poético, como tampoco otros pequeños animales. A esta falta de seriedad ha llegado el *verbococo* literario. Quieren obligar a los creadores a no tratar sino temas sublimes. Pero se equivocan. Haremos poesía hasta con las cosas más despreciadas por los maestros del buen gusto.

La burguesía exige una poesía más y más aislada de la realidad. El poeta que sabe llamar al pan pan y al vino vino es peligroso para el agonizante capitalismo. Más conveniente es que el poeta se crea, como lo dijera Vicente Huidobro, «un pequeño dios». Esta creencia o actitud no molesta a las clases dominantes. El poeta permanece así conmovido por su aislamiento divino, y no se necesita sobornarlo o aplastarlo. Él mismo se ha sobornado al condenarse al cielo. Mientras tanto, la tierra tiembla en su camino, en su fulgor.

Nuestros pueblos americanos tienen millones de analfabetos; la incultura es preservada como circunstancia hereditaria y privilegio del feudalismo. Podríamos decir, frente a la rémora de nuestros setenta millones de analfabetos, que nuestros lectores no han nacido aún. Debemos apresurar ese parto para que nos lean a nosotros y a todos los poetas. Hay que abrirle la matriz a América, para sacar de ella la gloriosa luz.

Con frecuencia los críticos de libros se prestan a complacer las ideas de los empresarios feudales. En el año de 1961, por ejemplo, aparecieron tres libros míos: *Canción de gesta*, *Las piedras de Chile* y *Cantos ceremoniales*. Ni siquiera sus títulos fueron mencionados por los críticos de mi país en el curso de todo el año.

Cuando se publicó por primera vez mi poema «Alturas de Macchu Picchu», tampoco se atrevió nadie a mencionarlo en Chile. A las oficinas del periódico chileno más voluminoso, *El Mercurio*, un diario que se publica hace casi siglo y medio, llegó el editor del poema. Llevaba un aviso pagado que anunciaba la aparición del libro. Se lo aceptaron bajo la condición de que suprimiera mi nombre.

—Pero si Neruda es el autor —protestaba Neira.

—No importa —le respondieron.

«Alturas de Macchu Picchu» tuvo que aparecer como de autor anónimo en el anuncio. De qué le servían ciento cincuenta años de vida a ese periódico? En tanto tiempo no aprendió a respetar la verdad, ni los hechos, ni la poesía.

A veces las pasiones negativas contra mí no obedecen simplemente a un enconado reflejo de la lucha de clases, sino a otras causas. Con más de cuarenta años de trabajo, honrado con varios premios literarios, editados mis libros en los idiomas más sorprendentes, no pasa un día sin que reciba algún golpecito o golpeteo de la envidia circundante. Tal es el caso de mi casa. Compré hace varios años esta casa en Isla Negra, en un sitio desierto, cuando aquí no había agua potable ni electricidad. A golpes de libros la mejoré y la elevé. Traje amadas estatuas de madera, mascarones de viejos barcos que en mi hogar encontraron asilo y descanso después de largos viajes.

Pero muchos no pueden tolerar que un poeta haya alcanzado, como fruto de su obra publicada en todas partes, el decoro material que merecen todos los escritores, todos los músicos, todos los pintores.

Los anacrónicos escribientes reaccionarios, que piden a cada instante honores para Goethe, les niegan a los poetas de hoy el derecho a la vida. El hecho de que yo tenga un automóvil los saca particularmente de quicio. Según ellos, el automóvil debe ser exclusividad de los comerciantes, de los especuladores, de los gerentes de prostíbulos, de los usureros y de los tramposos.

Para ponerlos más coléricos regalaré mi casa de Isla Negra al pueblo, y allí se celebrarán alguna vez reuniones sindicales y jornadas de descanso para mineros y campesinos. Mi poesía estará vengada.

Otro año comienza

Un periodista me pregunta:

—¿Cómo ve usted el mundo en este año que comienza?

Le respondo:

—En este momento exacto, a las nueve y veinte de la mañana del día cinco de enero, veo el mundo enteramente rosa y azul.

Esto no tiene implicación literaria, ni política, ni subjetiva. Esto significa que desde mi ventana me golpean la vista grandes macizos de flores rosadas y, más lejos, el mar Pacífico y el cielo se confunden en un abrazo azul.

Pero comprendo, y lo sabemos, que otros colores existen en el panorama del mundo. Quién puede olvidar el color de tanta sangre vertida inútilmente cada día en Vietnam? Quién puede olvidar el color de las aldeas quemadas por el napalm?

Respondo otra pregunta del periodista. Como en otros años, en estos nuevos trescientos sesenta y cinco días publicaré un nuevo libro. Estoy seguro de ello. Lo acaricio, lo maltrato, lo escribo cada día.

—¿De qué se trata en él?

Qué puedo contestar? Siempre en mis libros se trata de lo mismo; siempre escribo el mismo libro. Que me perdonen mis amigos que, esta nueva vez y en este nuevo año lleno de nuevos días, yo no tenga que ofrecerles sino mis versos, los mismos nuevos versos.

El año que termina nos trajo victorias a todos los terrestres: victorias en el espacio y sus rutas. Durante el año todos los hombres quisimos volar. Todos hemos viajado en sueños cosmonautas. La conquista de la gran altura nos pertenece a todos, hayan sido norteamericanos o soviéticos los que se ciñeran el primer nimbo lunar y comieran las primeras uvas lunarias.

A nosotros, los poetas, debe tocarnos la mayor parte de los dones descubiertos. Desde Julio Verne, que mecanizó en un libro el antiguo sueño espacial, hasta Jules Laforgue, Heinrich Heine y José Asunción Silva (sin olvidar a Baudelaire que descubrió su maleficio), el pálido planeta fue investigado, cantado y publicado, antes que por nadie, por nosotros los poetas.

Pasan los años. Uno se gasta, florece, sufre y goza. Los años le llevan y le traen a uno la vida. Las despedidas se hacen más frecuentes; los amigos entran o salen de la cárcel; van y vuelven de Europa; o simplemente se mueren.

Los que se van cuando uno está muy lejos del sitio donde mueren, parece que se murieran menos; continúan viviendo dentro de uno, tal como fueron. Un poeta que sobrevive a sus amigos se inclina a cumplir en su obra una enlutada antología. Yo me abstuve de continuarla por temor a la monotonía del dolor humano ante la muerte. Es que uno no quiere convertirse en un catálogo de difuntos, aunque estos sean los muy amados. Cuando escribí en Ceilán, en 1928, «Ausencia de Joaquín», por la muerte de mi compañero el poeta Joaquín Cifuentes Sepúlveda, y cuando más tarde escribí «Alberto Rojas Giménez viene volando», en Barcelona, en 1931, pensé que nadie más se me iba a morir. Se me murieron muchos. Aquí al lado, en las colinas argentinas de Córdoba, yace sepultado el mejor de mis amigos argentinos: Rodolfo Araos Alfaro, que dejó viuda a nuestra chilena Margarita Aguirre.

En este año que acaba de concluir, el viento se llevó la frágil estatura de Ilya Ehrenburg, amigo queridísimo, heroico defensor de la verdad, titánico demoledor de la mentira. En el mismo Moscú enterraron este año al poeta Ovadi Savich, traductor de la poesía de Gabriela Mistral y de la mía, no solo con exactitud y belleza sino con resplandeciente amor. El mismo viento de la muerte se llevó a mis hermanos poetas Nazim Hikmet y Semion Kirsanov. Y hay otros.

Amargo acontecimiento fue el asesinato oficial del Che Guevara en la muy triste Bolivia. El telegrama de su muerte recorrió el mundo como un calofrío sagrado. Millones de elegías trataron de hacer coro a su existencia heroica y trágica. En su memoria se derrocharon, por todas las latitudes, versos no siempre dignos de tal dolor. Recibí un telegrama de Cuba, de un coronel literario, pidiéndome los míos. Hasta ahora no los he escrito. Pienso que tal elegía debe contener no solo la inmediata protesta, sino también el eco profundo de la dolorosa historia. Meditaré ese poema hasta que madure en mi cabeza y en mi sangre.

Me conmueve que en el diario del Che Guevara sea yo el único poeta citado por el gran jefe guerrillero. Recuerdo que el Che me contó una vez, delante del sargento Retamar, cómo leyó muchas veces mi *Canto general* a los primeros, humildes y gloriosos barbudos de Sierra Maestra. En su diario transcribe, con relieve de corazonada, un verso de mi «Canto a Bolívar»: «su pequeño cadáver de capitán valiente...».

El Premio Nobel

Mi Premio Nobel tiene una larga historia. Durante muchos años sonó mi nombre como candidato sin que ese sonido cristalizara en nada.

En el año de 1963 la cosa fue seria. Los radios dijeron y repitieron varias veces que mi nombre se discutía firmemente en Estocolmo y que yo era el más probable vencedor entre los candidatos al Premio Nobel. Entonces Matilde y yo pusimos en práctica el plan n.º 3 de defensa doméstica. Colgamos un candado grande en el viejo portón de la Isla Negra y nos pertrechamos de alimentos y vino tinto. Agregué algunas novelas policiales de Simenon a estas perspectivas de enclaustramiento.

Los periodistas llegaron pronto. Los mantuvimos a raya. No pudieron traspasar aquel portón, salvaguardado por un enorme candado de bronce tan bello como poderoso. Detrás del muro exterior rondaban como tigres. Qué se proponían? Qué podía decir yo de una discusión en la que solo tomaban parte académicos suecos en el otro lado del mundo? Sin embargo, los periodistas no ocultaban sus intenciones de sacar agua de un palo seco.

La primavera había sido tardía en el litoral del Pacífico sur. Aquellos días solitarios me sirvieron para intimar con la primavera marina que, aunque tarde, se había engalanado para su solitaria fiesta. Durante el verano no cae una sola gota de lluvia; la tierra es gredosa, hirsuta, pedregosa; no se divisa una brizna verde. Durante el invierno, el viento del mar desata furia, sal, espuma de grandes olas, y entonces la naturaleza luce acongojada, víctima de aquellas fuerzas terribles.

La primavera comienza con un gran trabajo amarillo. Todo se cubre de innumerables, minúsculas flores doradas. Esta germinación pequeña y poderosa reviste laderas, rodea las rocas, se adelanta hacia el mar y surge en medio de nuestros caminos cotidianos, como si quisiera desafiarnos, probarnos su existencia. Tanto tiempo sostuvieron esas flores una vida invisible, tanto tiempo las apabulló la desolada negación de la tierra estéril, que ahora todo les parece poco para su fecundidad amarilla.

Luego se extinguen las pequeñas flores pálidas y todo se cubre de una intensa floración violeta. El corazón de la primavera pasó del amarillo al azul, y luego al rojo. Cómo se sustituyeron unas a otras las pequeñas, desconocidas, infinitas corolas? El viento sacudía un color y al día siguiente otro color, como si entre las solitarias colinas cambiara el pabellón de la primavera y las repúblicas diferentes ostentaran sus estandartes invasores.

En esta época florecen los cactus de la costa. Lejos de esta región, en los contrafuertes de la cordillera andina, los cactus se elevan gigantescos, estriados y espinosos, como columnas hostiles. Los cactus de la costa, en cambio, son pequeños y redondos. Los vi coronarse con veinte botones escarlatas, como si una mano hubiera dejado allí su ardiente tributo de gotas de sangre. Después se abrieron. Frente a las grandes espumas blancas del océano se divisan miles de cactus encendidos por sus flores plenarias.

El viejo agave de mi casa sacó desde el fondo de su entraña su floración suicida. Esta planta, azul y amarilla, gigantesca y carnosa, duró más de diez años junto a mi puerta, creciendo hasta ser más alta que yo. Y ahora florece para morir. Erigió una poderosa lanza verde que subió hasta siete metros de altura, interrumpida por una seca inflorescencia, apenas cubierta por polvillo de oro. Luego, todas las hojas colosales del *Agave americana* se desploman y mueren.

Junto a la gran flor que muere, he aquí otra flor titánica que nace. Nadie la conocerá fuera de mi patria; no existe sino en estas orillas antárticas. Se llama chagual (*Puya chilensis*). Esta planta ancestral fue adorada por los araucanos. Ya el antiguo Arauco no existe. La sangre, la muerte, el tiempo y luego los cantos épicos de Alonso de Ercilla, cerraron la antigua historia de una tribu de arcilla que despertó bruscamente de su sueño geológico para defender su patria invadida. Al ver surgir sus flores otra vez, sobre siglos de oscuros muertos, sobre capas de sangriento olvido, creo que el pasado de la tierra florece contra lo que somos, contra lo que somos ahora. Solo la tierra continúa siendo, preservando la esencia.

Pero olvidé describirla.

Es una bromelácea de hojas agudas y aserradas. Irrumpe en los caminos como un incendio verde, acumulando en una panoplia sus misteriosas espadas de esmeralda. Pero, de pronto, una sola flor colosal, un racimo le nace de la cintura, una inmensa rosa verde de la altura de un hombre. Esta señera flor, compuesta por una muchedumbre de florecillas que se agrupan en una sola catedral verde, coronada por el polen de oro, resplandece a la luz del mar. Es la única inmensa flor verde que he visto, el solitario monumento a la ola.

Los campesinos y los pescadores de mi país olvidaron hace tiempo los nombres de las pequeñas plantas, de las pequeñas flores que ahora no tienen nombre. Poco a poco los fueron olvidando y lentamente las flores perdieron su orgullo. Se quedaron enredadas y oscuras, como las piedras que los ríos arrastran desde la nieve andina hasta los desconocidos litorales. Campesinos y pescadores, mineros y contrabandistas, se mantuvieron consagrados a su propia aspereza, a la continua muerte y resurrección de sus deberes, de sus derrotas. Es oscuro ser héroe de territorios aún no descubiertos; la verdad es que en ellos, en su canto, no resplandece sino la sangre más anónima y las flores cuyo nombre nadie conoce.

Entre estas hay una que ha invadido toda mi casa. Es una flor azul de largo, orgulloso, lustroso y resistente talle. En su extremo se balancean las múltiples florecillas infraazules, ultraazules. No sé si a todos los humanos les será dado contemplar el más excelso azul. Será revelado exclusivamente a algunos? Permanecerá cerrado, invisible, para otros seres a quienes algún dios azul les ha negado esa contemplación? O se tratará de mi propia alegría, nutrida en la soledad y transformada en orgullo, presumida de encontrarse este azul, esta ola azul, esta estrella azul, en la abandonada primavera?

Por último, hablaré de las docas. No sé si existan en otras partes estas plantas, millonariamente multiplicadas, que arrastran por la arena sus dedos triangulares. La primavera llenó esas manos verdes con insólitas sortijas de color amaranto. Las docas llevan un nombre griego: *aizoaceae*. El esplendor de Isla Negra en estos tardíos días de primavera son las *aizoaceae* que se derraman como una invasión marina, como la emanación de la gruta verde del mar, como el zumo de los purpúreos racimos que acumuló en su bodega el lejano Neptuno.

Justo en este momento, la radio nos anuncia que un buen poeta griego ha obtenido el renombrado premio. Los periodistas emigraron. Matilde y yo nos quedamos finalmente tranquilos. Con solemnidad retiramos el gran candado del viejo portón para que todo el mundo siga entrando sin llamar a las puertas de mi casa, sin anunciarse. Como la primavera.

Por la tarde me vinieron a ver los embajadores suecos. Me traían una cesta con botellas y *delicatessen*. La habían preparado para festejar el Premio Nobel que consideraban como seguro para mí. No estuvimos tristes y tomamos un trago por Seferis, el poeta griego que lo había ganado. Ya al despedirse, el embajador me llevó a un lado y me dijo:

—Con seguridad la prensa me va a entrevistar y no sé nada al respecto. ¿Puede usted decirme quién es Seferis?

—Yo tampoco lo sé —le respondí sinceramente.

La verdad es que todo escritor de este planeta llamado Tierra quiere alcanzar alguna vez el Premio Nobel, incluso los que no lo dicen y también los que lo niegan.

En América Latina, especialmente, los países tienen sus candidatos, planifican sus campañas, diseñan su estrategia. Esta ha perdido a algunos que merecieron recibirlo. Tal es el caso de Rómulo Gallegos. Su obra es grande y decorosa. Pero Venezuela es el país del petróleo, es decir el país de la plata, y por esa vía se propuso conseguírselo. Designó un embajador en Suecia que se fijó como suprema meta la obtención del premio para Gallegos. Prodigaba las invitaciones a comer; publicaba las obras de los académicos suecos en español, en imprentas del propio Estocolmo. Todo lo cual ha debido parecer excesivo a los susceptibles y reservados académicos. Nunca se enteró Rómulo Gallegos de que la inmoderada eficacia de un embajador venezolano fue, tal vez, la circunstancia que lo privó de recibir un título literario que tanto merecía.

En París me contaron en cierta ocasión una historia triste, ribeteada de humor cruel. En esta oportunidad se trataba de Paul Valéry. Su nombre se rumoreaba y se imprimía en Francia como el más firme candidato al Premio Nobel de aquel año. La misma mañana en que se discutía el veredicto en Estocolmo, buscando apaciguar el nerviosismo que le producía la inmediata noticia, Valéry salió muy temprano de su casa de campo, acompañado de su bastón y su perro.

Volvió de la excursión al mediodía, a la hora del almuerzo. Apenas abrió la puerta, preguntó a la secretaria:

—¿Hay alguna llamada telefónica?

—Sí, señor. Hace pocos minutos lo llamaron de Estocolmo.

—¿Qué noticia le dieron? —dijo, ya manifestando abiertamente su emoción.

—Era una periodista sueca que quería saber su opinión sobre el movimiento emancipador de las mujeres.

El propio Valéry refería la anécdota con cierta ironía. Y la verdad es que tan grande poeta, tan impecable escritor, jamás obtuvo el famoso premio.

Por lo que a mí concierne, deben reconocerme que fui muy precavido. Había leído en un libro de un erudito chileno, que quiso enaltecer a Gabriela Mistral, las numerosas cartas que mi austera compatriota dirigió a muchos sitios, sin perder su austeridad pero impulsada por sus naturales deseos de acercarse al premio. Esto me hizo ser más reticente. Desde que supe que mi nombre se mencionaba (y se mencionó no sé cuántas veces) como candidato, decidí no volver a Suecia, país que me atrajo desde muchacho, cuando con Tomás Lago nos erigimos en discípulos auténticos de un pastor excomulgado y borrachín llamado Gösta Berling.

Además, estaba aburrido de ser mencionado cada año, sin que las cosas fueran más lejos. Ya me parecía irritante ver aparecer mi nombre en las competencias anuales, como si yo fuera un caballo de carrera. Por otro lado los chilenos, literarios o populares, se consideraban agredidos por la indiferencia de la academia sueca. Era una situación que colindaba peligrosamente con el ridículo.

Finalmente, como todo el mundo lo sabe, me dieron el Premio Nobel. Estaba yo en París, en 1971, recién llegado a cumplir mis tareas de embajador de Chile, cuando comenzó a aparecer otra vez mi nombre en los periódicos. Matilde y yo fruncimos el ceño. Acostumbrados a la anual decepción, nuestra piel se había tornado insensible.

Una noche de octubre de ese año entró Jorge Edwards, consejero de nuestra embajada y escritor, al comedor de la casa. Con la parsimonia que lo caracteriza, me propuso cruzar una apuesta muy sencilla. Si me daban el Premio Nobel ese año, yo pagaría una comida en el mejor restaurante de París, a él y a su mujer. Si no me lo daban, pagaría él la de Matilde y la mía.

—Aceptado —le dije—. Comeremos espléndidamente a costa tuya.

Una parte del secreto de Jorge Edwards y de su aventurada apuesta, comenzó a descorrerse al día siguiente. Supe que una amiga lo había llamado telefónicamente desde Estocolmo. Era escritora y periodista. Le dijo que todas las posibilidades se habían dado esta vez para que Pablo Neruda ganase el Premio Nobel.

Los periodistas comenzaron a llamar a larga distancia. Desde Buenos Aires, desde México y sobre todo desde España. En este último país lo consideraban un hecho. Naturalmente que me negué a dar declaraciones, pero mis dudas comenzaron a asomar nuevamente.

Aquella noche vino a verme Artur Lundkvist, el único amigo escritor que yo tenía en Suecia. Lundkvist era académico desde hacía tres o cuatro años. Llegaba desde su país, en viaje hacia el sur de Francia. Después de la comida le conté las dificultades que tenía para contestar por teléfono internacional a los periodistas que me atribuían el premio.

—Te quiero pedir una cosa, Artur —le dije—. En el caso de que esto sea verdad, me interesa mucho saberlo antes de que lo publique la prensa. Quiero comunicárselo primero que a nadie a Salvador Allende, con quien he compartido tantas luchas. Él se pondrá muy alegre de ser el primero que reciba la noticia.

El académico y poeta Lundkvist me miró con ojos suecos, extremadamente serio:

—Nada puedo decirte. Si hay algo, te lo comunicará por telegrama el rey de Suecia o el embajador de Suecia en París.

Esto pasaba el 19 o el 20 de octubre. En la mañana del 21 comenzaron a llenarse de periodistas los salones de la embajada. Los operadores de la televisión sueca, alemana, francesa y de países latinoamericanos, demostraban una impaciencia que amenazaba con transformarse en motín ante mi mutismo, que no era sino carencia de informaciones. A las once y media me llamó el embajador sueco para pedirme que lo recibiera, sin anticiparme de qué se trataba, lo que no contribuyó a apaciguar los ánimos porque la entrevista se realizaría dos horas después. Los teléfonos seguían repicando histéricamente.

En ese momento una radio de París lanzó un flash, una noticia de último minuto, anunciando que el Premio Nobel 1971 había sido otorgado al «poète chilien Pablo Neruda». Inmediatamente bajé a enfrentarme a la tumultuosa asamblea de los medios de comunicación. Afortunadamente aparecieron en ese instante mis viejos amigos Jean Marcenac y Aragon. Marcenac, gran poeta y hermano mío en Francia, daba gritos de alegría. Aragon, por su parte, parecía más contento que yo con la noticia. Ambos me auxiliaron en el difícil trance de torear a los periodistas.

Yo estaba recién operado, anémico y titubeante al andar, con pocas ganas de moverme. Llegaron los amigos a comer conmigo aquella noche. Matta, de Italia; García Márquez, de Barcelona; Siqueiros, de México; Miguel Otero Silva, de Caracas; Arturo Camacho Ramírez, del propio París; Cortázar, de su escondrijo. Carlos Vasallo, chileno, viajó desde Roma para acompañarme a Estocolmo.

Los telegramas (que hasta ahora no he podido leer ni contestar enteramente) se amontonaron en pequeñas montañas. Entre las innumerables cartas llegó una curiosa y un tanto amenazante. La escribía un señor desde Holanda, un hombre corpulento y de raza negra, según podía observarse en el recorte de periódico que adjuntaba. «Represento —decía aproximadamente la carta— al movimiento anticolonialista de Paramaribo, Guayana Holandesa. He pedido una tarjeta para asistir a la ceremonia que se desarrollará en Estocolmo para entregarle a usted el Premio Nobel. En la embajada sueca me han informado que se requiere un frac, una tenida de rigurosa etiqueta para esta ocasión. Yo no tengo dinero para comprar un frac y jamás me pondré uno alquilado, puesto que sería humillante para un americano libre vestir una ropa usada. Por eso le anuncio que, con el escaso dinero que pueda reunir, me trasladaré a Estocolmo para sostener una entrevista de prensa y denunciar en ella el carácter imperialista y antipopular de esa ceremonia, así se celebre para honrar al más antimperialista y más popular de los poetas universales».

A principios de diciembre viajamos Matilde y yo a Estocolmo. Nos acompañaron algunos viejos amigos. Fuimos alojados en el esplendor del Gran Hotel. Desde allí veíamos la bella ciudad fría, y el Palacio Real frente a nuestras ventanas. En el mismo hotel se alojaron los otros laureados de ese año, en física, en química, en medicina, etcétera, personalidades diferentes, unos locuaces y formalistas, otros sencillos y rústicos como obreros mecánicos recién salidos por azar de sus talleres. El alemán Willy Brandt no se hospedaba en el hotel; recibiría su Nobel, el de la Paz, en Noruega. Fue una lástima porque entre todos aquellos premiados era el que más me hubiera interesado conocer y hablarle. No logré divisarlo después sino en medio de las recepciones, separados el uno del otro por tres o cuatro personas.

Para la gran ceremonia era necesario practicar un ensayo previo, que el protocolo sueco nos hizo escenificar en el mismo sitio donde se celebraría. Era verdaderamente cómico ver a gente tan seria levantarse de su cama y salir del hotel a una hora precisa; acudir puntualmente a un edificio vacío; subir escaleras sin equivocarse; marchar a la izquierda y a la derecha en estricta ordenación; sentarnos en el estrado, en los sillones exactos que habríamos de ocupar el día del premio. Todo esto enfrentados a las cámaras de televisión, en una inmensa sala vacía, en la cual se destacaban los sitiales del rey y la familia real, también melancólicamente vacíos. Nunca he podido explicarme por qué capricho la televisión sueca filmaba aquel ensayo teatral interpretado por tan pésimos actores.

El día de la entrega del Premio se inauguró con la fiesta de Santa Lucía. Me despertaron unas voces que cantaban dulcemente en los corredores del hotel. Luego las rubias doncellas escandinavas, coronadas de flores y alumbradas por velas encendidas, irrumpieron en mi habitación. Me traían el desayuno y me traían también, como regalo, un largo y hermoso cuadro que representaba el mar.

Un poco más tarde sucedió un incidente que conmovió a la Policía de Estocolmo. En la oficina de recepción del hotel me entregaron una carta. Estaba firmada por el mismo anticolonialista desenfrenado de Paramaribo, Guayana Holandesa. «Acabo de llegar a Estocolmo», decía. Había fracasado en su empeño de convocar a una conferencia de prensa pero, como hombre de acción revolucionario, había tomado sus medidas. No era posible que Pablo Neruda, el poeta de los humillados y de los oprimidos, recibiera el Premio Nobel de frac. En consecuencia, había comprado unas tijeras verdes con las cuales me cortaría públicamente «los colgajos del frac y cualquier otros colgajos». «Por eso cumplo con el deber de prevenirle. Cuando usted vea a un hombre de color que se levanta al fondo de la sala, provisto de grandes tijeras verdes, debe suponer exactamente lo que le va a pasar.»

Le alargué la extraña carta al joven diplomático, representante del protocolo sueco, que me acompañaba en todos mis trajines. Le dije sonriendo que ya había recibido en París otra carta del mismo loco, y que en mi opinión no debíamos tomarlo en cuenta. El joven sueco no estuvo de acuerdo.

—En esta época de cuestionadores pueden pasar las cosas más inesperadas. Es mi deber prevenir a la Policía de Estocolmo —me dijo, y partió velozmente a cumplir lo que consideraba su deber.

Debo señalar que entre mis acompañantes a Estocolmo estaba el venezolano Miguel Otero Silva, gran escritor y poeta chispeante, que es para mí no solamente una gran conciencia americana, sino también un incomparable compañero. Faltaban apenas unas horas para la ceremonia. Durante el almuerzo comenté la seriedad con que los suecos habían recibido el incidente de la carta protestataria. Otero Silva, que almorzaba con nosotros, se dio una palmada en la frente y exclamó:

—Pero si esa carta la escribí yo de mi puño y letra, por tomarte el pelo, Pablo. ¿Qué haremos ahora con la policía buscando a un autor que no existe?

—Serás conducido a la cárcel. Por tu broma pesada de salvaje del mar Caribe, recibirás el castigo destinado al hombre de Paramaribo —le dije.

En ese instante se sentó a la mesa mi joven edecán sueco que venía de prevenir a las autoridades. Le dijimos lo que pasaba:

—Se trata de una broma de mal gusto. El autor está almorzando actualmente con nosotros.

Volvió a salir presuroso. Pero ya la policía había visitado todos los hoteles de Estocolmo, buscando a un negro de Paramaribo, o de cualquier otro territorio similar.

Y mantuvieron sus precauciones. Al entrar a la ceremonia, y al salir del baile de celebración, Matilde y yo advertimos que, en vez de los acostumbrados ujieres, se precipitaban a atendernos cuatro o cinco mocetones, sólidos guardaespaldas rubios a prueba de tijeretazos.

La ceremonia ritual del Premio Nobel tuvo un público inmenso, tranquilo y disciplinado, que aplaudió oportunamente y con cortesía. El anciano monarca nos daba la mano a cada uno; nos entregaba el diploma, la medalla y el cheque; y retornábamos a nuestro sitio en el escenario, ya no escuálido como en el ensayo, sino cubierto ahora de flores y de sillas ocupadas. Se dice (o se lo dijeron a Matilde para impresionarla) que el rey estuvo más tiempo conmigo que con los otros laureados, que me apretó la mano por más tiempo, que me trató con evidente simpatía. Tal vez haya sido una reminiscencia de la antigua gentileza palaciega hacia los juglares. De todas maneras, ningún otro rey me ha dado la mano, ni por largo ni por corto tiempo.

Aquella ceremonia, tan rigurosamente protocolar, tuvo indudablemente la debida solemnidad. La solemnidad aplicada a las ocasiones trascendentales sobrevivirá tal vez por siempre en el mundo. Parece ser que el ser humano la necesita. Sin embargo, yo encontré una risueña semejanza entre aquel desfile de eminentes laureados y un reparto de premios escolares en una pequeña ciudad de provincia.

Chile Chico

Venía yo desde Puerto Ibáñez, asombrado del gran lago General Carrera, asombrado de esas aguas metálicas que son un paroxismo de la naturaleza, solamente comparables al mar color turquesa de Varadero en Cuba, o a nuestro Petrohué. Y luego el salvaje salto del río Ibáñez, indivisible en su aterradora grandeza. Venía también transido por la incomunicación y la pobreza de los pueblos de la región; vecinos a la energía colosal pero desprovistos de luz eléctrica; viviendo entre las infinitas ovejas lanares pero vestidos con ropa pobre y rota. Hasta que llegué a Chile Chico.

Allí, cerrando el día, el gran crepúsculo me esperaba. El viento perpetuo cortaba las nubes de cuarzo. Ríos de luz azul aislaban un gran bloque que el viento mantenía en suspensión entre la tierra y el cielo.

Tierras de ganadería, sembrados que luchaban bajo la presión polar del viento. Alrededor la tierra se elevaba con las torres duras de la roca Castillo, puntas cortantes, agujas góticas, almenas naturales de granito.

Las montañas arbitrarias de Aysén, redondas como bolas, elevadas y lisas como mesas, mostraban rectángulos y triángulos de nieve.

Y el cielo trabajaba su crepúsculo con cendales y metales: centelleaba el amarillo en las alturas, sostenido como un pájaro inmenso por el espacio puro. Todo cambiaba de pronto, se transformaba en boca de ballena, en leopardo ardiendo, en luminarias abstractas.

Sentí que la inmensidad se desplegaba sobre mi cabeza, nombrándome testigo del Aysén deslumbrante, con sus cerreríos, sus cascadas, sus millones de árboles muertos y quemados que acusan a sus antiguos homicidas, con el silencio de un mundo en nacimiento en que está todo preparado: las ceremonias del cielo y de la tierra. Pero faltan el amparo, el orden colectivo, la edificación, el hombre. Los que viven en tan graves soledades necesitan una solidaridad tan espaciosa como sus grandes extensiones.

Me alejé cuando se apagaba el crepúsculo y la noche caía, sobrecogedora y azul.

El paisaje del sur

Entre idas y venidas, amores fugaces y reprobables mi juventud fue tomando conciencia no solo de la tierra natural sino de los conflictos, dolores y depredaciones que se extendían entre las sementeras y los bosques.

La conquista española fue en los reinos antiguos de México y en el Perú un hecho fulgurante, como un rayo maligno, los dos imperios indígenas ya carcomidos, divisionistas y parasitarios sucumbieron sin pena ni gloria frente a los barbudos invasores. En Chile fue diferente la historia.

La historia fue una larga masacre mutua que duró tres siglos. Los defensores indios y los conquistadores españoles se exterminaron mutuamente, sin embargo los soldados de la conquista y sus familias, aunque reducidos a la miseria por la guerra implacable, dejaron en la tierra un sistema de haciendas que persistiría inexplicablemente. La verdad es que solo el primer gobierno popular de Chile, es decir, el del presidente Salvador Allende, dividió los latifundios entre el año 1971 y estos meses de 1973 en que estoy escribiendo estas memorias. Está claro que las memorias son, en general, memoraciones personales. Pero de alguna manera mi país, con sus problemas, ha andado conmigo en todas partes. Aunque alguien en Europa, en Asia o en Estados Unidos pueda interesarse en mi poesía le parecerá tal vez que Chile, este país largo y delgadísimo como un planetoide, es apenas visible desde el cielo en la geografía del mundo. No ha sido así para mí.

Los chilenos venimos en parte de un extraño linaje. En el resto de América los mestizos descienden de indias violadas por la soldadesca ibérica. Nosotros, los chilenos, descendemos también del rapto de las mujeres españolas por los guerreros de Arauco. Durante estos siglos de la más larga guerra patria, los indios chilenos, tan implacables como los españoles, no dejaban en las ciudades o fortalezas arrasadas por ellos, un solo español con vida. Pero curiosamente, nunca mataron a una mujer.

No sé a qué se debe esta costumbre de su guerra, los araucanos cuya sangre también heredé siguen siendo para mí tan misteriosos, remotos y ensimismados como aquellos que desde el siglo XVI aparecieron semidesnudos y provistos de flechas primitivas, oponiéndose a los invencibles conquistadores.

Las cautivas españolas dieron hijos a sus raptores indios, estos son los chilenos. Venimos de bien extrañas circunstancias. Cuando desde 1810, expulsada la monarquía hispánica, Chile tuvo gobierno nacional, mis compatriotas recién llegados, se sintieron cómodos dentro del anacrónico sistema. Se inventaron títulos, se designaron a sí mismos nobles y mayorazgos, y siguieron viviendo del trabajo ajeno. Para extenderse continuaron también matando indios. A esta etapa sangrienta de Chile independiente, la historia burguesa la denomina con repulsiva hipocresía: «Pacificación de la Araucanía».

Los pacificadores arrasaron militarmente con los araucanos y sus posesiones. Luego de establecidos en las tierras vírgenes se armaron de códigos, de jueces, de abogados y de policías. Así, a bala y a palos en la cabeza, los criollos se establecieron en estas tierras. Eran tierras sangrientas estas por donde yo paseaba a caballo.

La gente esforzada como los Hernández, metidos en las montañas con sus trilladoras, eran como los primeros soldados de una nueva guerrilla. Después llegaban los indiferentes propietarios. La oligarquía santiaguina, que ya había devorado las extensas provincias del vino, se ensanchó por todo el sur. Se dividió la vida entre algunos escasos señores agrícolas y una impresionante multitud de campesinos pobres, tan chilenos como los nuevos propietarios, pero desnutridos, descalzos, ignorantes y harapientos.

Esta ha sido la organización social en la que creció mi juventud; consumidos por el amor y la melancolía, íbamos aprendiendo con espanto la historia oculta del país.

Comencé a buscar gente que me contara el pasado, el presente y afiebradamente busqué los libros que pudieran relatarme la verdad.

Conocí la existencia de un pequeño libro heroico que contaba las atrocidades cometidas durante esos mismos años. La historia del genocidio de las últimas razas de la Patagonia, y esto estaba ocurriendo cuando yo, aprendiz de poeta, tal vez navegaba en el barco fluvial, conmovido por una melodía de acordeón o por las piernas de alguna de aquellas muchachas silvestres.

Busqué el libro pero no lo encontré: los propietarios asesinos habían perseguido, comprado o destruido cada ejemplar.

Se titulaba La Patagonia trágica *y solo treinta y cinco años después pude obtener un ejemplar del perseguido documento.*

Ahí estaba la historia descarnada que borró de la tierra a los últimos hombres onas. Esta gente pastoril era la única que sobre el planeta conservaba los usos y costumbres de la edad de piedra. Pero estos títulos no asustan a nadie. Eran pobres tribus pescadoras que sobrevivían sobre la tierra más dura del mundo entero.

Pero no sobrevivieron a los Menéndez, a los Montes, a los Echelarte. Estos consideraron que para la crianza de sus ovejas era peligroso tener como vecinos a estos escuálidos patagones y los buscaron hombre a hombre y asesinaron mujer por mujer y niño por niño y pagaron una libra esterlina por cada cabeza de hombre austral que los cazadores les traían. Por la tarde los nuevos propietarios contaban la cosecha de cabezas como si contaran melones y pagaban a sus secuaces.

Así en la Tierra del Fuego, los Menéndez, cuyos descendientes son ahora en Santiago de Chile directores del Club de la Unión, y en Buenos Aires del Jockey Club, formaron sus tropillas de ovejas.

De esta manera quedaron tres o cuatro sobrevivientes de aquellas razas perdidas en los confines del mundo en mi patria.

Y así también la familia chileno argentina Menéndez llegó hace pocos años a tener más de un millón de ovejas.

Banderas de septiembre

El mes de septiembre, en el sur del continente latinoamericano, es un mes ancho y florido. También este mes está lleno de banderas.

A comienzos del siglo pasado, en 1810 y en este mes de septiembre, despuntaron o se consolidaron las insurrecciones contra el dominio español en numerosos territorios de América del Sur.

En este mes de septiembre los americanos del sur recordamos la emancipación, celebramos los héroes, y recibimos la primavera tan dilatada que sobrepasa el estrecho de Magallanes y florece hasta en la Patagonia austral, hasta en el Cabo de Hornos.

Fue muy importante para el mundo la cadena cíclica de revoluciones que brotaban desde México hasta Argentina y Chile.

Los caudillos eran disímiles. Bolívar, guerrero y cortesano, dotado de un resplandor profético; San Martín, organizador genial de un ejército que cruzó las más altas y hostiles cordilleras del planeta para dar en Chile las batallas decisivas de su liberación; José Miguel Carrera y Bernardo O'Higgins, creadores de los primeros ejércitos chilenos, así como de las primeras imprentas y de los primeros decretos contra la esclavitud, que fue abolida en Chile muchos años antes que en los Estados Unidos.

José Miguel Carrera, como Bolívar y algunos otros de los libertadores, salían de la clase aristocrática criolla. Los intereses de esta clase chocaban vivamente con los intereses españoles en América. El pueblo como organización no existía, sino en forma de una vasta masa de siervos a las órdenes del dominio español. Los hombres como Bolívar y Carrera, lectores de los enciclopedistas, estudiantes en las academias militares de España, debían atravesar los muros del aislamiento y de la ignorancia para llegar a conmover el espíritu nacional.

La vida de Carrera fue corta y fulgurante como un relámpago. *El húsar desdichado*, titulé un antiguo libro de recuerdos que yo mismo publiqué hace algunos años. Su personalidad fascinante atrajo los conflictos sobre su cabeza como un pararrayos atrae la chispa de las tempestades. Al final fue fusilado en Mendoza por los gobernantes de la recién declarada República Argentina. Sus desesperantes deseos de derribar el dominio español lo habían puesto a la cabeza de los indios salvajes de las pampas argentinas. Sitió a Buenos Aires y estuvo a punto de tomarla por asalto. Pero sus deseos eran libertar a Chile y en este empeño precipitó guerras y guerrillas civiles que lo condujeron al patíbulo. La revolución en aquellos años turbulentos devoró a uno de sus hijos más brillantes y valientes. La historia culpa de este hecho sangriento a O'Higgins y San Martín. Pero la historia de este mes de septiembre, mes de primavera y de banderas, cubre con sus alas la memoria de los tres protagonistas de estos combates librados en el vasto escenario de inmensas pampas y de nieves eternas.

O'Higgins, otro de los libertadores de Chile, fue un hombre modesto. Su vida habría sido oscura y tranquila si no se hubiera encontrado en Londres, cuando no tenía sino diecisiete años de edad, con un viejo revolucionario que recorría todas las cortes de Europa buscando ayuda a la causa de la emancipación americana. Se llamaba don Francisco de Miranda, y entre otros amigos contó con el poderoso afecto de la emperatriz Catalina de Rusia. Con pasaporte ruso llegó a París y entraba y salía por las cancillerías de Europa.

Es una historia romántica, con tal aire de «época» que parece una ópera. O'Higgins era hijo natural de un virrey español, soldado de fortuna, de ascendencia irlandesa, que fue gobernador de Chile. Miranda se las arregló para averiguar el origen de O'Higgins, cuando comprendió la utilidad que aquel joven podía tener en la insurrección de las colonias americanas de España. Está narrado el momento mismo en que reveló al joven O'Higgins el secreto de su origen y lo impulsó a la acción insurgente. Cayó de rodillas el joven revolucionario y abrazando a Miranda entre sollozos se comprometió a partir de inmediato a su patria, Chile, y encabezar aquí la insurgencia en contra del poder español. O'Higgins fue el que alcanzó las victorias finales en contra del sistema colonial y se le juzga como el fundador de nuestra república.

Miranda, prisionero de los españoles, murió en el temible presidio de La Carraca, en Cádiz. El cuerpo de este general de la Revolución francesa y profesor de revolucionarios, fue envuelto en un saco y tirado al mar desde lo alto del presidio.

San Martín, desterrado por sus compatriotas, murió en Boulogne, Francia, anciano y solitario.

O'Higgins, libertador de Chile, murió en el Perú, lejos de todo lo que amaba, proscrito por la clase latifundista criolla, que se apoderó prontamente de la revolución.

Hace poco, al pasar por Lima, encontré en el Museo Histórico del Perú algunos cuadros pintados por el general O'Higgins en sus últimos años. Todos esos cuadros tienen a Chile por tema. Pintaba la primavera de Chile, las hojas y las flores del mes de septiembre.

En este mes de septiembre me he puesto a recordar los nombres, los hechos, los amores y los dolores de aquella época de insurrecciones. Un siglo más tarde los pueblos se agitan de nuevo, y una corriente tumultuosa de viento y de furia mueve las banderas. Todo ha cambiado desde aquellos años lejanos, pero la historia continúa su camino y una nueva primavera puebla los interminables espacios de nuestra América.

Andrés Bello

Veníamos del tempestuoso mar del Norte. El cielo fue poniéndose azul, el aire suave y tibio.

El barco que me lleva a mi patria tocaría tierras americanas. El puerto de la Guayra, en Venezuela, sería nuestro primer punto de llegada.

Para un americano, ningún país puede sustituir al continente, conocemos la historia casi siempre sangrienta de todos los rincones americanos, la música popular de cada pueblo nos arrulla y nos encanta. Aquí están las frutas que amamos.

Me preparaba para llegar a Venezuela. Frente a la puerta de la Universidad, en Santiago de Chile, está el mejor monumento de todo Chile. Es un hombre sentado, de rostro severo. Este hombre encarna para las jóvenes generaciones los antiguos ideales de libertad e independencia que dieron origen a las repúblicas hermanas. Esta estatua de mármol bellamente oscurecida por el sol, la lluvia y el tiempo de Chile, representa a un político escritor, profesor de la inteligencia. Se llamó Andrés Bello, fue amigo de Bolívar, venezolano de nacimiento, primer rector de la universidad de mi patria.

Al acercarme a la Guayra divisaba, en la confusa línea verde de la costa, la mirada de mármol de Andrés Bello. Aquella mirada que acompañó mis luchas estudiantiles, mis primeros versos, mis primeros amores. Aquel venezolano que fundara en Londres la mejor revista literaria y científica del romanticismo revolucionario en lengua española era para nosotros y sigue siendo para los muchachos chilenos, la unidad de dos repúblicas, separadas por la inmensa extensión del continente americano, unida en un solo pensamiento de liberación. El venezolano Bello dio profundo sentido y organización a la república recién nacida de Chile. Escribió los códigos, inspirados en las ideas de la Revolución francesa, fundó los estudios de las letras y las ciencias en mi país recién salido de las tinieblas coloniales.

Mi historia personal también se une de alguna manera con aquella estatua de las calles de Santiago.

Bello no fue un brillante poeta. Dominaba en él el ordenador, legislador, el científico, pero su obra literaria, en especial sus poesías, estaban llenas de amor por la tierra americana, por nuestras montañas y nuestros ríos. Bello trató de dar un sentido nacional a la literatura, en los albores de la Independencia de América. Esta tradición fue olvidada y con el enriquecimiento de la burguesía, fue casi enteramente sustituida por una literatura europeizante y cosmopolita. Al escribir yo mi *Canto general* mi orientación fue restituir a la poesía de América Latina su sentido multinacional, es decir, volver al camino indicado por el gran venezolano.

Y ahora se destacaba del agua marina una larga línea de tierra verde y brillante como una aguamarina, la tierra venezolana, la patria de Bolívar y de Bello.

Recabarren

Recabarren y Lafertte forman parte de ese escaso grupo de chilenos que construyen el alma nacional, la nacionalidad. Al decidir las luchas populares dirigiéndolas en forma definitiva hacia una mayor dignidad, bienestar y cultura de los trabajadores de Chile, estos patriotas lograron que el pueblo fuera tomado en cuenta en nuestra historia.

Ese fue su trabajo de patriotas y comunistas.

Sigue siendo, hasta ahora, cosa menos que imposible abarcar la vida y los trabajos de Luis Emilio Recabarren.

Sería vana empresa tratar de hallar un luchador tan poderoso, de tan colosal envergadura, en la historia política y social del continente americano. No hay otro titán como Recabarren, ni en la América del Norte, ni en la América Central ni en la América del Sur.

Su figura sobrepasa como una gran cumbre el panorama americano. Por otra parte, sus características imprimirán para siempre un sentido a la lucha del pueblo chileno. Guerrilleros turbulentos y grandiosos, como Emiliano Zapata, en México, o Sandino, en Nicaragua, imprimieron con pólvora y sangre la insurrección en el alma de los pueblos del norte.

Con razón son ellos recordados por sus hechos y empresas atrevidas con veneración.

Recabarren conoció más que nadie nuestra patria. Es también un héroe grandioso: pero es el héroe de la organización. Es el formador de la conciencia de la masa; un agitador infatigable. Pero su agitación camina hacia un solo punto: hacia la acción organizada del pueblo. Es él el primero en las Américas que multiplica sindicatos y federaciones creándolas de la nada o, más aún, creándolas con nueva vida en el mismo terreno de la destrucción, del sacrificio y de la masacre.

Los gobiernos de la burguesía vieron por primera vez ante ellos al pueblo que golpeaba la mesa reclamando sus derechos. Las reformas sociales del primer Alessandri son la consecuencia directa de la tenacidad organizadora, de la moral revolucionaria de Recabarren.

Todos sabemos que Recabarren fue el creador sistemático de la prensa obrera.

Pero, saben ustedes lo que significa publicar un periódico de lucha y publicarlo antes del año 1920?

Publicarlo es planearlo, escribirlo, imprimirlo en prensas perseguidas, buscarle publicidad, difundirlo hombre por hombre, de mano en mano, y financiarlo sin tener recursos, es decir, sin más recursos que la solidaridad. Y la solidaridad había que crearla, había que plantarla en el arenal de la indiferencia y bajo la amenaza de las implacables represalias.

Son docenas los periódicos que fundó Recabarren, en estas condiciones. Porque comprendió el poder de la palabra escrita, así como comprendió el contacto personal con las grandes masas de trabajadores.

En el Norte Chico me llevaron una vez los compañeros a ver una vieja prensa que aún imprimía un pequeño diario del Partido. Era anticuada como una pieza de museo, pero seguía trabajando. Tenía en sus ejes tremendas abolladuras. Pregunté a qué se debían esas quebraduras. Me contaron que hacía menos de medio siglo que había sido asaltado el local por la policía. La prensa fue destrozada, los tipos arrojados a la calle y el recinto incendiado y destruido. Pero aquella vieja prensa seguía trabajando, seguía defendiendo la causa del pueblo.

Pasé mi mano por aquellas viejas heridas y al contacto de aquel metal sentí que tocaba el alma de Recabarren y su herencia inquebrantable.

Lafertte

Para muchos fue el camarada Lafertte. Para otros, Elías. Para mí fue siempre y seguirá siendo en el recuerdo don Elías.

Aprendí de él muchas cosas. Entre otras cosas, antes de conocerlo, me parece que yo había aprendido a medias varias virtudes del hombre. Había aprendido la mitad de la rectitud, la mitad de la sencillez. Había aprendido a medias la dignidad. Andando por la pampa con don Elías pude ver a un hombre enteramente sencillo, conocí a un ser humano completamente recto, llegué a ser amigo de un hombre integralmente digno.

Esta es una lección rara, escogida, que me brindó la vida y el Partido.

Otra cosa que me enseñó don Elías, porque sin saberlo era un gran profesor, fue el amor al Partido. Hablando centenares de veces, en circunstancias alegres o difíciles, con la multitud de los pampinos, creció mi amor por el Partido, se desarrolló en mí este sentimiento comunista que llevo en mí con orgullo y humildad.

Aprendí de él que un hombre, aunque lo crean eminente, debe someterse a la ley de la lucha, debe asociarse a la esperanza humana, debe ser célula viva del Partido. Es importante nuestra propia libertad, pero es más importante la liberación humana.

No creyó nunca don Elías que se podía ser comunista fuera del Partido. Él fue una gran personalidad y, por lo tanto, fue un gran disciplinado.

Allí entre los arenales de Tarapacá o en las alturas minerales de Antofagasta, nos acompañamos caminando y hablando.

El Partido había nacido allí, en las crueles llanuras, y allí pude ver la capacidad de sufrimiento y de heroísmo de mis compañeros de lucha. Alguna vez hablamos frente a las ametralladoras. Los movimientos de huelga se perpetuaban. Malos salarios, amarga vida, y los niños maravillosos de la pampa creciendo sin posibilidades de cultura en aquellos páramos deshabitados.

Vi como se arrancaba el salitre de la costra arenosa y como se hundía el hombre en el pique para aparecer más tarde como un espectro de sudor y dolor. Sentados a la mesa, en Iquique, don Elías y yo, escribí el soneto «Salitre», que él se aprendió de memoria.

Son muchas y diferentes las historias, anécdotas, patéticas algunas, chispeantes otras, que surgen de las vidas agitadas y agitadoras de Recabarren y Lafertte.

Cómo olvidar que perseguidos por la policía de las Compañías imperialistas, sin poder reunir a los obreros para conversar con ellos, probó Recabarren los inagotables recursos de su inteligencia. Tan pronto se reunían en socavones de minas abandonadas como en solitarios cementerios. Pero una vez la compañía inglesa del salitre prohibió toda manifestación obrera en la pampa, dando por sentado que todo el terreno le pertenecía como concesión. Recabarren hizo que se formaran los pampinos entre los rieles del ferrocarril que atravesaba la pampa.

«Por lo menos este terreno no les pertenece, porque es el Ferrocarril del Estado» y así, en el estrecho espacio que dejaban los dos rieles, los hombres escucharon su palabra en una larga hilera.

No quiero que a través de estas evocaciones se tenga la idea de que nuestros grandes compañeros eran seres desprovistos de sentido del humor, o personalidades que solo vivían enfrentando el sublime acontecimiento.

Recabarren fue un ser dotado de humorismo y alegría, humanidad y ternura. Con Lafertte, mucho más joven que él, se chanceaba y bromeaba riendo estruendosamente de la ingenuidad juvenil y de las atrevidas ocurrencias del joven Lafertte.

Me contaba don Elías que en sus primeras conversaciones con Recabarren salió a relucir la teoría de la transmigración de las almas.

—¿Y qué es esto, explíqueme de qué se trata, en qué consiste esta teoría? —pregunta Lafertte.

—Esta teoría viene del Oriente. En la India creen que el alma del hombre, después de muerto, pasa a ocupar un cuerpo de animal, transformándose en elefante, en tortuga, en pájaro o en pez —fue la contestación de Recabarren.

Entonces Lafertte permanece ensimismado, sin saber si Recabarren se quiere reír de él.

Recabarren le pregunta: «¿Y tú qué querrías ser después de muerto? ¿En qué animal quisieras convertirte si esas teorías fueran verdaderas?». Lafertte le responde: «Me gustaría transformarme en burro, entonces, cuando pasara cerca de usted le tiraría una patada». Recabarren, socarronamente, le responde: «Elías, ¿y por qué quieres seguir siempre en la misma familia?».

Prestes

Ningún dirigente comunista de América ha tenido una vida tan azarosa y portentosa como Luis Carlos Prestes. Héroe militar y político de Brasil, su verdad y su leyenda traspasaron hace mucho tiempo las restricciones ideológicas, y él se convirtió en una encarnación viviente de los héroes antiguos.

Por eso, cuando en Isla Negra recibí una invitación para visitar el Brasil y conocer a Prestes, la acepté de inmediato. Supe, además, que no había otro invitado extranjero, y esto me halagó. Sentí que de alguna manera yo tomaba parte en una resurrección.

Recién salía Prestes en libertad después de más de diez años de prisión. Estos largos encierros no son excepcionales en el «mundo libre». Mi compañero, el poeta Nazim Hikmet, pasó trece o catorce años en una prisión de Turquía. Ahora mismo, cuando escribo estos recuerdos, hace ya doce años que seis o siete comunistas del Paraguay están enterrados en vida, sin comunicación alguna con el mundo. La mujer de Prestes, alemana de origen, fue entregada por la dictadura brasileña a la Gestapo. Los nazis la encadenaron en el barco que la llevaba al martirio. Dio a luz una niña que hoy vive con su padre, rescatada de los dientes de la Gestapo por la infatigable matrona doña Leocadia Prestes, madre del líder. Luego, después de haber dado a luz en el patio de una cárcel, la mujer de Luis Carlos Prestes fue decapitada por los nazis. Todas esas vidas martirizadas hicieron que Prestes jamás fuera olvidado durante sus largos años de prisión.

Yo estaba en México cuando murió su madre, doña Leocadia Prestes. Ella había recorrido el mundo demandando la liberación de su hijo. El general Lázaro Cárdenas, expresidente de la república mexicana, telegrafió al dictador brasileño pidiendo para Prestes algunos días de libertad que le permitieran asistir al entierro de su madre. El presidente Cárdenas, en su mensaje, garantizaba con su persona el regreso de Prestes a la cárcel. La respuesta de Getúlio Vargas fue negativa.

Compartí la indignación de todo el mundo y escribí un poema en honor de doña Leocadia, en recuerdo de su hijo ausente y en execración del tirano.

Lo leí junto a la tumba de la noble señora que en vano golpeó las puertas del mundo para liberar a su hijo. Mi poema empezaba sobriamente:

> Señora, hiciste grande, más grande a nuestra América.
> Le diste un río puro de colosales aguas:
> le diste un árbol grande de infinitas raíces:
> un hijo tuyo digno de su patria profunda.

Pero, a medida que el poema continuaba se hacía más violento contra el déspota brasileño.

Lo seguí leyendo en todas partes y fue reproducido en octavillas y en tarjetas postales que recorrieron el continente.

Una vez, de paso por Panamá, lo incluí en uno de mis recitales, luego de haber leído mis poemas de amor. La sala estaba repleta y el calor del istmo me hacía transpirar. Empezaba yo a leer mis imprecaciones contra el presidente Vargas cuando sentí resecarse mi garganta. Me detuve y alargué la mano hacia un vaso que estaba cerca de mí. En ese instante vi que una persona vestida de blanco se acercaba presurosa hacia la tribuna. Yo, creyendo que se trataba de un empleado subalterno de la sala, le tendí el vaso para que me lo llenara de agua. Pero el hombre vestido de blanco lo rechazó indignado y dirigiéndose a la concurrencia gritó nerviosamente: «Soy o Embaixador do Brasil. Protesto porque Prestes es solo un delincuente común...».

A estas palabras, el público lo interrumpió con silbidos estruendosos. Un joven estudiante de color, ancho como un armario, surgió de en medio de la sala y, con las manos dirigidas peligrosamente a la garganta del embajador, se abrió paso hacia la tribuna. Yo corrí para proteger al diplomático y por suerte pude lograr que saliera del recinto sin mayor desmedro para su investidura.

Con tales antecedentes, mi viaje desde Isla Negra a Brasil para tomar parte en el regocijo popular, pareció natural a los brasileños. Quedé sobrecogido cuando vi la multitud que llenaba el estadio de Pacaembú, en São Paulo. Dicen que había más de ciento treinta mil personas. Las cabezas se veían pequeñísimas dentro del vasto círculo. A mi lado Prestes, diminuto de estatura, me pareció un lázaro recién salido de la tumba, pulcro y acicalado para la ocasión. Era enjuto y blanco hasta la transparencia, con esa blancura extraña de los prisioneros. Su intensa mirada, sus grandes ojeras moradas, sus delicadísimas facciones, su grave dignidad, todo recordaba el largo sacrificio de su vida. Sin embargo, habló con la serenidad de un general victorioso.

Yo leí un poema en su honor que escribí pocas horas antes. Jorge Amado le cambió solamente la palabra *albañiles* por la portuguesa *pedreiros*. A pesar de mis temores, mi poema leído en español fue comprendido por la muchedumbre. A cada línea de mi pausada lectura estalló el aplauso de los brasileños. Aquellos aplausos tuvieron profunda resonancia en mi poesía. Un poeta que lee sus versos ante ciento treinta mil personas no sigue siendo el mismo, ni puede escribir de la misma manera después de esa experiencia.

Por fin me encuentro frente a frente con el legendario Luis Carlos Prestes. Está esperándome en la casa de unos amigos suyos. Todos los rasgos de Prestes —su pequeña estatura, su delgadez, su blancura de papel transparente— adquieren una precisión de miniatura. También sus palabras, y tal vez su pensamiento, parecen ajustarse a esta representación exterior.

Dentro de su reserva, es muy cordial conmigo. Creo que me dispensa ese trato cariñoso que frecuentemente recibimos los poetas, una condescendencia entre tierna y evasiva, muy parecida a la que adoptan los adultos al hablar con los niños.

Prestes me invitó a almorzar para un día de la semana siguiente. Entonces me sucedió una de esas catástrofes solo atribuibles al destino o a mi irresponsabilidad. Sucede que el idioma portugués, no obstante tiene su sábado y su domingo, no señala los demás días de la semana como lunes, martes, miércoles, etcétera, sino con las endiabladas denominaciones de *segonda feiça, terça feira, quarta feira*, saltándose la *primera feira* para complemento. Yo me enredo enteramente en esas *feiras*, sin saber de qué día se trata.

Me fui a pasar algunas horas en la playa con una bella amiga brasileña, recordándome a mí mismo a cada momento que al día siguiente me había citado Prestes para almorzar. La *quarta feira* me enteré de que Prestes me esperó la *terça feira* inútilmente con la mesa puesta mientras que yo pasaba las horas en la playa de Ipanema. Me buscó por todas partes sin que nadie supiera mi paradero. El ascético capitán había encargado, en honor a mis predilecciones, vinos excelentes que tan difícil era conseguir en el Brasil. Íbamos a almorzar los dos solos.

Cada vez que me acuerdo de esta historia, me quisiera morir de vergüenza. Todo lo he podido aprender en mi vida, menos los nombres de los días de la semana en portugués.

Codovila

Al salir de Santiago supe que Victorio Codovila quería conversar conmigo. Fui a verlo. Siempre mantuve una buena amistad con él. Hasta su muerte.

Codovila había sido un representante de la III Internacional y tenía todos los defectos de la época. Era personalista, autoritario, y creía poseer siempre la razón. Imponía fácilmente su criterio y entraba en la voluntad de los demás como un cuchillo en la manteca. Llegaba apresuradamente a las reuniones y daba la sensación de tenerlo ya todo pensado y resuelto. Parecía que escuchaba por cortesía y con cierta impaciencia las opiniones ajenas; luego daba sus instrucciones perentorias. Su capacidad era inmensa, su poder de síntesis era abrumador. Trabajaba sin ningún descanso e imponía ese ritmo a sus compañeros. Siempre me dio la idea de ser una gran máquina del pensamiento político de aquellos tiempos.

Por mí tuvo siempre un sentimiento muy especial de comprensión y deferencia. Este italiano, transmigrado y utilitario en lo civil, era desbordantemente humano, con un profundo sentido artístico que lo hacía comprender los errores, las debilidades en los hombres de la cultura. Esto no le impedía ser implacable —y a veces funesto— en la vida política.

Estaba preocupado, me dijo, por la incomprensión de Prestes ante la dictadura peronista. Codovila pensaba que Perón y su movimiento eran una prolongación del fascismo europeo. Ningún antifascista podía aceptar pasivamente el crecimiento de Perón ni sus repetidas acciones represivas. Codovila y el Partido Comunista argentino pensaban en ese momento que la única respuesta a Perón era la insurrección.

Codovila quería que yo hablara del tema con Prestes. No se trata de una misión, me dijo; pero lo sentí preocupado dentro de esa seguridad en sí mismo que lo caracterizaba.

Después del mitin de Pacaembú conversé largamente con Prestes. No se podía encontrar dos hombres más diferentes, más antípodas. El italoargentino, voluminoso y rebosante, pareció siempre ocupar toda la habitación, toda la mesa, todo el ambiente. Prestes, esmirriado y ascético, parecía tan frágil que una ventolera podía llevárselo por la ventana.

Sin embargo, encontré que detrás de las apariencias los dos hombres eran tan duros el uno como el otro.

«No hay fascismo en Argentina; Perón es un caudillo, pero no es un jefe fascista», me dijo Prestes respondiendo a mis preguntas. «¿Dónde están las camisas pardas? ¿Las camisas negras? ¿Las milicias fascistas?»

«Además, Codovila se equivoca. Lenin dice que no se juega con la insurrección. Y no se puede estar anunciando una guerra sin soldados, si se cuenta solo con los espontáneos».

Estos dos hombres tan diferentes eran, en el fondo, irreductibles. Alguno de ellos, probablemente Prestes, tuvo la razón en estas cosas, pero el dogmatismo de ambos, de estos dos revolucionarios admirables, producía a menudo alrededor de ellos una atmósfera que yo encontraba irrespirable.

Debo añadir que Codovila era un hombre vital. A mí me gustaba mucho su combate contra la gazmoñería y el puritanismo de una época comunista. Nuestro gran hombre chileno de los viejos tiempos partidarios, Lafertte, era antialcoholista hasta la obsesión. El viejo Lafertte gruñía igualmente a cada rato contra los amores y amoríos que surgían fuera del Registro Civil, entre compañeros y compañeras del partido. Codovila derrotaba a nuestro limitado maestro con su amplitud vital.

MAIAKOVSKI

Leí en mi juventud con escalofríos el cuento de Chamisso sobre el hombre que vendió su sombra. Para mí era el momento más grave aquel en que arreglada la transacción, el Diablo se agachaba y cuidadosamente enrollaba la sombra del hombre que la había vendido.

Siempre me pareció que algunos grandes poetas vendieron, de una manera u otra, la sombra que les acompañó. Esta fue recortada del suelo, enrollada, disminuida y arrancada a su propietario por diversos diablos, entre los cuales estuvieron la moda del momento, la intrascendencia sin ambición, el salón literario y a veces también el paulatino soborno de la burguesía.

Heredamos de Maiakovski su incompleta poesía y su vastísima sombra.

Es la imagen del poeta que no venderá su sombra, que la usará toda su vida abrigándose con ella como con una capa y durmiendo envuelto en aquella sombra personal que hacía destacar cada uno de sus actos y de sus sueños en blanco y negro con la dramática luz y oscuridad de su persona insustituible.

Su poesía, desde fuera, nos parece incompleta porque la muerte la cortó con su espantosa tijera. Mientras tanto la Unión Soviética creció de manera prodigiosa. Hace falta el poema de Maiakovski sobre Valentina, la cosmonauta, la mujer que fue más lejos y más alto que todas las mujeres de la historia humana. Solo Maiakovski tendría esos tonos como disparos para celebrar la nave espacial. Estos poemas que no alcanzó a escribir ya nadie podrá hacerlo porque él tenía la apostura imperiosa del cosmonauta y hasta sus poemas de amor y de combate tienen sustancias cósmicas. Él arrebató a su tiempo tantos materiales nuevos con el énfasis de un conquistador y la elocuencia que es su gran atributo, que la poesía cambió con su entrada y salida como si hubiera sobrevenido una tempestad natural.

Si a cada revolución corresponde más de un poeta, porque la poesía se electriza en el movimiento humano, no todas las revoluciones se hacen cuerpo, sangre y alma en un poeta como en el caso de Maiakovski. La gran palpitación humana de la Revolución de Octubre quedó viva en su poesía de tal manera que sus cantos son acontecimientos, sucesos memorables con los cuales hay que contar. En revoluciones anteriores un poeta dio una canción o muchos otros dieron adhesiones sonoras más o menos logradas. Maiakovski entregó su alma turbulenta, que se consumió de arriba abajo, entregando su poesía como un material deslumbrante para la construcción socialista.

Por eso la sombra de Maiakovski es tan incalculable y no se gasta, sino que se acrecienta.

Esta sombra pasa el Ecuador y llega como cola de cometa a los arrabales perdidos de América Latina, iluminando la conciencia del joven escritor. Esta sombra sale de una biblioteca echando abajo, en forma ruidosa, muchos volúmenes de palabras dogmáticas. Irrumpe en las luchas callejeras y entra como influencia sutil en la conducta de los seres. Esta sombra es a veces como una espada y otras veces es como una naranja, tiene el color del verano.

Los poetas de mi generación intentamos dejar a Maiakovski como un buen clásico, muy bien ordenado en el anaquel. Pero su pésima educación lo hace salirse cada día de su sitio y tomar parte con nosotros en los combates y en las victorias de nuestro tiempo. Es que Maiakovski fue por sobre todo un buen compañero.

Un gran compañero para todas las latitudes, para todas las razas, para todos los pueblos, para todos los poetas.

Y un maestro para los poetas de todas las latitudes, de todas las razas, de todos los pueblos.

Stalin

Mucha gente ha creído que yo soy o he sido un político importante. No sé de dónde ha salido tan insigne leyenda. Una vez vi, con candorosa sorpresa, un retrato mío, pequeño como una estampilla, incluido en las dos páginas de la revista *Life* que mostraban a sus lectores los jefes del comunismo mundial. Mi efigie, metida entre Prestes y Mao Tse Tung, me pareció una broma divertida, pero nada aclaré porque siempre he detestado las cartas de rectificación. Por lo demás, no dejaba de ser gracioso que se equivocara la CIA, no obstante sus cinco millones de agentes que mantiene en el mundo.

El más largo contacto que he mantenido con un líder cardinal del mundo socialista fue durante nuestra visita a Pekín. Consistió en un brindis que cambié con Mao Tse Tung, en el curso de una ceremonia. Al chocar nuestros vasos me miró con ojos sonrientes, y ancha sonrisa entre simpática e irónica. Mantuvo mi mano en la suya, apretándomela por unos segundos más de lo acostumbrado. Luego regresé a la mesa de donde había salido.

Nunca vi en mis muchas visitas a la URSS ni a Molotov, ni a Vishinski, ni a Beria; ni siquiera a Mikoian, ni a Litvinov, personajes estos últimos más sociables y menos misteriosos que los otros.

A Stalin lo divisé de lejos más de una vez, siempre en el mismo punto: la tribuna que sobre la Plaza Roja se levanta llena de dirigentes de alto nivel, tanto el 1 de mayo como el 7 de noviembre de cada año. Pasé largas horas en el Kremlin, como participante del comité de los premios que llevaban el nombre de Stalin, sin que nunca nos cruzáramos en un pasillo; sin que él nos visitara durante nuestras deliberaciones o almuerzos, o nos llamara para saludarnos. Los premios se concedieron siempre por unanimidad, pero no faltó más de una cerrada discusión previa a la selección del candidato. A mí me dio siempre la impresión de que alguien de la secretaría del jurado, antes de que se tomaran las decisiones finales, corría con los acuerdos a ver si el gran hombre los refrendaba. Pero la verdad es que no recuerdo que se recibiera nunca una objeción de su parte; ni tampoco recuerdo que, a pesar de su perceptible proximidad, se diera por enterado de nuestra presencia. Decididamente, Stalin cultivaba el misterio como sistema; o era un gran tímido, un hombre prisionero de sí mismo. Es posible que esta característica haya contribuido a la influencia preponderante que tuvo Beria sobre él. Beria era el único que entraba y salía sin avisar de las cámaras de Stalin.

Sin embargo, tuve en cierta oportunidad una relación inesperada, que hasta ahora me parece insólita, con el hombre misterioso del Kremlin. Ibamos hacia Moscú con los Aragon —Louis y Elsa— para participar en la reunión que otorgaría ese año los premios Stalin. Unas grandes nevazones nos detuvieron en Varsovia. Ya no llegaríamos a tiempo a la cita. Uno de nuestros acompañantes soviéticos se encargó de transmitir en ruso, a Moscú, las candidaturas que Aragon y yo propiciábamos y que, por cierto, fueron aprobadas en la reunión. Pero lo curioso del caso es que el soviético que recibió la respuesta telefónica, me llamó a un lado y me dijo sorpresivamente:

—Lo felicito, camarada Neruda. El camarada Stalin, al serle sometida la lista de posibles premiados, exclamó: «¿Y por qué no está el de Neruda entre estos nombres?».

Al año siguiente recibía yo el Premio Stalin por la Paz y la Amistad entre los Pueblos. Es posible que yo lo mereciera, pero me pregunto cómo aquel hombre remoto se enteró de mi existencia.

Supe por aquellos tiempos de otras intervenciones similares de Stalin. Cuando arreciaba la campaña en contra del cosmopolitismo, cuando los sectarios de «cuello duro» pedían la cabeza de Ehrenburg, sonó el teléfono una mañana en la casa del autor de Julio Jurenito. Atendió Luba. Una voz vagamente desconocida preguntó:

—¿Está Ilya Grigorievich?

—Eso depende —contestó Luba—. ¿Quién es usted?

—Aquí Stalin —dijo la voz.

—Ilya, un bromista para ti —dijo Luba a Ehrenburg.

Pero una vez en el teléfono, el escritor reconoció la voz de Stalin, tan oída de todos:

—He pasado la noche leyendo su libro *La caída de París*. Lo llamaba para decirle que siga usted escribiendo muchos libros tan interesantes como ese, querido Ilya Grigorievich.

Tal vez esa inesperada llamada telefónica hizo posible la larga vida del gran Ehrenburg.

Otro caso. Ya había muerto Maiakovski, pero sus recalcitrantes y reaccionarios enemigos atacaban con dientes y cuchillos la memoria del poeta, empecinados en borrarlo del mapa de la literatura soviética. Entonces ocurrió un hecho que trastornó aquellos propósitos. Su amada Lily Brik escribió una carta a Stalin señalándole lo desvergonzado de estos ataques y alegando apasionadamente en defensa de la poesía de Maiakovski. Los agresores se creían impunes, protegidos por su mediocridad asociativa. Se llevaron un chasco. Stalin escribió al margen de la carta de Lily Brik: «Maiakovski es el mejor poeta de la era soviética».

Desde ese momento surgieron museos y monumentos en honor de Maiakovski y proliferaron las ediciones de su extraordinaria poesía. Los impugnadores quedaron fulminados e inertes ante aquel trompetazo de Jehová.

Supe también que a la muerte de Stalin se encontró entre sus papeles una lista que decía: «No tocar», escrita por él de puño y letra. Esta lista estaba encabezada por el músico Shostakovitch y seguían otros nombres eminentes, Eisenstein, Pasternak, Ehrenburg, etcétera.

Muchos me han creído un convencido staliniano. Fascistas y reaccionarios me han pintado como un exégeta lírico de Stalin. Nada de esto me irrita en especial. Todas las conclusiones se hacen posibles en una época diabólicamente confusa.

La íntima tragedia para nosotros los comunistas fue darnos cuenta de que, en diversos aspectos del problema Stalin, el enemigo tenía razón. A esta revelación que sacudió el alma, subsiguió un doloroso estado de conciencia. Algunos se sintieron engañados; aceptaron violentamente la razón del enemigo; se pasaron a sus filas. Otros pensaron que los espantosos hechos, revelados implacablemente en el XX Congreso, servían para demostrar la entereza de un Partido Comunista que sobrevivía mostrando al mundo la verdad histórica y aceptando su propia responsabilidad.

Si bien es cierto que esa responsabilidad nos alcanzaba a todos, el hecho de denunciar aquellos crímenes nos devolvía a la autocrítica y al análisis —elementos esenciales de nuestra doctrina— y nos daba las armas para impedir que cosas tan horribles pudieran repetirse.

Esta ha sido mi posición: por sobre las tinieblas, desconocidas para mí, de la época staliniana, surgía ante mis ojos el primer Stalin, un hombre principista y bonachón, sobrio como un anacoreta, defensor titánico de la Revolución rusa. Además, este pequeño hombre de grandes bigotes se agigantó en la guerra; con su nombre en los labios, el Ejército Rojo atacó y pulverizó la fortaleza de los demonios hitlerianos.

Sin embargo, dediqué uno solo de mis poemas a esa poderosa personalidad. Fue con ocasión de su muerte. Lo puede encontrar cualquiera en las ediciones de mis *Obras completas*. La muerte del cíclope del Kremlin tuvo una resonancia cósmica. Se estremeció la selva humana. Mi poema captó la sensación de aquel pánico terrestre.

Lección de sencillez

Gabriel García Márquez me refirió, muy ofendido, cómo le habían suprimido en Moscú algunos pasajes eróticos a su maravilloso libro *Cien años de soledad*.

—Eso está muy mal —les dije yo a los editores.

—No pierde nada el libro —me contestaron, y yo me di cuenta de que lo habían podado sin mala voluntad. Pero lo podaron.

Cómo arreglar estas cosas? Cada vez soy menos sociólogo. Fuera de los principios generales del marxismo, fuera de mi antipatía por el capitalismo y mi confianza en el socialismo, cada vez entiendo menos la tenaz contradicción de la humanidad.

Los poetas de esta época hemos tenido que elegir. La elección no ha sido un lecho de rosas. Las terribles guerras injustas, las continuas presiones, la agresión del dinero, todas las injusticias se han hecho más evidentes. Los anzuelos del sistema envejecido han sido la «libertad» condicionada, la sexualidad, la violencia y los placeres pagados por cómodas cuotas mensuales.

El poeta del presente ha buscado una salida a su zozobra. Algunos se han escapado hacia el misticismo, o hacia el sueño de la razón. Otros se sienten fascinados por la violencia espontánea y destructora de la juventud; han pasado a ser inmediatistas, sin considerar que esta experiencia, en el beligerante mundo actual, ha conducido siempre a la represión y al suplicio estéril.

Encontré en mi partido, el Partido Comunista de Chile, un grupo grande de gente sencilla, que había dejado muy lejos la vanidad personal, el caudillismo, los intereses materiales. Me sentí feliz de conocer gente honrada que luchaba por la honradez común, es decir, por la justicia.

Nunca he tenido dificultades con mi partido, que con su modestia ha logrado extraordinarias victorias para el pueblo de Chile, mi pueblo. Qué más puedo decir? No aspiro sino a ser tan sencillo como mis compañeros; tan persistente e invencible como ellos lo son. Nunca se aprende bastante de la humildad. Nunca me enseñó nada el orgullo individualista que se encastilla en el escepticismo para no ser solidario del sufrimiento humano.

Fidel Castro

Dos semanas después de su victoriosa entrada en La Habana, llegó Fidel Castro a Caracas por una corta visita. Venía a agradecer públicamente al gobierno y al pueblo venezolanos la ayuda que le habían prestado. Esta ayuda había consistido en armas para sus tropas, y no fue naturalmente Betancourt (recién elegido presidente) quien las proporcionó, sino su antecesor, el almirante Wolfgang Larrazábal. Había sido Larrazábal amigo de las izquierdas venezolanas, incluyendo a los comunistas, y accedió al acto de solidaridad con Cuba que estos le solicitaron.

He visto pocas acogidas políticas más fervorosas que la que le dieron los venezolanos al joven vencedor de la Revolución cubana. Fidel habló cuatro horas seguidas en la gran plaza de El Silencio, corazón de Caracas. Yo era una de las doscientas mil personas que escucharon de pie y sin chistar aquel largo discurso. Para mí, como para muchos otros, los discursos de Fidel han sido una revelación. Oyéndolo hablar ante aquella multitud, comprendí que una época nueva había comenzado para América Latina. Me gustó la novedad de su lenguaje. Los mejores dirigentes obreros y políticos suelen machacar fórmulas cuyo contenido puede ser válido, pero son palabras gastadas y debilitadas en la repetición. Fidel no se daba por enterado de tales fórmulas. Su lenguaje era natural y didáctico. Parecía que él mismo iba aprendiendo mientras hablaba y enseñaba.

El presidente Betancourt no estaba presente. Le asustaba la idea de enfrentarse a la ciudad de Caracas, donde nunca fue popular. Cada vez que Fidel Castro lo nombró en su discurso se escucharon de inmediato silbidos y abucheos que las manos de Fidel trataban de silenciar. Yo creo que aquel día se selló una enemistad definitiva entre Betancourt y el revolucionario cubano. Fidel no era marxista ni comunista en ese tiempo; sus mismas palabras distaban mucho de esa posición política. Mi idea personal es que aquel discurso, la personalidad fogosa y brillante de Fidel, el entusiasmo multitudinario que despertaba, la pasión con que el pueblo de Caracas lo oía, entristecieron a Betancourt, político de viejo estilo, de retórica, comités y conciliábulos. Desde entonces Betancourt ha perseguido con saña implacable todo cuanto de cerca o de lejos le huela a Fidel Castro a la Revolución cubana.

Al día siguiente del mitin, cuando yo estaba en el campo de picnic dominical, llegaron hasta nosotros unas motocicletas que me traían una invitación para la Embajada de Cuba. Me habían buscado todo el día y por fin habían descubierto mi paradero. La recepción sería esa misma tarde. Matilde y yo salimos directamente hacia la sede de la embajada. Los invitados eran tan numerosos que sobrepasaban los salones y jardines. Afuera se agolpaba el pueblo y era difícil cruzar las calles que conducían a la casa.

Atravesamos salones repletos de gente, una trinchera de brazos con copas de cóctel en alto. Alguien nos llevó por unos corredores y unas escaleras hasta otro piso. En un sitio sorpresivo nos estaba esperando Celia, la amiga y secretaria más cercana de Fidel. Matilde se quedó con ella. A mí me introdujeron a la habitación vecina. Me encontré en un dormitorio subalterno, como de jardinero o de chofer. Solo había una cama de la cual alguien se había levantado precipitadamente, dejando sábanas en desorden y una almohada por el suelo. Una mesita en un rincón y nada más. Pensé que de allí me pasarían a algún saloncito decente para encontrarme con el comandante. Pero no fue así. De repente se abrió la puerta y Fidel Castro llenó el hueco con su estatura.

Me sobrepasaba por una cabeza. Se dirigió con pasos rápidos hacia mí.

—¡Hola, Pablo! —me dijo y me sumergió en un abrazo estrecho y apretado.

Me sorprendió su voz delgada, casi infantil. También algo en su aspecto concordaba con el tono de su voz. Fidel no daba la sensación de un hombre grande, sino de un niño grande a quien se le hubieran alargado de pronto las piernas sin perder su cara de chiquillo y su escasa barba de adolescente.

De pronto interrumpió el abrazo con brusquedad. Se quedó como galvanizado. Dio media vuelta y se dirigió resueltamente hacia un rincón del cuarto. Sin que yo me enterara había entrado sigilosamente un fotógrafo periodístico y desde ese rincón dirigía su cámara hacia nosotros. Fidel cayó a su lado de un solo impulso. Vi que lo había agarrado por la garganta y lo sacudía. La cámara cayó al suelo. Me acerqué a Fidel y lo tomé de un brazo, espantado ante la visión del minúsculo fotógrafo que se debatía inútilmente. Pero Fidel le dio un empellón hacia la puerta y lo obligó a desaparecer. Luego se volvió hacia mí sonriendo, recogió la cámara del suelo y la arrojó sobre la cama.

No hablamos del incidente, sino de las posibilidades de una agencia de prensa para la América entera. Me parece que de aquella conversación nació Prensa Latina. Luego, cada uno por su puerta, regresamos a la recepción.

Una hora más tarde, regresando ya de la embajada en compañía de Matilde, me vinieron a la mente la cara aterrorizada del fotógrafo y la rapidez instintiva del jefe guerrillero que advirtió de espaldas la silenciosa llegada del intruso.

Ese fue mi primer encuentro con Fidel Castro. Por qué rechazó tan rotundamente aquella fotografía? Encerraba su rechazo un pequeño misterio político? Hasta ahora no he logrado comprender por qué motivo nuestra entrevista debía tener carácter tan secreto.

Fue muy diferente mi primer encuentro con el Che Guevara. Sucedió en La Habana. Cerca de la una de la noche llegué a verlo, invitado por él a su oficina del Ministerio de Hacienda o de Economía, no recuerdo exactamente. Aunque me había citado para la medianoche, yo llegué con retardo. Había asistido a un acto oficial interminable y me sentaron en el *presidium*.

El Che llevaba botas, uniforme de campaña y pistolas a la cintura. Su indumentaria desentonaba con el ambiente bancario de la oficina.

El Che era moreno, pausado en el hablar, con indudable acento argentino. Era un hombre para conversar con él despacio, en la pampa, entre mate y mate. Sus frases eran cortas y remataban en una sonrisa, como si dejara en el aire el comentario.

Me halagó lo que me dijo de mi libro *Canto general*. Acostumbraba leerlo por la noche a sus guerrilleros, en la Sierra Maestra. Ahora, ya pasados los años, me estremezco al pensar que mis versos también le acompañaron en su muerte. Por Régis Debray supe que en las montañas de Bolivia guardó hasta el último momento en su mochila solo dos libros: un texto de aritmética y mi *Canto general*.

Algo me dijo el Che aquella noche que me desorientó bastante pero que tal vez explica en parte su destino. Su mirada iba de mis ojos a la ventana oscura del recinto bancario. Hablábamos de una posible invasión norteamericana a Cuba. Yo había visto por las calles de La Habana sacos de arena diseminados en puntos estratégicos. Él dijo súbitamente:

—La guerra... La guerra... Siempre estamos contra la guerra, pero cuando la hemos hecho no podemos vivir sin la guerra. En todo instante queremos volver a ella.

Reflexionaba en voz alta y para mí. Yo lo escuché con sincero estupor. Para mí la guerra es una amenaza y no un destino.

Nos despedimos y nunca más lo volví a ver. Luego acontecieron su combate en la selva boliviana y su trágica muerte. Pero yo sigo viendo en el Che Guevara aquel hombre meditativo que en sus batallas heroicas destinó siempre, junto a sus armas, un sitio para la poesía.

A América Latina le gusta mucho la palabra *esperanza*. Nos complace que nos llamen «continente de la esperanza». Los candidatos a diputados, a senadores, a presidentes, se autotitulan «candidatos de la esperanza».

En la realidad esta esperanza es algo así como el cielo prometido, una promesa de pago cuyo cumplimiento se aplaza. Se aplaza para el próximo período legislativo, para el próximo año o para el próximo siglo.

Cuando se produjo la Revolución cubana, millones de sudamericanos tuvieron un brusco despertar. No creían lo que escuchaban. Esto no estaba en los libros de un continente que ha vivido desesperadamente pensando en la esperanza.

He aquí de pronto que Fidel Castro, un cubano a quien antes nadie conocía, agarra la esperanza del pelo o de los pies, y no le permite volar, sino que la sienta en su mesa, es decir, en la mesa y en la casa de los pueblos de América.

Desde entonces hemos adelantado mucho en este camino de la esperanza vuelta realidad. Pero vivimos con el alma en un hilo. Un país vecino, muy poderoso y muy imperialista, quiere aplastar a Cuba con esperanza y todo. Las masas de América leen todos los días el periódico, escuchan la radio todas las noches. Y suspiran de satisfacción. Cuba existe. Un día más. Un año más. Un lustro más. Nuestra esperanza no ha sido decapitada. No será decapitada.

La carta de los cubanos

Hacía tiempo que los escritores peruanos, entre los que siempre conté con muchos amigos, presionaban para que se me diera en su país una condecoración oficial. Confieso que las condecoraciones me han parecido siempre un tanto ridículas. Las pocas que tenía me las colgaron al pecho sin ningún amor, por funciones desempeñadas, por permanencias consulares, es decir, por obligación o rutina. Pasé una vez por Lima, y Ciro Alegría, el gran novelista de *Los perros hambrientos*, que era entonces presidente de los escritores peruanos, insistió para que se me condecorase en su patria. Mi poema «Alturas de Macchu Picchu» había pasado a ser parte de la vida peruana; tal vez logré expresar en esos versos algunos sentimientos que yacían dormidos como las piedras de la gran construcción. Además, el presidente peruano de ese tiempo, el arquitecto Belaúnde, era mi amigo y mi lector. Aunque la revolución que después lo expulsó del país con violencia dio al Perú un gobierno inesperadamente abierto a los nuevos caminos de la historia, sigo creyendo que el arquitecto Belaúnde fue un hombre de intachable honestidad, empeñado en tareas algo quiméricas que al final lo apartaron de la realidad terrible, lo separaron de su pueblo que tan profundamente amaba.

Acepté ser condecorado, esta vez no por mis servicios consulares, sino por uno de mis poemas. Además, y no es esto lo más pequeño, entre los pueblos de Chile y Perú hay aún heridas sin cerrar. No solo los deportistas y los diplomáticos y los estadistas deben empeñarse en restañar esa sangre del pasado, sino también y con mayor razón los poetas, cuyas almas tienen menos fronteras que las de los demás.

Por esa misma época hice un viaje a los Estados Unidos. Se trataba de un congreso del Pen Club mundial. Entre los invitados estaban mis amigos Arthur Miller, los argentinos Ernesto Sabato y Victoria Ocampo, el crítico uruguayo Emir Rodríguez Monegal, el novelista mexicano Carlos Fuentes. También concurrieron escritores de casi todos los países socialistas de Europa.

Se me notificó a mi llegada que los escritores cubanos habían sido igualmente invitados. En el Pen Club estaban sorprendidos porque no había llegado Carpentier y me pidieron que yo tratara de aclarar el asunto. Me dirigí al representante de Prensa Latina en Nueva York, quien me ofreció transmitir un recado para Carpentier.

La respuesta, a través de Prensa Latina, fue que Carpentier no podía venir porque la invitación había llegado demasiado tarde y las visas norteamericanas no habían estado listas. Alguien mentía en esa ocasión: las visas estaban concedidas hacía tres meses, y hacía también tres meses que los cubanos conocían la invitación y la habían aceptado. Se comprende que hubo un acuerdo superior de ausencia a última hora.

Yo cumplí mis tareas de siempre. Di mi primer recital de poesía en Nueva York, con un lleno tan grande que debieron poner pantallas de televisión fuera del teatro para que vieran y oyeran algunos miles que no pudieron entrar. Me conmovió el eco que mis poemas, violentamente antimperialistas, despertaban en esa multitud norteamericana. Comprendí muchas cosas allí, y en Washington, y en California, cuando los estudiantes y la gente común manifestaban su aprobación a mis palabras condenatorias del imperialismo. Comprobé a quemarropa que los enemigos norteamericanos de nuestros pueblos eran igualmente enemigos del pueblo norteamericano.

Me hicieron algunas entrevistas. La revista *Life* en castellano, dirigida por latinoamericanos advenedizos, tergiversó y mutiló mis opiniones. No rectificaron cuando se lo pedí. Pero no era nada grave. Lo que suprimieron fue un párrafo donde yo condenaba lo de Vietnam y otro acerca de un líder negro asesinado por esos días. Solo años más tarde la periodista que redactó la entrevista dio testimonio de que había sido censurada.

Supe, durante mi visita —y eso hace honor a mis compañeros los escritores norteamericanos—, que ellos ejercieron una presión irreductible para que se me concediera la visa de entrada a los Estados Unidos. Me parece que llegaron a amenazar al Departamento de Estado con un acuerdo reprobatorio del Pen Club, si continuaba rechazando mi permiso de entrada. En una reunión pública, en la que recibía una distinción la personalidad más respetada de la poesía norteamericana, la anciana poetisa Marianne Moore que murió muchos meses después, ella tomó la palabra para regocijarse de que se hubiera logrado mi ingreso legal al país por medio de la unidad de los poetas. Me contaron que sus palabras, vibrantes y conmovedoras, fueron objeto de una gran ovación.

Lo cierto y lo inaudito es que después de esa gira, signada por mi actividad política y poética más combativa, gran parte de la cual fue empleada en defensa y apoyo de la Revolución cubana, recibí, apenas regresado a Chile, la célebre y maligna carta de los escritores cubanos encaminada a acusarme poco menos que de sumisión y traición. Ya no me acuerdo de los términos empleados por mis fiscales. Pero puedo decir que se erigían en profesores de las revoluciones, en dómines de las normas que deben regir a los escritores de izquierda. Con arrogancia, insolencia y halago, pretendían enmendar mi actividad poética, social y revolucionaria. Mi condecoración por «Macchu Picchu» y mi asistencia al congreso del Pen Club; mis declaraciones y recitales; mis palabras y actos contrarios al sistema norteamericano, expresados en la boca del lobo; todo era puesto en duda, falsificado o calumniado por los susodichos escritores, muchos de ellos recién llegados al campo revolucionario, y muchos de ellos remunerados justa o injustamente por el nuevo Estado cubano.

Este costal de injurias fue engrosado por firmas y más firmas que se pidieron con sospechosa espontaneidad desde las tribunas de las sociedades de escritores y artistas. Comisionados corrían de aquí para allá en La Habana, en busca de firmas de gremios enteros de músicos, bailarines y artistas plásticos. Se llamaba para que firmaran a los numerosos artistas y escritores transeúntes que habían sido generosamente invitados a Cuba y que llenaban los hoteles de mayor rumbo. Algunos de los escritores cuyos nombres aparecieron estampados al pie del injusto documento, me han hecho llegar posteriormente noticias subrepticias: «Nunca lo firmé; me enteré del contenido después de ver mi firma que nunca puse». Un amigo de Juan Marinello me ha sugerido que así pasó con él, aunque nunca he podido comprobarlo. Lo he comprobado con otros.

El asunto era un ovillo, una bola de nieve o de malversaciones ideológicas que era preciso hacer crecer a toda costa. Se instalaron agencias especiales en Madrid, París y otras capitales, consagradas a despachar en masa ejemplares de la carta mentirosa. Por miles salieron esas cartas, especialmente desde Madrid, en remesas de veinte o treinta ejemplares para cada destinatario. Resultaba siniestramente divertido recibir esos sobres tapizados con retratos de Franco como sellos postales, en cuyo interior se acusaba a Pablo Neruda de contrarrevolucionario.

No me toca a mí indagar los motivos de aquel arrebato: la falsedad política, las debilidades ideológicas, los resentimientos y envidias literarias, qué sé yo cuántas cosas determinaron esta batalla de tantos contra uno. Me contaron después que los entusiastas redactores, promotores y cazadores de firmas para la famosa carta, fueron los escritores Roberto Fernández Retamar, Edmundo Desnoes y Lisandro Otero. A Desnoes y a Otero no recuerdo haberlos leído nunca ni conocido personalmente. A Retamar sí. En La Habana y en París me persiguió asiduamente con su adulación. Me decía que había publicado incesantes prólogos y artículos laudatorios sobre mis obras. La verdad es que nunca lo consideré un valor, sino uno más entre los arribistas políticos y literarios de nuestra época.

Tal vez se imaginaron que podían dañarme o destruirme como militante revolucionario. Pero cuando llegué a la calle Teatinos de Santiago de Chile, a tratar por primera vez el asunto ante el comité central del partido, ya tenían su opinión, al menos en el aspecto político.

—Se trata del primer ataque contra nuestro partido chileno —me dijeron.

Se vivían serios conflictos en aquel tiempo. Los comunistas venezolanos, los mexicanos y otros, disputaban ideológicamente con los cubanos. Más tarde, en trágicas circunstancias pero silenciosamente, se diferenciaron también los bolivianos.

El Partido Comunista de Chile decidió concederme en un acto público la medalla Recabarren, recién creada entonces y destinada a sus mejores militantes. Era una sobria respuesta. El Partido Comunista chileno sobrellevó con inteligencia aquel período de divergencias, persistió en su propósito de analizar internamente nuestros desacuerdos. Con el tiempo toda sombra de pugna se ha eliminado y existe entre los dos partidos comunistas más importantes de América Latina un entendimiento claro y una relación fraternal.

En cuanto a mí, no he dejado de ser el mismo que escribió *Canción de gesta*. Es un libro que me sigue gustando. A través de él no puedo olvidar que yo fui el primer poeta que dedicó un libro entero a enaltecer la Revolución cubana.

Comprendo, naturalmente, que las revoluciones y especialmente sus hombres caigan de cuando en cuando en el error y en la injusticia.

Las leyes nunca escritas de la humanidad envuelven por igual a revolucionarios y contrarrevolucionarios. Nadie puede escapar de las equivocaciones. Un punto ciego, un pequeño punto ciego dentro de un proceso, no tiene gran importancia en el contexto de una causa grande. He seguido cantando, amando y respetando la Revolución cubana, a su pueblo, a sus nobles protagonistas.

Pero cada uno tiene su debilidad. Yo tengo muchas. Por ejemplo, no me gusta desprenderme del orgullo que siento por mi inflexible actitud de combatiente revolucionario. Tal vez será por eso, o por otra rendija de mi pequeñez, que me he negado hasta ahora, y me seguiré negando, a dar la mano a ninguno de los que consciente o inconscientemente firmaron aquella carta que me sigue pareciendo una infamia.

12
Patria dulce y dura

Extremismo y espías

Con mucha frecuencia los antiguos anarquistas —y pasará lo mismo mañana con los anarcoides de hoy— derivan hacia una posición muy cómoda, el anarcocapitalismo, guarida a la que se acogen también los francotiradores políticos, los izquierdizantes y los falsos independientes. El capitalismo represivo tiene como enemigo fundamental a los comunistas, y su puntería no suele equivocarse. Todos esos rebeldes individualistas son halagados de una manera o de otra por la sabiduría o zamarrería reaccionaria que los considera heroicos defensores de sagrados principios. Los reaccionarios saben que el peligro de cambios en una sociedad no reside en las rebeliones individualistas, sino en la organización de las masas y en una extensiva conciencia de clase.

Todo esto lo vi claramente en España durante la guerra. Ciertos grupos antifascistas estaban jugando un carnaval enmascarado frente a las fuerzas de Hitler y Franco que avanzaban hacia Madrid. Descarto, naturalmente, a los anarquistas indomables, como Durruti y sus catalanes, que en Barcelona combatieron como leones.

Algo mil veces peor que los extremistas son los espías. Entre los militantes de los partidos revolucionarios se cuelan de cuando en cuando los agentes adversos, asalariados de la policía, de los partidos reaccionarios o de gobiernos extranjeros. Algunos de ellos cumplen misiones especiales de provocación; otros de observación paciente. Es clásica la historia de Azeff. Antes de la caída del zarismo tomó parte en numerosos atentados terroristas y fue encarcelado muchas veces. Las memorias del jefe de la policía secreta del zar, publicadas después de la Revolución, contaban en detalle cómo Azeff fue en todo instante un agente de la Ochrana. En la cabeza de este extraño personaje, uno de cuyos atentados causó la muerte de un gran duque, coincidían el terrorista y el delator.

Otra de las experiencias curiosas fue aquella que tuvo lugar en Los Angeles, San Francisco u otra ciudad de California. Durante la racha enloquecida del macartismo se detuvo a toda la militancia del Partido Comunista de la localidad. Eran setenta y cinco personas, numeradas, acotadas, e historiadas hasta en sus menores detalles de vida. Pues bien, las setenta y cinco personas resultaron agentes de la policía. El FBI se había dado el lujo de constituir su propio pequeño «Partido Comunista», con individuos que no se conocían entre sí, para luego perseguirlos y atribuirse triunfos sensacionales sobre enemigos inexistentes. El FBI llegó por ese camino a episodios tan grotescos como el de aquel repollo donde guardaba los secretos internacionales más explosivos un tal Chalmers, excomunista comprado a precio de dólares por la policía. También llegó el FBI a historias horrendas, entre las cuales indignó particularmente a la humanidad la ejecución o asesinato de los esposos Rosenberg.

En el Partido Comunista de Chile, organización de larga historia y de origen cerradamente proletario, fue siempre más difícil la entrada de estos agentes. Las teorías guerrilleristas en América Latina, en cambio, abrieron las compuertas para toda clase de soplones. La espontaneidad y la juventud de estas organizaciones hizo más dificultosa la detección y el desenmascaramiento de los espías. Por eso las dudas acompañaron siempre a los jefes guerrilleros, que tuvieron que cuidarse hasta de su propia sombra. El culto al riesgo fue alentado en cierto modo por la fogosidad romántica y la descabellada teorización guerrillerista que inundó América Latina. Esta época concluyó tal vez con el asesinato y muerte heroica de Ernesto Guevara. Pero durante mucho tiempo los sostenedores teóricos de una táctica saturaron el continente de tesis y documentos que virtualmente asignaban el gobierno revolucionario popular del futuro, no a las clases explotadas por el capitalismo, sino a los grupos armados de la montonera. El vicio de este razonamiento es su debilidad política: puede ser que en algunas ocasiones el gran guerrillero coexista con una poderosa mentalidad política, como en el caso del Che Guevara, pero esto es una cuestión minoritaria y de azar. Los sobrevivientes de una guerrilla no pueden dirigir un Estado proletario por el solo hecho de ser más valientes, de haber tenido mayor suerte frente a la muerte o mejor puntería frente a los vivos.

Ahora referiré una experiencia personal. Yo estaba entonces en Chile, recién llegado de México. En una de las reuniones políticas a las que yo acudía, se me acercó un hombre a saludarme. Era un señor de edad mediana, imagen del caballero moderno, correctísimamente vestido y provisto de esas gafas que dan tanta respetabilidad a la gente, unos lentes sin montura que se pinchan de la nariz. Resultó un personaje muy afable:

—Don Pablo, nunca me había atrevido a acercarme a usted, aunque le debo la vida. Soy uno de los refugiados que usted salvó de los campos de concentración y de los hornos de gas cuando nos embarcó en el *Winnipeg* con destino a Chile. Soy catalán y masón. Tengo aquí una situación formada. Trabajo como experto vendedor de artículos sanitarios, para la compañía Tal y Tal que es la más importante de Chile.

Me contó que ocupaba un buen departamento en el centro de Santiago. Su vecino era un famoso campeón de tenis llamado Iglesias, que había sido mi compañero de colegio. Hablaban de mí con frecuencia y, por último, decidieron invitarme y festejarme. Por eso había venido a verme.

El departamento del catalán daba muestras del bienestar de nuestra pequeña burguesía. Un amueblado impecable; una paella dorada y abundante. Iglesias estuvo con nosotros todo el almuerzo. Nos reímos recordando el viejo liceo de Temuco en cuyos sótanos nos rozaban la cara las alas de los murciélagos. Al final del almuerzo, el hospitalario catalán dijo unas breves palabras y me obsequió dos espléndidas copias fotográficas: una de Baudelaire y otra de Edgar Poe. Espléndidas cabezas de poetas que, por cierto, conservo todavía en mi biblioteca.

Un día cualquiera nuestro catalán cayó fulminado por una parálisis, inmovilizado en su cama, sin uso de la palabra ni de los gestos. Solo sus ojos se movían angustiosamente, como queriendo decir algo a su esposa, una eximia republicana española de intachable historia; o a su vecino Iglesias, mi amigo y campeón de tenis. Pero el hombre se murió sin habla y sin movimiento.

Cuando la casa se llenó de lágrimas, amigos y coronas, el vecino tenista recibió un misterioso llamado: «Conocemos la íntima amistad que usted mantuvo con el difunto caballero catalán. Él no se cansaba de hacer elogios de su persona. Si quiere hacer un servicio trascendental a la memoria de su amigo, abra usted la caja fuerte y saque una cajita de hierro que tiene allí depositada. Volveré a llamarlo dentro de tres días».

La viuda no quiso oír hablar de semejante cosa; su dolor era paroxístico; no quería saber nada del asunto; dejó el departamento; se mudó a una casa de pensión de la calle Santo Domingo. El dueño de la pensión era un yugoslavo de la resistencia, hombre fogueado en política. La viuda le pidió que examinara los papeles de su marido. El yugoslavo encontró la cajita metálica y la abrió con muchas dificultades. Entonces saltó la más inesperada de las liebres. Los documentos guardados descubrían que el difunto había sido siempre un agente fascista. Las copias de sus cartas revelaban los nombres de decenas de emigrados que, al volver a España clandestinamente, fueron encarcelados o ejecutados.

Había incluso una carta autógrafa de Francisco Franco agradeciendo sus servicios. Otras indicaciones del catalán sirvieron a la Marina nazi para hundir barcos de carga que salían del litoral chileno con pertrechos. Una de esas víctimas fue nuestra bella fragata, orgullo de la marina de Chile, la veterana *Lautaro*. Se hundió durante la guerra, con su carga de salitre, al salir de nuestro puerto de Tocopilla. El naufragio costó la vida a diecisiete cadetes navales. Murieron ahogados o carbonizados.

Estas fueron las hazañas criminales de un catalán sonriente que un día cualquiera me invitó a almorzar.

Los comunistas

...Han pasado unos cuantos años desde que ingresé al partido... Estoy contento... Los comunistas hacen una buena familia... Tienen el pellejo curtido y el corazón templado... Por todas partes reciben palos... Palos exclusivos para ellos... Vivan los espiritistas, los monarquistas, los aberrantes, los criminales de varios grados... Viva la filosofía con humo pero sin esqueletos... Viva el perro que ladra y que muerde, vivan los astrólogos libidinosos, viva la pornografía, viva el cinismo, viva el camarón, viva todo el mundo, menos los comunistas... Vivan los cinturones de castidad, vivan los conservadores que no se lavan los pies ideológicos desde hace quinientos años... Vivan los piojos de las poblaciones miserables, viva la

fosa común gratuita, viva el anarcocapitalismo, viva Rilke, viva André Gide con su corydoncito, viva cualquier misticismo... Todo está bien... Todos son heroicos... Todos los periódicos deben salir... Todos pueden publicarse, menos los comunistas... Todos los políticos deben entrar en Santo Domingo sin cadenas... Todos deben celebrar la muerte del sanguinario, del Trujillo, menos los que más duramente lo combatieron... Viva el carnaval, los últimos días del carnaval... Hay disfraces para todos... Disfraces de idealista cristiano, disfraces de extremo izquierda, disfraces de damas benéficas y de matronas caritativas... Pero, cuidado, no dejen entrar a los comunistas... Cierren bien la puerta... No se vayan a equivocar... No tienen derecho a nada... Preocupémonos de lo subjetivo, de la esencia del hombre, de la esencia de la esencia... Así estaremos todos contentos... Tenemos libertad... Qué grande es la libertad!... Ellos no la respetan, no la conocen... La libertad para preocuparse de la esencia... De lo esencial de la esencia...

... Así han pasado los últimos años... Pasó el jazz, llegó el soul, naufragamos en los postulados de la pintura abstracta, nos estremeció y nos mató la guerra... En este lado todo quedaba igual... O no quedaba igual?... Después de tantos discursos sobre el espíritu y de tantos palos en la cabeza, algo andaba mal... Muy mal... Los cálculos habían fallado... Los pueblos se organizaban... Seguían las guerrillas y las huelgas... Cuba y Chile se independizaban... Muchos hombres y mujeres cantaban La Internacional... *Qué raro... Qué desconsolador... Ahora la cantaban en chino, en búlgaro, en español de América... Hay que tomar urgentes medidas... Hay que proscribirlo... Hay que hablar más del espíritu... Exaltar más el mundo libre... Hay que dar más palos... Hay que dar más dólares... Esto no puede continuar... Entre la libertad de los palos y el miedo de Germán Arciniegas... Y ahora Cuba... En nuestro propio hemisferio, en la mitad de nuestra manzana, estos barbudos con la misma canción... Y para qué nos sirve Cristo?... De qué modo nos han servido los curas?... Ya no se puede confiar en nadie... Ni en los mismos curas... No ven nuestros puntos de vista... No ven cómo bajan nuestras acciones en la Bolsa...*

... Mientras tanto trepan los hombres por el sistema solar... Quedan huellas de zapatos en la luna... Todo lucha por cambiar, menos los viejos sistemas... La vida de los viejos sistemas nació de inmensas telarañas medievales... Telarañas más duras que los hierros de la maquinaria... Sin

embargo, hay gente que cree en un cambio, que ha practicado el cambio, que ha hecho triunfar el cambio, que ha florecido el cambio... Caramba!... La primavera es inexorable!

Poética y política

Me paso casi todo el año 1969 en Isla Negra. Desde la mañana el mar adquiere su fantástica forma de crecimiento. Parece estar amasando un pan infinito. Es blanca como harina la espuma derramada, impulsada por la fría levadura de la profundidad.

El invierno es estático y brumoso. A su encanto territorial le agregamos cada día el fuego de la chimenea. La blancura de las arenas en la playa nos ofrece un mundo solitario, como antes de que existieran habitantes o veraneantes en la tierra. Pero no se crea que yo detesto las multitudes estivales. Apenas se acerca el verano las muchachas se aproximan al mar, hombres y niños entran en las olas con precaución y salen saltando del peligro. Así consuman la danza milenaria del hombre frente al mar, tal vez el primer baile de los seres humanos.

En el invierno las casas de Isla Negra viven envueltas por la oscuridad de la noche. Solo la mía se enciende. A veces creo que hay alguien en la casa de enfrente. Veo una ventana iluminada. Es solo un espejismo. No hay nadie en la casa del capitán. Es la luz de mi ventana que se refleja en la suya.

Todos los días del año me fui a escribir al rincón de mis trabajos. No es fácil llegar allí, ni mantenerse en él. Por de pronto hay algo que atrae a mis dos perros, *Panda* y *Chou Tu*. Es una piel de tigre de Bengala que sirve de alfombra en el pequeño cuarto. Yo la traje de China hace muchísimos años. Se le han caído garras y pelos. Amén de cierta amenaza de polilla que Matilde y yo conjuramos.

A mis perros les gusta extenderse sobre el viejo enemigo. Como si hubieran resultado vencedores de una contienda, se duermen de manera instantánea, extenuados por el combate. Se tienden atravesados frente a la puerta como obligándome a no salir, a proseguir mi tarea.

A cada momento ha pasado algo en la casa. Del teléfono distante mandan un recado. Qué deben contestar? No estoy. Luego mandan otro recado. Qué deben contestar? Estoy.

No estoy. Estoy. Estoy. No estoy. Esta es la vida de un poeta para quien el rincón remoto de Isla Negra dejó de ser remoto.

Siempre me preguntan, especialmente los periodistas, qué obra estoy escribiendo, qué cosa estoy haciendo. Siempre me ha sorprendido esta pregunta por lo superficial. Porque la verdad es que siempre estoy haciendo lo mismo. Nunca he dejado de hacer lo mismo. Poesía?

Me enteré mucho después de estar haciéndolo, que lo que yo escribía se llamaba poesía. Nunca he tenido interés en las definiciones, en las etiquetas. Me aburren a muerte las discusiones estéticas. No disminuyo a quienes las sustentan, sino que me siento ajeno tanto a la partida de nacimiento como al *post mortem* de la creación literaria. «Que nada exterior llegue a mandar en mí», dijo Walt Whitman. Y la parafernalia de la literatura, con todos sus méritos, no debe sustituir a la desnuda creación.

Cambié de cuaderno varias veces en el año. Por ahí andan esos cuadernos amarrados con el hilo verde de mi caligrafía. Llené muchos de ellos que se fueron haciendo libros como si pasaran de una metamorfosis a otra, de la inmovilidad al movimiento, de larvas a luciérnagas.

La vida política vino como un trueno a sacarme de mis trabajos. Regresé una vez más a la multitud.

La multitud humana ha sido para mí la lección de mi vida. Puedo llegar a ella con la inherente timidez del poeta, con el temor del tímido, pero, una vez en su seno, me siento transfigurado. Soy parte de la esencial mayoría, soy una hoja más del gran árbol humano.

Soledad y multitud seguirán siendo deberes elementales del poeta de nuestro tiempo. En la soledad, mi vida se enriqueció con la batalla del oleaje en el litoral chileno. Me intrigaron y me apasionaron las aguas combatientes y los peñascos combatidos, la multiplicación de la vida oceánica, la impecable formación de «los pájaros errantes», el esplendor de la espuma marina.

Pero aprendí mucho más de la gran marea de las vidas, de la ternura vista en miles de ojos que me miraron al mismo tiempo. Puede este mensaje no ser posible a todos los poetas, pero quien lo haya sentido lo guardará en su corazón, lo desarrollará en su obra.

Es memorable y desgarrador para el poeta haber encarnado para muchos hombres, durante un minuto, la esperanza.

Candidato presidencial

Una mañana de 1969 llegaron a mi escondite marinero, a mi casa de Isla Negra, el secretario general de mi partido y otros compañeros. Venían a ofrecerme la candidatura parcial a la Presidencia de la República, candidatura que propondrían a los seis o siete partidos de la Unidad Popular. Tenían todo listo: programa, carácter del gobierno, futuras medidas de emergencia, etcétera. Hasta ese momento todos aquellos partidos tenían su candidato y cada uno quería mantenerlo. Solo los comunistas no lo teníamos. Nuestra posición era apoyar al candidato único que los partidos de izquierda designaron y que sería el de la Unidad Popular. Pero no había decisión y las cosas no podían seguir así. Los candidatos de la derecha estaban lanzados y hacían propaganda. Si no nos uníamos en una aspiración electoral común, seríamos abrumados por una derrota espectacular.

La única manera de precipitar la unidad estaba en que los comunistas designaran su propio candidato. Cuando acepté la candidatura postulada por mi partido, hicimos ostensible la posición comunista. Nuestro apoyo sería para el candidato que contara con la voluntad de los otros. Si no se lograba tal consenso, mi postulación se mantendría hasta el final.

Era un medio heroico de obligar a los otros a ponerse de acuerdo. Cuando le dije al camarada Corvalán que aceptaba, lo hice en el entendimiento de que igualmente se aceptaría mi futura renuncia, en la convicción de que mi renuncia sería inevitable. Era harto improbable que la unidad pudiera lograrse alrededor de un comunista. En buenas palabras, todos nos necesitaban para que los apoyáramos a ellos (incluso algunos candidatos de la Democracia Cristiana), pero ninguno nos necesitaba para apoyarnos a nosotros.

Pero mi candidatura, salida de aquella mañana marina de Isla Negra, agarró fuego. No había sitio de donde no me solicitaran. Llegué a enternecerme ante aquellos centenares o miles de hombres y mujeres del pueblo que me estrujaban, me besaban y lloraban. Pobladores de los suburbios de Santiago, mineros de Coquimbo, hombres del cobre y del desierto, campesinas que me esperaban por horas con sus chiquillos en brazos, gente que vivía su desamparo desde el río Biobío hasta más allá del estrecho de Magallanes, a todos ellos les hablaba o les leía mis poemas a plena lluvia, en el barro de calles y caminos, bajo el viento austral que hace tiritar a la gente.

Me estaba entusiasmando. Cada vez asistía más gente a mis concentraciones, cada vez acudían más mujeres. Con fascinación y terror comencé a pensar qué iba a hacer yo si salía elegido presidente de la república más chúcara, más dramáticamente insoluble, la más endeudada y, posiblemente, la más ingrata. Los presidentes eran aclamados durante el primer mes y martirizados, con o sin justicia, los cinco años y los once meses restantes.

La campaña de Allende

En un momento afortunado llegó la noticia: Allende surgía como candidato posible de la entera Unidad Popular. Previa aceptación de mi partido, presenté rápidamente la renuncia a mi candidatura. Ante una inmensa y alegre multitud hablé yo para renunciar y Allende para postularse. El gran mitin era en un parque. La gente llenaba todo el espacio visible y también los árboles. De los ramajes sobresalían piernas y cabezas. No hay nada como estos chilenos aguerridos.

Conocía al candidato. Lo había acompañado tres veces anteriores, echando versos y discursos por todo el brusco e interminable territorio de Chile. Tres veces consecutivas, cada seis años, había sido aspirante presidencial mi porfiadísimo compañero. Esta sería la cuarta y la vencida.

Cuenta Arnold Bennet o Somerset Maugham (no recuerdo bien quién de los dos) que una vez le tocó dormir (al que lo cuenta) en el mismo cuarto de Winston Churchill. Lo primero que hizo al despertar aquel político tremendo, junto con abrir los ojos, fue estirar la mano, coger un inmenso cigarro habano del velador y, sin más ni más, comenzar a fumárselo. Esto lo puede hacer solamente un saludable hombre de las cavernas, con esa salud mineral de la edad de piedra.

La resistencia de Allende dejaba atrás a la de todos sus acompañantes. Tenía un arte digno del mismísimo Churchill: se dormía cuando le daba la gana. A veces íbamos por las infinitas tierras áridas del norte de Chile. Allende dormía profundamente en los rincones del automóvil.

De pronto surgía un pequeño punto rojo en el camino: al acercarnos se convertía en un grupo de quince o veinte hombres con sus mujeres, sus niños y sus banderas. Se detenía el coche. Allende se restregaba los ojos para enfrentarse al sol vertical y al pequeño grupo que cantaba. Se les unía y entonaba con ellos el himno nacional. Después les hablaba, vivo, rápido y elocuente. Regresaba al coche y continuábamos recorriendo los larguísimos caminos de Chile. Allende volvía a sumergirse en el sueño sin el menor esfuerzo. Cada veinticinco minutos se repetía la escena: grupo, banderas, canto, discurso y regreso al sueño.

Enfrentándose a inmensas manifestaciones de miles y miles de chilenos; cambiando de automóvil a tren, de tren a avión, de avión a barco, de barco a caballo; Allende cumplió sin vacilar las jornadas de aquellos meses agotadores. Atrás se quedaban fatigados casi todos los miembros de su comitiva. Más tarde, ya presidente hecho y derecho de Chile, su implacable eficiencia causó entre sus colaboradores cuatro o cinco infartos.

Embajada en París

Cuando llegué a hacerme cargo de nuestra embajada en París, me di cuenta de que tenía que pagar un pesado tributo a mi vanidad. Había aceptado este puesto sin pensarlo mucho, dejándome ir una vez más por el vaivén de la vida. Me agradaba la idea de representar a un victorioso gobierno popular, alcanzado después de tantos años de gobiernos mediocres y mentirosos. Quizá en el fondo lo que me cautivaba más era entrar con una nueva dignidad a la casa de la embajada chilena, en la que me tragué humillaciones cuando organicé la inmigración de los republicanos españoles hacia mi país. Cada uno de los embajadores anteriores había colaborado en mi persecución; había contribuido a denigrarme y a herirme. El perseguido tomaría asiento en la silla del perseguidor, comería en su mesa, dormiría en su cama y abriría las ventanas para que el aire nuevo del mundo entrara a una vieja embajada.

Lo más difícil era hacer entrar el aire. El asfixiante estilo salonesco se me metió por las narices y los ojos cuando, en esa noche de marzo de 1971, llegué con Matilde a nuestro dormitorio y nos acostamos en las egregias camas donde murieron, plácidos o atormentados, algunos embajadores y embajadoras.

Es un dormitorio adecuado para alojar a un guerrero y su caballo; hay espacio suficiente para que se nutra el caballo y duerma el caballero. Los techos son altísimos y suavemente decorados. Los muebles son cosas felpudas, de color vagamente hoja seca, ataviados con espantosos flecos; una parafernalia de estilo que muestra al mismo tiempo signos de la riqueza y huellas de la decadencia. Los tapices pueden haber sido bellos hace sesenta años. Ahora han tomado un invencible color de pisada y un olor apolillado a conversaciones convencionales y difuntas.

Para complemento, el personal nervioso que nos esperaba había pensado en todo, menos en la calefacción del gigantesco dormitorio. Matilde y yo pasamos entumidos nuestra primera noche diplomática en París. A la segunda noche la calefacción marchó. Tenía sesenta años de uso y ya se habían inutilizado los filtros. El aire caliente del antiguo sistema solo dejaba pasar el anhídrido carbónico. No teníamos derecho a quejarnos de frío, como la noche anterior, pero sentíamos las palpitaciones y la angustia del envenenamiento. Tuvimos que abrir las ventanas para que entrara el frío invernal. Tal vez los viejos embajadores se estaban vengando de un arribista que llegaba a suplantarlos sin méritos burocráticos ni timbres genealógicos.

Pensamos: debemos buscarnos una casa donde respirar con las hojas, con el agua, con los pájaros, con el aire. Este pensamiento se convertiría con el tiempo en obsesión. Como prisioneros desvelados por su libertad, buscábamos y buscábamos el aire puro fuera de París.

Eso de ser embajador era algo nuevo e incómodo para mí. Pero entrañaba un desafío. En Chile había sobrevenido una revolución. Una revolución a la chilena, muy analizada y muy discutida. Los enemigos de adentro y de afuera se afilaban los dientes para destruirla. Por ciento ochenta años se sucedieron en mi país los mismos gobernantes con diferentes etiquetas. Todos hicieron lo mismo. Continuaron los harapos, las viviendas indignas, los niños sin escuelas ni zapatos, las prisiones y los garrotazos contra mi pobre pueblo.

Ahora podíamos respirar y cantar. Eso era lo que me gustaba de mi nueva situación.

Los nombramientos diplomáticos requieren en Chile la aprobación del Senado. La derecha chilena me había halagado continuamente como poeta; hasta hizo discursos en mi honor. Está claro que estos discursos los habrían pronunciado con más regocijo en mis funerales. En la votación del Senado para ratificar mi cargo de embajador, me libré por tres votos de mayoría. Los de la derecha y algunos hipócrita-cristianos votaron en mi contra, bajo el secreto de las bolitas blancas y negras.

El anterior embajador tenía las paredes tapizadas con las fotografías de sus predecesores en el cargo, sin excepción, además de su propio retrato. Era una impresionante colección de personajes vacíos, salvo dos o tres, entre los cuales estaba el ilustre Blest Gana, nuestro pequeño Balzac chileno. Ordené el descendimiento de los espectrales retratos y los sustituí con figuras más sólidas: cinco efigies grabadas de los héroes que dieron bandera, nacionalidad e independencia a Chile; y tres fotografías contemporáneas: la de Aguirre Cerda, progresista presidente de la República; la de Luis Emilio Recabarren, fundador del Partido Comunista; y la de Salvador Allende. Las paredes quedaron infinitamente mejor.

No sé lo que pensarían los secretarios de la embajada, derechistas en su casi totalidad. Los partidos reaccionarios habían copado la administración del país durante cien años. No se nombraba ni a un portero que no fuera conservador o monárquico. Los democratacristianos a su vez, autodenominándose «revolución en libertad», mostraron una voracidad paralela a la de los antiguos reaccionarios. Más tarde las paralelas convergerían hasta volverse casi una misma línea.

La burocracia, los archipiélagos de los edificios públicos, todo quedó lleno de empleados, inspectores y asesores de la derecha, como si nunca en Chile hubieran triunfado Allende y la Unidad Popular, como si los ministros de gobierno no fueran ahora socialistas y comunistas.

Por tales circunstancias pedí que se llenara el cargo de consejero de la embajada en París con uno de mis amigos, diplomático de carrera y escritor de relieve. Se trataba de Jorge Edwards. Aunque pertenecía a la familia más oligárquica y reaccionaria de mi país, él era un hombre de izquierda, sin filiación partidista. Lo que yo necesitaba sobre todo era un funcionario inteligente que conociera su oficio y fuera digno de mi confianza. Edwards había sido hasta ese momento encargado de negocios en La Habana. Me habían llegado vagos rumores de algunas dificultades que había tenido en Cuba. Como yo lo conocía por años como un hombre de izquierda, no le di mayor importancia al asunto.

Mi flamante consejero llegó de Cuba muy nervioso y me refirió su historia. Tuve la impresión de que la razón la tenían los dos lados, y ninguno de ellos, como a veces pasa en la vida. Poco a poco Jorge Edwards repuso sus nervios destrozados, dejó de comerse las uñas y trabajó conmigo con evidente capacidad, inteligencia y lealtad. Durante aquellos dos años de arduo trabajo en la embajada, mi consejero fue mi mejor compañero y un funcionario, tal vez el único en esa gran oficina, políticamente impecable.

Cuando la compañía norteamericana pretendió el embargo del cobre chileno una ola de emoción recorrió a Europa entera. No solo los periódicos, las televisoras, las radios, se ocuparon preocupadamente de este asunto, sino que una vez más fuimos defendidos por una conciencia mayoritaria y popular.

Los estibadores de Francia y de Holanda se negaron a descargar el cobre en sus puertos para significar su repudio a la agresión. Ese maravilloso gesto conmovió al mundo. Tales historias solidarias enseñan más sobre la historia de nuestro tiempo que las cátedras de una universidad.

Recuerdo también situaciones más humildes, aunque más conmovedoras. Al segundo día del embargo una modesta señora francesa, de una pequeña ciudad de provincia, nos mandó un billete de cien francos, fruto de sus ahorros, para ayudar a la defensa del cobre chileno. Y también una carta de adhesión calurosa, firmada por todos los habitantes del pueblo, el alcalde, el cura párroco, los obreros, los deportistas y los estudiantes.

De Chile me llegaban mensajes de centenares de amigos, conocidos y desconocidos, que me congratulaban por mi enfrentamiento a los piratas internacionales en defensa de nuestro cobre. Enviada por una mujer del pueblo recibí una encomienda que contenía un mate de calabaza, cuatro paltas y media docena de ajíes verdes.

Al mismo tiempo, el nombre de Chile se había engrandecido en forma extraordinaria. Nos habíamos transformado en un país que existía. Antes pasábamos desapercibidos entre la multitud del subdesarrollo. Ahora por primera vez teníamos fisonomía propia y no había nadie en el mundo que se atreviera a desconocer la magnitud de nuestra lucha en la construcción de un destino nacional.

Todo lo que acontecía en nuestra patria apasionaba a Francia y a Europa entera. Reuniones populares, asambleas estudiantiles, libros que se editaban en todos los idiomas, nos estudiaban, nos examinaban, nos retrataban. Yo debía contener a los periodistas que cada día querían saberlo todo y mucho más de todo. El presidente Allende era un hombre universal. La disciplina y la firmeza de nuestra clase obrera era admirada y elogiada.

La ardiente simpatía hacia Chile se multiplicó con motivo de los conflictos derivados de la nacionalización de nuestros yacimientos de cobre. Se comprendió en todas partes que este era un paso gigantesco en la ruta de la nueva Independencia de Chile. Sin subterfugios de ninguna especie, el gobierno popular hacía definitiva nuestra soberanía al reconquistar el cobre para nuestra patria.

Retorno a Chile

Al volver a Chile me recibió una vegetación nueva en las calles y en los parques. Nuestra maravillosa primavera se había puesto a pintar de verde los follajes forestales. A nuestra vieja capital gris le hacen falta las hojas verdes como el amor al corazón humano. Respiré la frescura de esta joven primavera. Cuando estamos lejos de la patria nunca la recordamos en sus inviernos. La distancia borra las penas del invierno, las poblaciones desamparadas, los niños descalzos en el frío. El arte del recuerdo solo nos trae campiñas verdes, flores amarillas y rojas, el cielo azulado del himno nacional. Esta vez encontré la bella estación que había sido tantas veces visión de lejanía.

Otra vegetación salpicaba los muros de la ciudad. Era el musgo del odio que los tapizaba. Carteles anticomunistas que chorreaban insolencia y mentira; carteles contra Cuba; carteles antisoviéticos; carteles contra la paz y la humanidad; carteles sanguinarios que pronosticaban degollinas y Yakartas. Esta era la nueva vegetación que envilecía los muros de la ciudad.

Yo conocía por experiencia el tono y el sentido de esa propaganda. Me tocó vivir en la Europa anterior a Hitler. Era justamente ese el espíritu de la propaganda hitleriana; el derroche de la mentira a todo trapo; la cruzada de la amenaza y el miedo; el despliegue de todas las armas del odio contra el porvenir. Sentí que querían cambiar la esencia misma de nuestra vida. No me explicaba cómo podían existir chilenos que ofendieran de esa manera nuestro espíritu nacional.

Cuando el terrorismo fue necesario para la derecha reaccionaria, esta lo empleó sin escrúpulos. Al general Schneider, jefe supremo del Ejército, hombre respetado y respetable que se opuso a un golpe de Estado destinado a impedir el acceso de Allende a la Presidencia de la República, lo asesinaron. Una variada colección de malvados lo ametralló por la espalda cerca de su casa. La operación fue dirigida por un exgeneral expulsado de las filas del Ejército. La pandilla estaba compuesta por jóvenes pitucos y delincuentes profesionales.

Probado el crimen y encarcelado el autor intelectual, este fue condenado a treinta años de cárcel por la justicia militar. Pero la sentencia fue rebajada a dos años por la Corte Suprema de Justicia. Un pobre diablo que se roba por hambre una gallina recibe en Chile el doble de la pena que se le asignó al asesino del comandante en jefe del Ejército. Es la aplicación clasista de las leyes elaboradas por la clase dominante.

El triunfo de Allende constituyó para esa clase dominante un sobresalto macabro. Por primera vez pensaron que las leyes tan cuidadosamente fabricadas les pudieran pegar a ellos en la cabeza. Corrieron con sus acciones, sus joyas, sus billetes, sus monedas de oro, a refugiarse en alguna parte. Se fueron a la Argentina, a España, incluso llegaron a Australia. El terror del pueblo los habría hecho llegar fácilmente al Polo Norte.

Después regresarían.

Frei

El camino chileno, limitado en todas partes por obstáculos infernales y legales, fue en todo instante estrictamente constitucional. Mientras tanto, la oligarquía recompuso su traje agujereado y se transformó en facción fascista. El bloqueo norteamericano se hizo más implacable a raíz de la nacionalización del cobre. La ITT, de acuerdo con el expresidente Frei, echó a la Democracia Cristiana en brazos de la nueva derecha fascista.

Las personalidades recíprocas y antagónicas de Allende y Frei han preocupado a Chile en forma permanente. Tal vez por eso mismo, porque son hombres tan diferentes, caudillos a su manera en un país sin caudillismo, cada uno con sus propósitos y con su camino bien delimitado.

Creo haber conocido bien a Allende; no tenía nada de enigmático. En cuanto a Frei, me tocó ser colega suyo en el Senado de la República. Es un hombre curioso, sumamente premeditado, muy alejado de la espontaneidad allendista. No obstante, estalla a menudo en risas violentas, en carcajadas estridentes. A mí me gusta la gente que se ríe a carcajadas (yo no tengo ese don). Pero hay carcajadas y carcajadas. Las de Frei salen de un rostro preocupado, serio, vigilante de la aguja con que cose su hilo político vital. Es una risa súbita que asusta un poco, como el graznido de ciertas aves nocturnas. Por lo demás, su conducta suele ser parsimoniosa y fríamente cordial.

Su zigzagueo político me deprimió muchas veces antes de que me desilusionara por completo. Recuerdo que una vez me vino a ver a mi casa de Santiago. Flotaba en ese entonces la idea de un entendimiento entre comunistas y democratacristianos. Estos no se llamaban aún así, sino Falange Nacional, un nombre horrendo adoptado bajo la impresión que les había causado el joven fascista Primo de Rivera. Luego, pasada la guerra española, Maritain los influenció y se convirtieron en antifascistas y cambiaron de nombre.

Mi conversación fue vaga pero cordial. A los comunistas nos interesaba entendernos con todos los hombres y sectores de buena voluntad; aislados no llegaríamos a ninguna parte. Dentro de su natural evasivo, Frei me confirmó su aparente izquierdismo de ese tiempo. Se despidió de mí regalándome una de esas carcajadas que se le caen como piedras de la boca. «Seguiremos hablando», dijo. Pero dos días después comprendí que nuestra conversación había terminado para siempre.

Después del triunfo de Allende, Frei, un político ambicioso y frío, creyó indispensable una alianza reaccionaria suya para retornar al poder. Era una mera ilusión, el sueño congelado de una araña política. Su tela no sobrevivirá; de nada le valdrá el golpe de Estado que ha propiciado. El fascismo no tolera componendas, sino acatamiento. La figura de Frei se hará cada año más sombría. Y su memoria tendrá que encarar algún día la responsabilidad del crimen.

Tomic

Me interesó mucho el Partido Demócrata Cristiano desde su nacimiento, desde que abandonó el nombre inadmisible de Falange. Surgió cuando un grupo reducido de intelectuales católicos formó una élite maritainista y tomista. Este pensamiento filosófico no me preocupó; tengo una indiferencia natural hacia los teorizantes de la poesía, de la política, del sexo. Las consecuencias prácticas de aquel pequeño movimiento se dejaron notar en forma singular, inesperada. Logré que algunos jóvenes dirigentes hablaran en favor de la República española, en los grandes mítines que organicé a mi regreso de Madrid combatiente. Esta participación era insólita; la vieja jerarquía eclesiástica, impulsada por el Partido Conservador, estuvo a punto de disolver el nuevo partido. Solo la intervención de un obispo precursor los salvó del suicidio político. La declaración del prelado de Talca permitió la sobrevivencia del grupo que con el tiempo se transformaría en el partido político más numeroso de Chile. Su ideología cambió totalmente con los años.

Después de Frei, el hombre más importante entre los democratacristianos ha sido Radomiro Tomic. Lo conocí en mi época de parlamentario, en medio de huelgas y giras electorales por el norte de Chile. Los democratacristianos de entonces nos perseguían (a los comunistas) para tomar parte en nuestros mítines. Nosotros éramos (y seguimos siéndolo) la gente más popular en el desierto del salitre y del cobre, es decir, entre los más sacrificados trabajadores del continente americano. De allí había salido Recabarren, allí habían nacido la prensa obrera y los primeros sindicatos. Nada de ello habría existido sin los comunistas.

Tomic era por esa época no solo la mejor esperanza de los democratacristianos, sino su personalidad más atrayente y su verbo más elocuente.

Las cosas habían cambiado mucho en 1964, cuando la Democracia Cristiana ganó las elecciones que llevaron a Frei a la Presidencia de la República. La campaña del candidato que triunfó sobre Allende se hizo sobre una base de inaudita violencia anticomunista, orquestada con avisos de prensa y radio que buscaban aterrorizar a la población. Aquella propaganda ponía los pelos de punta: las monjas serían fusiladas; los niños morirían ensartados en bayonetas por barbudos parecidos a Fidel; las niñas serían separadas de sus padres y enviadas a Siberia. Se supo más tarde, por declaraciones hechas ante la comisión especial del

Senado norteamericano, que la CIA gastó veinte millones de dólares en aquella truculenta campaña del terror.

Una vez ungido presidente, Frei hizo un presente griego a su único y gran rival en el partido: designó a Radomiro Tomic como embajador de Chile en los Estados Unidos. Frei sabía que su gobierno iba a renegociar con las empresas norteamericanas del cobre. En ese momento todo el país pedía la nacionalización. Como un experto prestidigitador, Frei cambió el término por el de «chilenización» y remachó con nuevos convenios la entrega de nuestra principal riqueza nacional a los poderosos consorcios Kennecot y Anaconda Copper Company. El resultado económico para Chile fue monstruoso. El resultado político para Tomic fue muy triste: Frei lo había borrado del mapa. Un embajador de Chile en los Estados Unidos que hubiese colaborado en la entrega del cobre no sería apoyado por el pueblo chileno. En las siguientes elecciones presidenciales, Tomic ocupó penosamente el tercer lugar entre tres candidatos.

Poco después de renunciar a su cargo de embajador en Estados Unidos a comienzos de 1969, Tomic vino a verme en Isla Negra. Estaba recién llegado del norte y aún no era oficialmente candidato a la presidencia. Nuestra amistad se había mantenido en medio de las marejadas políticas, como se mantiene todavía. Pero difícilmente pudimos entendernos aquella vez. Él quería una alianza más amplia de las fuerzas progresistas, sustitutiva de nuestro movimiento de Unidad Popular, bajo el título de Unión del Pueblo. Tal propósito resultaba imposible; su participación en las negociaciones cupríferas inhabilitaba su candidatura ante la izquierda política. Además, los dos grandes partidos básicos del movimiento popular, el comunista y el socialista, eran ya mayores de edad, con capacidad para llevar a la presidencia a un hombre de sus filas.

Antes de marcharse de mi casa, bastante desilusionado por cierto, Tomic me hizo una revelación. El ministro de Hacienda demócrata cristiano, Andrés Zaldívar, le había mostrado documentalmente la bancarrota de la realidad económica del país en ese momento.

—Vamos a caer en un abismo —me dijo Tomic—. La situación no da para cuatro meses más. Esto es una catástrofe. Zaldívar me ha dado todos los detalles de nuestra quiebra inevitable.

Un mes después de elegido Allende, y antes de que asumiera la Presidencia de la República, el mismo ministro Zaldívar anunció públicamente el inminente desastre económico del país; pero esta vez lo atribuyó a las repercusiones internacionales provocadas por la elección de Allende. Así se escribe la historia. Por lo menos así la escriben los políticos torcidos y oportunistas como Zaldívar.

Allende

Mi pueblo ha sido el más traicionado de este tiempo. De los desiertos del salitre, de las minas submarinas del carbón, de las alturas terribles donde yace el cobre y lo extraen con trabajos inhumanos las manos de mi pueblo, surgió un movimiento liberador de magnitud grandiosa. Ese movimiento llevó a la Presidencia de Chile a un hombre llamado Salvador Allende para que realizara reformas y medidas de justicia inaplazables, para que rescatara nuestras riquezas nacionales de las garras extranjeras.

Donde estuvo, en los países más lejanos, los pueblos admiraron al presidente Allende y elogiaron el extraordinario pluralismo de nuestro gobierno. Jamás en la historia de la sede de las Naciones Unidas, en Nueva York, se escuchó una ovación como la que le brindaron al presidente de Chile los delegados de todo el mundo. Aquí, en Chile, se estaba construyendo, entre inmensas dificultades, una sociedad verdaderamente justa, elevada sobre la base de nuestra soberanía, de nuestro orgullo nacional, del heroísmo de los mejores habitantes de Chile. De nuestro lado, del lado de la revolución chilena, estaban la Constitución y la ley, la democracia y la esperanza.

Del otro lado no faltaba nada. Tenían arlequines y polichinelas, payasos a granel, terroristas de pistola y cadena, monjes falsos y militares degradados. Unos y otros daban vueltas en el carrusel del despacho. Iban tomados de la mano el fascista Jarpa con sus sobrinos de Patria y Libertad, dispuestos a romperle la cabeza y el alma a cuanto existe, con tal de recuperar la gran hacienda que ellos llamaban Chile. Junto con ellos, para amenizar la farándula, danzaba un gran banquero y bailarín, algo manchado de sangre; era el campeón de rumba González Videla, que rumbeando entregó hace tiempo su partido a los enemigos del pueblo. Ahora era Frei quien ofrecía su Partido Demócrata Cristiano a los mismos enemigos del pueblo, y bailaba al son que estos le tocaran, y bailaba además con el excoronel Viaux, de cuya fechoría fue cómplice. Estos eran los principales artistas de la comedia. Tenían preparados los víveres del acaparamiento, los «miguelitos», los garrotes y las mismas balas que ayer hirieron de muerte a nuestro pueblo en Iquique, en Ránquil, en Salvador, en Puerto Montt, en la José María Caro, en Frutillar, en Puente Alto y en tantos otros lugares. Los asesinos de Hernán Mery bailaban con los que deberían defender su memoria. Bailaban con naturalidad, santurronamente. Se sentían ofendidos de que les reprocharan esos «pequeños detalles».

Chile tiene una larga historia civil con pocas revoluciones y muchos gobiernos estables, conservadores y mediocres. Muchos presidentes chicos y solo dos presidentes grandes: Balmaceda y Allende. Es curioso que los dos provinieran del mismo medio, de la burguesía adinerada, que aquí se hace llamar aristocracia. Como hombres de principios, empeñados en engrandecer un país empequeñecido por la mediocre oligarquía, los dos fueron conducidos a la muerte de la misma manera. Balmaceda fue llevado al suicidio por resistirse a entregar la riqueza salitrera a las compañías extranjeras.

Allende fue asesinado por haber nacionalizado la otra riqueza del subsuelo chileno, el cobre. En ambos casos la oligarquía chilena organizó revoluciones sangrientas. En ambos casos los militares hicieron de jauría. Las compañías inglesas en la ocasión de Balmaceda, las norteamericanas en la ocasión de Allende, fomentaron y sufragaron estos movimientos militares.

En ambos casos las casas de los presidentes fueron desvalijadas por órdenes de nuestros distinguidos «aristócratas». Los salones de Balmaceda fueron destruidos a hachazos. La casa de Allende, gracias al progreso del mundo, fue bombardeada desde el aire por nuestros heroicos aviadores.

Sin embargo, estos dos hombres fueron muy diferentes. Balmaceda fue un orador cautivante. Tenía una complexión imperiosa que lo acercaba más y más al mando unipersonal. Estaba seguro de la elevación de sus propósitos. En todo instante se vio rodeado de enemigos. Su superioridad sobre el medio en que vivía era tan grande, y tan grande su soledad, que concluyó por reconcentrarse en sí mismo. El pueblo que debía ayudarle no existía como fuerza, es decir, no estaba organizado.

Aquel presidente estaba condenado a conducirse como un iluminado, como un soñador: su sueño de grandeza se quedó en sueño. Después de su asesinato, los rapaces mercaderes extranjeros y los parlamentarios criollos entraron en posesión del salitre: para los extranjeros, la propiedad y las concesiones; para los criollos, las coimas. Recibidos los treinta dineros, todo volvió a su normalidad. La sangre de unos cuantos miles de hombres del pueblo se secó pronto en los campos de batalla. Los obreros más explotados del mundo, los de las regiones del norte de Chile, no cesaron de producir inmensas cantidades de libras esterlinas para la *city* de Londres.

Allende nunca fue un gran orador. Y como estadista era un gobernante que consultaba todas sus medidas. Fue el antidictador, el demócrata principista hasta en los menores detalles. Le tocó un país que ya no era el pueblo bisoño de Balmaceda; encontró una clase obrera poderosa que sabía de qué se trataba. Allende era un dirigente colectivo; un hombre que, sin salir de las clases populares, era un producto de la lucha de esas clases contra el estancamiento y la corrupción de sus explotadores. Por tales causas y razones, la obra que realizó Allende en tan corto tiempo es superior a la de Balmaceda; más aún, es la más importante en la historia de Chile. Solo la nacionalización del cobre fue una empresa titánica, y muchos objetivos más que se cumplieron bajo su gobierno de esencia colectiva.

Las obras y los hechos de Allende, de imborrable valor nacional, enfurecieron a los enemigos de nuestra liberación. El simbolismo trágico de esta crisis se revela en el bombardeo del Palacio de Gobierno; uno evoca la *Blitzkrieg* de la aviación nazi contra indefensas ciudades extranjeras, españolas, inglesas, rusas; ahora sucedía el mismo crimen en Chile; pilotos chilenos atacaban en picada el palacio que durante dos siglos fue el centro de la vida civil del país.

Escribo estas rápidas líneas para mis memorias a solo tres días de los hechos incalificables que llevaron a la muerte a mi gran compañero el presidente Allende. Su asesinato se mantuvo en silencio; fue enterrado secretamente; solo a su viuda le fue permitido acompañar aquel inmortal cadáver. La versión de los agresores es que hallaron su cuerpo inerte, con muestras visibles de suicidio. La versión que ha sido publicada en el extranjero es diferente. A renglón seguido del bombardeo aéreo entraron en acción los tanques, muchos tanques, a luchar intrépidamente contra un solo hombre: el presidente de la República de Chile, Salvador Allende, que los esperaba en su gabinete, sin más compañía que su gran corazón, envuelto en humo y llamas.

Tenían que aprovechar una ocasión tan bella. Había que ametrallarlo porque jamás renunciaría a su cargo. Aquel cuerpo fue enterrado secretamente en un sitio cualquiera. Aquel cadáver que marchó a la sepultura acompañado por una sola mujer que llevaba en sí misma todo el dolor del mundo, aquella gloriosa figura muerta iba acribillada y despedazada por las balas de las ametralladoras de los soldados de Chile, que otra vez habían traicionado a Chile.

Despedida

Y aquí terminamos hoy este viaje alrededor de mí mismo. Al hablaros, al estar con vosotros, al poner frente a frente de vuestros criterios y de vuestros corazones mi poesía y mis combates, no he querido herir ninguna conciencia ni apagar ninguno de vuestros sueños. Ojalá que en mis palabras hayáis encontrado respuesta a algunas interrogaciones escondidas que apretabais contra vuestro pecho. Pero también deseo que nuevas preguntas, nuevas insatisfacciones se despierten esta tarde en vosotros. Que la vida, las alegrías y los dolores del mundo entren cada día en nuestra casa derribando las puertas. La vida está hecha de las misteriosas sustancias de la noche que muere y del alba que va a nacer. Que para vosotros se levante junto a cada respuesta recién encontrada una nueva interrogación que nace. Hasta mañana pues, señoras y señores. Hasta el misterio de mañana.

Pablo Neruda, «Viaje alrededor de mi poesía».

LAS CONFERENCIAS EN LA UNIVERSIDAD DE CHILE

Los textos que incluimos en este apéndice corresponden a la segunda, la tercera y la quinta conferencia, de un ciclo de cinco, que el poeta dio como parte de la celebración de sus cincuenta años. El tema fue su vida y su poesía; el lugar, la Universidad de Chile; la ocasión, la Escuela Internacional de Temporada de esta universidad, y las fechas, desde el 20 hasta el 24 de enero de 1954.

Otras dos conferencias de este mismo ciclo, la primera y la cuarta, han sido publicadas ya, con los nombres de «Infancia y poesía» y «Algo sobre mi poesía y mi vida», en las *Obras completas* del poeta.

El conjunto de estas charlas es la primera de las tres elaboraciones autobiográficas más importantes hechas en prosa por Neruda. Más tarde el poeta utilizará partes de todos estos textos en *Confieso que he vivido*. Es así como párrafos y páginas de la segunda conferencia, que publicamos aquí, pueden encontrarse en algunos capítulos de la sección 2 de *Confieso...*, «Perdido en la ciudad», y en el capítulo «La originalidad», de la sección 11, «La poesía es un oficio», de la misma obra. En su biografía del poeta, Margarita Aguirre reproduce también algunos párrafos.

Hay otras páginas que permanecieron inéditas, como aquellas en que Neruda se refiere al libro *Odas elementales*, que entonces estaba escribiendo, y a algunos de los *Veinte poemas*. Asimismo, expone temas como el de los elementos adivinatorios en la poesía, y el de la condición del poeta como un trabajador más, sin una condición social ni ontológica de privilegio, tópico que seguirá desarrollando a lo largo de su vida.

Partes del texto de la tercera conferencia también fueron usados por Neruda en *Confieso que he vivido*, especialmente en el capítulo «Ceilán». Inéditas en cambio son, entre otras cosas, sus consideraciones bastante categóricas sobre *Residencia en la tierra* que corresponden a esa época, pero que posteriormente el poeta revisó, y sus comentarios sobre sus lecturas de Rimbaud, Baudelaire, Mallarmé y el conde Villamediana.

La introducción a la última conferencia, que fue, en su mayor parte, un recital, contiene interesantes consideraciones sobre la poesía, que son también inéditas.

Más allá de las páginas estrictamente inéditas y de los fragmentos incorporados a *Confieso que he vivido*, estas conferencias tienen un valor asociado con el arte que el poeta ponía en su relato autobiográfico. Como el mismo Neruda dice en la tercera de sus charlas: «Estos recuerdos deben marchar con fluidez y arranco de ellos cualquier obstáculo que con su peso detuviera la corriente». Además, en estas tres conferencias que se publican íntegramente por primera vez, encontramos marcas inéditas en la organización, el orden y el ritmo que el poeta les dio en la época en que escribió los textos. Así, lo que es completamente inédito en los textos de estas conferencias es la forma y el orden que el poeta le da a su relato.

Como se ha dicho anteriormente, Neruda escribió muchos textos especialmente para *Confieso que he vivido,* pero además reelaboró, reordenó e incorporó textos o secciones de textos escritos mucho tiempo antes, como algunos tomados de estas conferencias. Este reordenamiento, desde luego, responde a la visión que el poeta ya casi septuagenario tenía de su propia biografía en 1972, que desde luego no era la misma que la del Neruda que cumpliría cincuenta años en 1954.

El conjunto de estas tres conferencias, más las dos que ya están publicadas, son parte medular de los estratos y afluentes textuales que convergieron en la escritura de *Confieso que he vivido.*

Agregamos a este apéndice «Pablo Neruda, ese desconocido», texto de una charla escrita probablemente para ser radiodifundida. Nos parece que este es un buen ejemplo del tipo de conferencias autobiográficas que daba Neruda, en las que el relato de su vida se alternaba con la recitación de sus poemas. Esto da cuenta una vez más de la imbricación de narrativa y poesía en la construcción de su relato autobiográfico.

Segunda conferencia, 21 de enero de 1954

La poesía resiste más de lo que se piensa, resiste los más bruscos cambios de medio ambiente y de temperatura. Llegué de la provincia y de los bosques a Santiago. De todo me habían informado antes de salir, pero no me contaron nada sobre las chinches. En el sur como en el norte de Chile no hay chinches. En la pensión me comieron aquella noche. Estaba tan fatigado que no las sentí. En la mañana, al despertar, me vi la cara deformada por las ronchas. Creí que estaba enfermo. Entonces me mostraron a los temibles bichos. Me enseñaron a cazarlos con una vela dejándoles caer cera caliente.

Me sentí humillado y perdido en la ciudad. Santiago tenía un olor a gas y a café en el año 1921, en el mes de marzo. Miles de casas estaban ocupadas por gentes desconocidas para mí, y por chinches. Yo no entendía nada.

El otoño y luego el invierno terminaban con las hojas en las calles y en los parques. El mundo se hizo más sucio, más oscuro y doloroso.

En la calle Maruri n.º 513 terminé de escribir mi primer libro. Escribía dos, tres, cuatro y cinco poemas al día. En las tardes, al ponerse el sol, frente al balcón se desarrollaba un espectáculo diario que yo no me perdía por nada del mundo. Era la puesta del sol con grandiosos hacinamientos de colores, con repartos de luz, abanicos inmensos de anaranjado y escarlata. El capítulo central de mi primer libro se llama «Los crepúsculos de Maruri». Nadie me ha preguntado nunca qué es eso de Maruri. Tal vez algunos sepan que es esa humilde calle visitada por los más extraordinarios crepúsculos.

Me refugié en mi poesía con ferocidad de tímido. Aleteaban sobre Santiago las nuevas escuelas literarias. Rojas Giménez conocía todos los ismos. Él había fundado con Martín Bunster una escuela, «Agú» que no pasó más allá del primer manifiesto. Las escuelas de París y la influencia de Reverdy llegaban a la calle Ahumada. Pronto fui leyendo todas las cosas. Pero me defendía.

Yo no creo en la originalidad. Este es un fetiche más creado en nuestra época de vertiginoso derrumbe. Creo en la personalidad a través de cualquier lenguaje, de cualquier forma, de cualquier sentido de la creación artística. Pero la originalidad delirante es una invención moderna y un engaño electoral. Hay quienes quieren hacerse elegir primeros poetas, de su país, de la lengua o del mundo. Entonces corren buscándose electores, insultando a los que creen con posibilidades al cetro. Entonces la poesía se transforma en una mascarada.

En los tiempos antiguos los más nobles y rigurosos poetas como Quevedo, por ejemplo, a quien tengo tal vez por el primero de todos, escribieron poemas con esta advertencia: «Imitación de Horacio», «Imitación de Ovidio», «Imitación de Lucrecio».

Sin embargo, es esencial conservar la dirección interior, ir controlando este crecimiento en que la naturaleza, la cultura y la vida social van desarrollando las excelencias del poeta.

Por mi parte, conservé mi tono propio, que se fue robusteciendo por su propia naturaleza, como crecen todas las cosas vivas. No hay duda que las emociones forman parte principal de mis primeros libros y ay de aquel poeta que no responda con su canto a los tiernos y furiosos llamados del corazón. Sin embargo, creo, después de treinta y cinco años de experiencia, que es posible llegar a un dominio más importante de las emociones para la obra poética. Creo en la espontaneidad dirigida. Para esto se necesita dos órdenes de reservas, que deben estar siempre a disposición del poeta, digamos en su bolsillo, para cualquier emergencia: primero, la reserva de observaciones formales, virtuales, de palabras, sonidos o figuras, que aunque dispersas pasen cerca de uno como abejas. Hay que cazarlas de inmediato y guardárselas en la faltriquera. Yo soy muy perezoso en este sentido, pero es un buen consejo. Maiakovski tenía una libretita y acudía incesantemente a ella. Pero no es menos importante la reserva de emociones. Y, cómo se guardan estas? Teniendo conciencia de ellas cuando se produjeron. Cuando estamos frente al papel recordaremos más vivamente esta conciencia nuestra, este efecto sensible de la causa o del hecho mismo. Esto para el poeta, no para el novelista.

Escribo en estos días mi nuevo libro. Se llama *Odas elementales*. Antes quise probar que el poeta puede escribir sobre lo que se le indique, sobre aquello que sea necesario para algún grupo de hombres. Casi todas las grandes obras de la antigüedad fueron hechas sobre la base de estrictas peticiones. Las *Geórgicas* son la propaganda de los cultivos en el agro romano. Un poeta debe escribir para una universidad o un sindicato, para gremios y oficios. Nunca se perdió la libertad con esto. La inspiración mágica, el poeta comunicándose con Dios, son invenciones interesadas. En los momentos de mayor tensión de un poeta creando su propia obra, el producto puede serle totalmente ajeno, influenciado por lecturas y cosas exteriores.

En los nuevos poemas que escribo en estos días he querido yo plantearme los temas más apartados de mí mismo y quiero desarrollarlos con plena conciencia de mis medios de expresión y de la dirección que quiero dar a mi nueva obra.

Ya hablaremos de eso más tarde.

Recordar la vida literaria de aquellos años... pintores y escritores se agitaban sordamente y había un lirismo otoñal en la pintura y en la poesía. Cada uno trataba de ser más anárquico, más disolvente, más desordenado... la vida social chilena se conmovía profundamente. Eran sacrosantos días de lucha... Alessandri hacía discursos subversivos, Carlos Vicuña, Juan Gandulfo... En las pampas salitreras se organizaban los obreros que crearían el movimiento popular más importante del continente. Yo me sumé de inmediato a la ideología anarcosindicalista... mi libro favorito era *Sascha Yegulev*, de Andréiev... otros leían las novelas pornográficas de Arzivachev atribuyéndoles consecuencias ideológicas, exactamente como hoy sucede con la pornografía existencialista. Los intelectuales se refugiaban en las cantinas... el viejo vino hacía brillar la miseria como oro hasta la mañana siguiente. Juan Egaña, poeta extraordinariamente dotado, se quebrantaba hasta la tumba... se contaba que al heredar una fortuna puso todos los billetes sobre una mesa, en una casa abandonada... los contertulios que dormían de día salían de noche a buscar vino en barriles... sin embargo, ese rayo lunar de la poesía de Juan Egaña es un estremecimiento desconocido de nuestra selva lírica. Este era el título romántico de la gran antología modernista de Molina Núñez y O. Segura Castro. Es un libro plenario, lleno de grandeza y de generosidad... Es la «suma poética» de una época confusa, llena de gigantes vacíos y de esplendor purísimo... La personalidad que más me impresionó fue el dictador de la joven literatura. Ya nadie lo recuerda. Se llamaba Aliro Oyarzún. Era un demacrado baudeleriano, un decadente lleno de calidades, un Barba Jacob de Chile, atormentado, cadavérico, hermoso y lunático.

Hablaba con voz cavernosa desde su alta estatura y él inventó esa manera jeroglífica de proponer los problemas estéticos, tan peculiar de cierta parte de nuestro mundo literario... elevaba la voz, su frente parecía una cúpula amarilla del templo de la inteligencia y decía, por ejemplo: «lo circular del círculo» o «lo dionisíaco de Dionysos», «lo oscuro de lo oscuro», pero Aliro Oyarzún no era ningún tonto. Era el protagonista de una época cosmopolita y resumía en sí lo paradisíaco y lo infernal de una cultura. Era un cosmopolita que por teorizar fue matando su esencia. Dicen que por ganar una apuesta escribió su único poema, que no comprendo por qué no figura en todas las antologías de la poesía chilena.

El barco amarillo

Aliro Oyarzún (1896-1923)

Por los mares tercos
derivando va el barco amarillo.
En sus negros lienzos,
en el mástil se enrosca el delirio.
Va un marino acerbo
sobre el puente, ululando el abismo.

En el cielo muerto
se aletargan los astros vencidos.
En el mar de miedo
se fatigan danzando los signos,
y del viento enfermo
se oyen agrios los himnos antiguos.

¡Oh, bajel ateo
gobernado por torvos designios,
serpentino, lento
por el Ártico mar del hastío!
¡Ay cansancio eterno
del tenaz carabel amarillo!

Es el misterio del terror individual, de la evasión de la inteligencia. Es, sin embargo, un poema bello y preciso como un reloj exacto.

Chile tiene un sustrato de poesía que nosotros mismos desconocemos. Creo que hay mucho por llegar, que saldrá mucho de las nuevas germinaciones, pero también creo que Gabriela Mistral, por ejemplo, y otros poetas, nuestros, famosos, son las partes visibles de un continente o de un país sumergido. Hablé hace algunos minutos de O. Segura Castro, como autor de la vasta empresa llamada *Selva lírica*. Ahora voy a leer parte de este poema suyo, escrito en 1913.

Es un poema maldito, baudeleriano, pero es una hermosa realización, llena de fuerza, de profundidad y de equilibrio. Así muchos otros.

Conscupiscencia mía

Ley fatal que sostienes mi lámina de vida
sobre la tierra pródiga; mano roja que empuja
a mi carne, en oleadas de oro, estremecida
como un dios estatuario, por una fuerza bruja.

Conscupiscencia mía, soplo de alma en la tierra
y quizás en cuantos cielos que mis ojos no han visto,
ya tu fin se aproxima, y en vano a mí se aferra,
entre el fuego del mundo, la leyenda de Cristo.

Conscupiscencia mía ¡no abandones el vaso!
¿Sabes qué significa para mí tu abandono?
Pasear un cuerpo estéril a todo cielo raso
[...]

Si Aliro Oyarzún, que pronto desapareció del escenario, había escogido ser un activista maldito de la poesía, Rojas Giménez fue un agitador arcangélico de la poesía. Su impresionante rapidez de comprensión, su fantasía creadora de las minúsculas delicadezas, su porte de pequeño mosquetero de las musas, hacían que fuera una de las presencias más atrayentes y más rumorosas de aquella época.

Yo estaba en Barcelona cuando supe la noticia de la muerte de

Rojas Giménez. Me sentí terriblemente triste. Sabía que tenía que morir de un momento a otro, porque su vida descabellada era la continuación de otro suicidio. Pero me parecía desleal que la muerte se lo llevara sin que yo estuviera a su lado. Había sido tan valiosa la amistad suya en mis primeros años. Burlándose de mí, con infinita delicadeza, me había ayudado a despojarme de mi tono sombrío. Cuánta alegría y locura, y cuánto genio había desparramado por las calles! Era una especie de desenfadado marinero, infinitamente literario, revelador de pequeñas y decisivas maravillas de la vida corriente. Él me mostró Valparaíso y aunque su visión del puerto era como si nuestro puerto extraordinario estuviera dentro de una botella encantadora, él descubría los colores, los objetos, y hacía de todo algo irresistiblemente novelero.

Así pues, cuando me enteré de su muerte fue como si desapareciera una parte de mí mismo que tenía que irse.

Estábamos en ese momento con el pintor Isaías Cabezón, también su amigo, frente a la gran basílica de Santa María del Mar. Esta iglesia no es como las demás. Su construcción románica fue hecha piedra por piedra por los pescadores y los marineros de Barcelona en el siglo XIII. Adentro es también muy diferente de cuanta iglesia hay en el mundo. Es un inmenso santuario de barquitos, de modelos de embarcaciones que navegan en la eternidad. Han sido traídos a través de los siglos por los navegantes catalanes, por esa población del mar.

Nos dimos cuenta de que aquel era el sitio destinado para hacer un recuerdo de aquel poeta errante, de aquel hermano loco que se nos moría.

Entonces nos compramos los dos cirios más grandes que encontramos, de cerca de un metro.

Entramos en la gran basílica. Parece que no era hora de llevar velas. Buscamos sin encontrar, entre los altares y los innumerables exvotos marineros, a alguien que se hiciera cargo de los cirios y por fin nos trepamos a la parte más alta. Allí, cerca de una virgen pescadora, cerca del cielo, los colocamos y los encendimos.

Luego nos retiramos a contemplar nuestra obra desde la entrada.

Estaba oscura la basílica como el interior de la bodega de una nave inmensa. La claridad entraba solo por los antiguos vitrales, como si viniera del océano, y allá en el fondo nuestros dos cirios, en la altura, era lo único que vivía.

Luego nos fuimos por el puerto a tomar vino verde y a cantar.

El alegre muchacho, el poeta marino, murió lejos de mí, pero tuvo esta recordación tierna y solemne.

Volvamos a 1923.

El poeta de «la torre», Joaquín Cifuentes Sepúlveda, salía de la cárcel escribiendo innumerables versos bellos, empapando en alcohol terrible su desamparada bondad.

Continuaba en el fondo la trágica trayectoria de Pedro Antonio González y Pezoa Véliz.

Por una parte el cosmopolitismo cerraba los caminos mostrando como un ideal la neurosis de arrastre de la Primera Guerra Mundial. Por otra parte, la burguesía más refinada pedía una literatura estrictamente extranjera, reclamaba los juegos del espíritu, la deshumanización y la desnacionalización.

Mientras tanto se dejaba caer sobre los escritores hiel amarga y ácidos quemantes, hasta derribarlos, condenándolos a un suicidio lento, desenfadado y certero.

Era difícil conservar fría la cabeza.

Cuando pienso en aquellos días turbulentos, recuerdo que pasábamos, sin saberlo, cada día junto a la solución de nuestros problemas estéticos. En efecto, junto a la Federación de Estudiantes, desde la que salíamos cada tarde, estaba la Federación Obrera y en la puerta de ella veíamos con respeto cada día un hombre de pelo gris y de ojos capotudos, voluminoso, en mangas de camisa. Se llamaba Luis Emilio Recabarren.

Como en un plácido balcón las grandes figuras de la generación anterior maduraban sus obras y nos miraban con benevolencia. Aquellos años marcan la plenitud de Prado, Barrios y Latorre. Hernán Díaz Arrieta, *Alone*, era y continúa siendo el mejor crítico literario, o más bien, el mejor escritor de crítica literaria. Joaquín Edwards era y sigue siéndolo, un fascinante memorialista de los hechos de cada día.

Sin embargo, a través de la cordialidad existente la lucha de clases iba a dividir también a las generaciones. Se necesitarían largos años para desarrollarnos, de uno y otro lado, pero en esa época están los gérmenes de futuras posiciones.

Ya iba dejando atrás *Crepusculario*. Tremendas inquietudes movían mi poesía. En rápidos viajes al sur renovaba mis fuerzas. En 1923 tuve una curiosa experiencia. Había vuelto tarde a mi casa en Temuco. Era más de medianoche. Antes de acostarme abrí las ventanas de mi cuarto. El cielo me deslumbró. Era una multitud pululante de estrellas. Vivía todo el cielo. La noche estaba recién lavada y las estrellas antárticas se desplegaban sobre mi cabeza.

Me agarró una embriaguez de estrellas, sentí un golpe celeste. Como poseído corrí a mi mesa y apenas tenía tiempo de escribir, como si recibiera un dictado.

Al día siguiente leí lleno de gozo mi poema nocturno. Es el primero de *El hondero entusiasta.*

Cuando llegué a Santiago, el mago Aliro Oyarzún oyó con admiración mi lectura. Luego, con su voz profunda, me preguntó: «¿Estás seguro de que esos versos no tienen influencia de Sabat Ercasty?».

Creo que estoy seguro, le respondí. Los escribí en un arrebato.

Me movía en una nueva forma como nadando en mis verdaderas aguas. Estaba enamorado y al *Hondero* siguieron torrentes y ríos de versos amorosos. Pronto tuve un nuevo libro.

Entonces se me ocurrió enviar el poema de la noche aquella a Sabat Ercasty, a Montevideo, y le preguntaba si había o no influencia de su poesía. El gran poeta me contestó muy pronto. Sus nobles palabras eran más o menos estas: «Pocas veces he leído un poema tan logrado, tan magnífico, pero tengo que decírselo: sí, hay algo de Sabat en estos versos».

Fue también un golpe nocturno, pero de claridad, que hasta ahora agradezco. Anduve muchos días con la carta arrugándoseme en los bolsillos hasta que se deshizo. Estaban en juego muchas cosas. Sobre todo me obsesionaba el delirio de aquella noche. En vano había caído en esa sumersión de estrellas, en vano había recibido aquella tempestad astral.

Quería decir esto que yo estaba equivocado. Que debía desconfiar de la inspiración. Que la razón debía guiarme paso a paso por los pequeños senderos. Tenía que aprender a ser modesto. Rompí todos los originales que pude tener a mi alcance y extravié los otros. Solo diez años después reaparecieron y se publicaron.

Entonces, ciñendo la forma, cuidando cada paso, sin perder mi ímpetu original, buscando de nuevo mis más sencillas reacciones, mi propio mundo armónico, empecé a escribir otro libro de amor. Fueron los *Veinte poemas.*

Así, de un drama íntimo, del desencuentro con mi propio ser y del amor nació aquel libro.

Es un libro que amo porque a pesar de su aguda melancolía está en él el goce de la existencia. Me ayudó mucho a escribirlo un río y su desembocadura: el río Imperial. Los *Veinte poemas* son el romance de Santiago, con las calles estudiantiles, la universidad y el olor a madreselva del buen amor compartido.

Los trozos de Santiago están escritos entre la calle Echaurren y la avenida España y adentro del antiguo edificio del Instituto Pedagógico, pero el panorama era siempre el de las aguas y los árboles del sur.

Los muelles de la «Canción desesperada» son los viejos muelles de Carahue y de Bajo Imperial. Son los tablones rotos y los maderos como muñones golpeados por el ancho río. El aleteo de gaviotas que allí se siente y sigue sintiéndose en esa desembocadura.

Me iban apretando el amor y el recuerdo, tendido en la cubierta de aquellos vapores pequeñitos, con ruedas a los lados, que hacían la carrera entre Carahue y Puerto Saavedra. Tocábamos Nehuentúe, seguíamos por la costa, entre peumos o pinares. Algún acordeón sonaba desde algún sitio del barco. Estos acordeones no los agrego por literatura: los oí por primera vez en el río Imperial.

La biblioteca de Puerto Saavedra me esperaba. Yo he sido el hombre dichoso que en cada punta de su destino encontró la sustancia estrellada. Quién iba a decir que en aquel extremo de la costa, en la confluencia abandonada de cielo y océano, en el final del río, entre las pobres casas agrupadas iba yo a encontrar la suprema biblioteca de mi adolescencia.

En una esquina cualquiera de Puerto Saavedra encontré el recinto sagrado. Afuera estaba el frío de la costa. Adentro la intimidad fabulosa de los libros, del conocimiento universal. Los libros allí tenían un olor especial, como redomas misteriosas, con las visitaciones del océano. Detrás de esa increíble biblioteca, perfecta en su integridad, en su hondura, en su ámbito popular, tenía que haber un santo, porque aquello tenía también algo de iglesia campestre, con olor a santo de iglesia, a madera envejecida y rústica.

Pero se trataba de un herético, de un mago heresiarca.

Yo sabía quién era. Nadie desconocía en Chile uno de los más maravillosos poemas que se han escrito en esta tierra, «La fuga de los cisnes». Pero a la Biblioteca Municipal de Puerto Saavedra yo entraba para consumir volúmenes. Me llevaban mis raptos a mis sitios preferidos. Cavernas en el cerro del Huilque, graneros abandonados de mis amigos Pacheco, botes rescatados de los naufragios. En estos sitios recónditos seguí leyendo y escribiendo.

No hay nada más incómodo para leer o escribir que un bote, un bote de navío. Sucede que la barra del Imperial es tan difícil como todas nuestras cosas, la cordillera, el Pacífico, el salitre, el cobre, la Patagonia. Allí naufragaban muchos barcos. Había equipos de salvadores. Los naufragios no faltaban. Por eso en nuestros bienaventurados puertos del sur que solo tienen de cuando en cuando la cosecha de un naufragio y en que mueren más salvadores que náufragos, existe un departamento especial de naufragios. Allí se guarda, lejos de los tigres del seguro, un buen timón de teka, un plantel de banderas navegatorias y otras cosas. Hay que esconderlas por mucho tiempo.

En un esbelto y largo bote de no se qué barco náufrago leí todo el *Juan Cristóbal* y escribí la «Canción desesperada». Encima de mi cabeza el cielo tenía un azul tan violento como no he visto otro. Yo escribía en un bote escondido en la tierra. Así camina poco a poco la existencia. Creo que nunca existí tan alto y tan profundo como en aquellos días. Arriba el cielo azul impenetrable. En mis manos el *Juan Cristóbal* o mi pobre poema. Cerca de mí todo lo que existió para siempre en mi poesía, lo que siguió existiendo: ruido del mar lejano, el grito de los pájaros salvajes, y el amor ardiendo sin consumirse como una zarza inmortal.

Don Augusto Winter era pequeñito, tenía una barba raída, amarillenta y corta. Encima de la barba unos ojos llenos de amor. No tenía ningún interés en conocerme. Yo no sabía que existía este pequeño brujo.

Don Augusto Winter tenía conmigo una paciencia inagotable. Yo por entonces daba la batalla contra el formato. Mis libros eran cuadrados. Él sacaba cuidadosamente a máquina mis *Veinte poemas*. Le exigía que usara solo las letras mayúsculas. Luego tenía que aplastar el papel con un serrucho y entre los dos tirábamos de las orillas para que los bordes resultaran dentados.

Yo vivía lleno de invenciones de esta naturaleza, que complicaban la vida a todo el mundo. Nunca olvidaré la devoción del viejo poeta cortando con un serrucho las páginas de aquella poesía que le resultaba enigmática.

En los cerros de Puerto Saavedra, desde donde se domina el ancho estuario y el océano, está la pequeña tumba de Augusto Winter, el cantor de las aves australes. Descansa en paz, querido amigo.

Para mí Puerto Saavedra estaba lleno de hechicerías. Antes no conocía el mar y este llenaba la noche. En el jardín de los Pacheco florecían las más complicadas amapolas. Estas siguieron floreciendo en mi poesía. Todo estaba cargado de una atmósfera extraña.

Allí anduve a caballo por las arenas, hacia Toltén.

No hay nada más hermoso en mi patria que un galope de caballo junto al mar. Nuestras playas son como los caminos circulares de un planeta. Otros países han popularizado sus costas, las han llenado de restaurantes, de cafés, de espectáculos pintorescos. Nosotros nos hemos concentrado en los valles, nos hemos unido bajo las piedras.

Hemos abandonado el litoral más salvaje, más selvático, más planetario. Chile es como un camino entre planetas, con sus largas playas, sus acantilados rumorosos, sus abismos de océano, su población de pájaros.

Tal vez no sepan esto los geógrafos. Pero deben conocer su patria los poetas.

Pasado el verano llegaba marzo, con su largo tren nocturno que me volvía a Santiago.

En Santiago los escritores vivían encerrados en cajas. Salían de la caja donde trabajaban y se metían en una caja en forma de bar o de café y luego se iban a dormir muy tarde en una caja en forma de casa. Esta era mi manera de ver la vida literaria. Cómo podían vivir sin correr todas las tardes recogiendo copihues o persiguiendo pingüinos como en las playas de Bajo Imperial?

Así lo vi por primera vez a Ángel Cruchaga, saliendo de las rejas del Banco Español, en donde trabajó largos años, el noble, ilustre y maravilloso poeta. Antes de que yo lo hubiera conocido, ya había acogido mis *Veinte poemas* con uno de esos artículos en que ha dispersado tantas veces su generosidad inagotable.

Romeo Murga, doliente poeta, hermano mío de aquellas horas, fue de caja en caja, sin respirar hasta que murió.

De una caja salía también todas las tardes Rosamel del Valle, que ahora escogió para quedarse a vivir una caja más grande: Nueva York.

Yo no sé si Juvencio Valle, Edesio Alvarado, Aldo Torres, poetas madereros, sureños irreductibles, que llegaron después que yo a la poesía, sentirían lo mismo en Santiago.

Estos poetas representan los sentidos del sur, la penetrante intemperie.

Juvencio Valle ha asumido la mayor maestría. Su obra es esencia pura. Sus estrofas son olas vegetales.

De Edesio Alvarado, Pablo Guiñez, Claudio Solar y Aldo Torres, intérpretes constantes de esta naturaleza, irrumpe el contenido social, dándoles aun más extensión y riqueza.

Yo les prometí una explicación para cada uno de mis poemas de amor. Me olvidé que han pasado los años. No es que haya olvidado a nadie, sino que, pensándolo bien, qué sacarían ustedes con los nombres que les diera?

Qué sacarían con unas trenzas negras en un crepúsculo determinado? Qué sacarían con unos ojos anchos bajo la lluvia, en agosto? Qué puedo decirles que ustedes no sepan de mi corazón?

Hablemos francamente. Nunca dije una palabra de amor que no fuera sincera, ni habría podido escribir un verso sin verdad.

En el mes de junio de este año se cumplen treinta años de la primera edición de los *Veinte poemas*... Treinta años de este siglo, treinta años de terribles tempestades. Los años de mi tiempo han sido más cargados de invenciones y sucesos que toda la historia antigua. Muy cerca de mí han fusilado a los poetas de España, los han decapitado en Alemania, o los aniquilaron en Italia. Vi mares y mares, conocí millones de hombres. Cambié muchas veces yo mismo. Cuando trato de recordar se superponen mis poemas, se confunden unos con otros, como cuando la humedad pega las hojas de los libros.

Veinte poemas se ha editado muchas veces. He visto muchas parejas de enamorados perdurables a quienes unió este libro triste.

Cómo se ha mantenido la frescura, el aroma vivo de estos versos durante todos estos años que fueron como siglos?

Yo no puedo explicarlo.

Para empezar diré que aún no conozco de memoria los números correspondientes a cada poema. Me sigo equivocando entre el «7» y el «9».

Hay dos amores fundamentales en este libro, el que impregnaba mi adolescencia provinciana y el que me aguardaba más tarde en el laberinto de Santiago.

En los *Veinte poemas* se conjugan, de una página a otra, dando en un sitio una llama silvestre o en otro un fondo de miel oscura.

El poema n.º 4, por ejemplo. Hay en Temuco una larga avenida que se pierde en los campos. Es talvez el mes de marzo? Estamos ella y yo bajo unos grandes árboles. De pronto una ráfaga estremece los campos y los follajes y nos hace abrazarnos... Todo se llena de rumores, de hojas que se sacuden, se prepara el otoño, el viento nos conmueve...

Y eso es todo.

Es la mañana llena de tempestad
en el corazón del verano.

Como pañuelos blancos de adiós viajan las nubes,
el viento las sacude con sus viajeras manos.

Innumerable corazón del viento
latiendo sobre nuestro silencio enamorado.

El poema «15» me trae a la memoria la intimidad de un amor más directo, más profundo, menos extendido en la naturaleza... es la muchacha de Santiago, como en los poemas «5», «7», «11», «15», «14», «17» y «18».

También el «1» y el «2». El «6» tiene un propósito. Me molestaba en aquel tiempo el tabú que se extendía a ciertas palabras. Me decidí a escribir un poema de contenido nuevo, en que rimara *alma* con *calma*.

Te recuerdo como eras en el último otoño.
Eras la boina gris y el corazón en calma.
En tus ojos peleaban las llamas del crepúsculo.
Y las hojas caían en el agua de tu alma.

El poema «16» tiene una humilde historia que después hizo un poco de escándalo. Aquella muchacha de Temuco era gran lectora de Rabindranath Tagore y me mandaba un viejo volumen de *El jardinero* que tenía, todo marcado de crucecitas, rayas, estrellitas y suspiros. Me propuse hacer una paráfrasis poniendo en verso uno de aquellos poemas en prosa, agregándole mi propia sustancia. Lo hice como un juego. Se lo mandé con su libro.

Cuando en el mes de mayo de 1924 estaban imprimiéndose los *Veinte poemas* en la editorial Nascimento, a donde fueron recomendados por Eduardo Barrios, iba yo una noche con Joaquín Cifuentes Sepúlveda, muy alegres y despreocupados, cuando de pronto recordé que este poema no llevaba una nota explicatoria.

Lleno de preocupación le rogué a Joaquín Cifuentes que me recordara al día siguiente, para pasar por la imprenta juntos y escribir la nota. Joaquín reaccionó en el acto: «No seas tonto, Pablo. Será estupendo. Lo acusarán de plagio en *El Mercurio* y se venderá el libro».

Los libros de poesía escasamente llegaban a los escaparates. Se quedaban en las bodegas. Seguí el consejo lleno de grandes dudas, que luego disipamos alegremente. Pasó el tiempo y allí siguió el poema sin advertencia.

En Buenos Aires se publicó una nueva edición y allí se puso la explicación en el libro, como ha continuado imprimiéndose después.

La acusación llegó un poco atrasada, varios meses después de salida la edición argentina.

El poema «20» es también de la zona de Temuco. Es un poema de despedida, de ansiedad, de iniciación en los cambios que me iban afectando.

«La canción desesperada» está escrita en Puerto Saavedra. Escribiéndola oía el estruendo de la barra, los gritos desolados de los pájaros marinos, el sordo sonido del mar en la desembocadura.

Tengo que agregar que muchas de las sensaciones descritas en este libro no eran conocidas por mí cuando lo escribí.

Sucede lo mismo con fragmentos de *Crepusculario.*

En otros terrenos de sensaciones ha seguido pasándome esto a través de todos mis poemas. De alguna manera se cuelan elementos adivinatorios en la poesía. Son casi siempre sensaciones físicas o personales o indefinidos sucesos íntimos. Pero a veces van más allá de uno mismo.

En mi «Oda a Federico García Lorca», muchos años después y escrita años antes de la muerte de Federico, describo un poco su trágico final y no puedo leerla sin horror.

En mi poema «Que despierte el leñador», escrito durante la persecución, digo este verso a los norteamericanos:

> No desembarques
> en China: ya no estará Chang, el Mercenario,
> rodeado de su podrida corte de mandarines:
> habrá para esperaros una selva
> de hoces labriegas y un volcán de pólvora.

Es claro que las predicciones políticas resultan más posibles, pero cuando yo escribí esas líneas la United y la Associated Press aseguraban al mundo entero lo inquebrantable de las fuerzas morales y militares del que es hoy sultán de Formosa.

Sin embargo, cuidado con desarrollar peligrosamente estas indicaciones que solo les doy como detalles curiosos. La clase dominante ha elaborado una idea falsa del poeta, presentándolo como una especie de pez ciego que nada con destreza mágica en las aguas del misterio. Esto es falso. Esta teoría tiene por objeto aislar al creador de poesía de la comunidad humana. Tiene por objeto romper sus ataduras con el pueblo, extinguir sus raíces para transformarlo en una planta artificial y débil. Sobre todo los poetas jóvenes, enfrentados con la mísera y sórdida existencia, elaboran, sin saber que están siendo dirigidos secretamente, la teoría de que son «pequeños dioses», «demonios especiales» o, en todo caso, seres superiores. Así van desquiciando el tesoro más o menos grande de su talento hasta invertebrarse y desaparecer.

El poeta no es un «pequeño dios» ni ha arrebatado el fuego celeste, ni procede de una raza especial, andrógina o maligna. El poeta es el trabajador de un oficio. Este oficio no es más importante que otros. No es más arriesgado que otros, salvo cuando se enfrenta con las fuerzas regresivas.

Es necesario ser sencillo. Yo busco la sencillez, la amo, la persigo y soy sincero si no creyera en la sencillez, si no la buscara, no podría recibir lo que los otros me dan ni podría dar lo que me piden que dé.[1]

1. El poeta concluyó esta conferencia leyendo el poema «El hombre invisible», del libro *Odas elementales*.

Tercera conferencia, 22 de enero de 1954

He dejado de propósito fuera de mi conversación de ayer el movimiento ideológico de la Federación de Estudiantes, la revista *Claridad*, tan importante para una generación, revista de la que fui redactor. Tomás Lago se extrañaba ayer tarde de estas omisiones importantes. Precisamente por ser muy importantes las recordaré en otra ocasión especialmente.

Estos recuerdos deben marchar con fluidez y arranco de ellos cualquier obstáculo que con su peso detuviera la corriente. La parte interna, política, de aquellos días, fue enmarañada y violenta. Examinar sus hechos y sus consecuencias es tarea de ensayista.

Durante todo aquel tiempo escribí incansablemente.

El año 1925 se publicaron mis libros crípticos, sonambúlicos, *El habitante y su esperanza* y *Tentativa del hombre infinito.*

No todo es malo en estos libros. Tienen alguna radiación solar y en la *Tentativa* hay algunos de los versos míos que más me gustan.

Fui entrando con la misma sinceridad en un recinto oscuro. Esos libros son como la carrera antes de volar sobre la tierra oscurecida de *Residencia. Tentativa...* se quedó sin puntuación para siempre, como escriben hasta ahora los poetas franceses. A mí me da pena ver ese libro sin puntos ni comas, como un arroyo sin piedrecillas.

El castellano no se presta para estas bromitas. En ese tiempo era yo tan loco que dejé hasta las erratas de imprenta, porque creía que expresarían algo. Tonterías.

Sin embargo, la visión sombría de *Residencia...* es otra cosa. Es un libro con subterráneos, metales y estalactitas. Hay muchos nobles materiales en él. Pero no puedo leerlo ahora por esa terrible tendencia pesimista, angustiosa. No he podido retirarlo por completo de circulación pero no lo recomiendo. Si yo fuera gobierno prohibiría su lectura a los jóvenes.

El poeta Surkov me decía en Moscú: «La vida es una lucha y no se puede mandar a los soldados al frente tocándoles marchas fúnebres».

Esa es la simple verdad. La poesía oscura tiene dos explicaciones. Una es la presión del sistema social para que el poeta tartamudee o no hable. Otra es la tradición de oscuridad que viene de la poesía simbolista francesa. Sin embargo Rimbaud es puramente elíptico. Su maravillosa alquimia verbal me ha parecido siempre no un artículo de magia, sino rápidas anotaciones de un explorador. Baudelaire es una especie de diamante negro, de aristas bien cortadas y a menudo deslumbrantes.

Luego viene el profesionalismo de la oscuridad, con el pequeño y elegante Mallarmé. Pero en dimensión Mallarmé junto a Góngora es un poeta minúsculo. Es Góngora el autor de los rosetones de una catedral vacía y el introductor de un laberinto helado.

También el paroxismo de Baudelaire es cosa chica ante la grandeza angustiosa de Quevedo.

Por eso uno de los antídotos contra la oscuridad formalista me parece la lectura de la grandiosa poesía española del Siglo de Oro. Muchos de los poetas estaban sin descubrir y yo publiqué por primera vez en España, después de siglos, las poesías olvidadas del conde Villamediana:

> Silencio, en tu sepulcro deposito
> ronca voz, sorda pluma y triste mano
> para que mi dolor no cante en vano
> al viento dado y en la arena escrito.

Qué bello es, verdad? Y alguno de ustedes lo conocía? Encontré el libro de 1634 en una ínfima librería de viejo, en la Puerta de Atocha, en Madrid. Desde entonces me acompaña y acabo de donarlo con todos mis libros a la universidad. Todos ustedes ahora pueden verlo. Al conde Villamediana, gran amigo de Góngora, lo asesinaron por orden del rey, Felipe IV.

Nunca pasé por el lugar del crimen, en la Plaza Mayor, en Madrid, sin un pequeño estremecimiento. Le dediqué esos versos de *Residencia en la tierra*: «El desenterrado».

Residencia en la tierra se comenzó a escribir en Chile en el año 1925. Continué escribiéndolo en Birmania, en Ceilán y en Java.

Hay personas que creen ver una influencia oriental, mística, en este libro. Yo no lo creo. Yo nunca vi el misticismo teosofista en la India. Los teósofos que conocí y los estudiosos del ocultismo eran colombianos, argentinos, alemanes, norteamericanos. A la India la tiene sin cuidado este pulular de adeptos. En esa época la India era como un gran elefante acostado. Sus templos me impresionaron, pero su pobreza era más desgarradora para mí. Me recordaba la miseria de Bolivia y Perú y de

Chile con sus habitaciones infernales y su gente harapienta. La gente de la India, aquel inmenso pueblo, es simple y maravillosa. Allí se ven las mejores sonrisas del mundo.

Una colonia, sea la India de ayer o el Puerto Rico de hoy, es siempre triste.

Hay un espectáculo terrible para el hombre en el coloniaje, algo antinatural y dramático. No hablemos de la opresión y de la explotación económica. Las menores cosas de la vida se saturan de una atmósfera mala, se contaminan con un valor inmundo.

Yo no he sido nunca amante del exotismo literario ni he sido apasionado de la arqueología.

Pero las viejas esculturas y pinturas de la India tienen a veces tanta vida, tanta sensualidad o tanta meditación, que a través de dos mil años de sueño parecen haber conservado la palpitación de las manos que labraron su esplendor.

Para nosotros, chilenos, sin pasado, sin ruinas grandiosas, es aun más impresionante.

Andando por la selva, de pronto una figura recostada de Siddhartha Gautama, el señor Buda. Es una montaña de alabastro o de mármol. Uno se siente pequeñito como una mosca ante la colosal figura que sonríe desde hace dos mil años. Por las rodillas quebradas asoman los árboles que allí crecieron. Detrás de la alta cabeza se entretejen las lianas como serpientes negras. Y allí estática la belleza y el conocimiento mirándonos con sus ojos de siglo.

Pero al volver a la ciudad vemos al pobre pueblo que elevó su cultura hasta esas dimensiones, acorralado, perseguido, pisoteado por un pequeño grupo de extranjeros blancos.

Inglaterra en la India de aquellos días. Con Shakespeare y con Milton encerraditos en el armario.

Francia en el Vietnam, igual, igual. Y con Víctor Hugo, Romain Rolland, la igualdad, la libertad y la fraternidad, encerraditos todos en el armario.

En la India de aquellos días se miraban los amigos con recelo. Los palos caían muy pronto sobre la cabeza de los constructores de estatuas.

Yo hice amistad con los jóvenes revolucionarios, pero me sentí muy mal cuando ellos me dijeron «tal vez tú te juntas con nosotros porque los ingleses no quieren juntarse contigo».

Es triste. Es una gran tristeza vivir entre un gran pueblo oprimido. Sin embargo, la libertad nunca detiene su marcha y llegó también para los pequeños escultores de dioses.

Pero yo me sentí en aquellos años encerrado, sin salida y extraordinariamente solo. En Ceilán, donde viví mucho tiempo, a veces no veía un rostro humano por semanas enteras. Tenía un perro y una mangosta.

Esta mangosta tiene su historia. Desde que uno ha leído a Kipling, quién no quiere tener una mangosta? Ustedes saben, es el único animal que se enfrenta con las fuertes serpientes venenosas. Las ataca de inmediato. Las dentelladas del ofidio se pierden en el pelambre sal y pimienta del animalito. Se anudan en un ovillo sangriento. Siempre la mangosta sale vencedora. En la India dicen que conoce una yerba ignorada que la hace inmune a las mordeduras de la cobra. Es un espectáculo corriente en las calles de la India esta lucha terrible.

Una vez frente a mi casa, en Colombo, pasó un campesino seguido de un animalito extraño que yo nunca había visto. Corría con sacudidas, como a empujones. Tenía una larga y copiosa cola.

Era una mangosta. En aquel tiempo no era más grande que mi mano. Yo vivía solo y ella comía de mi plato. Me seguía por todas partes. No podía dormir sino enrollada entre mi cuello y mi hombro.

Cuando era pequeñita todavía, una tarde los chiquillos del barrio que conocían y admiraban a mi mangosta, descubrieron una enorme serpiente en un pantano. Corrieron a mi casa y avanzamos hacia el enemigo.

Yo iba adelante con mi mangosta en ristre y detrás un batallón de chiquillos morenos. Los que iban más vestidos llevaban un taparrabos. Hacían un zumbido de enjambre ante la magnitud de la batalla que esperaban.

Cuando llegamos al sitio, avancé yo solo y deposité la mangosta a unos escasos metros de la serpiente que dormía su siesta tropical.

Fue un minuto de gran expectación. Mi mangosta se acercaba a la serpiente. Tal vez creyó que era alguna rama. Pero de pronto se detuvo. Dio un salto hacia atrás y con una velocidad que nunca le había conocido corrió entre los chiquillos hacia mi casa, donde la encontré comiéndose con fruición un huevo duro.

Este episodio disminuyó mucho mi prestigio en Wellawatha. Así se llama el solitario suburbio de Colombo junto al mar, en donde viví por más de un año.

Bajo los cocoteros me paseaba con mis dos animales. Después de años tuve los primeros amigos, ingleses y nativos. La vida de ellos era muy complicada por las divisiones de clases, que me recordaba las de Chile.

Así se fue escribiendo *Residencia en la tierra*. Lo que tiene de opresor es el aire encerrado. Viví como en una cueva. Pero en este libro alcancé el más completo dominio de mi estilo.

Es un estilo que abandonaría pronto. He ido dejando atrás uno por uno mis libros, sustituyendo, reconstruyendo cada vez el sentido y la forma. Soy el más grande adversario del nerudismo. Cómo puede existir si yo termino con él en cada uno de mis libros?

Un libro es algo muy importante para mí y cada uno de ellos ha sido un nacimiento, un ser más o menos completo. Ahora van a ver los dos que publicaré este año. Uno se llama *Las uvas y el viento*. Saldrá dentro de unos días. Ya lo verán ustedes. Es diferente de todo cuanto he escrito. Me gusta mucho. Pero más me gusta el que estoy escribiendo y que aparecerá en el mes de junio. Se llama *Odas elementales*. Es aún más diferente a todos los otros. Un libro lleno de alegría y de sencillez, un libro para toda la gente.

La idea de un poema cíclico me seducía en mi adolescencia. *Tentativa del hombre infinito* era el germen de una larga explicación del universo.

Esta ambición desenfrenada es común a la poesía americana. Ha perdido a muchos poetas de mayor o menor talento. Es una enfermedad sudamericana, de país nuevo.

Inconscientemente se pretende quemar las etapas de la cultura y se deforman las bases del trabajo poético envolviéndolo en una fantasmagoría.

A muchos de los poetas de América Latina les gustaría haber escrito el *Fausto*. Pero todo ese sedimento medieval y esa germinación del conocimiento y de la ciencia que es el *Fausto*, es la expresión de siglos de paciencia y de modestia, de intimidad con la inteligencia. No se hace música genial, ni poesía genial, ni descubrimiento científico adoptando los temas o las actitudes de lo que los románticos llamaron «genio».

Se perdieron muchos de nuestros hombres en la aventura inútil de convencer a los demás con una imagen equivocada de sí mismos.

Además, la ambición de los temas es una muestra de superficialidad. Esto se lo digo especialmente a los jóvenes.

Yo no he pretendido jamás hacer de maestro. Supongo que cada uno debe buscar su camino, pero hay algunas cosas fundamentales y peligros que se pueden advertir.

En primer lugar el poeta, sin la vida de los demás, sería un ser inútil. Es la vida, la acción, la renovación de la sociedad humana la que lo hace cantar. Los sueños y los mitos, lo onírico, la magia, todas esas palabritas son el bazar de la pacotilla moderna. La poesía no tiene ningún misterio. Es más misterioso el pan de cada día; sin embargo, el panadero no se da ninguna importancia. Cuando los poetas no comprenden sus deberes y no quieren luchar con los demás hombres se inventan destinos y coronas de papel.

Decíamos ayer que la poesía es un trabajo y el poeta es un trabajador.

Paul Éluard, uno de los poetas más exquisitos y más sabio que he conocido, me decía una vez: «Se ha hecho un fetichismo de la calidad. Tenemos que volver a plantear las cosas y dar su valor a la cantidad, al trabajo». Aquel día sacamos la cuenta (hace ya tres años y ay, Paul Éluard ya no existe) de las obras de Pablo Picasso. Con lápiz y papel hicimos cuenta de cuadros, esculturas, grabados, cerámicas, piedras talladas, litografías, obras literarias. Pasaban entonces de doscientos cuarenta mil.

Y Victor Hugo? Posiblemente él creía, en la roca de Guernsey, tener comunicación con la insondable eternidad, pero no es eso lo que lo salva, sino su obra de infinito y buen panadero, el pan de cada día que elaboró con piedad, con poesía, con lucha, con dolores y con amor.

En España se publicaron los dos tomos de *Residencia en la tierra*. Nunca he visto mayor fraternidad a mi alrededor que la de aquellos años. No sabíamos que la guerra iba a dejar huecos terribles en la fila de la poesía. Ahora los poetas de España, los que no fueron asesinados, andan errantes. No hay mayor sufrimiento para ellos.

He mantenido y mantengo la guerra contra el fascismo oportunista y cruel del Estado español. No es este el sitio para hablar del aspecto político. Pero para mí no solo han sido consecuencias de este tipo, sino el duelo que llevo, las cicatrices que sin querer me tocan. Yo no puedo olvidarme de la muerte de Federico. No es posible para quienes lo amaron, para quienes estuvieron cerca de un ser tan deslumbrante, encarnación de la poesía creadora.

España, poco antes de la Guerra Civil, era un gran taller de poesía. Alberti, Federico, Aleixandre, Miguel Hernández y cuántos otros!

Vivíamos una época de intensa alegría. Federico corría de un lado a otro con su Barraca. Le preocupaba el teatro en forma total. Sin embargo, mi último recuerdo de él son los sonetos de amor herido o de un título semejante que me leyó en la casa de Manuel Altolaguirre, antes de partir para Granada. No quería que nadie los oyera más que yo. Por eso nos fuimos a un rincón apartado. Allí me los dijo en un susurro. Me parecieron aquellos sonetos bellos y repletos como racimos maduros. Nunca los he visto publicados. Qué harían con ellos?

Alberti paseaba por toda España su poesía fragante, cristalina y marina. Aleixandre trabajaba gravemente. Miguel Hernández recién asomaba su cabeza como salida de la tierra. Las voces mayores de la poesía eran consideradas Juan Ramón Jiménez y Antonio Machado. Sin embargo, así como la generación de Salinas y Guillén había experimentado la influencia intelectual de Juan Ramón Jiménez, mis compañeros españoles, Alberti, Lorca, etc., hallaban que Machado era el verdadero camino. Jiménez quiso ser un poeta europeo, una especie de Valéry español, una abstraccionista de la poesía. Esto lo perdió. Aquellas viejas cualidades de tembloroso romanticismo, color y olor de sus primeros libros, se perdieron. Se fue resecando, se le cayó la sangre y ya no canta. El poeta que piensa y que no canta está perdido. Yo llamo canto no a una cualidad, sino a una condición natural, un movimiento que levanta la forma y el sentido. Sin esto no hay poesía.

En 1935 se publicaban los dos tomos de *Residencia en la tierra*, en Madrid. Los publicó José Bergamín en su editorial Cruz y Raya.

Desde mucho tiempo antes mi poesía era conocida en España. Cuando vivía en la India me llegaron las cartas de Alberti. Me pedía mis versos. Los poetas españoles hicieron seis o siete copias a máquina de *Residencia*. Yo no sé qué les gustaba en mi poesía, tan diferente a la de ellos. La poesía de España sigue siendo clásica, se sigue cortando el antiguo cristal de roca. Alberti es un clásico tan valioso como algunos del siglo XVIII. En aquella época existieron los poetas «divinos», como el divino Herrera. Se llamó así a los poetas lineales, de perfección y pureza.

En España se ha continuado más bien esta tendencia por influencia de los poetas andaluces.

Federico García Lorca tuvo un genio extraordinario y trató de romper esta línea de gracia dándole a su poesía, a su última poesía, una visión más ancha, digamos más «americana» de la vida.

Es imposible darse cuenta cabal de la importancia de García Lorca. Lo mataron cuando comenzaba solamente su obra. Tenía un don de invención asombroso. Iba derecho a ser el Lope de Vega de la España moderna. Iba a entrar también en la poesía social.

Federico leía continuamente mis poemas. Me decía a veces: «No quiero leer más tus versos porque me influencian». Era personalmente como un chico mimado, lleno de caprichos y de fantasía creadora. Era imposible enojarse con él.

Yo recuerdo, sin embargo, que tuvimos un día una diferencia. Estaba él dirigiendo los ensayos de *Yerma*. Era un director muy exigente. Se terminaba su tono habitual de constante alegría. Su dirección transformó totalmente la escena española y cambió para siempre el estilo y el destino de más de un gran intérprete. Lo llamaron por teléfono usando mi nombre, sin que yo lo supiera y él creyó que algo pasaba en su casa, atribuyéndome una broma que no le había hecho.

Cuando me lo reprochó yo reaccioné vivamente y lo traté con severidad. Le dije delante de todos que no volviera a hablarme.

Aquella misma noche fuimos a cenar muy tarde, a la taberna de Pascual, en la calle de la Luna, restaurante popular que frecuentábamos mucho.

Estaba yo en el mesón conversando con alguien cuando sentí que me tocaban el hombro. Era Federico. Yo volví la cara para no dirigirle la palabra. No se trataba de nada serio, pero yo estaba molesto por su actitud que yo había creído un poco vanidosa.

Entonces me tocó insistentemente el hombro y tuve que mirarlo. «Mira esto», me dijo.

Sacó con gran lentitud un pañuelo, lo desplegó como ilusionista para hacer su número. Lo levantó mostrándolo a mí y a los amigos. Luego lo puso cuidadosamente en el suelo. Y luego se arrodilló en él mirándome con una expresión contrita.

No había nada que hacer con él. Su simpatía era irresistible. Lo levanté del suelo y nunca más tuvimos una diferencia.

Pero la figura más interesante de la juventud, en la poesía española, era Miguel Hernández. Ya he contado en otra ocasión la vida trágica del pastor de Orihuela. Lo considero un poco como mi hijo.

Cuando vino de su provincia llegó directamente a mi casa. Había sido pastor de cabras y tenía una cara arrugada de campesino. Se subía a los árboles y desde lo alto imitaba para mí, silbando, el trino de los ruiseñores.

Es el poeta más abundante que he conocido, con un poder verbal ilimitado. También fue muerto sin que pudiera dar toda su grandeza.

He escrito varias veces sobre él. No puedo apartar de mi corazón su martirio. Aquí conocen todos ustedes mi ideología política. En estas conversaciones trato de evitar lo que nos separe. Sentimos cada día con mayor profundidad la necesidad de llenar el vacío, la tierra de nadie que se ha impuesto a la humanidad sin que los pueblos lo deseen. Debemos esforzarnos en extender los intereses comunes y facilitar el camino de un entendimiento que necesitamos todos.

Pero hay cosas que se me han quedado gravemente metidas como espinas en la vida que les estoy contando y no puedo dejar de hablar de ellas. Me tocó vivirlas con toda la fuerza de la conciencia y del corazón.

La muerte de Miguel Hernández no es igual a la de Federico García Lorca. Se dio la escusa para este asesinato que había ocurrido en los primeros momentos encarnizados de la guerra, en que la crueldad de una Guerra Civil pudo estallar sin control en ambos bandos. Pero, cómo comprender el martirio de Miguel Hernández? Era un joven poeta, apenas conocido. No tenía ninguna significación en la política, en el ejército. Fue un gran poeta del pueblo, hijo de labradores, continuó en la guerra con los labradores.

Terminada la guerra lo condenaron a muerte, pudimos salvarlo. Libre ya y cuando se preparaba para venir con su mujer y su hijo a radicarse en Chile, lo encarcelaron de nuevo y fue durante años de presidio en presidio hasta que agonizó y expiró porque no podía vivir sino en libertad.

Había tiempo, pues, para que se probara que el asesinato de García Lorca no fue premeditado. Sin embargo, los mismos que lo mataron prolongaron por siete años la agonía de aquel que heredaba en España el cetro silvestre de la poesía.

Y ahora, acumulando tercetos, sale un libro en España en que quieren decir que Miguel Hernández, de estar vivo, estaría con ellos, con los que lo mataron.

Es ir demasiado lejos.

No puedo permitirlo. Porque no se trata de un deber político. Se trata de un deber del corazón. Por eso escribí en el *Canto general*:

> Llegaste a mí directamente del Levante. Me traías,
> pastor de cabras, tu inocencia arrugada,
> la escolástica de las viejas páginas, un olor
> a Fray Luis, a azahares, al estiércol quemado
> sobre los montes, y en tu máscara
> la aspereza cereal de la avena segada
> y una miel que medía la tierra con tus ojos.
>
> También el ruiseñor en tu boca traías.
> Un ruiseñor manchado de naranjas, un hilo
> de incorruptible canto, de fuerza deshojada.
> Ay, muchacho, en la luz sobrevino la pólvora
> y tú, con ruiseñor y con fusil andando
> bajo la luna y bajo el sol de la batalla.
>
> Ya sabes, hijo mío, cuánto no pude hacer, ya sabes
> que para mí, de toda la poesía, tú eras el fuego azul.
> Hoy sobre la tierra pongo mi rostro y te escucho,
> te escucho, sangre, música, panal agonizante.

Pasan los años, muchos, y en mi nuevo libro *Las uvas y el viento* escribo para él el canto IV. Su título es «El pastor perdido».

Son dos los deberes que me han impuesto traer las presencias dolorosas de Miguel Hernández y de Federico García Lorca. Representan un hecho que posiblemente determinó el cambio de mi poesía, sobrevenido desde España. Es verdad que mi poesía social muestra sus raíces en mis primeros libros y que tal vez no habría podido yo evitar este destino a mi expresión. La poesía social es solo la extensión y la profundización de lo humano. Pero la muerte trágica de los poetas fue un doloroso acicate que despertó totalmente mi conciencia.

Esta es la primera razón.

La segunda razón es la amistad. Estos hombres fueron mis amigos en una fraternidad que me hace falta.

La amistad es un buen continente para los poetas. Yo tengo un sentido sureño, fuerte y perpetuo de la amistad. Nunca he perdido amigos. Solo la muerte me los ha quitado.

Ahí ando por las calles de Santiago, sin conversar nunca de libros, con Tomás Lago, igual que hace treinta y cuatro años. Publicamos juntos aquel libro, *Anillos*, en el que las páginas suyas contienen singular poesía. Después su amor por la tierra lo llevó a atesorar las gredas de Quinchamalí, los aperos campestres, y hoy desde el museo más hermoso de la república, ve todos los días la cordillera entre la creación enternecedora del arte de nuestro pueblo.

Por ahí anda Rubén Azócar. Ya volvió de la isla que le dio los temas trágicos de uno de los mejores libros escritos en Chile. Por ahí andamos casi todas las tardes y nos decimos disparates que nos celebramos mutuamente con carcajadas iguales que las de hace treinta años.

Con mi compadre Juvencio Valle me junto para no hablar. Con él se puede estar varias horas con toda tranquilidad. En España lo llamaban «Juvencio Silencio».

Para hablar conmigo, y como tengo tantas cosas diversas que me preocupan y me escondo por ahí para escribir mis versos, la gente tiene que preguntarle dónde estoy a Homero Arce, igual que hace treinta años.

Pero también tengo enemistades fieles que me siguen.

El poeta Vicente Huidobro mantuvo siempre una enemistad activa contra mí, llena de guerrillas, de publicaciones, de sucesos.

Un hombre así, intranquilo, monárquico en la poesía, pero ahora ya también se fue su enemistad y solo quedan sus versos. Que siempre siga alumbrando a través de ellos su fulgor.

Hay otras enemistades que me adornan casi desde mi infancia, persiguiéndome con tenaces y vistosas revistas.

Lo curioso es que estas enemistades se transmiten como en las montañas de Calabria, de padres a hijos, a cuñados y sobrinos. Los sobrinos hacen revistas cada vez más pequeñitas. Se deben entretener locamente en todo eso. Yo contesto a mi manera, escribiendo libros más abundantes, más trabajados, más largos.

Yo no me creo un modelo de seguridad augusta. Nada de eso.

Pero nunca he publicado una línea contra un poeta.

Escogí enemigos más grandes, enemigos de la poesía y de todas las vidas.

Creo que hay sitio para todos los poetas sobre la tierra.

Una vez dije que los elefantes eran más grandes que los poetas y que, sin embargo, hay sitio para todos ellos. Saben ustedes qué me contestaron? «Esa frase revela que Pablo Neruda tiene el complejo del elefante.»

Yo no sé cuál será el complejo del elefante, pero tengo que cargar con todo eso, con tantas pesadas, múltiples y encarnizadas diatribas. Pero para sobrellevarlas sí que tengo fuerzas de elefante.

Yo no estoy hablando de los críticos. En general no existe la crítica o bien es un género que se va terminando.

A mí me gusta la crítica simple y creadora, pero esta es cada vez más rara. Hay críticos que se dicen apocalípticos y que viven haciendo su propia política, la de su clan, la de su familia, la de los clubes de lujo, y la de las sociedades agrícolas. A mí no me gustan.

Hay críticos que se titularon de marxistas y que son amargos y pesados. Puedo estar de acuerdo con ellos, pero tampoco me gustan.

Pero menos me gustan los críticos superintelectuales, preocupadísimos de cortar los pelos en cuatro hebras. Cuando leo a algunos de estos críticos que a propósito de un pequeño poema escriben páginas y páginas complicadas, como esas cajas que se meten una dentro de otra, me aburro porque sé que en la última cajita tampoco hay nada.

No me refiero a los ditirambos ni a los ataques en la crítica, sino a la falta de comprensión, de humanismo. Porque por algo viene la palabra *humanismo* de *humanidad*. Y aunque viniera de humanidades, estas también vienen de humano.

A estos críticos inhumanos les escribí hace poco estos versos:

[faltan algunas líneas en el original]

[El del poeta] es un oficio delicado porque debe expresar muchos sentidos inexpresados, debe ser él en sí mismo el coro antiguo, la afirmación sonora de lo que mucha gente sintió sin poder expresarlo. Es un oficio parecido al del barquero. Debe dirigir su barca y saber dejarse llevar por la corriente sin perder la dirección. Esta corriente es la profunda del sentido humano, de la orientación de su tiempo y es también la corriente del ritmo que debe sobrellevarnos sin perder de vista el objetivo.

Comencé contándoles cómo la poesía resiste todas las cosas. Terminaré diciéndoles cómo debe resistir también a todas estas influencias complicadas que insisten en sacar al poeta de la realidad para aplastarlo. Si este se resiste individualmente, solitariamente, con la excelencia verbal de su poesía, se le deja en una especie de trono tropical, vestido con su pobre orgullo.

La resistencia significa la difícil sencillez, el regreso a lo sencillamente humano. Este es, por lo menos, mi propio camino. Cómo podría ser de otra manera? Ya les conté a ustedes de dónde vengo, de la frontera. Ya saben ustedes y conocen la naturaleza y los hombres, las vidas que crecieron conmigo. Si yo no fuera un hombre sencillo, si no tratara de ser un poeta sencillo, sería desleal con los fundamentos de mi poesía.

En estos versos queda expresado lo que pienso de todo esto.

[Se refiere, con seguridad, a su «Oda al hombre sencillo»]

Quinta y última conferencia, 24 de enero de 1954

Ayer han terminado estas conversaciones, este ir y venir de seres, cosas y acontecimientos que tocaron de alguna manera la expresión de mi poesía. En esta tarde solo quiero que hable solamente esta, directamente a ustedes. Esta última charla la vamos a convertir, con la complicidad de todos, en ese acto tan desprestigiado que se llama «recital poético» o recitación de poesías.

Protesto de este desprestigio, aunque lo anoto.

El recitador o la recitadora son héroes del mundo moderno, héroes más o menos armados, más débiles o más fuertes, más sutiles o sonoros, pero continúa en ellos la más antigua tradición, la de la poesía hablada.

La recitación poética, más que el teatro moderno, tiene derecho a reclamarse como herencia del gran teatro griego, recitativo por excelencia.

Muchas veces me pregunté cuándo está terminado un poema. Cuando se escribe a mano y uno lee su propio original manuscrito, falta algo. Cuando este está escrito a máquina está más terminado. Pero falta algo.

Cuando este se publica en una revista, ahora sí que está completo. Pero... siempre falta algo.

Entonces sale el libro. Aquí sí que se terminó. Aquí ya los poetas nos olvidamos para siempre de nuestro poema. Ya estamos distantes de él. Tenemos otras cosas en la cabeza. Queremos escribir algo muy diferente. Aquel poema en el libro ya parece que hubiera muerto.

Entonces lo escuchamos, de pronto. Alguien lo lee en voz alta. Lo lee bien o lo lee mal. Pero el hecho es que una voz humana le dio su sentido y lo hizo vivir de nuevo.

Entonces sí que está completo el poema.

Toda poesía está hecha para ser leída en voz alta. Deben sentirse las letras en la boca, deben sonar las vocales, deben poblarse de sonidos los inanimados renglones de los libros.

Solo entonces salen de la poesía sus elementos vitales, su sentido, su rumor, levantados en la copa del ritmo.

El ritmo es una ley inherente a la poesía. No solo es el vestido de ella, sino su interna sangre, su circulación vital.

Hay que dejarse llevar por el ritmo en la lectura de la poesía. Y este debe ser poderoso como una corriente y capaz de levantar tu cuerpo.

Hay que buscar esa línea de ritmo, hay que seguirla a través de los accidentes porque ella guía también, abre las puertas del contenido. En el laberinto de la poesía ese hilo lleva a la cerradura.

Yo he notado que al leer los versos las gentes unen el final con el comienzo de otro verso. Esto está mal. Cada final de verso exige una pausa, de otra manera se convierte en prosa. Esta pausa no es tan grande como después de un punto, ni menos como la que separa dos estrofas, ni es siempre igual. Pero el verso exige que la línea rítmica al final de cada verso se detenga en un pequeño temblor, en una vacilación de la que surgirá la nueva onda rítmica.

Pero la poesía alcanza su expresión en el coro. La aspiración suprema de la poesía es la de ser dicha por muchas voces. El poeta es en sí mismo un coro, expresa en su obra muchas existencias escondidas, y estas quieren manifestarse en su plenitud. El poema ideal es aquel que en un mismo minuto pudieran decir la totalidad de los hombres sobre la tierra. Esta sería la paz.[2]

2. Esta fue la introducción de Neruda al recital de su poesía, con el que se clausuró el ciclo de conferencias sobre su vida y su poesía. En la entrada se entregó a los asistentes la «Oda al aire», impresa, para que se hiciera una lectura general.

Otros textos autobiográficos

Pablo Neruda, ese desconocido[3]

Qué poco nos conocemos los seres humanos. Usted me oye esta vez con curiosidad y yo comienzo a hablar, a hablar con usted con miedo. Mi voz viene de afuera, de la calle, de la noche, mi voz es la de un intruso. No se cómo usted me va a recibir. Usted salió hace poco de su taller, de su oficina, de su comedor, entró tal vez a su dormitorio, a sus sábanas, y de repente entra mi voz sin ningún derecho, por arte de magia, porque sí. Tengo miedo yo, porque si tengo que hablar de amor, tal vez tú has sido más afortunado que yo, y si eres más feliz, mi palabra, mi poesía, no te hacen falta. Ahora sí yo te voy a hablar de mis dolores, puede que tú conozcas más que yo los sufrimientos y mientras tú puedes cortar mi palabra inútil, yo me quedaré con mi voz bailando en el aire.

Nos conocemos poco hombres, mujeres, viejos y jóvenes. Por mi parte, debo decir que de mí se conoce siempre una parte negra o blanca, una parte verdadera o mentirosa, de mi persona y de mi vida. Nunca he querido ocultar nada, ni de lo que soy ni de lo que pienso, pero los buenos amigos se encargan de pasarle una brocha a uno, de la cabeza a los pies, con pintura simpática. Y luego vienen los enemigos y lo llenan a uno de pintura antipática. Le pintan a uno la ropa, los zapatos y hasta la lengua con pintura negra.

En cuanto a ustedes, hombres y mujeres, chilenos chicos y grandes, pobres o ricos, gordos o flacos, chilenos y chilenas de todo tipo y edad, yo me hice el propósito desde hace muchos años de ser solo uno más

---

Junto a Neruda estaba la folclorista Margot Loyola, con una trutruca mapuche y con su guitarra, y los actores María Maluenda y Roberto Parada.

El recital se inició con una canción de amor mapuche interpretada por Margot Loyola. En cuanto terminó esta, Neruda leyó el poema «A una estatua de proa», de *Canto general*. Luego, con guitarra de fondo, el poeta y los actores recitaron las odas a una castaña en el suelo, a la fertilidad de la tierra, a un reloj en la noche, al hilo, a la cebolla y José Miguel Carrera (1810).

3. Por lo que el poeta dice en los primeros párrafos de este texto, el mismo es de una conferencia emitida por radio.

entre todos, de ser un compuesto de gordo y flaco, de pobre y rico, de blanco y negro, de ser un chileno representativo y vulgar. No me quise distinguir nunca en nada y si alguien me distinguió o me distinguieron muchos fue, precisamente, porque no fui ni vanidoso ni modesto, sino un hombre normal, un hombre del montón.

Pero ese montón se llama para mí Chile y es el mejor montón del mundo.

No se pensaba así cuando yo llegué con mis versos bajo el brazo desde Temuco, hace ya más de cuarenta años.

Estaban de moda cosas que han quedado atrás con el tiempo. Y me parece que yo he ayudado a dejar atrás aquellas modas de aquellos tiempos.

La primera era que los poetas se creían seres superiores, más largos y más anchos que los demás. Se creían superhombres, geniales, misteriosos. Uno de ellos dejó escrita esta frase: «El poeta es un pequeño Dios». Otros hacían de Diablos sobrenaturales. Terminaron con los escrúpulos y a menudo se deshonraron para parecer interesantes.

Esta superioridad ficticia era una moda. A mí no me gustaba y busqué un camino más sencillo. Si no me parezco a todo el mundo, por lo menos he tratado de hacerlo.

Estos conflictos han entrado en mi poesía. Esta manera de ser y de no ser, de los que leen, de los que escriben, de los que son sabios o creen serlo, de lo que se llama, bien o mal, los intelectuales.

Me acuerdo que hasta escribí unos versos que parecen sardónicos, porque zumban un poco al oído, pero lo que zumba es la verdad.

De cuando en cuando y a lo lejos
hay que darse un baño de tumba.

Sin duda todo está muy bien
y todo está muy mal, sin duda.

Van y vienen los pasajeros,
crecen los niños y las calles,
por fin compramos la guitarra
que lloraba sola en la tienda.

Todo está bien, todo está mal.

Las copas se llenan y vuelven
naturalmente a estar vacías
y a veces en la madrugada
se mueren misteriosamente.

Las copas y los que las bebieron.

Hemos crecido tanto que ahora
no saludamos al vecino
y tantas mujeres nos aman
que no sabemos cómo hacerlo.

Qué ropas hermosas llevamos!
Y qué importantes opiniones!

Conocí a un hombre amarillo
que se creía anaranjado
y a un negro vestido de rubio.

Se ven y se ven tantas cosas.

Vi festejados los ladrones
por caballeros impecables
y esto se pasaba en inglés.
Y vi a los honrados, hambrientos,
buscando pan en la basura.

Yo sé que no me cree nadie.
Pero lo he visto con mis ojos.

Hay que darse un baño de tumba
y desde la tierra cerrada
mirar hacia arriba el orgullo.

Entonces se aprende a medir.
Se aprende a hablar, se aprende a ser.
Tal vez no seremos tan locos,
tal vez no seremos tan cuerdos.
Aprenderemos a morir.
A ser barro, a no tener ojos.
A ser apellido olvidado.

Hay unos poetas tan grandes
que no caben en una puerta
y unos negociantes veloces
que no recuerdan la pobreza.

Hay mujeres que no entrarían
por el ojo de una cebolla
y hay tantas cosas, tantas cosas,
así son y así no serán.

Si quieren no me crean nada.

Solo quise enseñarles algo.

Yo soy profesor de la vida,
vago estudiante de la muerte
y si lo que sé no les sirve
no he dicho nada, sino todo.

«No tan alto», *Estravagario*.

También en el año 1921 existía la moda de París. Todos los escritores, los pintores, los artistas, venían llegando de París o se iban a París. No era bonito, no era elegante vivir en Chile. Era tonto vivir en Chile.

Chile, para esa gente era feo, era lluvioso o polvoriento, era triste y aburrido. Una gran escritora de la época me dijo una vez en un salón: «Si al mundo tuvieran que ponerle una lavativa se la pondrían por algún sitio de Chile». Con estas frases graciosas se disfrazaba un concepto señorial, antipopular y cosmopolita, un desprecio que yo no compartí.

Por aquel tiempo, en este país y en otros, muchos de los escritores escribían en francés, no porque fueran de familias francesas, sino porque nuestro idioma era el idioma de los chilenos, de lo que ahora se llaman subdesarrollados.

[...]

Que se entienda que no quiero representarme como un prodigio: los demás son oscuros, yo soy claro. Los otros son malos, yo soy bueno. No, de ninguna manera. Se trata de las predilecciones, de lo mejor que queremos ser, de lo bueno que queremos de todo el mundo. Aquellas modas de la época traían rivalidad y antagonismo. Yo las deseché desde muy joven como conducta entre los escritores. Había alguno que se autoproclamaba genio y daba título de idiota a todos los demás. Yo me aparté de tales furibundos. Siempre se ha hablado de la polémica que fulano sostiene conmigo y hasta algunos ociosos llamaron a una discusión pública sobre esta imaginaria controversia. Yo no he tomado parte ni antes ni ahora en desmedrar a nadie, ni en quitarle a nadie el valor literario que tenga o crea tener. Nunca nombré en mis escritos a algún poeta para increparlo, pero sí nombré a muchísimos para enaltecerlos. Son malas costumbres literarias tomar el Auditorio Nacional para darse de palos en la cabeza. No cuenten conmigo para estas empresas chabacanas. Yo nunca encontré un minero preocupado de hablar pestes de los otros mineros, sino de sacar algo de la mina. Nunca encontré un carpintero que se pasara la vida echando periquitos contra los otros carpinteros, sino cortando tablas, clavando clavos, construyendo casas y cosas. Eso me gusta. Tal vez perdí mi vocación y debí haber sido carpintero o pájaro carpintero.

Allá en los bosques de Temuco, en la antigua selva, entre araucarias y canelos, le tomé un amor a la madera que me acompaña hasta ahora. En el tren lastrero de mi padre, recorriendo los ramales, las solitarias vías ferroviarias, entre Labranza y Carahue, me impregné de un olor a bosque, a tablas y a tablones, que ojala, siga viviendo en mi poesía.

Para despedirme, a ustedes les dedico estos listones:

Ay, de cuanto conozco
y reconozco
entre todas las cosas
es la madera mi mejor amiga.
Yo llevo por el mundo
en mi cuerpo, en mi ropa,
aroma
de aserradero,
olor de tabla roja.
Mi pecho, mis sentidos
se impregnaron
en mi infancia
de árboles que caían
de grandes bosques llenos
de construcción futura.

De «Oda a la madera», *Odas elementales.*

Nota editorial
Textos agregados a esta edición

1. Viaje alrededor de mi poesía

Este texto está formado por dos fragmentos que probablemente son la introducción y el epílogo a la conferencia-recital que dio Neruda en Santiago, al regresar de México, el 8 de diciembre de 1943 en el homenaje que se le tributó en el Teatro Municipal. El profesor Hernán Loyola obtuvo del escritor Fernando Alegría, quien estuvo presente en aquel recital, una versión oral de una aseveración de Neruda que ha sido muy citada. «Si ustedes me preguntan qué es mi poesía, debo decirles: no sé. Pero si le preguntan a mi poesía, ella les dirá quién soy yo». Ahora publicamos, por primera vez, la única versión conocida en que esa cita aparece escrita: «Qué es mi poesía? No lo sé. Es más fácil preguntar a mi poesía quién soy yo».

Hemos incluido ambos fragmentos, el de introducción y epílogo, respectivamente, en la introducción y en el cierre de esta edición de *Confieso que he vivido*.

2. La muchacha del regreso

Este texto, claramente, es la continuación del episodio de la trilla de los Hernández, con el que concluye «Infancia y poesía», que es la primera parte de *Confieso que he vivido*. El texto que agregamos relata el regreso del joven poeta desde el lugar donde se realizó la trilla.

Si el capítulo «El amor junto al trigo» describe la tradicional trilla con yegua, luego la fiesta que sigue al trabajo del día, y finalmente la iniciación sexual del joven viajero, esta última parte, hasta ahora inédita, cuenta el regreso de esta aventura y tiene cierto tono de ironía. El joven Neruda lleva en el anca del caballo a una muchacha complaciente. Es la ocasión para estrenar su hombría, recién adquirida. Pero la consumación no se realiza por un problema ínfimo: no encuentra donde amarrar el caballo.

3. El caballo de la talabartería

Agregamos este texto, considerando que cierra muy bien la primera parte de las memorias, puesto que relata el regreso del poeta adulto al mundo de su infancia, que encuentra cambiado, en alguna medida, destruido. El único vestigio que permite un reencuentro cabal es este caballo de madera, que había sido parte de su vida de niño colegial.

Matilde Urrutia, en su libro *Mi vida junto a Pablo*, anota: «Ese caballo estaba en una ferretería, en Temuco. Cuando Pablo se iba al liceo, tenía que pasar por esta calle y siempre lo veía y le acariciaba el hocico. Vivió y creció viendo este caballo, lo consideraba algo suyo. Cada vez que íbamos a Temuco le pedía al dueño que se lo vendiera, pero todo había sido inútil. Tampoco consiguieron nada los amigos del dueño del animal, quienes habían insistido. Pero un día se incendió la ferretería; llegaron los bomberos y, naturalmente, mucha gente, entre ellos, había amigos de Pablo. Después nos contaban que allí se oía un solo grito: "¡Salven el caballo de Pablo! ¡Que no se queme el caballo!". Y así fue como se salvó, fue lo primero que sacaron los bomberos. Al poco tiempo, se remató todo lo que se había salvado del incendio. El dueño, que sabía de la pasión de Pablo por ese caballo, puso gente para hacer subir el precio. Sabía que Pablo no se dejaría arrebatar su caballo, el que salió a un precio altísimo».

Actualmente se encuentra en la Sala del Caballo de la casa de Isla Negra y es parte de la presencia del mundo de la infancia del poeta en esta casa.

4. «Valparaíso está muy cerca de Santiago...»

Este texto, con el que se inicia el capítulo «El vagabundo de Valparaíso», al comienzo de la sección 3, «Los caminos del mundo», fue escrito para las memorias. El resto del capítulo se origina en el artículo «Valparaíso», que Neruda escribe en 1965 y que se publicó en alemán en la revista suiza *DU Atlantis*, Zúrich, febrero de 1966, con fotografías de Sergio Larraín. La versión original en español aparece por primera vez en las *Obras completas* de Pablo Neruda (tercera edición, Buenos Aires, Losada, 1968).

Para la edición de *Confieso que he vivido* el artículo de 1965 fue reordenado y se le agregó el texto inicial, del que ahora publicamos una nueva versión, fiel al original mecanoscrito con correcciones manuscritas de Neruda. Este texto tiene algunas variaciones, principalmente de estilo, respecto del que aparece en la edición anterior de las memorias. Además, al final hay algunos párrafos que se habían omitido en la ya mencionada edición, y que nos parecen importantes, ya que en ellos Neruda asume la condición del poeta memorialista, es decir, del poeta que recuerda los episodios de su vida y escribe sus memorias desde el presente de su edad madura y desde un lugar central de su existencia: Isla Negra. En este caso, Neruda contempla con nostalgia el Valparaíso perdido de los años de su juventud.

5. Los *Sonetos del amor oscuro* y El último amor del poeta Federico

Una nota manuscrita de Matilde Urrutia aclara el motivo por el cual estos textos no se publicaron. Ella dice: «Este artículo fue escrito para las memorias. Fueron muchas las veces que conversamos con Pablo si debía incluirlo o no. Me dijo textualmente: "Está el público suficientemente desprovisto de prejuicios para admitir la homosexualidad de Federico sin menoscabar su prestigio?". Esa era su duda. Yo también dudé y no lo incluí en las memorias. Aquí lo dejo, creo que yo no tengo derecho a romperlo».

6. El regalo de Niebla

Este texto fue escrito en 1962. Con ocasión del 60.º cumpleaños de Rafael Alberti, Neruda escribió estas líneas sobre una de las tantas noches en que fue caminando desde su casa de Madrid hasta la del poeta gaditano. Se ha incluido por su interesante atmósfera de evocación: en medio de la niebla que cubre las calles solitarias, Neruda es seguido por un perro fantasmal. Llega a la casa de Alberti, poblada de esculturas de Alberto Sánchez, donde el perro se instala. Este episodio está contado también por Alberti en sus memorias, *La arboleda perdida*, donde recuerda que Neruda le regaló «aquel grande y enmarañado perro ovejero irlandés, que encontró, herida una pata, una noche de bruma madrileña».

7. Retrato de un arribista

En la primera página de este artículo, sobre González Videla, el gran enemigo político de Neruda, se lee la siguiente anotación manuscrita con grafito al pie del texto: «Esta prosa fue escrita para las memorias, se extravió misteriosamente». Además, en un trozo de papel roneo, se lee la siguiente anotación, manuscrita con tinta: «Este capítulo / Esta prosa fue escrita para las memorias, se extravió misteriosamente, buscando originales para este libro fue encontrada». La anotación debe ser de Matilde y el libro del que se habla, sin duda, es *El fin del viaje*, una antología de obra inédita de Neruda, en la que ella trabajó en 1981.

8. A Pushkin

Neruda llega por primera vez a la Unión Soviética el 6 de junio de 1949, a participar en los actos de conmemoración de los ciento cincuenta años del nacimiento de Pushkin. Entre recitales y congresos, hizo este texto, escrito como una carta en la que le cuenta al gran poeta nacional ruso la experiencia de participar en la celebración de su propio sesquicentenario.

9. El joven poeta Barquero

Este texto se ha incluido a continuación del capítulo «De agosto de 1952 a abril de 1957», porque es la mirada de Neruda, de 1956, a un joven poeta en el que cree verse a sí mismo, cuando llegó a Santiago a principios de los años veinte. Además, este texto remite al sentido de paternidad literaria de Neruda, porque a Efraín Barquero, como dice *Memoria Chilena*, se lo considera en sus inicios «como el natural continuador de la línea de desarrollo poético abierta por Pablo Neruda».

10. La persistente influencia de los árboles

En este texto Neruda habla de su propia poesía, por lo que es especialmente pertinente a la sección undécima del libro: «La poesía es un oficio», donde se suma a los capítulos «El poder de la poesía», «La poesía» y «Viviendo con el idioma». Es parte de un escrito inédito, destinado inicialmente a la introducción de una edición de *Odas elementales*.

11. Religión y poesía

Es un interesante escrito en el que, a partir de las velas que le prendían en Isla Negra a uno de sus mascarones, Neruda reflexiona sobre el origen de las religiones. Amplía considerablemente el contenido de los últimos párrafos del capítulo «Botellas y mascarones». En otros pasajes de las *Memorias* Neruda incluye reflexiones suscitadas por episodios de su vida u observaciones del mundo. Es lo que hace, por ejemplo, en «Los dioses recostados», donde reflexiona sobre cristianismo y budismo, a partir de sus experiencias en Oriente.

12. León Felipe

Neruda escribió este texto en julio de 1972, es decir, en el tiempo en el que había comenzado a trabajar sistemáticamente en sus *Memorias*.

13. El literario antagónico

Una parte menor del contenido de este extenso texto ya estaba en el capítulo «Enemigos literarios», de *Confieso que he vivido*, donde Neruda hace consideraciones más bien generales sobre el comportamiento de su principal enemigo literario, a quien se refiere como Perico de Palothes. En el texto que incluimos ahora, Neruda cuenta, con mucho más detalle, algunos hechos de su legendario antagonista. Los mismos se relatan también, muy sintéticamente, en los versos del poema «Corona del archipiélago para Rubén Azócar», del libro *La Barcarola*.

14. Que si le pegan, cante

Esta es una de las respuestas del poeta frente a los ataques contra su poesía.

15. El paisaje del sur

Fue escrito para las *Memorias*, en 1973, como el autor lo dice en el mismo texto. Nos parece que Neruda, que en tantos poemas y escritos había cantado y descrito la naturaleza austral, ahora quiso hacer un texto histórico y político, más centrado en el paisaje humano del sur de Chile.

16. Andrés Bello

Este texto parece ser uno de los apuntes de viaje. Para Neruda la mirada de mármol de Bello «acompañó mis luchas estudiantiles, mis primeros versos, mis primeros amores». Además de vincularlo de esa manera con su vida, Neruda le asignó a Bello un papel de primera importancia en la emancipación cultural de Hispanoamérica. En una de sus conferencias dijo que Bello empezó a escribir antes que él su *Canto general*.

17. Recabarren

Este texto y el siguiente son parte de una extensa conferencia dicha, al parecer, en algún acto interno del Partido Comunista, a mediados de los años sesenta. En ambos textos, las figuras de estos líderes del movimiento obrero aparecen vinculadas a recuerdos personales de la vida de Neruda. Luis Emilio Recabarren es el personaje de la historia americana más admirado por Neruda.

18. Lafertte

El dirigente obrero Elías Lafertte, con quien Neruda hizo su campaña senatorial por las provincias del norte, en 1945, es otro de los personajes a los que Neruda admiró, y a los que está unida parte importante de su vida.

19. Maiakovski

Escrito en junio de 1963, posiblemente con ocasión de los setenta años del nacimiento de Maiakovski, que fue uno de los autores a los que Neruda consideraba más importantes en la poesía contemporánea, y al que describió como «un poeta que hundía la mano en el corazón colectivo y extraía de él la fuerza y la fe para elevar sus nuevos cantos».

Cronología

La presente cronología fue preparada especialmente para esta edición de *Confieso que he vivido* y trata de corresponder a sus contenidos y secciones. Su propósito principal es orientar al lector en la vida del poeta. Sin embargo, el libro no siempre sigue un orden cronológico. Hay secciones, como la undécima, que son misceláneas, los textos que la componen reflexionan sobre la poesía, hablan de sucesos dispersos, de personajes, de los afanes de coleccionista del autor, etc., de modo que, en este y en algunos otros casos, la cronología es independiente de las materias del libro.

I. El joven provinciano

1903 4 de octubre: la profesora Rosa Neftalí Basoalto se casa con José del Carmen Reyes, hijo de José Ángel Reyes Hermosilla, propietario del fundo Belén, de cien hectáreas.

1904 12 de julio: en la casa del matrimonio Reyes Basoalto, en la ciudad de Parral, nace Ricardo Eliecer Neftalí Reyes Basoalto, quien más tarde adoptará el nombre de Pablo Neruda.

1904 14 de septiembre: doña Rosa Neftalí Basoalto muere de tuberculosis. José del Carmen se va a trabajar a Argentina y deja al niño Neftalí Reyes en el fundo Belén.

1905 Luego de regresar de Argentina, José del Carmen consigue un trabajo en el ferrocarril de la Araucanía y se establece con su hijo en Temuco. Neruda siempre insistió en que su nacimiento como poeta ocurre en esta región, donde se forma la matriz de su visión poética del mundo.

1905 11 de noviembre: don José del Carmen se casa con Trinidad Candia Marverde, con quien ya tenía un hijo, Rodolfo Reyes Candia, nacido en la primavera de 1895. Trinidad acoge como suyo al niño Ricardo Eliecer Neftalí.

1907 Llega a vivir con la familia Reyes Candia, la niña Laura Reyes, nacida de una relación que tuvo en Talcahuano el padre —José del Carmen Reyes— con Aurelia Tolrá. Así, Rodolfo, Neftalí y Laura eran medios hermanos: todos del mismo padre pero de distintas madres. Sin embargo, Trinidad Candia los acogió a todos con igual cariño. Para el poeta, ella fue el paradigma de la maternidad y de la humilde bondad de la gente del pueblo.

1910 El joven Ricardo Neftalí entra al Liceo de Hombres de Temuco.

1917 El diario *La Mañana* de Temuco, en su edición del 18 de julio, publica «Entusiasmo y perseverancia», el primer artículo del joven Ricardo Neftalí Reyes. En este mismo diario aparecerán algunos de sus primeros poemas.

1918 Entre este año y 1922 Ricardo Neftalí publica artículos en *La Mañana* y *El Diario Austral*, de Temuco; la *Revista Cultural*, de Valdivia; *Ratos Ilustrados*, de Chillán, y *Corre Vuela*, de Santiago.

1919 Participa en los Juegos Florales del Maule con el poema «Comunión ideal», que firma con el seudónimo Kundalini. Se le otorga la «Tercera recompensa».

1920 Febrero: viaje de veraneo desde Temuco a Bajo Imperial, hoy Puerto Saavedra. El encuentro del joven Ricardo Neftalí con el océano, es otro de los momentos clave para la formación de su mundo poético.

1920 El joven poeta conoce a Gabriela Mistral, Premio Nobel de Literatura de 1945, quien llegó a Temuco a asumir el cargo de directora del Liceo de Niñas.

1920 Julio: en Santiago se produce el asalto al local de la Federación de Estudiantes y la cacería de «antipatriotas» que lleva a la prisión y a la muerte del poeta Domingo Gómez Rojas. Aunque no estuvo en el centro de estas persecuciones, Neruda las siguió desde Temuco, donde recibió al prófugo escritor José Santos González Vera.

1920 Adopta el nombre literario de Pablo Neruda. El poeta ha afirmado que tomó su apellido literario del escritor checo Jan Neruda. Hay una hipótesis alternativa, del poeta Miguel Arteche, según la cual el nombre Neruda pudo ser tomado de la novela *Estudio en escarlata*, de la serie de Sherlock Holmes, donde se alude a un concierto de la violinista Norman Neruda. Una investigación del médico chileno Enrique Robertson estableció que la violinista Neruda existió. Robertson encontró, además, partituras en que aparecen los nombres del compositor Pablo Sarasate y de Norman Neruda.

1920 Noviembre: recibe el primer premio de los Juegos Florales de Primavera en Temuco, con su poema «Salutación a la Reina».

II. Perdido en la ciudad

1921 22 de enero: en la revista *Claridad*, n.º 12, de la Federación de Estudiantes, se publica una elogiosa nota sobre Neruda y su poesía, firmada por Fernando Ossorio, seudónimo de Raúl Silva Castro, con una breve selección de sus poemas.

1921 Marzo: viaja en tren a Santiago para iniciar sus estudios de Pedagogía en Francés en la Universidad de Chile.

1921 18 de abril: se inicia su relación amorosa con Albertina Rosa Azócar, una de las principales musas de los *Veinte poemas de amor y una canción desesperada*. El poeta nunca reveló la identidad de las dos musas principales de este libro. Las mencionó solo como Marisol y Marisombra, en conferencias y memorias, y como Rosaura y Terusa, en su *Memorial de Isla Negra*. Terusa fue Teresa León, su gran amor de provincia. Marisombra —Rosaura— es Albertina Rosa Azócar. Esto solo se supo en 1974, cuando se publicaron las numerosas cartas de amor que le envió Neruda.

1921 2 de julio: Neruda pasa a ser colaborador regular de la revista *Claridad*, de la Federación de Estudiantes de Chile, a partir de su número 28.

1921 14 de octubre: recibe el primer premio en el Concurso de Prólogos para las Fiestas de la Primavera, con el poema «La canción de la fiesta».

1923 Enero a marzo: el poeta pasa sus largas vacaciones veraniegas entre Temuco y Puerto Saavedra. Seguirá pasando sus vacaciones de invierno y verano en el sur de Chile. Esta era, tal vez, una forma de mitigar la pobreza en que vivía en esos años de estudiante en Santiago.

1923 Julio: aparece *Crepusculario*, editorial Claridad, Santiago de Chile, con ilustraciones de Juan Gandulfo, Juan Francisco González (hijo) y Barak. Este primer libro fue consagratorio. El crítico Alone, en *La Nación* del 2 de septiembre de 1923, escribió una elogiosa nota que concluyó con un comentario profético: «... podemos justamente esperar que así como ahora se adelanta a los de su generación y los supera, con el tiempo, si no se interpone el ciego destino, descollará entre los mayores no solo de esta tierra y de su época».

1923 Neruda, con un grupo de amigos, viaja a Valparaíso a despedir al artista Abelardo Bustamante, Paschin, y al poeta Alberto Rojas Giménez, que partían a París. Orlando Oyarzún dejó un testimonio de este viaje, que probablemente es el mismo que relata Neruda en el capítulo «El vagabundo de Valparaíso» de estas memorias.

1924 Junio: pocos días antes de que Neruda cumpliera los veinte años, aparece la primera edición de *Veinte poemas de amor y una canción desesperada*, que con el tiempo se convirtió en uno de los libros de poesía más leídos, publicados y traducidos del mundo. A fines de 1924, el poeta no se presenta a dar los exámenes finales de la carrera de Pedagogía en Francés. Con el abandono de sus estudios precipita la ruptura con su padre, quien le corta la exigua mesada que le enviaba desde Temuco.

III. Los caminos del mundo

1924 Conoce a Álvaro Hinojosa, quien se convertirá en uno de sus grandes amigos. Entre 1925 y 1927 Neruda viajó varias veces a Valparaíso, invitado por Hinojosa.

1925 Noviembre: se va a vivir a Chiloé, invitado por su amigo Rubén Azócar, que había sido nombrado profesor en Ancud. Allí, a comienzos de 1926, Neruda escribe su única novela, *El habitante y su esperanza*, por encargo de la editorial Nascimento.

1926 Enero: esa misma editorial publica *Tentativa del hombre infinito*, y luego el libro de prosa poética *Anillos*, escrito por Neruda en conjunto con su amigo Tomás Lago.

1926 Las cartas que el poeta le manda a su hermana Laura dan cuenta de su situación: «Mi ropa está imposible y ya no puedo andar con ella», le dice el 9 de marzo, y: «desde ayer estoy sin pensión. Cómo arreglar esto? [...] estoy ya viejo para no comer todos los días», le escribe el 27 de octubre.

1927 11 de abril: por Decreto 372, es nombrado cónsul particular de Elección en Rangoon.

1927 Junio: el viaje de Neruda a Oriente se inicia en la Estación Mapocho, de Santiago, donde muchos amigos van a despedirlo. Ahí toma el tren a Valparaíso. Luego de unos días en casa de Álvaro Hinojosa, ambos toman otro tren que combinaba con el Ferrocarril Trasandino. El 15 de junio llegan a Buenos Aires, donde se embarcan dos días después.

1927 Julio: Neruda e Hinojosa llegan a Madrid, después de haber desembarcado en Lisboa. Viajan en tren a París, donde Neruda tiene un encuentro con César Vallejo. Siguen a Marsella para embarcarse a Oriente.

1927 Principios de octubre: Neruda asume sus funciones de cónsul en Rangoon, la principal ciudad de Birmania, que entonces era parte del Imperio británico.

IV. La soledad luminosa

1927 25 de octubre: envía su primera carta al escritor argentino Héctor Eandi. Se inaugura así un epistolario de primera importancia para conocer la vida del poeta en Oriente.

1927 Noviembre: viaja a Madrás, en la India.

1927 7 de diciembre: en carta a su amigo Yolando Pino, habla del libro *Colección nocturna*, que está escribiendo. Era el primer título que tenía para *Residencia en la tierra*.

1928 Enero: luego de cumplir sus primeras funciones consulares, sigue viajando junto con Álvaro Hinojosa. Parten a la Indochina francesa y al reino de Siam (hoy Tailandia).

1928 Principios de febrero: llegan a China, donde los recibe «un invierno con nieve, lluvia y viento». A mediados de febrero arriban a Japón.

1928 Marzo: conoce a Jossie Bliss, la amante birmana que lo hará vivir variaciones pasionales que van del enamoramiento al abandono. En *Residencia en la tierra* ella aparece como «bienamada» y «maldita».

1928 6 de agosto: en carta al escritor José Santos González Vera, dice: «He pasado un límite que nunca creí capaz de sobrepasar, y en verdad mis resultados me sorprenden y me consuelan. Mi nuevo libro se llamará *Residencia en la tierra* y serán cuarenta poemas en verso que deseo publicar en España».

1928 Noviembre: viaja a Calcuta, donde se reencuentra con Álvaro Hinojosa, de quien se había separado en marzo. Hinojosa trataba de hacer fortuna en la floreciente industria cinematográfica de la India.

1928 5 de diciembre: se lo nombra cónsul de Elección en Colombo, capital de Ceilán, actualmente Sri Lanka.

1928 Diciembre: Neruda tiene la oportunidad de presenciar la reunión anual del Congreso Nacional Indio, que se celebró en Calcuta, y donde participaron grandes figuras como Mahatma Gandhi y Jawaharlal Nehru.

1929 Mediados de enero: viaja desde Calcuta a Colombo, donde asume sus funciones de cónsul. Álvaro Hinojosa lo acompaña por un tiempo y luego parte hacia Bombay.

1929 Noviembre, con la intención de publicar *Residencia en la tierra*, manda los originales a España. Llegan a manos del ministro consejero de la Embajada de Chile, Carlos Morla Lynch, quien los entrega a Rafael Alberti. A pesar del entusiasmo de este y del de otros poetas españoles, no se consigue su publicación.

1930 Mayo: es nombrado cónsul particular de Elección en Singapur y en la isla de Java, con residencia en Batavia y jurisdicción sobre las posesiones holandesas del archipiélago de la Sonda.

1930 6 de diciembre: el poeta se casa con María Antonia Hagenaar Vogelzang, holandesa javanesa. En carta de 15 de diciembre a su padre, dice: «Para mí ella reúne todas las perfecciones y somos enteramente felices [...] María tiene muy buen carácter y nos entendemos a las mil maravillas». Sin embargo este matrimonio no fue afortunado, y en el poema «Itinerarios» (*Estravagario*, 1958) Neruda incluye, entre sus preguntas sin respuestas: «Para qué me casé en Batavia?».

V. España en el corazón

1932 Comienzos de febrero: la supresión del consulado que servía, obliga a Neruda a regresar a Chile con su mujer.

1932 19 de abril: desembarca junto a su esposa en Puerto Montt, viajan por tren a Temuco, desde donde, luego de una breve estadía en la casa de la familia del poeta, parten a Santiago. Neruda no tiene casa ni trabajo y llega a un país que vive una de las más graves crisis económicas y sociales de su historia.

1932 El Ministerio de Relaciones le da un trabajo de dos horas, en la biblioteca, donde gana apenas lo justo para pagar el arriendo de la pensión en que vive con su mujer.

1932 Julio: es trasladado al Departamento de Extensión Cultural del Ministerio del Trabajo, como jefe de biblioteca, con lo cual mejora en alguna medida su situación económica.

1933 24 de enero: Empresa Letras, Santiago de Chile, publica *El hondero entusiasta*, libro que el poeta había escrito diez años antes.

1933 10 de abril: editorial Nascimento publica *Residencia en la tierra* (1925-1931) en una cuidada edición de solo cien ejemplares.

1933 Agosto: es designado cónsul adjunto al Consulado General de Buenos Aires. Es un cargo de mayor categoría, mejor pagado y de mayor actividad que los precarios consulados de Oriente.

1933 Fines de agosto: el matrimonio Reyes Hagenaar llega a Buenos Aires. Visitan a Héctor Eandi, a quien Neruda por fin conoce personalmente.

1933 13 de octubre: en una reunión en homenaje a Federico García Lorca, este y Pablo Neruda se conocen. Es el inicio de una entrañable amistad. García Lorca acababa de llegar a Buenos Aires para preparar el estreno en América Latina de su obra *Bodas de sangre*. El encuentro se produce en casa del escritor argentino Pablo Rojas Paz y de su esposa, Sara Tornú.

1933 10 de noviembre: en el céntrico Hotel Plaza, de Buenos Aires, se realiza un concurrido banquete para festejar a Neruda y a García Lorca. Ambos hacen su «discurso al alimón», en homenaje a Rubén Darío.

1933 11 de noviembre: el poeta es nombrado en un cargo consular en Barcelona.

1934 Mayo: junto a su mujer que espera un hijo, llega a Barcelona, donde asume las tareas de su cargo consular. El poeta recordaría en 1950 la España a la que llegó, donde encontró «una brillante fraternidad de talentos y un conocimiento pleno de mi obra».

1934 25 de mayo: muere en Santiago el poeta Alberto Rojas Giménez, uno de los grandes amigos de Neruda, quien escribió en su homenaje la elegía «Alberto Rojas Giménez viene volando».

1934 31 de mayo: Neruda viaja por tren a Madrid, donde Federico García Lorca lo espera, en la Estación del Norte.

1934 2 de junio: en una fiesta de recepción a Neruda, organizada por Carlos Morla Lynch, en su casa, el poeta conoce a la pintora argentina Delia del Carril, quien se convertiría en su segunda esposa.

1934 Julio: Neruda y Miguel Hernández se conocen en uno de los viajes que hace este a Madrid desde Orihuela, su pueblo natal.

1934 18 de agosto: nace en Madrid Malva Marina Reyes Hagenaar, única hija del poeta. El 25 del mismo mes, Neruda le escribe a su padre para darle la noticia, tratando de minimizar los problemas de la niña, que ha estado en peligro de muerte.

1934 6 de diciembre: Neruda da un recital en la Universidad de Madrid. Lo presenta García Lorca como: «Un poeta más cerca de la muerte que de la filosofía, más cerca del dolor que de la inteligencia, más cerca de la sangre que de la tinta».

1934 19 de diciembre: se comisiona a Neruda para que preste temporalmente sus servicios como agregado a la Embajada de Chile en Madrid, sin perjuicio de las funciones que desempeña en el consulado en Barcelona.

1935 Abril: se publica en Madrid el folleto *Homenaje a Pablo Neruda de los poetas españoles / Tres cantos materiales*, por la editorial Plutarco, que además de los «cantos materiales» incluye un tributo a Neruda, firmado por los más importantes poetas hispanos del momento, con la excepción de Juan Ramón Jiménez y Juan Larrea.

1935 21 al 25 de junio: participa en el Primer Congreso Internacional de Escritores para la Defensa de la Cultura, que se realiza en París.

1935 15 de septiembre: aparece en Madrid la primera edición de *Residencia en la tierra I y II*. La obra es publicada en dos volúmenes por Cruz y Raya, en sus «Ediciones del Árbol».

1935 Octubre: Gabriela Mistral es trasladada desde Madrid a Lisboa y Neruda asume en propiedad el cargo de cónsul en Madrid.

1935 Octubre: aparece el número 1 de la revista *Caballo verde para la poesía*, dirigida por Neruda. Se publicaron cuatro ejemplares, el correspondiente a los números 5 y 6 estaba impreso y encuadernado en bodega, pero se perdió a causa del estallido de la Guerra Civil.

1935 Noviembre-diciembre: la prestigiosa revista francesa *Les Mois*, que registra mes a mes los principales aportes literarios del mundo, señala que «... la publicación poética más importante del año es, incontestablemente, la colección de dos volúmenes del chileno Pablo Neruda, de *Residencia en la tierra*».

1936 18 de julio: con el levantamiento militar dirigido por el general Francisco Franco, se inicia la Guerra Civil española.

1936 Madrugada del 18 al 19 de agosto: el poeta Federico García Lorca es asesinado en Granada.

1936 24 de septiembre: en la revista de combate *El mono azul*, se publica en forma anónima el poema «Canto a las madres de los milicianos muertos», que después formará parte de *España en el corazón*.

1936 Principios de noviembre: Madrid es bombardeado. Neruda junto a Delia del Carril, Luis Enrique Délano y su mujer, Lola Falcón, salen de esa ciudad hacia Valencia, desde donde el poeta seguirá viaje a Barcelona, para reunirse con su mujer y su hija, que estaban allí desde el mes de julio.

1936 7 de diciembre: se cierran los consulados de Madrid y de Barcelona. Neruda no es destinado a ningún otro cargo. Viaja con su familia a Marsella y desde ahí a Montecarlo, donde se separa de María Antonieta Hagenaar y de su hija, que posteriormente se irán a Holanda.

1937 Enero: vive en París con Delia del Carril.

1937 20 de febrero: da una conferencia en recuerdo y homenaje de Federico García Lorca, con los auspicios de la Alianza de Intelectuales. En esta charla el poeta manifiesta abiertamente su posición a favor de la República española, por lo que el Ministerio le notifica su desaprobación de las actividades políticas que realiza en París.

1937 El poeta, junto a Nancy Cunard, fundan y editan en Francia la revista *Los poetas del mundo defienden al pueblo español*, de la que se publican seis números.

1937 Abril: trabaja en la Asociación de Defensa de la Cultura, en la organización del II Congreso Internacional de Escritores.

1937 4 al 7 de julio: participa en la mesa directiva de II Congreso Internacional de Escritores para la Defensa de la Cultura, que se realiza en Valencia y Madrid. París fue el punto de encuentro de los delegados extranjeros que desde ahí partieron en tren hacia la España en guerra.

VI. Salí a buscar caídos

1937 26 de agosto: Neruda, junto a Delia y al matrimonio de Raúl González Tuñón y Amparo Mom, se embarcan en Amberes, en el vapor de carga *Arica*. El 10 de octubre llegan a Valparaíso. Durante la travesía, el poeta termina su *España en el corazón*.

1937 Octubre: en Santiago se realizan dos grandes manifestaciones de bienvenida a Neruda, una en el Parque Cousiño, y la segunda en el restaurante Quinta Normal. A esta última, organizada por el Pen Club, asisten cerca de doscientas personas.

1937 7 de noviembre: en el Salón de Honor de la Universidad de Chile se celebra el acto de fundación de la Alianza de Intelectuales de Chile para la Defensa de la Cultura. En su discurso Neruda reafirma el propósito de luchar contra el fascismo y de solidarizarse con la España leal.

1937 13 de noviembre: la editorial Ercilla, de Santiago de Chile, publica *España en el corazón*. En poco tiempo se agota la primera edición, de dos mil ochocientos ejemplares.

1937 13 de diciembre: en el Teatro Municipal de Santiago, la Alianza de Intelectuales de Chile organiza su primer acto público, que tiene como número central la charla lírica titulada «Tempestad en España», a cargo de Pablo Neruda y Raúl González Tuñón. El éxito que tiene esta velada lleva a los organizadores a repetirla el 19 de diciembre en Valparaíso.

1938 6 o 7 de mayo: en Temuco muere don José del Carmen Reyes, padre del poeta.

1938 1 de agosto: aparece la revista *Aurora de Chile*, editada por la Alianza de Intelectuales de Chile y dirigida por Pablo Neruda.

1938 18 de agosto: muere en Temuco Trinidad Candia Marverde, la «mamadre». La familia decide reunir en un nicho al padre, fallecido tres meses antes, con su esposa. Bajo la impresión de la doble pérdida y de la exhumación de los restos del padre, Neruda escribe «La copa de sangre», un texto autobiográfico de primera importancia.

1938 25 de octubre: el abanderado del Frente Popular, Pedro Aguirre Cerda, triunfa en las elecciones presidenciales de Chile, derrotando al candidato oficialista Gustavo Ross.

1938 7 de noviembre: en el Monasterio de Montserrat, Cataluña, las Ediciones del Comisariado del Ejército del Este, que dirigía Manuel Altolaguirre, publican *España en el corazón*, en una primera tirada de quinientos ejemplares.

1939 Formaliza la compra del terreno de Isla Negra y la cabaña construida en este. El poeta hará sucesivas ampliaciones en esta casa, donde escribió la mayor parte de su obra.

1939 A principios de año: el presidente Pedro Aguirre Cerda nombra a Neruda cónsul particular de segunda clase, con sede en París, a contar del 15 de abril. Su cometido principal era ocuparse de la inmigración española.

1939 Marzo: parte a Francia, pasando por Buenos Aires y Montevideo, donde participó en el Congreso Internacional de las Democracias.

Allí pide la ayuda necesaria para trasladar a los refugiados españoles a Chile.

1939 Finales de abril: llega a París. Comienza a realizar su trabajo luchando con las dificultades que le ponen la embajada, los políticos y la prensa de oposición al gobierno de Chile.

1939 Junio: en el puerto francés de Le Havre se inician los trabajos de reacondicionamiento del barco *Winnipeg*, para el transporte de los refugiados españoles.

1939 29 de julio: el canciller Abraham Ortega comunica al ministro en París que «se acepta a mil quinientos refugiados hábiles, con familias, entendiéndose mujer e hijos, hasta completar barco».

1939 4 de agosto: el *Winnipeg* zarpa desde el muelle de Trompe Loup. Lleva cerca de dos mil refugiados españoles y treinta y cinco chilenos que habían luchado en las Brigadas internacionales.

1939 30 de agosto: el *Winnipeg* llega a Arica. Al recibir ofertas de trabajo, algunos refugiados optan por quedarse en ese puerto.

1939 2 de septiembre: por la noche el *Winnipeg* llega a Valparaíso. El desembarco se realizó el 3, mismo día en que estallaba la Segunda Guerra Mundial.

1939 Mediados de noviembre: antes de regresar a Chile, el poeta viaja a Holanda, a visitar a su hija Malva Marina y a Maruca Hagenaar.

1939 Principios de diciembre: junto a Delia del Carril emprende el regreso a Chile en el trasatlántico *Augustus*, que llega a Valparaíso el 29 de ese mes.

VII. México florido y espinudo

1940 1 de enero: Neruda y Delia son recibidos en Santiago por artistas, escritores, políticos y refugiados españoles.

1940 18 de enero: en España el poeta Miguel Hernández es condenado a muerte. Neruda busca la forma de ayudarlo desde Chile. Finalmente, Franco le conmuta la pena máxima por treinta años de cárcel.

1940 19 de junio: Neruda recibe oficialmente su nombramiento de cónsul general de Chile en México.

1940 Fines de julio: junto a Delia del Carril, a Luis Enrique Délano y su esposa, Lola Falcón, embarca en Valparaíso en el vapor *Yasukuni Maru*.

1940 17 de agosto: llegan a Ciudad de México. El día 21 el poeta asume su cargo. Con Delia arriendan un departamento en la calle Revillagigedo y luego una casa, la quinta Rosa María.

1941 Abril: Neruda otorga visa de ingreso a Chile al muralista David Alfaro Siqueiros, quien estaba en prisión por participar en un intento de asesinato a Trotski. El Ministerio le ordena anular la visa. Siqueiros debía pintar un mural en la Escuela México de Chillán. Finalmente se acepta su ingreso a Chile, y se castiga al poeta con la suspensión de su cargo por un mes, sin sueldo.

1941 Junio: junto a Delia viaja a Guatemala, donde conoce a Miguel Ángel Asturias. Da un recital organizado por poetas jóvenes, con la autorización del dictador Jorge Ubico.

1941 24 de julio: en México participa en un acto de homenaje a Simón Bolívar organizado por la Universidad Nacional Autónoma. Lee su poema «Un canto para Bolívar». Un grupo fascista provoca desórdenes.

1941 Fines de agosto: se produce el rompimiento con Octavio Paz.

1941 Luego de la invasión alemana a la URSS, Neruda participa activamente en actos solidarios y organizaciones de ayuda a la Unión Soviética en guerra.

1941 28 de diciembre: en un restaurante de Cuernavaca, Neruda, Delia, Luis Enrique Délano, su mujer y su pequeño hijo, Poli Délano, son atacados por un grupo de alemanes nazis. El poeta resulta con una herida en la cabeza. La prensa mexicana condena unánimemente la agresión.

1942 5 de enero: muere en México la fotógrafa Tina Modotti, activa luchadora antifascista. Neruda escribe el poema «Tina Modotti ha muerto», cuyos primeros versos quedaron grabados en la tumba de Modotti.

1942 Principios de marzo: viaja a Cuba junto con Delia del Carril, invitado por el Ministerio de Educación de ese país. Allí recibe la noticia de la muerte del poeta Miguel Hernández en una prisión franquista, en Alicante.

1942 30 de septiembre: en un acto organizado por la Sociedad de Amigos de la Unión Soviética, Neruda lee su «Canto a Stalingrado», que después fue impreso en pliegos que se pegaron en los muros de la Ciudad de México.

1943 Febrero: junto a Delia, viaja a los Estados Unidos, para participar en la velada «La noche de las Américas», que se realizó en uno de los grandes teatros de Broadway.

1943 2 de marzo: en una Holanda ocupada por los alemanes, fallece Malva Marina Reyes Hagenaar, única hija del poeta.

1943 2 de julio: el poeta contrae matrimonio con Delia del Carril, en la ciudad de Tetecala, estado de Morelos, México.

1943 Junio: muere en México Leocadia Felizardo de Prestes, madre del líder comunista Luis Carlos Prestes, prisionero en Brasil. Las peticiones de liberación temporal de Prestes, para que asistiera al sepelio, son rechazadas. El día 18, en los funerales, Neruda lee su poema «Dura elegía», en el que hace duras críticas al presidente Getúlio Vargas, sin nombrarlo. El gobierno brasilero protesta. El canciller chileno califica el hecho como grave. Neruda pide licencia por seis meses para viajar a Chile e iniciar su retiro del servicio.

1943 21 de agosto: recibe el doctorado *honoris causa* de la Universidad de San Nicolás de Hidalgo, de Morelia, Michoacán.

1943 27 de agosto: México despide a Neruda en El Frontón, un amplio recinto deportivo, apto para albergar a la multitud que concurrió al homenaje. En esta ocasión leyó su extenso poema «En los muros de México», que incluiría más tarde en su libro *Canto general*.

1943 Parte con destino a Panamá; así inicia, junto a Delia, su regreso a Chile con un largo recorrido por los países de la costa del Pacífico.

VIII. La patria en tinieblas

1943 3 de septiembre: junto a Delia llega a Panamá, donde permanecen algunos días.

1943 8 de septiembre: llega a Bogotá, invitado por el gobierno del presidente liberal Alfonso López Pumarejo. El senador conservador Laureano Gómez lo ataca con unos versos, a los que Neruda responde con sus «Tres sonetos punitivos para Laureano Gómez».

1943 15 de octubre: llega a Lima, donde el presidente de la República, Manuel Prado, le ofrece un almuerzo y le da las facilidades para que visite las ruinas incásicas de Machu Picchu.

1943 31 de octubre: después de tres días de viaje en mula desde el Cuzco, Neruda, Delia y el diputado peruano Uriel García llegan a Machu Picchu.

1943 4 de noviembre: llega a Santiago, donde se incorpora a las actividades políticas del Partido Comunista.

1944 21 de mayo: recibe el Premio Municipal de Literatura, correspondiente a 1943, que otorga la Municipalidad de Santiago.

1944 Diciembre: aun cuando oficialmente no es militante comunista, este partido lo designa candidato a senador por las provincias de Tarapacá y Antofagasta.

1945 Enero a marzo: como parte de su campaña electoral recorre la pampa con Elías Lafertte, exobrero del salitre, presidente del Partido Comunista y también candidato a senador. En las elecciones del 4 de marzo, ambos son elegidos senadores.

1945 24 de mayo: recibe el Premio Nacional de Literatura.

1945 8 de julio: recibe su carnet de militante del Partido Comunista.

1945 15 de julio: en San Pablo, Brasil, en el estadio de Pacaembú, se realiza un acto en honor al dirigente comunista Luis Carlos Prestes, recientemente liberado por un decreto de amnistía. Ante cerca de cien mil personas, Neruda lee su poema «Saludos a Carlos Prestes».

1945 Septiembre: se retira por un tiempo de la actividad pública, para descansar en Isla Negra y dedicarse a escribir el poema sobre Machu Picchu.

1946 21 de julio: una convención de centroizquierda elige a Gabriel González Videla como candidato a la presidencia. En agosto Pablo Neruda es nombrado jefe de propaganda y debe acompañar a González Videla en sus giras por el país.

1946 1 de septiembre: en el acto de cierre de la candidatura, en el Estadio Nacional de Santiago, Neruda le toma a González Videla el juramento de cumplir con el programa de gobierno.

1946 4 de septiembre: González Videla triunfa en los comicios presidenciales.

1947 12 de junio: una huelga de los trabajadores del transporte público de Santiago termina con cuatro muertos y decenas de heridos. Gonzalez Videla acusa públicamente al Partido Comunista de estos incidentes. En el Senado, Neruda lo refuta.

1947 17 de agosto: los mineros del carbón declaran la huelga indefinida. González Videla acusa a los comunistas de promover huelgas políticas, rompe con el partido y pone bajo control militar la zona del carbón.

1947 14 de octubre: Neruda pronuncia en el Senado el primero de los tres discursos con los que se convertirá en el principal adversario del presidente González Videla.

1947 27 de noviembre: publica en el diario *El Nacional* de Caracas: «La crisis democrática en Chile es una advertencia dramática para nuestro continente», que circula por otros países de América como «Carta íntima para millones de hombres».

1947 10 de diciembre: pronuncia en el Senado el segundo de sus tres discursos contra González Videla.

1947 24 de diciembre: el gobierno envía a la justicia un oficio para que se interponga ante el tribunal correspondiente la petición de desafuero del senador Pablo Neruda.

1948 6 de enero: Neruda pronuncia en el Senado uno de sus más célebres discursos, publicado posteriormente con el título de «Yo acuso».

1948 27 de enero: trata de salir en auto a Argentina. La tentativa fracasa, lo mismo que un segundo intento de viajar a Mendoza y una petición de asilo político en México.

1948 3 de febrero: la Corte Suprema desafuera al senador Neruda. Se ordena la detención del poeta, que empieza a vivir escondido en distintas casas, donde termina de escribir su *Canto general*.

1948 26 de febrero: María Hagenaar viaja a Chile. La trae el gobierno para crearle nuevas dificultades al poeta. Finalmente, este llega a un acuerdo económico con su exesposa.

1948 25 al 30 de agosto: en el Congreso Mundial de Intelectuales para la paz, que se realiza en Wroclaw, Polonia, el célebre pintor Pablo

Picasso pronuncia el único discurso público que hizo en su vida, para proponer una resolución en defensa de Neruda.

1949 Febrero: el poeta llega al pueblo de Futrono, en el sur de Chile. En una hacienda maderera hace los preparativos para pasar a Argentina.

1949 Mediados de febrero: Neruda, con dos amigos y tres arrieros, cruza la cordillera a caballo por un paso de cuatreros y contrabandistas.

1949 Principios de marzo: llega a San Martín de los Andes en Argentina, desde donde viaja a Buenos Aires. Con la ayuda del escritor Miguel Ángel Asturias, quien le presta su pasaporte, puede seguir a Europa.

1949 25 de abril: se presenta sorpresivamente en el acto de clausura del Primer Congreso Mundial por la Paz, en París.

IX. Principio y fin de un destierro

1949 Abril-mayo: vive en París con Delia del Carril.

1949 6 de junio: viaja con Delia a la Unión Soviética. En Moscú y Leningrado participa en las actividades de conmemoración del sesquicentenario del natalicio del poeta Aleksandr Pushkin.

1949 Julio-agosto: viaja por Europa oriental, participando en congresos, actos y reuniones en Polonia, Hungría y Checoslovaquia.

1949 Agosto: viaja con Delia a México, al Congreso Latinoamericano de Partidarios de la Paz, que se realiza entre el 3 y el 10 de septiembre. Se reencuentra con Matilde Urrutia, a quien había conocido en 1946, en Santiago.

1949 Septiembre: el poeta se enferma de tromboflebitis. Matilde va a cuidarlo. Se reinicia entonces una relación amorosa que se prolongará por el resto de la vida del poeta.

1950 Abril: aparece en México la primera edición de *Canto general*. Las guardas del libro son ilustradas por los muralistas mexicanos Diego Rivera y David Alfaro Siqueiros. Entretanto, en Chile se hace una edición clandestina, con grabados de José Venturelli. *Canto general* se convertirá en un clásico de la poesía universal. Obra monumental y única en su especie, es una gran visión poética de la naturaleza, la historia y la cultura de América.

1950 24 de junio: junto a Delia se embarca a Europa.

1950 Julio: nuevamente se instala con Delia en París, desde donde viaja a Checoslovaquia, Rumania, Hungría y la Unión Soviética.

1950 Octubre: por encargo del físico Joliot Curie, presidente del Consejo Mundial de la Paz, viaja a Nueva Delhi a entrevistarse con el primer ministro Pandit Nehru, quien lo recibe con frialdad y lo somete a una estrecha vigilancia policial. En las memorias del poeta no se aclaran las causas de esta actitud, que podría deberse a la rebelión Telangana (1946-1951), un movimiento campesino apoyado por el Partido Comunista de la India, que fue reprimido por el gobierno.

1950 16 al 22 de noviembre: participa en el Segundo Congreso del Movimiento Mundial de la Paz, en Varsovia. Entre los ganadores de los premios que este otorgaba, se encuentran tres Pablos: Picasso, Robeson y Neruda.

1950 Diciembre se le nombra miembro del Comité Internacional del Jurado del Premio Stalin por la Consolidación de la Paz entre los Pueblos.

1951 Principios de agosto: Matilde Urrutia llega a París. A partir de entonces y hasta su regreso a Chile, el poeta se vale de toda clase de complicidades para estar con su amada. Viaja a Berlín Oriental, a participar en el III Festival Mundial de la Juventud, y consigue que Matilde vaya también a cantar.

1951 Fines de agosto: el poeta viaja a Bucarest. Es alojado en una misma casa con Matilde, donde escribe los primeros poemas de lo que después sería el libro *Los versos del Capitán*.

1951 Septiembre: viaja en el Ferrocarril Transiberiano a China, como integrante de la delegación al Congreso Mundial de la Paz, para entregar el Premio Stalin a Sung Sin Ling, viuda de Sun Yat Sen, muerto en 1925, quien luchó por la democracia y fue el primer presidente de la República Popular China.

1951 Fines de noviembre: viaja privadamente a Nyon, una ciudad pequeña, a orillas del lago Leman, en Suiza, donde pasa unos días junto a Matilde.

1951 Mediados de diciembre: viaja a Praga y luego a la URSS, donde participa en las reuniones del jurado del Premio Stalin.

1951 Fines de diciembre: se reencuentra con Matilde en Roma, desde donde ambos parten con Delia y un grupo de amigos a Nápoles, para celebrar el Año Nuevo.

1952 11 de enero: es notificado por el Ministerio del Interior de que debe abandonar Italia. La policía lo lleva en tren a Roma, en cuya estación lo espera un nutrido grupo de manifestantes, que consiguen el permiso para llevar al poeta a un hotel, donde permanece en espera del resultado de las gestiones que se hacen en su favor. El 15 de enero la orden de expulsión es revocada.

1952 Mediados de enero: el historiador y naturalista Erwin Cerio pone a disposición del poeta una villa en Capri. El 23 del mismo mes Matilde y Neruda se van a pasar una larga temporada a la isla. Allí termina su libro *Los versos del Capitán* y avanza en la escritura de *Las uvas y el viento.*

1952 30 de enero: Delia del Carril parte a Chile, a encargarse del regreso de Neruda a su país.

1952 8 de julio: en Nápoles termina de imprimirse el libro *Los versos del Capitán*, en una edición de solo cuarenta y cuatro ejemplares numerados y nominativos, fuera de comercio. Este poemario se publicó en forma anónima, hasta 1962.

1952 Fines de julio: viaja a Cannes, junto a Matilde, para embarcarse de regreso a América. Antes de salir de ese puerto se le notifica de su expulsión de Francia. En el viaje conoce al arquitecto uruguayo Alberto Mántaras y a su mujer, Olga, matrimonio con el que entabla una gran amistad.

1952 10 de agosto: llega a Montevideo, se despide de Matilde, quien se va a Buenos Aires. El poeta viaja en avión a Santiago. Llega el 12 y es recibido con un gran acto en la plaza Bulnes.

X. Navegación con regreso

1952 27 de octubre: a mediodía, mientras viaja en su auto junto a Delia, sufre un grave accidente al chocar con un camión. El poeta es dado de alta, con un brazo en cabestrillo. Delia debe quedarse en reposo, en el hospital.

1952 Noviembre: junto a Matilde compra un sitio al pie del cerro San Cristóbal, en Santiago, donde más tarde empezarán a construir la casa bautizada La Chascona en homenaje a la abundante cabellera de ella. Entretanto, Matilde ocupa un departamento, en la comuna de Providencia, mientras Neruda sigue viviendo con Delia, en la casa Michoacán.

1952 Principios de diciembre: viaja a Europa para participar en el Congreso Mundial de la Paz, en Viena. Luego asiste a las celebraciones del 38.º aniversario de la URSS y a las deliberaciones del Premio Stalin.

1953 5 de marzo: mientras prepara el Congreso Continental de la Cultura, que se celebraría en abril, en Santiago, muere Stalin, en la URSS. En Isla Negra, Neruda escribe el poema «En su muerte», como homenaje.

1953 Abril: se publica en Santiago *Todo el amor*, antología hecha por Neruda de su propia poesía amorosa.

1953 26 de abril al 3 de mayo: se realiza el Congreso Continental de la Cultura, en Santiago. Asisten cerca de doscientos delegados de diversos países latinoamericanos.

1953 Principios de mayo: el muralista mexicano Diego Rivera, que había viajado a Chile a participar en el Congreso, pinta un retrato de Matilde, con su rostro de frente y de perfil, y en cuyo pelo rojizo se dibujan los rasgos de Neruda.

1953 Agosto: recorre la pampa salitrera junto a los dirigentes comunistas Elías Lafertte y Salvador Ocampo.

1953 21 de diciembre: se comunica la noticia de que Neruda es uno de los ganadores del Premio Stalin para la Consolidación de la Paz entre los pueblos.

1953 29 de diciembre: por escritura pública, el poeta dona a la Universidad de Chile su biblioteca y su colección de caracolas marinas, para crear una Fundación para el Estudio de la Poesía, que llevaría su nombre. Esta es una de las acciones con las que Neruda conmemorará sus cincuenta años.

1954 20 al 24 de enero: dicta un ciclo de cinco conferencias titulado «Mi poesía», en la Escuela de Verano de la Universidad de Chile.

1954 Mediados de febrero: viaja a Goiana, Brasil, donde participa en el Primer Congreso Nacional de Intelectuales Brasileros.

1954 27 de febrero: la editorial Nascimento publica en Santiago la primera edición de *Las uvas y el viento.*

1954 Junio-julio: se trabaja en los preparativos del nutrido programa de actividades culturales con las que se celebrará el cincuentenario del poeta. El 12 de julio se realiza el acto inaugural en el Salón de Honor de la Universidad de Chile.

1954 14 de julio: la editorial Losada publica en Buenos Aires la primera edición de *Odas elementales*, con la que el poeta inicia un ambicioso proyecto literario que, como señala Saúl Yurkievich, apunta a que la poesía «amplíe su dominio para englobar a todo el mundo» y «para abarcar enteramente la extensión de lo real en su inagotable variedad». A este libro seguirán otros tres: *Nuevas odas elementales* (1956), *Tercer libro de las odas* (1957) y *Navegaciones y regresos* (1959).

1954 10 de agosto: en Santiago recibe de manos de su amigo Ilya Ehrenburg el Premio Stalin por el fortalecimiento de la paz entre los pueblos.

1954 Mediados de diciembre: viaja, junto a Delia y a Volodia Teitelboim, al Segundo Congreso de Escritores Soviéticos. El 17 de abril de 1955 dictará en Chile una extensa conferencia sobre este congreso, en el que ya se insinuaba cierta apertura cultural en la URSS.

1954 Diciembre: participa en las reuniones del jurado del Premio Stalin en Moscú. Luego viaja a Estocolmo a una reunión del Consejo Mundial de la Paz. El 30 regresa a Chile.

1955 Febrero: se produce la ruptura definitiva con Delia del Carril. El poeta se instala en La Chascona, todavía inconclusa, donde empieza a vivir con Matilde Urrutia.

1955 Noviembre: invitado a la conmemoración del centenario de la muerte del poeta nacional polaco Adan Mickiewicz, Neruda viaja con Matilde a Varsovia, Cracovia y Poznan.

1956 14 al 25 de febrero: en Moscú se realiza el XX Congreso del Partido Comunista de la URSS, en el que se revelan, por primera vez, los crímenes de la época de Stalin. En adelante, en distintos escritos y poemas Neruda revisará críticamente su visión de Stalin. Asimismo, su poesía cambiará.

1957 Fines de enero: la editorial Losada publica en Buenos Aires la primera edición de las *Obras completas* de Neruda.

1957 Principios de abril: viaja con Matilde a Buenos Aires. El gobierno argentino había desatado una persecución contra los comunistas. El 11 de abril detienen a Neruda en un allanamiento de madrugada. Al día siguiente es liberado. Siguen viaje a Montevideo.

1957 Abril: mientras se encuentra en la capital uruguaya, Neruda es elegido presidente de la Sociedad de Escritores de Chile, SECH. Siguen viaje a Brasil, donde pasan una temporada con Jorge Amado y su mujer, Zelia Gattai.

1957 Julio: viajan a Colombo, Ceilán, al congreso del Consejo Mundial de la Paz, donde se reencuentran con Jorge Amado y Zelia. El poeta vuelve a las calles y a la casa donde había vivido hacía treinta años.

1957 Julio: junto a Jorge y Zelia viajan a la India, luego a Rangoon. Vuelan a China. Remontan el río Yangtsé en un barco en el que celebran el cumpleaños cincuenta y tres del poeta.

1957 Septiembre-octubre: Neruda y Matilde viajan por diversos países de Europa Oriental, después se van a París, donde, el 4 de octubre, reciben la noticia de la proeza tecnológica del *Sputnik*, el primer satélite artificial puesto en la órbita terrestre, con el que los soviéticos inauguran la era espacial. Este capítulo de la historia contemporánea interesó mucho a Neruda y se convirtió en uno de los temas de su poesía.

XI. El poder de la poesía

1958 Junio: Neruda viaja por el país participando en las proclamaciones de la segunda candidatura a la presidencia de Salvador Allende.

1958 18 de agosto: editorial Losada publica en Buenos Aires la primera edición de *Estravagario*, que inaugura una nueva etapa de su obra, en la que Neruda deja atrás las certidumbres utópicas y opta por una visión ambivalente y antidogmática de la vida.

1959 3 de enero: se embarca junto a Matilde con destino a Venezuela. El 18 de enero llegan al puerto de La Guaira.

1959 26 de enero: en la Embajada de Cuba en Caracas, se reúne con Fidel Castro.

1959 Noviembre: en las prensas de la editorial Universitaria de Santiago, se publica una edición privada de *Cien sonetos de amor*, poemario dedicado a Matilde Urrutia.

1960 Marzo: en Montevideo se embarca con Matilde a Europa, en el *Louis Lumière*, donde viaja también Vinicius de Moraes. Ambos poetas escriben sonetos que se dedican mutuamente.

1960 21 y 22 de mayo: dos terremotos sucesivos destruyen parte las regiones central y sur de Chile. Neruda, en Europa, escribe el poema «Cataclismo» y hace gestiones para publicarlo en una edición de lujo, ilustrada por pintores famosos, y destinar la recaudación para los damnificados de su tierra.

1960 Escribe «Pequeña historia de los *Veinte poemas de amor*», como prólogo para la edición especial que Losada publicará con ocasión del primer millón de ejemplares de esta obra.

1960 Mediados de noviembre: se embarcan en Marsella con destino a Cuba, donde llegan el 5 de diciembre. Neruda ofrece conferencias y recitales. La editorial Casa de las Américas publica su libro *Canción de gesta*, dedicado a la Revolución cubana, en veinticinco mil ejemplares. Ernesto Guevara recibe al poeta a medianoche, en su oficina del Banco Central.

1961 26 de junio: editorial Losada publica en Buenos Aires el libro *Las piedras de Chile*, poemario ilustrado con fotografías de Antonio Quintana.

1961 18 de septiembre: el día de la Independencia nacional de Chile, Neruda inaugura La Sebastiana, su casa en el puerto de Valparaíso.

1961 31 de octubre: editorial Losada publica en Buenos Aires *Cantos ceremoniales*.

1962 16 de enero: la revista *O Cruzeiro Internacional* inicia la publicación de la serie «Las vidas del poeta. Memorias y recuerdos de Pablo Neruda».

1962 30 de marzo: se realiza la ceremonia en la que Neruda se incorpora, como miembro académico, a la Facultad de Filosofía y Humanidades de la Universidad de Chile. El poeta Nicanor Parra está a cargo del discurso de bienvenida.

1962 Principios de abril: viaja con Matilde al Uruguay, siguen a Italia, donde Neruda conoce a Alberto Tallone, un maestro del arte de la tipografía, que hará varias ediciones de la obra de Neruda.

1963 Recibe el Premio San Valentino por la versión en italiano de *Veinte poemas de amor.*

1963 29 de septiembre: habla en una concentración de cerca de tres mil personas, en el parque Bustamante de Santiago, donde critica duramente la llamada «Revolución Cultural» china.

1964 Febrero: concluye su traducción de *Romeo y Julieta* para la puesta en escena con que el Teatro de la Universidad de Chile conmemorará el cuarto centenario del nacimiento de Shakespeare.

1964 Julio: con un nutrido programa de actividades, se celebra el cumpleaños sesenta del poeta.

1964 Entre el 2 de junio y el 12 de julio: en Buenos Aires, editorial Losada publica en tomos separados las cinco secciones de *Memorial de Isla Negra*, la autobiografía poética de Neruda.

1964 10 de octubre: el Instituto de Teatro de la Universidad de Chile estrena la traducción y adaptación de Neruda de *Romeo y Julieta*, dirigida por Eugenio Guzmán, con música de Sergio Ortega.

1964 Diciembre: el sello Editorial Universitaria de Buenos Aires, Eudeba, publica *Genio y figura de Pablo Neruda*, de Margarita Aguirre. Este es el primer libro biográfico del poeta.

1965 27 de marzo: en La Haya, Holanda, muere María Antonia Hagenaar, la primera mujer de Neruda.

1965 Marzo: viaja a Europa, con Matilde. El 16 de abril llegan a París, luego van a Moscú e, invitados por el gobierno de Hungría, a Budapest, donde Neruda se encuentra con Miguel Ángel Asturias. Ambos habían aceptado el encargo de escribir sus impresiones sobre el país. De ahí nace el libro *Comiendo en Hungría.*

1965 19 de mayo: participa en el Congreso Internacional de Escritores, organizado por la RDA en conmemoración del 20.º aniversario de la liberación del nazismo.

1965 1 de junio: recibe el Doctorado Honoris Causa en Filosofía y Letras de la Universidad de Oxford. Es el primer poeta de América Latina al que se otorga esta distinción.

1966 21 de marzo: el dramaturgo Arthur Miller invita a Neruda a participar, como invitado de honor, en el Congreso del Pen Club, en Nueva York, entre el 12 y el 18 de junio. A comienzos de junio, parte junto a Matilde a los Estados Unidos, donde se convierte en una de las estrellas del Congreso, al que asisten delegados de cincuenta y seis países.

1966 18 de junio: da un recital en el Banco Interamericano de Desarrollo, en Washington, y graba algunos de sus poemas para la Biblioteca del Congreso.

1966 4 de julio: llegan a Perú. Neruda da conferencias en Lima y Arequipa, cuya recaudación va en ayuda de los damnificados del reciente terremoto. Almuerza con el presidente Fernando Belaúnde y recibe la máxima condecoración peruana: la Orden del Sol.

1966 12 de julio: el mismo día en el que cumple sesenta y dos años, regresa con Matilde a Chile.

1966 31 de julio: una carta abierta a Pablo Neruda, firmada por más de cien artistas e intelectuales cubanos, se publica en La Habana y es difundida por todo el mundo. La carta critica la participación de Neruda en el Congreso del Pen Club, su almuerzo con el presidente del Perú y la condecoración que recibió. Como señala el profesor Hernán Loyola, para Neruda esta fue «una agresión gratuita» y «una grave ofensa a su trayectoria y a su dignidad revolucionarias...» El 1 de agosto el poeta publicó un telegrama de respuesta a los cubanos.

1966 En Buenos Aires, editorial Losada publica *Neruda: el viajero inmóvil*, de Emir Rodríguez Monegal, una biografía del poeta que incluye el análisis de algunas de sus obras.

1966 Septiembre: editorial Lumen publica en Barcelona *Una casa en la arena*, libro de poemas y textos en prosa de Neruda, sobre su casa de Isla Negra, con fotos de Sergio Larraín.

1966 28 de octubre: Neruda y Matilde contraen matrimonio civil en Isla Negra.

1966 1 de noviembre: aparece el libro *Arte de pájaros*, en una edición de la Sociedad de Amigos del Arte Contemporáneo, ilustrada por los pintores Nemesio Antúnez, Mario Carreño, Héctor Herrera y Mario Toral.

1967 14 de octubre: el Instituto del Teatro de la Universidad de Chile estrena en Santiago la única obra de teatro escrita por Neruda: *Fulgor y muerte de Joaquín Murieta. Bandido chileno injusticiado en California el 23 de julio de 1853*. La música es de Sergio Ortega, la dirección de Pedro Orthous y la coreografía de Patricio Bunster.

1967 24 de noviembre: viaja a Parral, la ciudad donde nació, para recibir el título de «Hijo ilustre» que le ha otorgado la municipalidad.

1967 4 de diciembre: editorial Losada publica en Buenos Aires *La Barcarola*.

1968 Enero: el poeta soviético Evgeni Evtushenko visita Chile. Junto a Neruda da un recital en el Estadio Nataniel de Santiago, en ruso y español. Asisten cerca de siete mil personas.

1968 24 de abril: con el artículo «Escarabagia dispersa», inaugura la serie de textos que se publicarán quincenalmente, durante dos años, en la revista *Ercilla* de Santiago, con el título genérico de «Reflexiones desde Isla Negra».

1968 12 de julio: celebra su cumpleaños sesenta y cuatro en Isla Negra. Proyecta empezar a escribir sus memorias a partir de la serie de artículos autobiográficos publicados por la revista *O Cruzeiro Internacional*, en 1962.

1968 22 de agosto: parte a Montevideo, junto a Matilde. Siguen a Brasil. En San Pablo Neruda inaugura un monumento a Federico García Lorca. Luego visita Salvador de Bahía, Congonhas, Petrópolis, Ouro Preto y Brasilia, donde se encuentra con el creador de esta ciudad, el arquitecto Óscar Niemeyer.

1968 Octubre: desde Brasil viajan a Colombia, donde Neruda, junto a Miguel Ángel Asturias, integrarán el jurado del Primer Festival de Teatro Universitario de Manizales.

1968 Noviembre: en Buenos Aires editorial Losada publica el libro *Las manos del día*.

1968 Le expone a su editor Gonzalo Losada su proyecto de construir Cantalao, un lugar donde escritores y artistas pudieran pasar temporadas para trabajar en sus obras, en un terreno que ha comprado cerca de Isla Negra.

1969 Enero y febrero: participa en las campañas electorales de los candidatos del Partido Comunista, en las elecciones parlamentarias de marzo.

1969 Julio: editorial Nascimento publica en Santiago el libro *Aún*.

1969 Agosto: la Sociedad de Arte Contemporáneo publica en Santiago *Fin de mundo*, en una edición ilustrada por Mario Carreño, Nemesio Antúnez, Pedro Millar, María Martner, Julio Escámez y Osvaldo Guayasamín.

1969 19 de agosto: la Biblioteca Nacional de Chile inaugura en Santiago una Exposición Bibliográfica de la obra de Pablo Neruda.

1969 21 de agosto: la Universidad Católica de Chile le otorga el doctorado *scientiae et honoris causa*.

1969 30 de septiembre: el Partido Comunista proclama a Neruda como su candidato a la Presidencia de la República en las elecciones de 1970. El lema de su campaña será: «Por la Unidad Popular».

1969 Octubre: hace una gira electoral por gran parte del territorio nacional, desde Arica a Lota. En diciembre emprenderá otra gira, que lo llevará a Temuco y a Punta Arenas. A comienzos de 1970 el puerto de Valparaíso lo recibe con una gran concentración.

1970 Enero: renuncia a su candidatura a favor de Salvador Allende, quien pasa a convertirse en candidato único de la izquierda.

1970 Editorial Lord Cochrane publica en Santiago una edición de lujo de *Veinte poemas de amor y una canción desesperada*, ilustrada con acuarelas de Mario Toral.

1970 Abril: parte a Europa junto a Matilde. En Moscú participa en las actividades de conmemoración del centenario del natalicio de Lenin. Luego viajan a Londres, al festival Westminster Poetry.

1970 23 de junio: se embarcan en Cannes de regreso a América. El 24 llegan a Barcelona, donde hacen una breve escala, que pasan junto al escritor Gabriel García Márquez.

1970 Principios de julio: escala en Venezuela, donde Neruda participa en el III Congreso Latinoamericano de Escritores, que se realiza en Caracas. Luego siguen viaje a Perú, donde el poeta da un recital a beneficio de los damnificados del terremoto del 31 de mayo y se reúne con el presidente Velasco Alvarado.

1970 Mediados de julio: regresan a Chile. Neruda participa activamente en la campaña presidencial de Salvador Allende, quien triunfa en las elecciones, el 4 de septiembre.

1970 Editorial Losada publica en Buenos Aires *La espada encendida* y *Las piedras del cielo.*

1970 La Sociedad de Arte Contemporáneo publica en Santiago el libro *Maremoto*, ilustrado con xilografías a color de Carin Oldfelt.

1971 Enero: viaja a Isla de Pascua, donde se queda cerca de diez días filmando uno de los capítulos de la serie *Historia y Geografía de Pablo Neruda*, que dirigió Hugo Arévalo para el canal 13 de la Universidad Católica. Producto de este viaje es su libro *La rosa separada*, que se publicará en 1972.

1971 21 de enero: en el Congreso se aprueba el nombramiento de Pablo Neruda como embajador de Chile en Francia.

1971 20 de marzo: llega a París junto a Matilde. El 26 presenta sus cartas credenciales al presidente Georges Pompidou.

1971 12 de julio: celebra su 67.º cumpleaños.

1971 Septiembre-octubre: busca un lugar tranquilo, fuera de la ciudad, donde escribir. En la Normandía, en Conde-sur-Iton, a una hora y media de París, encuentra un antiguo caserón, que había sido dependencia de una propiedad señorial.

1971 21 de octubre: Neruda recibe del embajador de Suecia en París, Gunnar Hägglöff, la comunicación oficial de que se le había concedido el Premio Nobel de Literatura. El texto de la Academia Sueca destacaba a Neruda como «el poeta de la humanidad violentada», agregando que él mismo fue perseguido una y otra vez, y que en su obra se encontraba la comunidad de los oprimidos en todas partes.

1971 Fines de octubre: el poeta es operado en el hospital Cochin de París. El doctor Raúl Bulnes, amigo de Neruda y su vecino en Isla Negra, viaja desde Chile para estar presente en la intervención. Luego de esta Neruda se va a descansar por un tiempo en la casa que ha comprado y bautizado como La Manquel.

1971 Principios de diciembre: viaja junto a Matilde a Estocolmo. La ceremonia de entrega el Premio Nobel se realiza el día 10. En la comida oficial, Neruda pronuncia un breve discurso, en nombre de todos los laureados de ese año, y luego su discurso de agradecimiento personal.

1971 31 de diciembre: celebra el Año Nuevo con un grupo de amigos en la casa La Manquel.

1972 Enero: se informa que el compositor griego Mikis Theodorakis tiene la autorización de Neruda para musicalizar su *Canto general*. El oratorio *Canto general* será concluido y estrenado después de la muerte del poeta, en Grecia, en 1974.

1972 Febrero: participa en las reuniones de la delegación chilena con el Club de París para renegociar la deuda externa del país.

1972 10 de abril: pronuncia el discurso inaugural en la celebración del cincuentenario del Pen Club de Nueva York.

1972 25 de abril: viaja junto a Matilde a Moscú, donde se interna en una clínica entre el 26 de este mes y el 5 de mayo.

1972 Mayo: editorial Losada publica en Buenos Aires *Geografía infructuosa*.

1972 Mediados de junio: viaja a Londres a participar en el Festival Internacional de Poesía. En esta ocasión se encuentra y reconcilia con Octavio Paz.

1972 28 de junio: regresa a París, donde debe hospitalizarse por algunos días.

1972 12 de julio: celebra su 68.º cumpleaños con una cena a la embajada. Además invita a algunos amigos a La Manquel. En estos festejos participan, entre otros, Julio Cortázar y su mujer, Ugne Karvélis, Gabriel García Márquez, Carlos Fuentes, Mario Vargas Llosa, Jorge Edwards, Poli Délano y el canciller chileno Clodomiro Almeyda.

1972 Mediados de julio: es sometido a una intervención quirúrgica de carácter paliativo.

1972 Julio: Laura Reyes, hermana del poeta, llega a París junto a Homero Arce, a quien Neruda la ha pedido que le ayude en la preparación de sus memorias.

1972 26 de octubre: se reúne con el presidente de Francia, Georges Pompidou.

1972 28 de octubre: es elegido miembro del Consejo Consultivo de la Unesco, por cuatro años.

1972 20 de noviembre: regresa con Matilde a Chile por vía aérea.

1972 5 de diciembre: en el Estadio Nacional de Santiago se realiza un acto de homenaje al Premio Nobel del poeta, que es recibido por el vicepresidente de la República, el general Carlos Prats, porque el presidente Allende se encuentra en una gira internacional.

1972 31 de diciembre: espera el Año Nuevo con un grupo de amigos en su casa La Sebastiana, de Valparaíso.

1973 El gobierno de Allende, a través de la Corporación de Mejoramiento Urbano, Cormu, se compromete a realizar el proyecto Cantalao, el último sueño del poeta: un lugar cerca del mar, donde escritores y artistas fueran a trabajar por temporadas. El diseño quedó a cargo de los arquitectos Raúl Bules, Carlos Martner y Virginia Plubins, y contó con la activa participación de Neruda.

1973 2 de febrero: el presidente Salvador Allende y su esposa llegan a Isla Negra a visitar Neruda. También están el secretario del PC, Luis Corvalán, y el senador Volodia Teitelboim. En esa ocasión Neruda anunció su renuncia al cargo de embajador en Francia.

1973 16 de febrero, la editorial Quimantú publica en Santiago *Incitación al nixonicidio y alabanza de la revolución chilena*, en setenta mil ejemplares.

1973 A pesar de su estado de salud, Neruda sigue escribiendo. Trabajaba en la conclusión de sus memorias y de siete libros de poesía. Con la publicación de ellos esperaba celebrar su cumpleaños 70, el 12 de julio de 1974.

1973 Principios de abril: en el Hotel Miramar, de Viña del Mar, donde reposa después de someterse a una sesión de radiaciones de cobalto, el poeta dicta al periodista Luis Alberto Mansilla un texto de homenaje a Pablo Picasso, fallecido el 8 de este mes.

1973 Mediados de abril: Matilde viaja a París para disponer el traslado de pertenencias que habían dejado en la embajada y para poner en venta la casa La Manquel.

1973 12 de julio: festeja su 69.º cumpleaños en Isla Negra, con unos pocos amigos a los que recibe en cama.

1973 30 de agosto: nueva visita de Luis Alberto Mansilla. El poeta lo cita a Isla Negra para dictarle una contribución al festejo de los noventa años del doctor Alejandro Lipschutz.

1973 11 de septiembre: el poeta y Matilde se enteran por la radio y la televisión del golpe militar, del bombardeo del Palacio de La Moneda y de la muerte del presidente Allende.

1973 14 de septiembre: le dicta a Matilde un texto de cierre de sus memorias. La casa de Isla Negra es allanada por una patrulla militar.

1973 19 de septiembre: la salud del poeta empeora. Viaja a Santiago en ambulancia, acompañado por Matilde. Lo internan en la Clínica Santa María. Entra en un estado febril.

1973 23 de septiembre: el poeta deja de existir a las 22.30 horas. Es velado en su casa, La Chascona, que se encuentra en estado ruinoso a causa de los actos vandálicos de la que ha sido objeto.

1973 25 de septiembre: Pablo Neruda es sepultado en el Cementerio General de Santiago. A pesar de la intimidatoria presencia militar, al cortejo se van sumando espontáneamente gran cantidad de personas, con lo que el funeral del poeta se convierte en la primera manifestación de rechazo al gobierno militar.

Álbum fotográfico

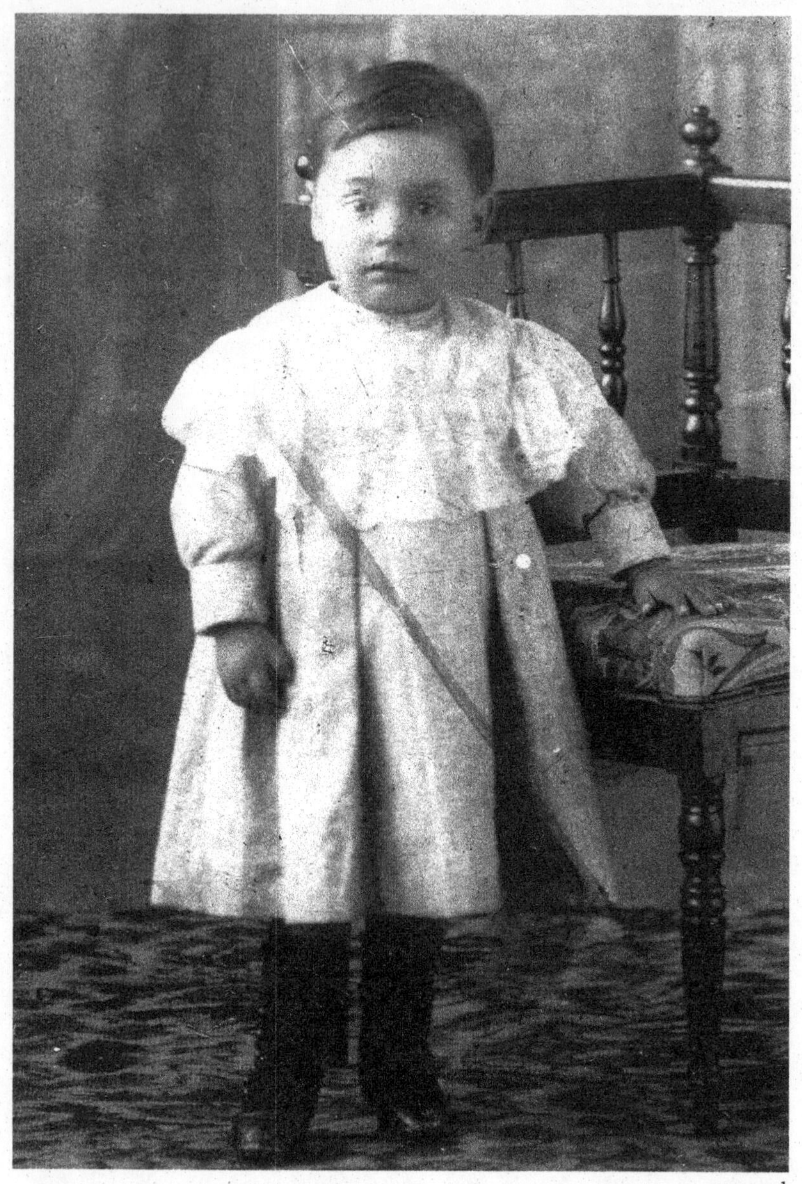

1

2

1919

3

4

5

6

7

8

9

10

11

12

13

14

15

Don Ricardo Reyes B.
(Pablo Neruda)
Céd. de Ident. N.º
Otorgada en

Don Ricardo Reyes B.
Pablo Neruda

SENADOR
DE LA
REPUBLICA
PERIODO
1945-1953

SECRETARIO DEL SENADO

16

18

19

20

21

22

23

24

25

26

27

28

29

30

31

32

33

34

35

36

37

38

39

40

41

42

43

44

45

46

47

48

Lecturas de fotos

1. Pablo Neruda a los dos años, en Temuco, el 13 de octubre de 1906. Archivo fotográfico de Bernardo Reyes.
2. El joven poeta, en 1911, cuando era alumno del Liceo de Hombres de Temuco. Archivo de la Fundación Pablo Neruda.
3. El joven Neruda. Archivo fotográfico de Bernardo Reyes.
4. Junto a su hermana, Laura Reyes, en 1918. Foto: Caparrós SRL. Archivo de la Fundación Pablo Neruda.
5. El poeta, posiblemente a mediados de los años veinte. Foto: Georges Saure. Archivo fotográfico de Bernardo Reyes.
6. Neruda, de pie, en Wellawatha, Colombo, en 1928. Archivo de la Fundación Pablo Neruda.
7. Con vestimenta oriental, en Ceylán, 1929. Archivo de la Fundación Pablo Neruda.
8. Foto del primer matrimonio del poeta, con María Antonieta Hagenaar, el 6 de diciembre de 1930, en Batavia, Indonesia. Archivo de la Fundación Pablo Neruda.
9. El poeta en 1932. Foto: Alfredo Molina La Hite. Archivo de la Fundación Pablo Neruda.
10. Federico García Lorca y Pablo Neruda en Buenos Aires en 1933. Archivo Fundación Federico García Lorca.
11. Pablo Neruda junto a Delia del Carril, Amparo Mom, Raúl González-Tuñón y algunos integrantes de las milicias republicanas, en un café de Madrid, en 1936 o 1937. Archivo de la Fundación Pablo Neruda.
12. Neruda en la despedida del *Winnipeg*, cuando este barco parte de Francia hacia Chile, con más de dos mil refugiados republicanos españoles, en 1939. Archivo de la Fundación Pablo Neruda.
13. En 1941, cuando ejercía el cargo de Cónsul General de Chile en México. Archivo de la Fundación Pablo Neruda.
14. En Machu Picchu, a fines de octubre de 1943. Archivo de la Fundación Pablo Neruda.
15. Con su segunda esposa, Delia del Carril, en Isla Negra, en 1944. La foto lleva una dedicatoria manuscrita: «Para Ángel (Cruchaga) y Albertina (Azócar). Archivo de la Fundación Pablo Neruda.

16. Credencial de senador de la República. Archivo de la Fundación Pablo Neruda.
17. Neruda en la casa de Luis Enrique Délano y Lola Falcón, uno de sus escondites cuando vivió en la clandestinidad, en 1948. Foto: Lola Falcón. Archivo de la Fundación Pablo Neruda.
18. En París, 1949. Archivo de la Fundación Pablo Neruda.
19. El poeta en Budapest, en julio de 1949, posiblemente en uno de los actos conmemorativos del centenario del poeta nacional húngaro, Sándor Petőfi. Archivo de la Fundación Pablo Neruda.
20. En París, 1950, abrazando a Picasso durante la entrega del Premio Internacional de la Paz, que ese año ganaron tres Pablos: Picasso, Neruda y Robeson. Archivo de la Fundación Pablo Neruda.
21. Durante su exilio, en Moscú, 1950. Archivo de la Fundación Pablo Neruda.
22. En 1950, en los jardines del Castillo de Dobris, Checoslovaquia, junto al escritor Jorge Amado. Archivo de la Fundación Pablo Neruda.
23. En la India, 1950. Archivo de la Fundación Pablo Neruda.
24. En Nápoles, embarcando rumbo a Capri, 1952. Archivo de la Fundación Pablo Neruda.
25. En la isla de Capri, con Matilde, en 1952. Archivo de la Fundación Pablo Neruda.
26. En el balcón de la casa de Cerio, en Capri, 1952. Archivo de la Fundación Pablo Neruda.
27. Junto a Matilde Urrutia, en las escaleras de su casa La Chascona, en Santiago de Chile, cuando esta se encontraba en construcción, en 1953. Archivo de la Fundación Pablo Neruda.
28. Con Gabriela Mistral, en 1954. Archivo de la Fundación Pablo Neruda.
29. Pablo Neruda con Jorge Amado, María Rosa Oliver, Ai Chin, Volodia Teitelboim y otros escritores que asistieron a la celebración del cumpleaños n.° 50 del poeta, en julio de 1954. Archivo de la Fundación Pablo Neruda.
30. En la Gran Muralla, China, 1957. Archivo de la Fundación Pablo Neruda.
31. En Madrás, India, junio de 1957. Archivo de la Fundación Pablo Neruda.
32. En una estación del Metro de París, 1960. Archivo de la Fundación Pablo Neruda.
33. El poeta en su casa de Valparaíso, junto al caballo rescatado del incendio de la Talabartería Francesa, de Temuco. Foto: Antonio Quintana. Archivo de la Fundación Pablo Neruda.
34. Con el doctor Salvador Allende, en la tercera candidatura de este a la Presidencia de la República, en 1964. Archivo de la Fundación Pablo Neruda.
35. Neruda junto al escritor Miguel Ángel Asturias, en 1965, cuando escribieron el libro *Comiendo en Hungría*.
36. En Perú, en 1966, comprando artesanías populares, como el Toro de Pucará, que lleva en sus manos y que hasta hoy se conserva en la casa de Isla Negra. Archivo de la Fundación Pablo Neruda.

37. En el living de su casa de Isla Negra. Foto: Francesco Jovane. Archivo fotográfico de la Fundación Pablo Neruda.

38. En un bosque de abedules, en la URSS, 1967. Archivo de la Fundación Pablo Neruda. Archivo de la Fundación Pablo Neruda.

39. Pablo Neruda y Matilde en la celebración del cumpleaños n.° 65 del poeta, en Isla Negra, 1969. Archivo fotográfico de la Fundación Pablo Neruda.

40. En Puerto Montt, en el sur de Chile, durante la cuarta campaña electoral de Salvador Allende, que lo llevó a convertirse en Presidente de Chile ese mismo año. Archivo de la Fundación Pablo Neruda.

41. En Rapa Nui, enero de 1971. Archivo de la Fundación Pablo Neruda.

42. El poeta en Rapa Nui, en el viaje del que nació su libro *La rosa separada*. Archivo de la Fundación Pablo Neruda.

43. Con Gabriel García Márquez en el Museo Naval de Barcelona, en junio de 1970. Archivo de la Fundación Pablo Neruda.

44. En Angelmó, Puerto Montt, en 1970. Archivo de la Fundación Pablo Neruda.

45. En los alrededores de su casa de la Normandía francesa, a la que bautizó La Manquel, junto a su amigo, el escritor y senador Volodia Teitelboim. Francia, 1971. Archivo de la Fundación Pablo Neruda.

46. El poeta en La Manquel, 1972. Atrás bromea una persona no identificada. Archivo de la Fundación Pablo Neruda.

47. Con el presidente Salvador Allende, durante la visita que este le hizo a Isla Negra, el 2 de febrero de 1973. Archivo de la Fundación Pablo Neruda.

48. Junto a «La Medusa», la estatua de proa que suscitó cierta devoción religiosa en Isla Negra. Archivo de la Fundación Pablo Neruda.

Apuntes del poeta

Pablo Neruda trabajó no solo en la escritura de sus memorias sino en la organización de las mismas, hasta poco antes de su muerte. Dejó algunas anotaciones manuscritas que dan cuenta de este trabajo. Como se puede apreciar en las imágenes de estas páginas y en sus respectivas trascripciones, son anotaciones fragmentarias, que, sin embargo, muestran el empeño del poeta por elegir los temas y dar forma a las memorias que escribía. En algunas de estas páginas se mencionan los textos que agregamos a esta edición de *Confieso que he vivido*, particularmente: «La muchacha del regreso», «Retrato de un arribista» y «El paisaje del sur».

Ulyses, Pound, Elliot / Memorias. / Los libros, Rabelais y Rimbaud únicos revolucionarios / Góngora maravilloso y congelado / Villon / hasta allí dura el / lenguaje / Cervantes, Chaucer / luego se castra, se / acortesana siglo XVIII / luego / el siglo XIX / lo mata / lo convierte en folletín / se acabó la mezcla / de sudor [ilegible] / sangre, excremento / que fueron fundamentales del idioma / y / la inocencia / la pesadez insigne de Pérez Galdós [ilegible] / J. Manríquez / la asepsia de JRJ [Juan Ramón Jiménez] / la gran novela burguesa / Balzac / Proust.

Algunos de estos contenidos corresponden a las reflexiones que hace Neruda en el capítulo «Viviendo con el idioma» de la sección 11, «La poesía es un oficio», de *Confieso que he vivido*.

Los ensayos sobre la vida y la poesía – Sartre, maestro de situaciones novelescas me abruma como pensador. Mi reacción a la crítica no es por soberbia sino por humildad. Hallo más espíritu inventor y creador en algunas novelas policiales que en la nube apocalíptica de ensayistas. Sin duda son necesarios a la cultura y al mundo. A mí me gustan los alimentos crudos, Chaucer, Rabelais.

Los libros que me gustan. Ehrenburg / G. y Paz / Stalin / carta de / la hija de Stalin a Ilya [Ehrenburg] / Simonov / Dostoievski / es el que estaba / [ilegible] / más cerca de... [ilegible].

El 20 Congreso y su repercusión / nadie, ni Kruschov sabía / Stalin / muerte versión Kruschov / Sus me parece verdaderos [sic] / apreciación de su carácter / Caso Kirov / Simonov / lista de médicos y anotaciones / su inteligencia y su astucia / su decadencia y locura? / Beria / que no se repita / En Moscú incidente con Aragon / estaba Elsa [Triolet] / extraña conducta / [ilegible].

Al margen: solo una mirada / Simonov / Complot contra Nazim [Hikmet] chofer.

Pto. [Puerto] Saavedra. Fin / Amor LP. / El lago Budi / casa de las tres viudas / La muchacha a caballo / Los mapuches abandono y abuso / Ranquil [ilegible] / Me acostumbré a andar a caballo. No hay sentimiento igual / caminos / playas mojadas / caminos / campesinos / con aroma / flores / frutos, playas mojadas / (planeta).

En estos apuntes encontramos algunos de los temas de la primera sección del libro, «El joven provinciano», entre ellos nombra «La muchacha a caballo», que es uno de los capítulos que agregamos a esta edición.

El coleccionista / caracolas / libros mascarones de proa / (minimundo / victoriano / en el libro de / pájaros tropicales.)

Final

El estado de Chile / Derecha y UP [Unidad Popular] Fascismos / los gremios / camiones / Terrorismo / asesinatos llamadas anónimas. Cardenal. Ret [retrato] de Allende.

I [Isla] Negra.

Retrato de un arribista

Citas para las memorias.

The worst that can be said of most of our malefactors, from statesmen to thieves, is that they are not men enough to be damned.

T. S. Eliot

Che debb'io far? che mi consigli, Amore?
Tempo e ben di morire,
et o tardato piu ch'i' non vorrei.

Petrarca, «Canzone XI».

La primera de estas citas, seleccionadas por Neruda para sus memorias, es de la introducción a los *diarios íntimos* de Baudelaire, de T.S. Eliot.

La segunda es del *Cancionero* de Petrarca. No es de la «Canción 11», como anota el poeta, sino de la «Canción 268».

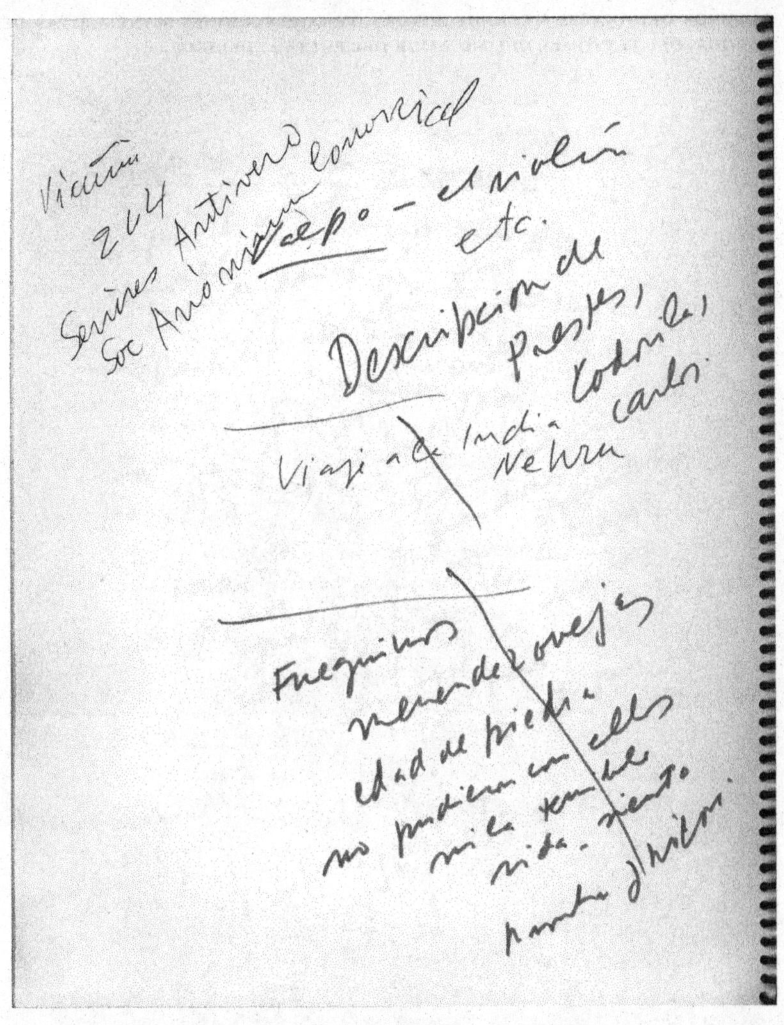

Valpo [Valparaíso] / el violín / etc. / Descripción de / Prestes / Codovila / Carlos / Viaje a la India / Nehru.

Fueguinos / Menéndez ovejas / edad de piedra / no pudieron con ellos [ilegible] / vida. Viento / [ilegible].

Las dos líneas sobre los fueguinos y la introducción de ovejas en la Patagonia por la familia Menéndez, se refieren sin duda al texto «El paisaje del sur», explícitamente escrito para las memorias. Por alguna razón quedó fuera de ellas, pero se incluye en la presente edición.

Algunos originales mecanoscritos con correcciones manuscritas de Neruda, del texto «El último amor del poeta Federico»

El ultimo amor del poeta Federico.

- I -

Hay dos maneras de tratar el omosexualismo de Federico García Lorca, que me parece inevitable, la manera española y latinoamericana: esconder cuidadosamente esta inclinación personal de Federico. Hay mucho en esta actitud de respeto al poeta asesinado. Pero también existe el tabú de lo sexual, la herencia eclesiástica del imperio y la colonización española, la hipocresía de

Por otra parte ha surgido algunos escandalizantes casi siempre reaccionarios que para ocultar el horrendo crimen político arrojan la singularidad erótica de García Lorca como probable causal de su muerte. Esta es una cortina de humo. El fascismo español como el alemán y el italiano fueron especiales exterminadores de intelectuales.

Los nazis en los territorios ocupados masacraron escritores, profesionales, artistas, hombres de ciencia. En Polonia no querían dejar vivos sino unos cuantos miles de polacos de rudimentaria ocupación que pudieran hacer tareas de manuences en la nación diezmada.

Los españoles no lo hicieron mal. La persecución a maestros, profesionales, masones, universitarios, alcanzó en Galicia su máxima ferocidad. Las redadas se hacían de noche, buscando letrados que eran acumulados en la plaza de toros de Badajóz, o simplemente fusilados al amanecer en cualquier parte. La pintora gallega Maruja Mallo me contaba que, muerta de frío, dormía a la intemperie en el campo. Así pasó tres meses aterrorizada de que la agarraran. Por la mañana se metía clandestinamente en su casa. En el camino había tropezado con media docena de cadáveres, los fusilados de aquel amanecer.

García Lorca tenía que ser ejecutado como lo había sido Alberti o Machado si los hubieran cogido. Franco en la única declaración que hizo de su muerte la atribuyó al desorden de los primeros días de la guerra civil. Pero esto queda facilmente desmentido por el largo cautiverio, martirio y muerte del poeta encarcelado Miguel Hernandez. Grandes oportunidades tuvieron de liberarlo. Embajadas, Cardenales y escritores que intervinieron ante el fascismo español no lograron sino prolongar el cautiverio de Miguel Hernandez. Su muerte como la de Federico fué un repugnante assesinato político.

Volviendo a las costumbres íntimas de García Lorca, diré que me ha tocado conocer y tratar a muy pocos homosexuales pero aún después de meses de verme casi todos los días con el poeta en Buenos Aires en 1933 no me daba cuenta de su característica, no podría decir de él que tuviera un encanto femenino. Todas las luces de la inteligencia lo vestían de una manera tan espléndida que brillaba como una piedra preciosa. Su cara gruesa y morena no tenía nada afeminado, su seducción era natural e intelectual. Está probada su homosexualidad y esto lo ví mas tarde. Pero talvez hay también homosexuales felices y homosexuales desdichados. Federico irradiaba la felicidad y en esta capa lo deben haber contado sus amores satisfechos.

y lo visible es mas visible en la tristeza.

desbordante

En Buenos Aires comenzó a tener alguna sospecha de su

- III -

naturaleza amorosa. Sucedió que cierta vez me contaba cómo las muchachas poetisas en ciernes llenaban su habitación del hotel y no lo dejaban respirar. entre broma y broma sobre la situación descubrí su pánico ante el asedio femenino, le ofrecí de inmediato mis servicios. Quedamos en que en los momentos de verdadera alarma me llamaría por teléfono y yo acudiría al hotel con la velocidad del rayo para hacerme cargo de alguna manera de la agradable misión de arrastrar a otra parte a alguna de sus admiradoras.

El convenio se mantuvo alegremente y con cierta eficacia, saqué algunos resultados inesperadamente primorosos de mi colaboración. Algunas de esas palomas engañadas por la luz de Federico cayeron sin grandes dificultades en mis brazos.

Por cierto que una vez me sirvió él en una aventura erótico cósmica, episodio de la urgencia juvenil que me hace sonreír aún cuando con cierta fruición lo recuerdo.

Habíamos sido invitados una noche por un millonario [illegible], que sólo la Argentina o los Estados Unidos podían producir. Se trataba de un hombre rebelde y autodidacta que había hecho una fortuna fabulosa con un periódico sensacionalista. Su casa rodeada por un inmenso parque era encarnación de los sueños de un vibrante nuevo rico. Centenares de jaulas de faisanes de todos los colores y de todos los países orillaban el camino. La bibliotéca estaba cubierta sólo de libros antiquísimos que mi anfitrión compraba por cable en las subastas de bibliófilos europeos extensa y estaba repleta. Pero lo más espectacular era que el piso de esta enorme habitación estaba totalmente [illegible] pieles de pantera cosidas unas a otras hasta formar uno solo y gigantesco tapiz. Supe que había tenido agentes en Africa en Asia en el Amazonas destinados exclusivamente a recolectar pellejos de leopardos, [illegible], gatos fenomenales cuyos lunares estaban ahora brillando bajo mis pies en la biblioteca de este hombre caprichoso.

Así eran las cosas en la casa del famoso Natalio Botana poderoso nuevo rico dominador de Buenos Aires. Federico y yo nos sentamos cerca del dueño de casa y frente a una poetisa alta rubia y vaporosa que se dirigió más a mí que a Federico [illegible] durante la comida. [illegible] de pronto [illegible] entero llevado sobre

Índice onomástico

Aga Khan 312
Aguirre Cerda, Pedro 167, 173, 190, 393, 458
Aguirre, Margarita 127, 301, 340, 405, 471
Aguirre, Sócrates 300
Ai Ching 238, 254, 262, 263, 266, 267, 269, 271, 504
Alba, duques de 279, 280, 281
Alberti, Rafael 86, 88, 133, 134, 136, 137, 143, 146, 149, 151, 155, 161, 162, 163, 164, 220, 235, 312, 428, 429, 445, 451, 453
Alderete (periodista de France Press) 217
Alegría, Ciro 377
Alegría, Fernando 442
Aleixandre, Vicente 86, 134, 137, 428
Alessandri Palma, Arturo 71, 299, 358, 409
Alexandrov (cineasta) 234
Alicatta 243
Alighieri, Dante 318
Allende, Salvador 303, 346, 351, 390, 391, 393, 395, 396, 397, 398, 399, 400, 401, 402, 403, 469, 474, 475, 477, 478, 505
Almeyda, Clodomiro 476
Alone (seudónimo de Hernán Díaz Arrieta) 68, 413, 452
Alonso, Amado 334
Altolaguirre, Manuel 134, 136, 141, 148, 428, 458
Altolaguirre, Paloma 137
Alvarado, Edecio 418
Álvarez del Vayo, Julio 169, 173
Amado, Jorge 261, 265, 266, 270, 271, 364, 469, 504
Andréiev, Leonid Nikolaievich 57, 299, 409
Annunzio, Gabriele d' 322, 347
Antúnez, Nemesio 218, 247, 472, 474
Aparicio, Antonio 135
Apollinaire, Guillaume 57, 64
Aragon, Louis 149, 150, 153, 169, 175, 217, 234, 276, 277, 346, 369
Aramburu, Pedro Eugenio 257
Araos Alfaro, Rodolfo 340
Araya, Juan Agustín, vid. Segura Castro, O. 409, 411
Arce, Homero 9, 64, 432, 476
Arciniegas, Germán 386
Arellano Marín 168, 169, 170
Arenales, Angélica 182
Arévalo, Hugo 475
Argensola, Bartolomé Leonardo 131, 135
Argensola, Lupercio Leonardo de 131, 135
Arguijo, Juan de 131
Arrau, Claudio 117
Arzivachev 299,409
Asterio (relojero) 258
Asturias, Miguel Ángel 183, 215, 216, 254, 460, 464, 471, 473, 504
Auden, Wystan Hugh 151
Azeff. Yevno Fishelevich 382
Azócar, Albertina Rosa (*Rosaura*) 451
Azócar, Rubén 328, 329, 330, 432, 447, 451-452

Baera (profesor) 230
Balmaceda, José Manuel 401, 402
Balzac, Honoré de 393
Barquero, Efraín 254-256, 446
Barrios, Eduardo 413, 42
Basoalto, Rosa 20, 449

Baudelaire, Charles 37, 335, 339, 384, 406, 423
Bécquer, Gustavo Adolfo 161
Beebe, William 248
Beecham, Sir Thomas 151
Belaúnde, Fernando 377, 472
Bellet, Jorge 207, 208, 209, 210
Bello, Andrés 356, 357, 447
Beniuc, Mihai 279
Bennet, Arnold 390
Berceo, Gonzalo de 294
Bergamín, José 134, 429
Beria, Lavrenti Pavlovich 369
Berling, Gösta 296
Bertaux, Pierre 219
Betancourt, Rómulo 373
Bianchi, Víctor 84, 210, 214, 215
Blest Gana, Alberto 393
Bliss, Josie 105, 106, 114, 262, 454
Bloch, Jean Richard 154
Blum, León 167
Bolívar, Simón 354, 356, 357, 460
Bonaparte, Napoleón 88, 183, 235
Borejsza, Jerzy 315, 316, 317
Boscán, Juan 318
Bose, Subhas Chandra 101
Botana, Natalio 144
Boureanu, Radu 243
Braganza, duquesa de 86
Brampy 110, 119, 120, 123, 126, 127
Brandt, Willy 347
Brecht, Bertolt 235
Brik, Lily 370
Brunet, Marta 117
Buda 101, 102, 103, 260, 261, 424
Buffalo Bill 24, 32
Bules, Carlos 476
Bulnes, Raúl 206, 475
Bunster, Martín 407
Bunster, Patricio 473
Burke, Maud Alice, Lady Cunard 151,152
Bustamante, Abelardo 452
Byron, Lord George Gordon 161

Caballero, José 135
Cabezón, Isaías 59, 412
Calderón de la Barca, Pedro 135
Camacho Ramírez, Arturo 347
Candia Marverde, Trinidad 23, 450, 458
Candia, Micaela 22
Capablanca, José Raúl 128
Cárdenas, Lázaro 362
Caro, Rodrigo 131
Carol II, rey de Rumania 278
Carpentier, Alejo 149, 377, 378
Carreño, Mario 472
Carrera, José Miguel 354, 436
Carril, Delia del 153, 246, 254, 456, 457, 459, 460, 461, 464, 466, 468
Carroll, Lewis 150
Carvajal, Armando 117
Casanova, Giovanni Giacomo 242
Castro, Fidel 373, 374, 375, 376, 470
Catalina de Rusia, emperatriz 355
Cavalcanti, Guido 318
Céline, Louis-Ferdinand 165
Cerio, Erwin 244, 245, 466
Cernuda, Luis 134,137
Cervantes, Miguel de 294, 308
Chalmers (excomunista) 322
Chaucer, Geoffrey 294
Chéjov, Anton Pavlovich 34
Chiang Kai Shek 271
Chu En Lai 238
Chu Teh 238
Churchill, Winston 390
Cifuentes Sepúlveda, Joaquín 340, 413, 420
Codovila, Vittorio 365-366
Colón, Cristóbal 140
Comandante Carlos, vid. Vidale, Vittorio
Condon, Alfredo 88
Corbière, Tristan 90
Cortázar, Julio 324, 346, 476
Corton-Moglinière 156
Corvalán, Luis 388, 476
Cotapos, Acario 10, 312
Crevel, René 146
Cruchaga Tocornal, Miguel 166
Cruchaga, Ángel 416, 504
Cunard, Nancy 10, 150-152, 456

Darío, Rubén 87, 130-132, 293, 324, 454
Debray, Régis 375
Deglané, Bobby 138
Délano, Enrique 456, 460, 504
Délano, Poli 460, 476
Demaría, Alfredo 56
Desnoes, Edmundo 379
Desnos, Robert 14
Díaz Arrieta,Hernán, vid. Alone
Díaz Casanueva, Humberto 136
Díaz Pastor, Fulgencio 311
Diego, Gerardo 86
Donoso, José 324

Dostoievski, Fiodor Mjailovich 34
Dreda, Jan 254
Drieu La Rochelle, Pierre 165
Du Bellay, Guillaume 317
Ducasse, Isidore, vid. Lautréamont
Durruti, Buenaventura 381

Eandi, Héctor 452, 454
Edwards, Joaquín 412
Edwards, Jorge 345, 392, 393, 476
Egaña, Juan 299, 300, 408
Ehrenburg, Ilyá Grigórievich 50, 153, 154, 180, 220, 224, 227, 234, 235, 236, 237, 238, 240, 241, 254, 275, 277, 278, 295, 339, 369, 370, 467
Ehrenburg, Luba 369
Einstein, Albert 165
Eisenstein, Sergei Mikhailovich 370
Eliot, T. S. 292
Éluard, Paul 149, 150, 217, 246, 247, 308, 312-313, 426
Emar, Juan vid. Yáñez, Alvaro 54
Emerson, Ralph Waldo 22
Emi Siao 238, 254, 270, 271
Endre, Ady 316
Ercilla y Zúñiga, Alonso de 20, 27, 341
Escámez, Julio 473
Escobar (militante comunista) 206
Escobar, Zoilo 76
Espinosa, Pedro de 137
Evtushenko, Evgeni 472

Fadeiev, Aleksandr Aleksandrovich 227
Falcón, Lola 456, 504
Fantomas 219
Fauré, Gabriel 116
Fedin, Konstantin Aleksandrovich 227
Felipe, León 159, 160, 186, 319, 320, 422, 445
Fernández Retamar, Roberto 379
Fernández, Joaquín 219
Figueroa, Inés 247
Fonseca, Ricardo 205
Foppens , Franóis 307
Franck, César 116, 117
Franco, Francisco 137, 143, 157, 158, 279, 379, 381, 384, 456, 459
Fraser, George Sutherland 292
Frei, Eduardo 395-399
Fuentes, Carlos 324, 476

Gable, Clark 204
Gallegos, Rómulo 343
Gandhi, Mahatma 100, 229, 233, 453
Gandulfo, Juan 56, 299, 408, 451
García Lorca, Federico 55, 68, 86, 129-148, 164, 311, 419, 427-429, 454, 455, 456, 473
García Lorca, Francisco 142
García Márquez, Gabriel 324, 346, 371, 474, 476, 505
García Rico, Eugenio 307
García, Uriel 461
Garcilaso de la Vega 161, 317
Garfias, Pedro 171, 172
Gascar, Alice 246
Gasperi, Alcide de 244
Gattai, Zelia 261, 265, 266, 267, 468
Gauguin, Paul 81
Gaulle, Charles de 186, 188
Gide, André 385
Girondo, Oliverio 254
Giroux, Françoise 217
Goebbels, Joseph Paul 277, 278
Goethe, Johann Wolfgang von 338
Gómez de la Serna, Ramón 135
Gómez Rojas, Domingo 55, 449
Gómez, Juan Vicente 86, 199
Gómez, Laureano 461
Góngora, Luis de 135, 150, 161, 293, 307, 308, 317, 324, 422
González Tuñón, Raúl 151, 457, 503
González Vera, José Santos 56, 454
González Videla, Gabriel 199-208, 399, 444, 462
González, Galo 205
González, Juan Francisco 451
González, Pedro Antonio 412
Goya, Francisco de 132, 180, 281
Gray, Thomas 291
Gris, Juan 53, 323
Guayasamín, Osvaldo 473
Guevara, Álvaro *Chile* 62, 63
Guevara, Ernesto *Che* 339, 340, 374, 375, 382, 469
Guillén, Jorge 136, 137, 146, 427
Güiraldes, Ricardo 231
Guo, Moruo, vid. Kuo Mo Jo
Gutiérrez, Joaquín 242
Guttuso, Renato 243, 244
György, Somlyó 316, 317

Hagenaar Volgenzanz, María Antonieta 127, 453, 454, 455, 456, 459, 460, 463, 471, 503

Hägglöff, Gunnar 474
Hauser, Gaspar 252
Heine, Heinrich 165, 339
Hernández (familia) 36-41, 352, 441
Hernández, Miguel 132-137, 143, 148, 149, 157, 311, 427, 429, 430, 455, 459, 460
Herrera Petere, José 186, 427
Herrera y Reissig, Julio 137
Herrera, Emilio 171
Herrera, Héctor 472
Hertz, Richard 128
Hikmet, Nazim 224, 229, 339, 361
Hinojosa,Álvaro 65, 451, 452, 453
Hitler, Adolf 62, 128, 165, 175, 185, 268, 322, 381, 394
Ho Chi Minh 263
Hölderlin, Friedrich 198, 295
Hollander, Carlos 301, 302
Horacio (Quintus Horatius Flaccus) 298, 407
Hugo, Victor 249, 423, 426
Huidobro, Vicente 83, 88, 155, 156, 293, 322-324, 336, 431
Huxley, Aldous 152, 188
Huxley, Julian 188

Ibarra, Joaquín 307
Ibsen, Henrik 33
Iglesias (tenista temucano) 383
Illyés, Gyula 316
Indy, Vincent d' 116

Jammes, Francis 58
Jarpa, Onofre 399
Jasón 271
Jebeleanu, Eugen 278
Jiménez, Juan Ramón 131, 136, 137, 427, 455
Joliot-Curie, Frédéric 229, 230, 232, 233, 464
Jovane, Francesco 505
Joyce, James 94, 136
József, Attila 316
Jruschov, Nikita 282
Juanito 251, 252

Karvélis, Ugne 475
Keats, John 137
Kipling, Rudyard 280, 424
Kiria (mangosta) 109, 119, 126, 127
Kirsanov, Semion 224, 339
Kish, Egon Erwin 185
Korneichuk, Aleksandr 218
Kruzi (muchacha judía) 121-123
Kuo Mo Jo 234
Kutvalek 254

Labarca, Santiago 56
Lacasa, Luis 135
Lafertte, Elías 285, 357-361, 365, 447, 461, 467
Laforgue, Jules 308, 335, 339
Lagerlöf, Selma 153
Lago, Tomás 344, 421, 431, 451
Lange, Norah 254
Larra, Raúl 254
Larraín, Sergio 443, 472
Larrazábal, Wolfgang 372
Larrea, Juan 455
Lautréamont, conde de 137, 294, 308, 335
Laval, Pierre 175
Lawrence, D. H. 112
Legarreta (seudónimo de Neruda) 209
Lehmbruck, Wilhelm 128
Lemort, Dominique 246, 313
Lenin (Vladimir Ilich Uliánov) 222, 282, 324, 365, 474
León, María Teresa 149
León, Teresa (*Terusa*) 450
Leopardi, Giacomo 318
Levi, Carlo 243
Li (intérprete en China) 240, 270
Lipschutz, Alejandro 477
López Pumarejo, Alfonso 461
Losada, Gonzalo 473
Loyola, Hernán 441, 471
Loyola, Margot 435
Lucrecio (Titus Lucretius Carus) 298, 407
Luis de Granada, fray 131
Luis de León, fray 140
Lundkvist, Artur 345

Machado y Morales, Gerardo 128, 286
Machado, Antonio 131, 135, 143, 427
Machado, Manuel 131
Maiakovski, Vladimir Vladimirovich 162, 223, 299, 324, 335, 366-367, 370, 407, 447
Maigret, Jules 219
Malaparte, Curzio 194
Mallarmé, Stéphane 198, 405, 422
Mallo, Maruja 135, 142
Malraux, André 156
Maluenda, María 435
Mann, Thomas 165
Manrique, Jorge 161, 277, 291

Mansilla Víctor 93, 124
Mansilla, Luis Alberto 477
Mántaras, Alberto 466
Mao Dun 238
Mao Tse Tung 267, 268, 270, 368
Maqueira, Tulio 132, 133
Marc, Franz 128
Marcenac, Jean 346
Marín, Juan 232
Marinello, Juan 335, 378
Maritain, Jacques 396
Martner, Carlos 476
Martner, María 473
Mason, Carlos 22
Matisse, Henri 306
Matta, Roberto 346
Maugham, Somerset 120, 389
Mauny, conde de 113
Medioni, Gilbert 186
Melgarejo, Mariano 199
Mella, Julio Antonio 286
Membrives, Lola 129
Mery, Hernán 400
Meza Fuentes, Roberto 56
Mickiewicz, Adam 468
Mikoian, Anastas Ivanovich 368
Millar, Pedro 473
Miller, Arthur 376, 471
Miranda, Francisco 354, 355
Mistral, Gabriela 33, 34, 201, 293, 303, 320-322, 339, 344, 410, 449, 456, 504
Modotti, Tina 286, 287, 460
Molière 307
Molina La Hite, Alfredo 503
Molina Núñez, Julio 300, 408
Molotov (Viacheslav Mijailovich Skriabin) 368
Mom, Amparo 155, 457, 503
Monge (cuchillero) 21
Montagnana, Mario 186
Moore, Georges 151
Moore, Marianne 377
Mora, Constancia de la 185
Moraes, Vinícius de 469
Morante, Elsa 243
Moravia, Alberto 243
Moreno Villa, José 186
Morla Lynch, Carlos 149, 453, 455
Munthe, Axel 245
Murga, Romeo 49, 416
Negrín, Juan 169, 173, 174
Nehru, Pandit Jawaharlal 100, 101, 229-234, 453, 464
Nehru, Pandit Motilal 100, 233
Neruda, Jan 185, 449
Neruda, Norman 450
Nerval, Gérard de 295
Niemeyer, Óscar 473
Niemöller, Martin 166
Nixon, Richard 62
Novoa (Valparaíso) 74, 76

O'Higgins, Bernardo 353-355
Ocampo, Salvador 467
Ocampo, Victoria 61, 376
Oldfeldt, Carin 474
Oliver, María Rosa 254, 504
Orozco, José Clemente 180, 313
Ortega, Abraham 174, 458
Ortega, Sergio 470, 472
Orthous, Pedro 472
Ospovat, Lev 333
Ossietzky, Karl von 166
Ossorio, Fernando 450
Otero Silva, Miguel 13, 346, 348
Otero, Lisandro 379
Ovidio 298, 407
Oyarzún, Aliro 69, 300, 408-413
Oyarzún, Orlando 451

Pacheco, Horacio 28
Palothes, Perico de, vid. Rokha, Pablo de 327-331, 446
Parada, Roberto 435
Pascal, Blaise 305
Paseyro, Ricardo, vid. Ribero 331
Pasternak, Boris Leonidovich 223, 224, 370
Pasteur, Louis 87
Paz, Octavio 155, 460, 475
Pedro el Grande 222
Pérez Jiménez, Marcos 283
Perón, Eva 214
Perón, Juan Domingo 214, 215, 257, 365
Petőfi, Sándor 161, 504
Petrarca, Francesco 317, 318
Picasso, Pablo 135, 216, 217, 229, 235, 247, 426, 463, 464, 477, 504
Pino, Yolando 452
Plubins, Virginia 476
Poe, Edgar Allan 383
Poliziano, Angelo 317

Pompidou, Georges 474, 476
Pound, Ezra 165
Powers (budista californiano) 103,104
Powers, Francis Gary 289
Prado, Manuel 461
Prado, Pedro 412
Prats, Carlos 476
Prestes, Leocadia 361, 460
Prestes, Luis Carlos 266, 361-366, 468, 460, 462
Prieto, Miguel 186
Primo de Rivera, José Antonio 86, 396
Proust, Marcel 115,116
Pushkin, Aleksandr 161, 222, 223, 227-228, 290, 444, 463

Quasimodo, Salvatore 317-318
Quevedo y Villegas, Francisco de 115, 132, 135, 140, 292, 294, 298, 307, 308, 317, 324, 407, 422
Quintana, Antonio 470, 504

Rabelais, François 294
Raman, Chandrasekhara Venkata 229
Ramírez, Pedro 214, 215
Rango, orangután 98
Rapín, Rafael 146,147
Recabarren, Luis Emilio 71, 196, 357-361, 393, 397, 412, 447
Redl, Alfred 185
Rejano, Juan 186
Reverdy, Pierre 292, 314, 406
Reyes, Abadías 20
Reyes, Alfonso 177
Reyes, Amós 20, 276
Reyes, Bernardo 503
Reyes, Joel 20,276
Reyes, José Ángel 20, 276, 448
Reyes, José del Carmen 20-34, 51, 53, 67, 185, 269, 276, 330, 439, 449, 451, 457, 458
Reyes, Laura 26, 29, 36, 37, 110, 253, 449, 452, 476, 503
Reyes, Malva Marina 455, 459, 460
Reyes, Oseas 20
Reyes, Rodolfo 26, 449
Ribero (uruguayo), vid. Paseyro, Ricardo 331
Ricci, Paolo 243,246
Rilke, Rainer Maria 385
Rimbaud, Isabelle 308
Rimbaud, Jean-Arthur 90, 115, 295, 308, 405, 422
Rivera, Diego 180-182, 286, 464, 466
Rocambole 33
Roces, Wenceslao 185
Rockefeller, John Davidson 103
Rodríguez Luna, Antonio 186
Rodríguez Marín, Francisco 139
Rodríguez Monegal, Emir 333, 376, 472
Rodríguez, Pepe 207-209
Rojas Giménez, Alberto 57-59, 60, 65, 339, 406, 411, 451, 455, 456
Rojas Giménez, Rosa 58
Rojas Paz, Pablo 454
Rojas, Manuel 56
Rokha, Pablo de, vid. Palothes, Perico de
Rolland, Romain 423
Romero, Elvio 254
Rommel, Erwin 181
Ronsard, Pierre de 175, 235, 317
Rosenberg, Ethel y Julius 382
Ross, Gustavo 458
Rothschild, Alphonse de 276, 277
Ruiz, Juan, Arcipreste de Hita 294
Rulfo, Juan 324

Sabat Ercasty, Carlos 69, 70, 413
Sabato, Ernesto 324, 376
Saint-Saëns, Camille 116
Salazar, António de Oliveira 86
Salgari, Emilio 24, 32
Salinas, Pedro 136, 146, 427
San Martín, José Francisco de 353-355
Sánchez, Alberto 163, 444
Sánchez, Celia 373
Santa Cruz, Domingo 117
Saure, Georges 503
Savich, Ovadi 339
Schneider, René 395
Schubert, Franz Peter 115
Schweitzer, Daniel 56
Seferis, Georgios 343
Seghers, Anna 165, 185, 234
Segura Castro, O., vid. Araya, Juan Agustín 408
Serrano Plaja, Arturo 135
Shakespeare, William 217, 317, 423, 470
Shelley, Percy Bysshe 136
Shostakovitch, Dmitri Dmitrievich 370
Siddhartha Gautama, vid. Buda 260, 423
Silva, Álvaro de 94-95
Silva, José Asunción 284, 339
Silva Castro, Raúl, vid. Ossorio, Fernando

Simenon, Georges 340
Simonov, Konstantin 218, 272, 283
Siqueiros, David Alfaro 181, 182, 346, 459, 464
Siqueiros, Jesús 181
Sitwell, Edith 64
Sobrino, Eladio 166
Solar, Claudio 417
Somoza, Anastasio *Tacho* 283
Soustelle, Jacques 186, 188
Spender, Stephen 151
Stalin, Josef 235, 236, 268, 368-371, 466, 467, 468
Stendhal 277
Streicher, Julius 165
Sue, Eugène 294
Sun Yat Sen 234, 239, 465
Sung Sin Ling 234, 238, 239, 465
Supervielle, Jules 218, 219
Surkov, Alexei 421
Swift, Jonathan 152

Tagore Rabindranath 95, 418
Tallone, Alberto 470
Tamayo, Rufino 182
Tchaikovski, Piotr llich 83, 84
Teitelboim, Volodia 9, 467, 476, 504, 505
Theodorakis, Mikis 475
Thielman, María 23
Thomas, Dylan 295
Tieng Ling 238, 271
Tijonov, Nikolai 218
Titov, Guerman 282
Tolrá, Aurelia 449
Tolstói, Lev Nikolaievich 34
Tomic, Radomiro 397-399
Tomú, Sara 455
Toral, Mario 472, 474
Torre, Carlos de la 307
Torres, Aldo 417
Triolet, Elsa 169, 276
Tristán, Flora 81
Trotski, Lev 181, 332, 459
Trujillo, Rafael Leónidas 283, 385
Twain, Mark 217

Ubico, Jorge 182-183, 459
Unamuno, Miguel de 58, 60
Urrutia, Matilde 12, 237, 244-247, 254, 257-258, 266, 267, 309, 310, 340-349, 373, 374, 386, 390, 391, 442, 443, 444, 464-477, 504, 505

Valdivia, Alberto 60, 61
Valéry, Paul 343, 344
Valle-Inclán, Ramón del 131, 135
Valle, Juvencio 417, 431
Valle, Rosamel del 136, 416
Vallejo, César 87, 88, 155, 156, 318-319, 452
Vargas Llosa, Mario 324, 476
Vargas Vila, José María 33, 322
Vargas, Getúlio 362, 460
Vasallo, Carlos 346
Vega, Garcilaso de 317
Vega, Lope de 428
Velasco Alvarado, Juan 474
Velázquez, Diego 132
Venturelli, José 218, 464
Verdi, Giuseppe 117
Verne, Julio 339
Vial, Sarita 258
Viaux, Roberto 400
Vicuña, Carlos 299,408
Vidale, Vittorio 186, 242, 286
Vignole, Omar 61, 62
Villamediana, conde de 405, 422
Villar, Amado 130
Vinteuil, Jean 115, 116
Vishinski, Andrei Yanuarievich 226, 368

Wagner, Richard 116
Wendt, Lionel 111, 112
Whitman, Walt 294, 334, 335, 387
Wilson, Blanca 24
Windsor, duque de (príncipe de Gales) 152
Winter, Augusto 33, 415, 416
Winzer, 114
Woolf, Leonard 111
Woolf, Virginia 111

Yáñez, Álvaro 53, 54
Yáñez, Eliodoro 54, 55
Yáñez, Herminia 53, 54
Yeats, William Butler 153
Yegulev, Sacha 57, 299, 408
Yurkievich, Saúl 467

Zaldívar, Andrés 398, 299
Zhdanov, Andrei 224
Zweig, Arnold 166

Índice

La persistente autobiografía **9**
• Os traigo 14

1 El joven provinciano **17**
El bosque chileno 17
Infancia y poesía 19
El arte de la lluvia 26
Mi primer poema 31
La casa de las tres viudas 34
El amor junto al trigo 39
• La muchacha del regreso 41
• El caballo de la talabartería 43

2 Perdido en la ciudad **48**
Las casas de pensión 48
La timidez 52
La Federación de Estudiantes 55
Alberto Rojas Giménez 57
Locos de invierno 60
Grandes negocios 64
Mis primeros libros 67
La palabra 72

3 Los caminos del mundo **73**
• El vagabundo de Valparaíso 73

Cónsul de Chile en un agujero 83
Montparnasse 85
Viaje al Oriente 90
Álvaro 94

4 La soledad luminosa 96
Imágenes de la selva 96
Congreso en la India 100
Los dioses recostados 101
Desventurada familia humana 102
Tango del viudo 106
El opio 106
Ceilán 108
La vida en Colombo 113
Singapur 117
Batavia 123

5 España en el corazón 129
Cómo era Federico 129
Miguel Hernández 132
Caballo Verde 134
El crimen fue en Granada 137
• Los *Sonetos del amor oscuro* 141
• El último amor del poeta Federico 142
Mi libro sobre España 148
La guerra y París 149
Nancy Cunard 150
Un congreso en Madrid 153
Las máscaras y la guerra 157

6 Salí a buscar caídos 159
Elegí un camino 159
Rafael Alberti 161
• El regalo de Niebla 162
Nazistas en Chile 165
Isla Negra 166
Tráigame españoles 167

Un personaje diabólico 168
Un general y un poeta 171
El *Winnipeg* 172

7 México florido y espinudo 177
Los pintores mexicanos 180
Napoleón Ubico 182
Antología de pistolas 184
Por qué Neruda 185
La víspera de Pearl Harbor 185
Yo, el malacólogo 188
Araucanía 189
Magia y misterio 190

8 La patria en tinieblas 193
Machu Picchu 193
La pampa salitrera 194
González Videla 199
• Retrato de un arribista 201
«El cuerpo repartido» 202
Un camino en la selva 205
La montaña andina 210
San Martín de los Andes 213
En París y con pasaporte 215
Raíces 220

9 Principio y fin de un destierro 222
En la Unión Soviética 222
• A Pushkin 227
La India revisitada 229
Mi primera visita a China 234
Los versos del Capitán 241
Fin del destierro 246
Oceanografía dispersa 247

10 Navegación con regreso 251
Un cordero en mi casa 251

De agosto de 1952 a abril de 1957 ... 254
• El joven poeta Barquero ... 254
Preso en Buenos Aires ... 256
Poesía y policía ... 258
Ceilán reencontrado ... 259
Segunda visita a China ... 261
Los monos de Sujumi ... 271
Armenia ... 273
El vino y la guerra ... 275
Los palacios reconquistados ... 278
Tiempo de cosmonautas ... 282

11 La poesía es un oficio ... 284
El poder de la poesía ... 284
• La persistente influencia de los árboles ... 290
La poesía ... 292
Viviendo con el idioma ... 293
Los críticos deben sufrir ... 294
Versos cortos y largos ... 296
La originalidad ... 298
Botellas y mascarones ... 300
• Religión y poesía ... 303
Libros y caracoles ... 307
Cristales rotos ... 309
Matilde Urrutia, mi mujer ... 310
Un inventor de estrellas ... 310
Éluard, el magnífico ... 312
Pierre Reverdy ... 314
Jerzy Borejsza ... 314
Somlyó György ... 316
Quasimodo ... 317
Vallejo sobrevive ... 318
• León Felipe ... 319
Gabriela Mistral ... 320
Vicente Huidobro ... 322
Enemigos literarios ... 324
El literario antagónico ... 325

• Que si le pegan, cante 332
Crítica y autocrítica 333
Otro año comienza 338
El Premio Nobel 340
Chile Chico 349
• El paisaje del sur 350
Banderas de septiembre 353
• Andrés Bello 355
• Recabarren 357
• Lafertte 359
Prestes 361
Codovila 364
• Maiakovski 366
Stalin 368
Lección de sencillez 371
Fidel Castro 372
La carta de los cubanos 376

12 Patria dulce y dura 381
Extremismo y espías 381
Los comunistas 384
Poética y política 386
Candidato presidencial 388
La campaña de Allende 389
Embajada en París 390
Retorno a Chile 394
Frei 395
Tomic 397
Allende 399
• Despedida 403

Apéndices 404
Las conferencias en la Universidad de Chile 404
Segunda conferencia, 21 de enero de 1954 406
Tercera conferencia, 22 de enero de 1954 421
Quinta y última conferencia, 24 de enero de 1954 433

Otros textos autobiográficos **435**
Pablo Neruda, ese desconocido 435

Nota editorial. Textos agregados a esta edición **441**
1. Viaje alrededor de mi poesía 441
2. La muchacha del regreso 441
3. El caballo de la talabartería 442
4. «Valparaíso está muy cerca de Santiago...» 443
5. Los *Sonetos del amor oscuro* y El último amor del poeta Federico .. 443
6. El regalo de Niebla 444
7. Retrato de un arribista 444
8. A Pushkin 444
9. El joven poeta Barquero 445
10. La persistente influencia de los árboles 445
11. Religión y poesía 445
12. León Felipe 445
13. El literario antagónico 446
14. Que si le pegan, cante 446
15. El paisaje del sur 446
16. Andrés Bello 446
17. Recabarren 447
18. Lafertte 447
19. Maiakovski 447

Cronología **448**
I. El joven provinciano 448
II. Perdido en la ciudad 450
III. Los caminos del mundo 452
IV. La soledad luminosa 453
V. España en el corazón 454
VI. Salí a buscar caídos 458
VII. México florido y espinudo 460
VIII. La patria en tinieblas 462
IX. Principio y fin de un destierro 464
X. Navegación con regreso 467
XI. El poder de la poesía 470
XII. Patria dulce y dura 474

Álbum fotográfico 479

Apuntes del poeta 506

Índice onomástico 517

AUSTRAL

www.australeditorial.com

www.planetadelibros.com